As religiões nórdicas
da Era Viking

Dados Internacionais de Catalogação na Publicação (CIP)
(Câmara Brasileira do Livro, SP, Brasil)

Langer, Johnni
  As religiões nórdicas da Era Viking : símbolos, ritos e deuses / Johnni Langer. – Petrópolis, RJ : Vozes, 2023.

  Bibliografia.

  1ª reimpressão, 2023.

  ISBN 978-65-5713-723-9

  1. Deuses – Mitologia 2. Mitologia nórdica 3. Ritos e cerimônias 4. Vikings – História I. Título.

22-134648   CDD-293.13

Índices para catálogo sistemático:
1 Mitologia nórdica : Religião   293.13

Aline Graziele Benitez – Bibliotecária – CRB-1/3129

JOHNNI LANGER

As religiões nórdicas da Era Viking

Símbolos, ritos e deuses

EDITORA
VOZES

Petrópolis

© 2023, Editora Vozes Ltda.
Rua Frei Luís, 100
25689-900 Petrópolis, RJ
www.vozes.com.br
Brasil

Todos os direitos reservados. Nenhuma parte desta obra poderá ser reproduzida ou transmitida por qualquer forma e/ou quaisquer meios (eletrônico ou mecânico, incluindo fotocópia e gravação) ou arquivada em qualquer sistema ou banco de dados sem permissão escrita da editora.

CONSELHO EDITORIAL

Diretor
Volney J. Berkenbrock

Editores
Aline dos Santos Carneiro
Edrian Josué Pasini
Marilac Loraine Oleniki
Welder Lancieri Marchini

Conselheiros
Elói Dionísio Piva
Francisco Morás
Gilberto Gonçalves Garcia
Ludovico Garmus
Teobaldo Heidemann

Secretário executivo
Leonardo A.R.T. dos Santos

Editoração: Maria da Conceição B. de Sousa
Diagramação: Raquel Nascimento
Revisão gráfica: Lorena Delduca Herédias
Capa: Érico Lebedenco

ISBN 978-65-5713-723-9

Este livro foi composto e impresso pela Editora Vozes Ltda.

Sumário

Introdução, 9

1 Os conceitos e metodologias, 15

O problema de se conceituar as crenças nórdicas pré-cristãs, 15

Teorias do mito, 21

    O estruturalismo, 22

    O método comparativo, 27

    Metodologias iconográficas, 38

2 As fontes primárias, 45

Escolhendo a fonte primária, 45

Fontes mitológicas, 46

A Edda poética, 46

A Edda em prosa, 48

Poesia escáldica, 50

As sagas islandesas, 51

Fontes iconográficas, 53

As crônicas medievais, 56

Ritos nórdicos pré-cristãos: fontes mitológicas, literárias e históricas, 57

3 Os mitos, 61

Os mitos nórdicos: concepções gerais e conceituais, 61

A criação do universo, 62

Cosmovisão e cosmologia, 65

Ases e vanes, 67

O Valhalla, 69

Os mitos sobre Odin, 71

As valquírias, 76
Os mitos sobre Thor, 80
Os mitos sobre Loki, 85
Os mitos sobre Njord, 89
Os mitos sobre Freyja, 90
Os mitos escatológicos: o Ragnarök, 93
Estudo de caso 1: A mitografia brasileira sobre o Ragnarök, 99
Estudo de caso 2: Thor e a estrela Polaris, 108

4 Os rituais, 125
Mito e rito na Escandinávia pré-cristã, 125
Cultos a deidades: aspectos toponímicos, 132
Ritos nórdicos: aspectos gerais, 133
Ritos de crise, 135
Ritos cíclicos, 136
Ritos de passagem, 140
As procissões, 148
O culto a Odin, 149
O culto a Thor, 153
O culto a Freyr, 158
O culto às deusas, 160
Os rituais de sacrifício, 165
Imolações animais e humanas, 166
Os líderes rituais e os especialistas religiosos, 169
A realeza sagrada e os rituais, 172
O rito de Völsi, 175
A águia de sangue, 177
A religiosidade popular, 178
O xamanismo nórdico, 179
Influências religiosas externas, 180
Estudo de caso: Rituais nórdicos na saga de Njál, 181

5 Os templos e locais sagrados, 195
   Localidades sagradas: aspectos gerais, 195
   Os templos pagãos nas fontes latinas, 196
   Ídolos e imagens em templos, 200
   Templos e arqueologia, 201
   Templos e cosmologia, 203
   Espaços sagrados, 204

6 As práticas mágicas, 207
   Aspectos gerais da magia nórdica, 207
   A prática do seiðr, 211
   O galdr, 213
   A magia níð e o niðstong, 216
   Profecias e adivinhações, 217

7 As runas, 221
   O Rúnatal, 221
   Runas e magia, 222
   Amuletos rúnicos, 224
   A maldição rúnica, 227
   Modernos equívocos sobre as runas, 230

8 Os símbolos, 243
   Noções de alma e espiritualidade, 243
   Animais totêmicos, 245
   Simbolismos animais, 245
   Simbolismo numérico, 252
   O martelo de Thor, 253
   Símbolos geométricos não figurativos, 255
   Símbolos e deidades, 257
   Símbolos e rituais para deidades, 264
   Símbolos e cervídeos, 265
   Simbolismos apotropaicos, 267

9 Os mitos e ritos na recepção artística, 271
  Odin nas artes visuais, 272
  O deus Thor e a recepção artística, 274
  Loki na arte moderna, 277
  Imaginando o deus Njord nas artes, 278
  A deusa Freyja no imaginário artístico, 279
  Estudo de caso 1: Os ritos nórdicos no cinema, 281
  Estudo de caso 2: Os ritos nórdicos na Série Vikings, 289
  Estudo de caso 3: Os ritos nórdicos na Série Vikings: Valhalla, 295
  Estudo de caso 4: Os ritos nórdicos no filme O homem do Norte, 299

Epílogo, 305

Referências, 307

Introdução

> *Et Sagn, fuld værd at høre, Med gamle Runer staaer; Laaner mig eders Øre, Mens jeg Guldharpen slaaer! Hvad i de mørke Skrifter, Er sat med sindrig Hu, Om Asernes Bedrifter, Det vil jeg tolke nu (Uma saga vale a pena escutar, assim como as antigas runas ainda estão gravadas; Empresta-me o teu ouvido, enquanto eu toco a harpa dourada! O que nos obscuros registros foi escrito com inteligência sobre as façanhas dos deuses, agora vou narrar).* Oehlenschläger, 1819.

Vivemos em nossa época um enorme interesse pelo fenômeno religioso. A busca por crenças antigas vem atingindo muitas pessoas, seja por uma questão pessoal e confessional, seja por um viés acadêmico e puramente científico. Ou então, por simples curiosidade laica sobre mitos e formas religiosas que não tiveram continuidade e despareceram com o tempo.

Este livro nasceu diretamente desta tendência que nossa época atual vive. Ele é tanto produto direto de nossas pesquisas acadêmicas sobre o tema, iniciadas ainda no final dos anos de 1990, quanto resultante da necessidade de disponibilizar ao grande público um material confiável das pesquisas sobre as antigas crenças nórdicas do período pré-cristão. Neste sentido, ele é tanto um *manual*: um guia introdutório para os pesquisadores que estão iniciando seus primeiros passos na árdua tarefa de investigar academicamente essa área temática, ainda muito nebulosa em nosso país, quanto uma *sistematização* do que a academia brasileira e internacional produziu até o momento sobre este tema, na forma de algumas pesquisas e recortes do autor – satisfazendo também em parte, a grande necessidade pública de conhecer essa produção.

Os capítulos não seguem uma linearidade contínua, apesar de todos estarem relacionados pelo tema geral da obra. As divisões apresentadas são meramente didáticas, pois na experiência religiosa antiga nem sempre estes temas apresentados eram divididos. Os dois primeiros capítulos são destinados especialmente aos estudantes e pesquisadores acadêmicos de escandinavística e possuem um caráter mais teórico, enquanto os demais devem agradar a todos os interessados pela temática. O terceiro capítulo, sobre mitologia nórdica, apresenta um panorama sobre as narrativas míticas relacionadas ao sagrado, enquanto as ações e os empirismos religiosos foram apresentados no capítulo quarto. Os capítulos 5, 6, 7 e 8 apresentam temas relacionados à arquitetura religiosa, os usos religiosos das runas, os simbolismos e as práticas mágicas. O último capítulo aborda as representações artísticas sobre as crenças religiosas da Escandinávia.

O livro é uma obra inserida dentro do grande campo da escandinavística, em que a preocupação maior são as crenças que foram geradas na área geográfica da Escandinávia. Aqui a escandinavística é pensada especificamente no recorte da denominada *Era Viking* (750-1000 d.C.) e, quando necessário, em recortes temporais anteriores e posteriores. O termo *Viking* só foi utilizado em questões de recepção moderna, quando se tratar do imaginário artístico criado em trono da figura romântica, heroica, idealizada e nacionalista do antigo habitante da Escandinávia. No geral, utilizamos o termo *nórdico*, para nos referirmos às populações do padrão linguístico e cultural germânico. Em alguns casos, especificamos padrões étnicos regionais da Era Viking, como os *daneses*, para a área da Jutlândia, Zelândia e Escânia.

O livro tem como principal objeto o conjunto de crenças religiosas que existiram antes da cristianização (cuja terminologias discutiremos no primeiro capítulo). Seguimos em nosso título, *As religiões nórdicas da Era Viking,* uma tendência inaugurada com o livro de Thomas Dubois (*Nordic Religions in the Viking Age*, 1999) e referendada por outros, como *The Pre--Christian Religions of the North* (2020); ou seja, considerando os sistemas de crenças pré-cristãos em sentido plural e não singular (como se fosse uma única religião unificada, institucionalizada, coerente). A estrutura da presente obra foi inspirada em três livros: *Nordboernes gamle religion* (Carsten Lyngdrup Madsen, 2016), *Vikingernes religion og livsanskuelse* (Uffe Hartvig Larsen, 1989) e *The Lost Beliefs of Northern Europe* (Hilda Davidson, 2001). Neles ocorrem seções teóricas, seções sobre mitos e outras sobre ritos, magia e símbolos. Incluímos uma seção final sobre recepção artística dos mitos, baseada em nossas pesquisas mais recentes.

Apesar de o cristianismo já ocorrer na área escandinava desde o início da Era Viking, não levaremos em conta o seu estudo direto no livro, muito menos o complexo fenômeno da conversão e cristianização. Em alguns casos específicos, o cristianismo será levado em conta parcialmente, como em questões que envolvam o contexto da composição e escrita de algumas fontes (como as *Eddas* e sagas islandesas), a sobrevivência de símbolos pagãos em contextos cristãos, a influência da cultura cristão em alguns elementos do "paganismo" tardio e outras situações, mas sempre em relação ao tema principal da obra, as crenças pré-cristãs. Nossa principal influência historiográfica de base nos anos de 2000 foi a francesa, tanto com sua visão de cronologia e periodização do Medievo quanto para estudos temáticos, principalmente com a obra do escandinavista Régis Boyer. A partir da década de 2010 adotamos referenciais da *História cultural das religiões* e principalmente metodologias voltadas para o estudo da cultura material e visual, constituindo ambas o principal cerne de nossos referenciais na atualidade. Também conceitos e instrumentos de pesquisas foram originados da atualização na leitura de diversos acadêmicos da escandinavística. Ao longo do livro, eles serão discutidos em pormenores e citados na bibliografia final. Todas as traduções do nórdico antigo inseridas no livro são de nossa autoria, e em caso contrário, indicamos as referências. Termos e terminologias originadas do nórdico antigo foram traduzidos ou então utilizadas as suas correspondentes no português contemporâneo. Para títulos de fontes literárias conservamos a grafia original.

O presente trabalho também é fruto direto da convivência acadêmica com os membros do Neve (Núcleo de Estudos Vikings e Escandinavos) desde 2010: troca de ideias, diálogos críticos, orientações e supervisões. Agradeço muito o apoio e a possibilidade desta convivência por parte de todos os membros do Neve, do passado e do presente.

O livro é um produto de nossa trajetória acadêmica, do qual temos muito a agradecer a instituições e pesquisadores que participaram desse processo. Em 2006 e 2007 realizamos um estágio de pós-doutoramento no Curso de História da Universidade de São Paulo (que envolveu o tema do dragão na mitologia nórdica), sob a supervisão de Hilário Franco Júnior, com bolsa da Fapesp. Aqui manifestamos a nossa gratidão a todos. No Curso de História da Universidade Federal do Maranhão desenvolvemos os projetos de pesquisas: "Mulher, magia e religiosidade na Era Viking" (financiado pela Fapema, 2009-2011) e "Deuses petrificados: análise de fontes iconográficas da mitologia escandinava" (2011-2012), que nos proporcionou inúmeras novas experiências.

O vínculo com a graduação e pós-graduação em Ciências das Religiões da Universidade Federal da Paraíba, do qual temos inserção docente desde 2013, também conferiu oportunidades únicas de ensino e pesquisa. Na graduação, ministramos diversas vezes a disciplina Mitologia Nórdica, enquanto na pós-graduação ofertamos disciplinas como A Religião Nórdica Pré-cristã; Arqueologia da Religião Nórdica Antiga; Mitologia Escandinava; Cosmo, Imagem e Materialidade: Novas Perspectivas em Mitologia Nórdica. Dentre os projetos de pesquisa, destacamos "Simbolismos religiosos nórdicos em monumentos da Era Viking e na Europa Medieval", iniciado em 2017 e ainda em atividade. Agradecemos também à Pró-reitoria de Graduação e Centro de Educação da UFPB pela liberação de duas licenças capacitações para a Europa em 2018 e 2019 (Dinamarca, Suécia e Alemanha), onde pudemos realizar pesquisas em arquivos, bibliotecas, museus e sítios arqueológicos nórdicos, cujos dados e resultados encontram-se disponíveis neste livro.

Em especial, durante o ano de 2019 ministramos a disciplina A Mitologia Nórdica e os Vikings nas Artes (PPGCR-UFPB), com a participação de Alberto Robles Delgado (Universidade de Alicante, Espanha), que realizou estágio doutoral neste programa de doutorado, sob nossa supervisão. A partir de então, iniciamos uma série de pesquisas na área da recepção artística dos mitos nórdicos, que culminou com a publicação de dois artigos internacionais: um na revista de História da Arte (*Perspective*) do Museu Nacional de Arte da Dinamarca (SMK) e outro no portal *Nordics.info*, da Universidade de Aarhus, ambos em 2021.

Ainda destacamos o nosso vínculo como colaborador do Programa de Pós-Graduação em História na Universidade Federal do Rio Grande do Norte, no qual desenvolvemos o atual projeto de pesquisa: "Os usos da mitologia nórdica no espaço público dinamarquês (1882-1911)", iniciado em 2021, como também o curso de extensão: "História da Escandinávia" (2022), realizado em conjunto com o Maat-UFRN, ao qual agradecemos a parceria.

Também tenho um reconhecimento muito grande para com diversos medievalistas brasileiros e escandinavistas estrangeiros, que sempre nos apoiaram em diversas situações do ensino e pesquisa, além de intercâmbio: Álvaro Bragança Júnior, João Eduardo Pinto Bastos Lupi, Hilário Franco Júnior, Sérgio Alberto Feldman, Leila Rodrigues da Silva, Jaime Estevão dos Reis, Luciano José Vianna, Marta de Carvalho Siqueira, Edison Cruxen, Mário Jorge da Motta Bastos, Vanda Fortuna Serafim, Régis Boyer, Neil Price, Enrique Santos Marinas, Hélio Pires, Carl Edlund Anderson, Paloma Ortiz-de-Urbina Sobrino, Jens Peter Schjødt, Rudolf Simek, Torfi Tulinius, Gísli Sigurðsson, Aleks Pluskowski, Frog, Clive Tooley, Jean Renaud, Karen Bek-Pedersen, Eldar Heide, Thomas A. Dubois, Anna Schram Vejlby, William Robert Rix, Morten Søvsø, Mariano Gonzáles Campos, Stephen A. Mitchell, Luke John Murphy, Enrique Bernárdez, Andrea Maraschi, Sigmund Oehrl, Anders Andrén, Eirik Westcoat.

Um agradecimento especial à Editora Vozes, pela possibilidade de novamente poder publicar mais um livro. Agradeço o profissionalismo, a atenção e o cuidado em todo o processo editorial.

Também não posso deixar de agradecer o apoio incondicional de minha companheira de pesquisa e de vida, em todos estes anos de convivência: Luciana de Campos. Sem o seu suporte este presente livro seria apenas mais um devaneio, e não uma realidade.

Johnni Langer

João Pessoa, 10 de março de 2022.

1
Os conceitos e metodologias

O problema de se conceituar as crenças nórdicas pré-cristãs

Durante o século XIX, os primeiros estudos sobre a religiosidade nórdica antiga denominavam essa prática de "fé dos ases" ou "religião dos ases", que mais tarde originou o termo moderno *Asatru*. Uma doutrina originada dos germanos antigos, cujo sistema religioso teria sido supostamente preservado pela *Edda poética* e *Edda em prosa*, sendo a fé e os costumes religiosos comuns a todos os povos escandinavos e preservados nos manuscritos islandeses da Idade Média Central (Keyser, 1847). Essa ideia de que as fontes mitológicas serviriam como principal base para os estudos da religião nórdica nortearam os estudos até pouco tempo atrás: mitos, contos e tradições das *Eddas* formariam a base principal da fé escandinava pelo *fato de conterem a noção de sagrado* – uma categoria a *priori*, transcendente e pertencente ao espírito humano de qualquer época (Massenzio, 2005, p. 85-98). O termo Asatru atualmente é mantido apenas por religiosos e alguns escritores de tendência confessional.

E de certa maneira, quase todos os estudos sobre a religião nórdica publicados no século XX tiveram algum tipo de influência da fenomenologia. A famosa mitóloga britânica Hilda Davidson, por exemplo, cita em 1964 que essa religiosidade "era modelo para um comportamento social e a tentativa de definir, em histórias de deuses e demônios, sua percepção das realidades interiores" (Davidson, 2004, p. 7). Também a visão de outro pesquisador britânico, Raymond Page (1997, p. 7), de que os mitos nórdicos constituem manifestações de narrativas originadas por proezas históricas, fenômenos da natureza e sentimentos humanos é tanto a mescla de um romantismo oitocentista quanto do conceito de que o *numinoso* seria a base de todas as crenças religiosas. Outro modo de conceituar a religiosidade nórdica proveio do estruturalismo, que parcialmente era influenciado por pressupostos sociais. Assim, para Dumézil, a religião nórdica seria a expressão ideológica da tripartição indo-europeia, de cujos mitos seriam a máxima expressão (Dumézil, 1990, p. 24).

Os pesquisadores que publicaram estudos entre 1970 a 1990 iniciaram uma nova fase nos estudos sobre a religiosidade nórdica antiga. Apesar de utilizarem métodos diferentes, muitos chegaram a um denominador comum: esta religiosidade teria sido caracterizada por uma falta absoluta de unidade e um complexo dinamismo. O historiador francês Régis Boyer foi pioneiro neste referencial, inicialmente em 1974 e depois em várias publicações. Para ele, a cultura pré-cristã não possuía o conceito tradicional de religião, fé, adoração ou oração, sendo uma religiosidade empírica e sem dogmas (Boyer, 1981, p. 7). Posteriormente, adiciona os referenciais de uma prática rural, mágica e de culto aos mortos ancestrais (Boyer, 1987, p. 17-74). Em alguns de seus últimos trabalhos, Hilda Davidson procurou definir a religiosidade nórdica em torno de sua cultura material, recuperando a história da arte e a iconografia como bases para os estudos dos antigos ritos, também aproximando-se dos cultos dos povos celtas para análises comparativas (Davidson, 1988; Davidson, 2001). Assim, para Davidson, a religião nórdica apresentava-se com uma complexidade muito maior do que supunha anteriormente.

Para o arqueólogo Mike Parker Pearson, a religião nórdica antiga pode ser percebida em dois aspectos – numa perspectiva continental (no contexto do ano 1000 d.C.) –, nos quais ela imita muito dos aspectos dos rituais da Idade do Ferro; em outra perspectiva, pré-histórica, estas práticas podem ser percebidas como o produto final de uma variação regional de um panpaganismo cuja prática se estendia das ilhas britânicas até a Alemanha e Escandinávia.

Mas a obra mais importante da produção deste período, que abriu as investigações sobre o tema para um novo patamar foi *Nordic religions in the Viking Age*, de Thomas Dubois. O livro foi instigante a partir do título, alertando para a multiplicidade em vez do tradicional conceito unitário, uma tendência seguida por muitos estudiosos na atualidade. Além disso, o autor utiliza um referencial geográfico e cultural para conceituar estas crenças: ao mesmo tempo em que estas se apresentam como comunidade descentralizada de fé, estavam intimamente relacionadas a influências estrangeiras (vínculos econômicos, linguísticos e culturais), tornando ainda mais dinâmica essas práticas. Para definir religião, Dubois seguiu basicamente dois autores: a teoria religiosa de Karl Luckert (enquanto construção humana da realidade) e a religião como sistema cultural de Clifford Geertz. Assim, o pesquisador enfatiza muito a dinâmica social e cultural da experiência religiosa, evitando a perspectiva fenomenológica e universalista ou atemporal (Dubois, 1999, p. 30-44).

Na mesma década de 1990, algumas publicações reforçavam o caráter multidinâmico da religiosidade nórdica, obrigando os pesquisadores a tentarem encontrar outros caminhos conceituais para ela. Em uma coletânea de ensaios provocadores, John Mckinell atentava para a extrema *variedade* e *mudança* nas experiências e criatividades religiosas pré-cristãs, elaborando uma série de questionamentos sobre as fontes e as concepções tradicionais. As mudanças seriam vistas como sinal de vitalidade na religiosidade e não sinais de decadência ou derrota frente ao cristianismo (Mckinell, 1994, p. 9-11; 20-27; 129-138). Por sua vez, o norueguês Preben Meulengracht Sørensen elaborou a ideia da *interpretatio norrœna* – o paganismo tardio foi composto por influências cristãs em seus cultos e mitos, transformados dinamicamente em um hibridismo próprio, descartando a teoria da inserção de elementos cristãos nas fontes literárias após a conversão (Sørensen, 1997, p. 204-205).

Entre as décadas de 1990 e de 2000 teve início uma série de pesquisas e publicações que se tornaram a grande referência conceitual sobre o tema, com aplicações e influências diretas até nossos dias. Um grupo de diversos pesquisadores europeus, baseados essencialmente em um referencial arqueológico e material da religiosidade nórdica, iniciou um novo patamar de investigações, polêmica, debates e temas de estudo. Em essência, este grupo (de forma conjunta entre alguns autores ou individualmente) conclama uma "desconstrução do paganismo nórdico" (os estudos anteriores sobre religião nórdica privilegiaram o institucional e o intelectual, deixando de lado o ritual ou apenas interpretando os mitos) e uma nova imagem das práticas religiosas pré-cristãs, em que seus elementos internos são constantemente mutáveis e hibridizados, bem como o conceito básico de uma religiosidade integrada com a vida social, política e cotidiana.

No mundo nórdico pré-cristão, a exemplo de outras áreas culturais, não existia um termo linguístico específico para religião. O termo pagão abunda nas fontes literárias medievais – originalmente veio do latim *paganus* (aldeão, homem do campo) e era aplicado às religiões politeístas em geral, mas também foi associado em algumas ocasiões às religiões monoteístas não cristãs (como islamismo e judaísmo) (Loyn, 1990, p. 285). A palavra correspondente em nórdico antigo, *heiðinn*, surgiu pela primeira vez no poema escáldico *Hákonarmál* (composto em 962 d.C., með heiðin goð: os deuses pagãos) e foi influenciada pelo anglo-saxão *hæden* (do qual derivou o moderno termo *heathen*) (Mckinell, 2001, p. 399). No contexto das sagas islandesas, geralmente *heiðinn* é utilizada em contraposição ao comportamento, ideologia e práticas do cristianismo (Langer, 2011, p. 1-22), designando o não cristão. Mas na *Tristrams saga ok Ísöndar* não são somente os antigos escandinavos não cristãos que são denominados de *heiðinn*, mas por exemplo, o personagem sarraceno Fúlsur, chamado de *heiðinn sem hundr* (pagão como um cão). Neste caso, o termo *heiðinn* tem um uso semelhante ao latim *paganus*, não sendo uma palavra que aponte para uma origem êmica do praticante das antigas religiosidades. Não existe um termo em nórdico antigo para religião, mas uma palavra utilizada também para contrapor a prática pré-cristã à religiosidade emergente: *forn siðr* (costume antigo, o paganismo) e *inn nýi siðr* (costume novo, o cristianismo) (Boyer, 1981, p. 7). Outros termos empregados foram: religião pagã, paganismo, culto escandinavo antigo, culto de fertilidade. Recentemente, a utilização do termo e do conceito do paganismo para a Era Viking foi duramente criticada pela historiografia (Sturtevant, 2012, p. 261-278, que propõe o uso do tradicional termo *politeísmo* aplicado ao mundo nórdico).

Para o pesquisador Thomas Dubois, a religião durante o período pré-cristão era de natureza étnica e teve um grande dinamismo, com variações sociais e regionais e múltiplas trocas e intercâmbios com culturas não escandinavas. Ainda segundo ele, existiram comunidades de fé baseadas tanto em culturas quanto em instituições sociais, sendo a experiência religiosa nórdica estruturada como uma visão de mundo – classificando seres, paisagens e situações.

Influenciado pela crítica ao conceito de paganismo, mais recentemente o pesquisador Andreas Nordberg realizou a mais profunda reflexão conceitual sobre a religião nórdica antiga. O primeiro elemento que ele questiona é a respeito do cristocentrismo: os pesquisadores têm aplicado conceitos e ideias originadas no referencial de religião cristã (Nordberg, 2009, p. 120). Assim, essa visão levou a dois caminhos: ou se tentou abolir o termo religião para o estudo das práticas nórdicas pré-cristãs ou criaram-se referenciais moralistas para sua interpretação. Para Nordberg a tentativa de retirar o termo religião denota a própria interpretação de que estas antigas práticas nórdicas foram tratadas como algum tipo de "semi"-religião: ela não se adequaria à categoria universal das grandes religiões históricas, reveladas e supostamente uniformes. Mas ele questiona que o próprio cristianismo não foi totalmente homogêneo em seu início até o advento da Modernidade, tanto nas variadas formas das práticas sociais quanto nas interpretações teológicas. Quanto ao referencial moralista, segundo Nordberg ele foi aplicado num mesmo sentido em que os viajantes e missionários do século XVIII descreviam as religiosidades de populações não cristãs pelo mundo, em que a categoria religião era definida a partir da experiência cristã (Nordnerg, 2009, p. 121).

Em seguida Nordberg discute as terminologias empregadas para designar as práticas religiosas pré-cristãs e seu conteúdo ideológico. O primeiro termo, religião nórdica antiga, provém da utilização de uma categoria geográfica e temporal criada por influência dos estudos filológicos (a linguagem do nórdico antigo) e geralmente foi localizada na Era Viking (um conceito temporal construído pelos historiadores). O segundo, religião nórdica pré-cristã, enfatiza a periodização confrontada com o cristianismo, enquanto que o popular termo paganismo possui conotações pejorativas. Já para outro influente acadêmico, Jens Schødt, não seria correto pensar em *uma religião nórdica*, devido ao fato de que as religiões não existem em estado "puro", intocada por concepções e visões de mundo de ouras regiões, sendo sincréticas e mutáveis por natureza, mas por falta de melhor opção, ele próprio continua a empregar o termo no plural, *religiões nórdicas antigas* (Schødt, 2012, p. 266-267).

Apesar do ainda popular uso do termo paganismo, os termos mais utilizados recentemente pelos pesquisadores do tema são: Religião nórdica antiga (Old Norse Religion, ONR em inglês, em contraposição ao cristianismo, que seria a religião nova da Escandinávia, termo de origem linguística) e Religião escandinava pré-cristã (Pre-Christian Scandinavian Religion, PCSR, em inglês). Do mesmo modo que Schjødt, outros pesquisadores também rejeitam o termo religião aplicado ao contexto pré-cristão, mas continuam a utilizá-lo devido ao senso moderno para delimitar o campo de pesquisa: Andrén, 2006, p. 12. E a tendência mais recente é pluralizar estes termos-conceitos: Religiões nórdicas antigas e especialmente *Religiões nórdicas pré-cristãs*.

Jens Peter Schjødt atenta para quatro níveis de religiosidade: a de uma comunidade (pequena escala); a definida pela geografia, sociologia ou ideologias de um grupo (grande escala); outras compartilhadas pelas pessoas de certos estratos sociais como reis, líderes e seu círculo; e por fim, as que são compartilhadas por pobres ou ricos, como nas religiões mundiais do islamismo e cristianismo (Schjødt, 2012, p. 266-267).

Novas abordagens, principalmente com a finalidade de rever a noção de "Paganismo Nórdico" – termo obsoleto nos estudos acadêmicos –, também foram propostas (Andrén, Jennbert; Raudvere, 2006, p. 13 e 14:). Segue um breve resumo realizado pelo historiador Pablo Gomes de Miranda: 1) *Da estrutura mitológica à história ritualística*, quando as perspectivas de localizar os textos mitológicos segundo as suas necessidades históricas podem entrar em sincronia com uma história dos ritos que ultrapassem as barreiras espaciais dos sítios arqueológicos locais. 2) *De uma para muitas tradições*, aqui ao invés de se focar em um esforço de entendimento tradicional acerca da religião, os vestígios ritualísticos apontam para diferentes atitudes sociais frente ao campo religioso, facilitando o esforço comparativo entre diferentes sítios arqueológicos. 3) *Tradições sem origem em comum*, categoria na qual o pesquisador buscará as conexões gerais entre os componentes ritualísticos e as temáticas mitológicas, nas interações com os povos escandinavos, mesmo quando a influência for indireta, reforçando um caráter dinâmico, ativo e circular. 4) *Da desconstrução à hibridização*, apenas desconstruir a noção do "paganismo nórdico" não basta, é necessário também demonstrar novos caminhos para a história da ritualística nórdica que aponta para uma clara Hibridização (conceito que possui sua própria construção acadêmica) com outras áreas de influência, mas que não procedeu de maneira contínua, possuindo temporalidades de maior e menor atividade; 5) *Hibridização contínua*, por fim, a partir da qual se entende que os limites entre os costumes pré-cristãos e cristãos são fluidos e em processo permanente de transformações (Miranda, 2020, p. 429-439).

A partir do século XIX, diversas teorias e métodos foram aplicados no estudo da religiosidade nórdica pré-cristã, como investigações linguísticas, heurísticas, paleográficas, codicológicas, folclóricas, entre outras. Não é nossa intenção neste livro fornecer uma crítica sistemática detalhada destes procedimentos tradicionais, mas apenas apontar algumas das tendências mais tradicionais e algumas perspectivas inovadoras para a área escandinava, que veremos a seguir.

Teorias do mito

Os estudos de mitologia receberam um vigoroso fôlego a partir do século XIX e, desde então, existem as mais variadas concepções, perspectivas teóricas e metodologias de interpretação. No Brasil, os dois autores mais utilizados para a investigação de qualquer tipo de narrativa mítica, independentemente da área, sem sombra de dúvida são os de linha fenomenológica (Mircea Eliade e Joseph Campbell, principalmente; e, em menor escala, Carl Jung, Rudolf Otto, Ernst Cassirer e Gilbert Durand). Apesar de algumas distinções e variações em suas interpretações, esses autores possuem uma concepção a-histórica do mito, este visto como produto de uma essência humana universal ou pluriversal (o *homo religiosus* de Eliade), geralmente manifestado sob a forma de arquétipos (elementos comuns nas diferentes manifestações do sagrado) presentes nas narrativas mitológicas. As concepções fenomenológicas são questionadas há décadas por pesquisadores europeus e norte-americanos.

De nossa parte, adotamos basicamente algumas perspectivas da história cultural (muito influenciada pela antropologia e culturalismo) – os mitos devem ser entendidos dentro de um contexto claramente sincrônico e, em alguns casos, diacrônico, respeitando a sua dinâmica e reformulação no tempo; e social – os usos políticos, hierárquicos, culturais etc. Infelizmente, muitas obras modernas de teoria do mito ainda não foram traduzidas ao português, dificultando o acesso dos estudantes e pesquisadores brasileiros a teorias alternativas ao pensamento fenomenologista. As melhores opções bibliográficas em nossa língua vernácula ainda são as obras de cunho estruturalista, o novo comparativismo e os estudos iconográficos, das quais apresentamos uma síntese a seguir e sua repercussão nos estudos de mitos e ritos nórdicos, além de exemplos práticos de aplicações metodológicas.

O estruturalismo

A partir dos anos de 1950, o antropólogo francês Claude Lévi-Strauss tornou-se um dos mais importantes teóricos do mito, aplicando as teorias estruturalistas da linguagem para o campo antropológico. Para o pesquisador francês, existiria uma proximidade entre mito e linguagem, aquele provindo do discurso e se dando a conhecer pela palavra (o mito é uma narrativa, também muito semelhante ao discurso político, Lévi-Strauss, 2008, p. 221-248). O mito, para os estruturalistas, é visto sempre como uma tentativa, de uma parte da sociedade, de mediar as contradições ou paradoxos em que o mundo é percebido, sendo constituído de oposições binárias ou ideias opostas (Orton, 2007, p. 314). A análise estrutural dos mitos situa-se num projeto mais vasto que pretende inventariar as determinantes psicológicas e postula uma analogia de estruturas entre as diversas ordens sociais e linguísticas. Assim, os mitos teriam dois sentidos: um mais perceptível a partir da narração e outro sentido "oculto", que não é consciente como o primeiro. É este sentido, que não é narrativo, que o mitólogo estruturalista quer atingir (Jabouille, 1986, p. 108). Os mitos são formados de grandes unidades constitutivas (mitemas) relacionadas entre si (Lévi-Strauss, 2008, p. 223), transformadas e permutadas segundo regras gerais e semi-independentes da vontade humana (Jabouille, 1986, p. 109). Especialmente após a década de 1960, os estudos de Mitologia Nórdica e sagas islandesas foram amplamente influenciados pelo referencial estruturalista, advindo tanto das teorias de Lévi-Strauss quanto das de Vladimir Propp (Lönnroth, 2007, p. 63).

Mas, em especial a partir dos anos de 1990, importantes obras sobre a temática escandinava tornaram-se paradigmáticas por incluírem novas problemáticas de investigação a partir dos conceitos estruturalistas. O livro *Prolonged Echoes (*1994), escrito por Margaret Clunies Ross, vai discutir essencialmente a relação entre mito nórdico e ideologia: diferentes tipos de relações sociais, ordem e desordem, homem e mulher e outras noções ideológicas. Clunies Ross utiliza os referenciais antropológicos para melhor entender as fontes primárias, percebendo o conteúdo individual dos mitos e como eles foram percebidos no mundo cristão. Também cada conteúdo mítico individual é entendido em relação a outras categorias míticas (p. ex., as imagens de Thor são analisadas levando-se em conta as noções que envolvem gigantes), uma perspectiva genuinamente estruturalista (Schjødt,

2007, p. 4). O modelo binário é utilizado para argumentar que os dois maiores grupos de deuses, os Vanes, ocupam uma posição média entre os Aesir superiores e os gigantes inferiores (Mundal, 2006, p. 286).

Para Clunies Ross, as narrativas relacionadas aos Aesir (Ases) foram influenciadas pela autoridade dos grupos masculinos dominantes e sua apropriação dos papéis femininos biológicos – e, deste modo, percebemos os mitos sendo usados para produzir estruturas na sociedade, como papéis sociais no casamento e em outras instâncias sociais (McKinnel, 2005, p. 22). Outra obra deste mesmo ano aplica também os referenciais de Lévi-Strauss, mas, ao mesmo tempo, realiza algumas críticas e contestações: *Both One and Many* (1994), de John McKinnell. Concentrando-se em especial na figura de Loki como um *trickster*, McKinnell realiza suas análises na tradicional oposição entre civilização e caos, sendo os deuses os representantes da primeira perspectiva e os monstros do Ragnarok os da segunda, enquanto os gigantes seriam os mediadores desta oposição. De acordo com a análise de Lévi-Strauss, Loki seria percebido como reconciliador da coexistência da civilização e caos no mundo. Mas, para McKinnell, essa aplicação da teoria não seria totalmente satisfatória, enfatizando Loki tanto como desestabilizador quanto como salvador dos deuses. A identificação de oposições significativas e elementos ou agentes mediadores pode ser um tema bastante subjetivo (Orton, 2007, p. 315).

McKinnell publicou outro livro em 2005 (*Meeting the other in Norse Myth and legend*), desta vez utilizando dois pressupostos de Lévi-Strauss: as características importantes de um mito geralmente são repetidas e este existe para reconciliar crenças contraditórias. McKinnel utiliza essas ideias em diversos momentos do seu livro, como ao analisar o poema *Ynglingatal,* buscando recuperar o modelo de Lévi-Strauss de percepção da tensão entre o herói matador de monstros e o senso de que o próprio herói é também monstruoso (McKinnel, 2005, p. 23-25). Outra obra com viés estruturalista é *Murder and vengeance among the gods* (1997), de John Lindow. Nesse estudo, o mitólogo norte-americano combina dois referenciais, o social e o mitológico, para entender os problemas lógicos e as soluções que o mito se propõe a resolver (no caso, as narrativas envolvendo o deus Balder no mundo nórdico) (Schjødt, 2007, p. 8).

Exemplo de análise estruturalista dos mitos nórdicos

A seguir, apresentamos um pequeno exemplo metodológico de análise dos mitos nórdicos, utilizando a perspectiva estruturalista de Margaret Clunies Ross. Ela utiliza basicamente o modelo de oposição binária em torno da questão de fronteiras e disputas entre o mundo civilizado e exótico ou marginal no mundo nórdico antigo (refletido nos mitos e na literatura), bem como alguns aspectos da estrutura social, especialmente as noções de masculinidade no mundo guerreiro.

Örvar-Oddr saga, capítulo 42 (episódio da donzela do escudo) (Clunies Ross, 2010, p. 118, tradução nossa ao português):

> Pouco tempo depois, o rei monta uma força de combate para Oddr e, depois disso, ele equipa o exército, e quando Oddr estava pronto, ele se despediu, e disse: "Aqui está um presente, Oddr, que eu quero lhe dar. É uma donzela do escudo. Ela é destemida em batalhas e sempre me seguiu fielmente". Oddr disse: "Eu raramente fui aonde as mulheres tinham que me proteger, e isso continuará sendo assim, mas, como você tem boas intenções, eu vou levá-la". Foi assim que aconteceu e ela foi com Oddr. Aconteceu um dia que Oddr viajou com seu exército para um lugar pantanoso, e havia um pântano na frente dele. Oddr foi correndo e saltou sobre o pântano. A donzela do escudo também foi correndo, com a intenção de pular depois dele, mas quando chegou até a encosta, teve medo. Oddr disse: "O que aconteceu?" A donzela do escudo disse: "Vou pular melhor na próxima vez". Ela tenta uma segunda vez, e aconteceu a mesma coisa. "Parece-me [diz Oddr] que você não tem coragem para isso". Ela tenta uma terceira vez e aconteceu a mesma coisa. Oddr então saltou de volta ao pântano e agarrou-a, atirando-a para que ela nunca mais aparecesse. Então, Oddr disse: "Agora você vai para onde todos os trolls podem tê-la, mas, entretanto, eu te devo minha vitória!"

Contexto histórico e cultural: a Örvar-Oddr saga (A saga do arqueiro Oddr) é uma saga islandesa do subtipo lendário, com forte influência de conteúdos da Mitologia Nórdica escrita no século XIII e preservada em 81 manuscritos medievais. A versão mais antiga é a S (manuscrito Holm perg 7, 4º), datada entre 1300 a 1325 d.C. Ela relata as façanhas do personagem Oddr, também citado em outras sagas, sendo um importante herói para o mundo nórdico medieval. A passagem destacada (capítulo 42) é um episódio menor da saga e possui uma natureza picaresca, derivada da trama principal da saga, em que são relatadas diversas aventuras do herói vagando pelo mundo e escapando das consequências de uma profecia que dizia que ele seria morto em seu lar na Noruega por meio do crânio de seu cavalo. A saga acumula uma grande quantidade de episódios nos quais o herói atravessa terras exóticas e encontra uma grande variedade de adversários, humanos, animais, monstros e demônios (Clunie Ross, 2010, p. 118-119). O episódio do encontro com a donzela do escudo ocorre em um ponto da saga em que Oddr, que viajou disfarçado como um ancião chamado Vídforull, obteve a confiança do Rei Herraudr de Húnaland (após ele primeiramente ter superado uma série de provas). Para obter sucesso em uma nova missão, ele pretende desposar a bela filha do Rei Álfr bjálki, de nome Silkisif. Tanto o rei quanto a rainha e sua filha são pagãos feiticeiros. No início do episódio da donzela do escudo, Oddr se prepara para a nova missão.

Nesse sentido, a jornada para Bjálkaland se torna a derrocada do paganismo por um herói objetivamente cristão, Oddr, que havia recebido o batismo durante suas incursões pelo sul da Europa. As duas regiões principais da trama, Húnaland e Bjálkaland, podem ser entendidas dentro de qualidades opositoras: o desconhecido e o conhecido, cultura e natureza, cristianismo e paganismo (Clunie Ross, 2010, p. 119).

Análise: alguns leitores modernos têm dificuldade para entender o episódio da donzela-escudo da *Örvar-Oddr saga*. Trata-se de um trecho gratuito de misoginia? Uma forma de diferenciar a força física entre um herói masculino e uma mulher? O que é exatamente uma donzela do escudo? O termo *skjaldmær* (plural: skjaldmeyjar) é utilizado em nórdico antigo para se referir a uma mulher que tem escudos e participa de conflitos armados. Em um trecho da *Alexander saga*, existem referências a amazonas vivendo na área do Cáucaso, assim como em um poema escáldico (Stornu Oddi Helgason, *Geirvidadrápa* 4/1) uma valquíria aparece de modo muito semelhante. Na *Völsunga saga*, a mulher guerreira Brynhildr é referida como skjaldmær, apesar de sua autodescrição ser muito pouco diferente da concepção tradicional de uma valquíria armada servindo ao deus Odin. A mais significativa evidência, entretanto, provém do poema *Atlakviða* (a canção de Atli) da Edda poética, referindo-se a uma lenda baseada na vida do personagem histórico Átila, que morreu em 454 d.C. Em duas passagens (estrofes 16 e 43), as donzelas do escudo hunas são mencionadas como integrantes desta sociedade. No fim do poema, além dos templos e das casas queimadas, também as guerreiras são carbonizadas, sugerindo que elas eram o centro do poder huno. As duas referências de Atlakviða indicam que sua associação com a sociedade guerreira dos hunos era bem familiar a uma audiência escandinava.

Para Clunies Ross, a caracterização de uma donzela do escudo na trama da Örvar-Oddr saga foi criada como uma companhia adequada para caracterizar um rei huno (Clunie Ross, 2010, p. 120). Outros tipos de mulheres guerreiras aparecem nas Riddarasögur, as donzelas reis (*meykóngar*), que se recusam a casar e desejam tomar parte de combates. Eventualmente, elas são domesticadas em casamentos e atividades femininas convencionais por um herói por quem acabam se apaixonando ou, ainda, morrendo em batalhas. Em geral, as representações dessas mulheres em um papel sexual invertido são admiradas, mas nunca aceitas socialmente em sua forma real. A donzela do escudo da Örvar-Oddr saga participa também da avaliação sexual de uma conduta masculina e feminina – isso é claro diante do desprezo de Oddr pela proteção de uma mulher. Quando ela fracassa no teste físico, a lógica da honra requer que ela seja eliminada, e é isso que Oddr faz, afogando-a em um pântano, um local com conotações degradantes. Nesse nível, o episódio reforça as qualidades masculinas de Oddr (Clunie Ross, 2010, p. 121). A donzela do escudo pertence ao mundo dos hunos e ela própria contém qualidades que caracterizam os hunos na literatura nórdica antiga. Tradicionalmente, eles foram invasores e inimigos dos povos germânicos, sendo sinônimo de pessoas envolvidas com armamentos, cavalos e duras batalhas em inúmeros poemas da Edda poética, incluindo Atlakviða, Hamðismál e Guðrúnarhvöt. Como os hunos moravam na margem da Europa, eles são localizados nas sagas lendárias como uma civilização marginal, em que a cultura e o exotismo operam de acordo com as normas do mundo nórdico antigo: exemplos disso são os testes de Oddr com caça, natação e beberagem.

Assim, a donzela do escudo é integrada à civilização, na medida em que ela é uma seguidora do rei huno (Clunie Ross, 2010, p. 121). Entretanto, no nível da cultura *versus* a natureza, ela não ultrapassa o limiar do mundo simbolizado por Bjálkaland por duas razões: primeiro, porque é mulher e não é fisicamente forte como Oddr; em segundo porque, apesar de exótica, pertence ao mundo da cultura e não pode levar as forças naturais em Bjálkaland e superá-las, mas Oddr pode. Em outras passagens da Örvar-Oddr saga, Oddr demonstrou sua dupla capacidade de lidar com ambos os mundos. A introdução da donzela do escudo na narrativa, nesse ponto, externaliza a liminaridade da jornada de Oddr e a diferença entre o mundo que ele vive e aquilo que, em sua busca, deve ser bem-sucedido. A donzela do escudo deve morrer e então Oddr pode vencer sozinho o inimigo e obter a sua noiva (Clunie Ross, 2010, p. 122).

O método comparativo

A Escola de Mitologia Comparada foi criada no século XIX por Friedrich Max Müller, que também foi o inaugurador da Ciência das Religiões. Para ele, todos os mitos foram originados por forças da natureza, que se transformaram em narrativas míticas sem sentido (personificações de fenômenos naturais, especialmente meteorológicos e astronômicos). A semelhança entre os diversos deuses indo-europeus seria uma evidência de uma origem comum desses povos. Em sua essência, a mitologia seria um discurso patológico (uma doença da linguagem), uma forma de linguagem em que os mitólogos comparativistas tentariam encontrar, através das etimologias e das interferências semânticas, os primeiros valores das raízes da língua (Jabouille, 1986, p. 80). Müller parte do pressuposto de que os mitos ocidentais e orientais foram provenientes de um mesmo tronco histórico, os arianos.

Assim, comparam-se as diversas tradições mitológicas por meio de estudos linguísticos, visto que todos os povos (gregos, indianos, romanos, eslavos, teutônicos e celtas) possuem uma mesma origem histórica. Aqui, evidentemente, as diferenças nas narrativas e nos padrões linguísticos não são levadas em conta, somente as semelhanças. Em sua obra, diversos quadros analíticos são utilizados, utilizando as semelhanças entre algumas palavras. No seu famoso ensaio *Comparative Mythology*, Müller emprega seis quadros comparativos, sendo que o mais complexo é sobre os animais selvagens euroasiáticos (termos em sânscrito, grego, itálico, teutônico, lituano, eslavo e céltico) (Müller, 1876, p. 55). Aqui, ficam evidentes os limites do método comparativo de Müller: compara-se apenas o que era linguisticamente parecido, ou seja, apenas a mitologia dos povos indo-europeus (Pettazzoni, 2016, p. 247). Seguindo a mesma hipótese indo-europeia e com método comparativo muito semelhante (mas não mais baseado na linguística e sim na análise dos próprios relatos em si), o escandinavista George Dumézil renovou os estudos de mitologia a partir dos anos de 1920, apresentando sua famosa teoria da tripartição social: os mitos refletiriam uma estrutura política comum aos povos indo-europeus. Cada ordem hierarquizada dos estratos era coletivamente representada no mito e na épica por um conjunto de heróis e deuses, e cada estrato contribui para a manutenção do sistema sociais e sobrenaturais (Jabouille, 1986, p. 103). Assim, exemplificando com o mundo nórdico, temos os mitos da soberania (Odin), dos guerreiros (Thor) e da fertilidade (Freyr) (Dumézil, 1939, p. 12).

Apesar de sua grande importância e influência para os estudos de Mitologia Nórdica, a obra de Dumézil sofreu pesadas críticas teóricas e metodológicas, especialmente dos acadêmicos de línguas germânicas após a década de 1970. Influenciada por Dumézil, em 1988 a mitóloga Hilda Davidson publica o livro *Myths and symbols in pagan Europe*, uma densa análise comparativa entre os mitos nórdicos e celtas. As similitudes e paralelos encontrados pela autora nas fontes primárias, segundo ela, vão além das simples explicações de contatos históricos entre os dois grupos e foram motivados devido ao fato de ambas as sociedades possuírem um grupo de duas ou três deidades poderosas comandando o mundo, cuja ajuda e proteção regularizavam os festivais religiosos e as comunidades, além dos deuses guerreiros e da fertilidade (Davidson, 1988, p. 217-228).

O método comparativo foi uma das ferramentas analíticas mais utilizadas pelos acadêmicos de temas nórdicos, tanto no século XIX quanto no XX. Basicamente, seus métodos consistiam em contrapor dois ou mais sistemas mitológicos, procurando evidências de um padrão universal ou geral, aproximando-se da fenomenologia (seja a teoria dos arquétipos ou do *homo religiosus*). Outras experiências comparativas, como a de Angelo Brelich, preocupavam-se muito mais com as individualizações que as generalizações, procurando determinar as funções mítico-religiosas relacionadas às realidades sociais e históricas de uma dada região e espaço de tempo (Agdolin, 2013, p. 77-87). Já o helenista Marcel Detienne critica o comparativismo clássico pela sua busca de elementos permanentes e estáveis de uma cultura a outra e seus aspectos evolucionistas, deixando a abordagem fechada em si mesma e muito esquemática. Para ele, o método comparatista deve levar em conta a dinâmica interna de todo sistema cultural, permitindo um experimentalismo na análise e uma liberdade para perceber outras facetas das divindades, do panteão, das crenças e a diversificação dos sistemas religiosos, atingindo a "rede cultural" de uma época, que entrelaça as fontes literárias, escritas e materiais.

Recentemente, o historiador das religiões Hans Hultgård publicou um estudo comparativo sobre a narrativa nórdica da criação do homem e da mulher, passando pela área clássica, iraniana e finlandesa, concluindo que ela pertence a uma tradição indo-europeia mais antiga, a de mitos em que os homens são gerados em conexão com as árvores. Em especial, Hultgård comparou a *Völuspá* 4, em que o Sol surge associado a plantas – em um momento cosmogônico, com a estrofe 17 do mesmo poema narrando o surgimento de Ask e Embla. E, utilizando um mito frígio, que relata justamente o momento em que o Sol ilumina os primeiros humanos transfigurados em árvores, apela para a ideia de que o poema éddico preservou uma narrativa muito antiga, sem vínculo com o cristianismo (Hultgård, 2006, p. 58-62).

O mesmo autor ainda enumera algumas das finalidades de se estabelecer paralelos: discutir a influência de uma tradição mitológica sobre outra; reconstruir um protótipo comum ou estabelecer algum tipo de relação genética; para obter uma melhor compreensão do mito em particular ou fenômeno com que estamos particularmente preocupados; para referendar a origem antiga de um mito, crenças ou rituais que são mal ou tardiamente atestados na religião estudada, apontando correspondências em fontes anteriores e mais completas de outras religiões (Hultgård, 2006, p. 61).

Com relação ao comparativismo adotado pelos acadêmicos em geral desde os anos de 1950, eles se tornaram o que Pettazzoni (2016, p. 253) nomeou de "comparação descritiva", um simples registro de semelhanças e diferenças entre mitos e crenças de povos distintos. Aqui, as pesquisas do mito se confundem com os estudos de religião (ou Ciência das Religiões). Hock (2010, p. 90) enumera as diferentes formas de comparação, em primeiro lugar a pesquisa histórico-religiosa no sentido mais estrito, em que os textos são utilizados para descrever uma tradição literária com o objetivo de se destacar o particular ou o singular, podendo assim se esboçar o seu desenvolvimento histórico. Mas, nesse caso, a relação leva em conta somente elementos comparáveis. Outro tipo de procedimento é o "método comparado indutivo", realizado a partir do material empírico para se chegar a conclusões ou leis gerais. Uma crítica a essa metodologia é de que os pressupostos idealísticos surgem da própria comparação. Outro procedimento é o "método comparativo dedutivo", que parte de uma determinada teoria e ordena a diversidade das formas das manifestações religiosas conforme determinadas categorias. Mas que também apresenta críticas, especialmente por não levar em conta que em diferentes tradições e fenômenos religiosos ocupam posições inteiramente diferentes. Atualmente, um dos métodos mais utilizados é o da "comparação contextual", baseada na comparação de fenômenos diferentes provenientes de diferentes religiões, somente considerando o contexto dos fenômenos comparados (Hock, 2010, p. 92-95).

Para Marcel Detienne, a abordagem comparativista deve primar pela descoberta de dissonâncias cognitivas, ressaltar um detalhe, um traço que escape ao intérprete ou ao observador: deve ser ao mesmo tempo singular e plural, mas nem demasiado geral e nem tanto específica de uma só cultura. Não procurar a essência dos fenômenos religiosos, mas as suas formas móveis e múltiplas. O analista deve fragmentar, deter-se nos detalhes do campo da comparação, relacionando-os aos conjuntos dos objetos da vida social e do mundo natural – a série de microrredes que apresentam a interação complexa sobre toda a extensão do campo cultural (Detienne, 2004, p. 46-47, 49, 53, 119, 120).

O classicista espanhol José Barrera enumerou algumas linhas gerais para a análise envolvendo mitologia comparada (Barrera, 2003, p. 471-486). Em primeiro lugar ele estabelece algumas críticas aos métodos clássicos, advindos de Müller, Dumézil, Jung e Rank: toda analogia é uma identidade; toda analogia possui uma propriedade comutativa; toda analogia possui propriedades transitivas; da analogia pode derivar uma teoria. Segundo Barrera, toda comparação já parte de alguma teoria, sendo o comparativista uma mescla entre o empirista e o teórico. Apesar da crítica de alguns historiadores, devido ao fato de a comparação supostamente romper a lógica do espaço-tempo, o comparativista substitui a identidade de uma só cultura (a nórdica, p. ex.) por uma unidade mais ampla (a germânica, a indo-europeia, a euro-asiática).

Partindo do referencial de que o mito é algo extremamente polimórfico, Barrera estabelece que as condições para uma boa comparação mitológica podem ser classificadas em dois grupos: A) As condições lógicas. B) As condições externas. Para evitar os quatro paralogismos comparativistas clássicos apontados, Barrera aponta algumas regras que todo mitólogo deveria seguir: o mitólogo não deve confundir nunca a analogia com a identidade, apesar de a analogia ser muito forte; as analogias não são comutativas, mas condicionais. Deve-se ser consciente do que é análogo e nisso se pode aplicar a propriedade comutativa. No mito nunca se pode passar da parte para o todo; as analogias não são transitivas; a comparação mitológica é empírica, mas não somente empírica. Parte de uma teoria de que o mitólogo deve estar consciente. Deve ser capaz de diferenciar o que é teórico (enunciados teóricos) do que é empiricamente dado (enunciados observacionais). Do contrário, poderá confundi-los. Como o mito está enquadrado em múltiplos contextos, investigar os mitos é fazer muito mais que História Social ou ideológica, é penetrar numa rede de conexões culturais e cotidianas em que as sociedades se inserem. O mito não é uma forma de pensamento puro e para que a comparação tenha validade é necessário levar em conta os contextos culturais e linguísticos, bem como as coordenadas espaço-temporais (Barrera, 2003, p. 471-486).

Mais recentemente, o historiador das religiões Jens Peter Schjødt publicou diversos estudos sobre o comparativismo aplicado aos estudos de mito e rito na área nórdica antiga. Para esse pesquisador, o método comparado possui dois tipos básicos. O primeiro, o tipológico, é mais genérico e baseia-se no fato de que algumas culturas não possuem necessariamente conexões históricas, políticas, econômicas ou culturais, e as similaridades são baseadas em modelos prévios. O segundo, o genético, envolve culturas conectadas historicamente e que exerceram algum tipo de influência umas sobre as outras ou possuem um patrimônio comum (Schjødt, 2017b, p. 3-4).

Schjødt apresenta vários níveis diferentes de comparação utilizando o método genético, aplicado ao mundo nórdico: 1) *Comparação interna*: o mais utilizado pelos acadêmicos em geral, no qual as informações são obtidas dentro da própria área escandinava. Um exemplo é quando se compara algum mito do deus Thor com outros mitos da mesma deidade – textos originados na mesma cultura. Aqui, evidentemente, surgem alguns problemas, como a questão da inexistência de uma única "cultura" ou "visão de mundo" para o contexto escandinavo pré-cristão, sendo melhor aplicar a noção de diversidade regional e social, e Schjødt problematiza: as diferentes versões da pesca da serpente do mundo por Thor não indicam necessariamente o desenvolvimento do mito, mas diferentes ideias para diferentes grupos ou indivíduos, centrados na luta entre cosmos e caos, centro e periferia, positivo e negativo etc. 2) *Comparação entre os grupos germânicos*: um procedimento tradicional, geralmente envolvendo fontes clássicas antigas, como Tácito, e as fontes escandinavas medievais. 3) *Comparação entre culturas vizinhas*, como as dos sámi no norte, celtas, eslavos, povos bálticos e dos povos germânicos no sul. A proximidade complica a comparação e a similaridade não originada de empréstimo ou patrimônio em comum, exemplificado com o reinado duplo de Hengest e Horsa entre os anglo-saxões e a referência de Tácito sobre a distinção entre duces e reges, bem como a relação entre Freyr e Odin em conexão com os reis. 4) *Comparação indo-europeia*. Apesar das enormes diferenças culturais que foram desenvolvidas nas várias religiões e mitos dos indo-europeus, existe algum tipo de núcleo que constitui parte do espaço discursivo da Escandinávia, tanto para as regiões norte quanto sul desta área. Existe um traço comum entre as informações sobre as tribos germânicas e as fontes islandesas sobre esse espaço discursivo, em que o passado pagão não foi uma simples invenção dos escritores medievais. Aqui, temos possibilidades comparativas para fontes produzidas em diferentes períodos, em diferentes lugares e em diferentes ambientes (Schjødt, 2012, p. 275-282).

Por sua vez, a recente coletânea *Old Norse Mythology*: *comparative perspectives* vem demonstrar as mais recentes tendências no comparativismo nórdico. Além dos estudos teóricos, o livro se concentra em três grupos de análises temáticas (entre genéticas e tipológicas): os que envolvem investigações concentradas em fontes nativas de um ponto de vista internalista (comparando deuses nórdicos, como, p. ex., o capítulo de Terry Gunnell sobre os Vanes); os que analisam os mitos nórdicos em relação com os mitos da região circumpolar e báltica (portanto, tradições vizinhas, a exemplo de Thomas Dubois, John Lindow e Olof Sundqvist); comparação dos mitos nórdicos com tradições euro-asiáticas, mas algumas distantes da Escandinávia (Richard Cole analisando Snorri e os judeus; Joseph Nag comparando o mundo nórdico com os irlandeses e persas; Michael Witzel refletindo o mito de Ymir com a China e Índia) (Hermann, 2017, p. 113-380).

Exemplos de análise comparada dos mitos:

• *Análise comparada genética (entre grupos germânicos)*. Apresentamos a seguir a síntese de uma análise entre duas fontes germânicas realizada pelo historiador Jens Peter Schjødt. As contextualizações são acréscimos nossos.

Tácito, *De Origine et situ Germanorum* I, 130-131, 98 d.C. (Tradução ao português de Andrade, 2011, p. 11).

> Por meio de cantos antigos, que é a única espécie de recordação e de anais que há entre eles, celebram o deus Tuistão, nascido da terra. Atribui-se a ele um filho, Mano, origem e fundador da gente, e, a Mano, três filhos. E, a partir dos nomes destes, são chamados ingévones e os que habitam próximo ao Oceano, hermíones os da região central e istévones os demais.

Contexto histórico e cultural: a obra foi publicada atendendo à curiosidade pública e administrativa romana sobre os povos "bárbaros" do Norte, com forte caráter etnográfico, com informações orais e literárias obtidas de viajantes e comerciantes. Apesar de sua eminente *interpretatio romana* (especialmente considerações de ordem moral e política), é uma fonte indispensável para o conhecimento das crenças, mitos e ritos dos antigos germânicos, com forte grau de credibilidade fornecido pela arqueologia moderna, especialmente nos dados relativos à sociedade e assentamentos (Martínez, 1999, p. 38-49).

Snorri Sturluson, *Gylfaginning* 6, 1220 d.C. (Tradução nossa ao português, manuscrito R, *Codex Regius*, GKS 2367, 4º to, século XIV, edição de Faulkes, 2005, p. 11).

> Ela lambia os blocos de gelo, que eram salgados. No primeiro dia em que lambeu as pedras, saiu um cabelo, no segundo dia a cabeça de um homem, no terceiro dia um homem inteiro. Seu nome era Búri. Ele era formoso, grande e forte. Ele teve um filho chamado Borr. Ele teve uma esposa chamada Bestla, filha de Bölþorns Jötuns, e eles tiveram três filhos. O primeiro se chamou Odin, o segundo Vili, e o terceiro Vé.

Contexto histórico e cultural: em nórdico antigo, Gylfaginning (As alucinações de Gylfi) corresponde à primeira parte da *Edda em prosa*, de Snorri Sturluson (sem contar o prólogo), uma obra escrita para ser um manual de Mitologia Nórdica para os jovens poetas da Islândia durante a sua época (escrito possivelmente pelo intelectual islandês Snorri Sturluson em 1220 d.C.), em um período em que as antigas metáforas poéticas e as narrativas estavam sendo esquecidas pela população em geral. A seção Gylfaginning reconta a mitologia do início dos tempos até a destruição e renovação do mundo. Ela foi elaborada na forma de um diálogo entre os deuses e o rei sueco Gylfi, disfarçado com o nome de Gangleri, que segue para Asgard buscando conhecimento sobre os deuses (Langer, 2015c, p. 146, 228)

Análise comparada: nos dois trechos referenciados, temos alusões a mitos teogônicos separados por doze séculos e analisados pelos especialistas em várias perspectivas, mas a apresentada por Schjødt é inovadora. Para ele, em primeiro lugar, temos que assinalar várias diferenças entre os dois textos. Os deuses envolvidos têm nomes bastante diferentes. Tácito menciona que os três filhos de Mano são progenitores de diferentes grupos de tribos, fato não relatado por Snorri, que, de outro lado, menciona a vaca e o primeiro "deus", Búri, que nasceu durante três dias e sendo lambido pelo animal – sem paralelo com o historiador latino. Obviamente, as diferenças são esperadas entre dois relatos teogônicos separados por mais de 1.100 anos e por milhares de quilômetros, mas o que surpreende, apesar de todas as diferenças, é encontrar similaridades tão específicas que não parece razoável argumentar que são universais, manifestadas coincidentemente entre duas culturas diferentes (Schjødt, 2017a, p. 59).

Os dois textos estão em níveis diferenciados. Em primeiro lugar, é possível argumentar que alguns dos nomes dos dois mitos têm relação uns com os outros. Tuisto (Tuistão) provavelmente significa "gêmeos", que também é uma das interpretações do nome Ymir, o primeiro gigante da cosmogonia nórdica antiga. Em outros manuscritos da Germânia, entretanto, a forma Tuisco, que tem sido interpretado como um descendente de Tiwas (Tyr) por pesquisadores como de Vries. Não importa qual dos dois relatos seria o correto, parece haver algum tipo de continuidade entre o escritor latino da Antiguidade e as fontes da Islândia Medieval. Entretanto, isso aqui não é o ponto principal, porque não auxilia em nada para reconstruir a estrutura de qualquer mito teogônico germânico ou escandinavo pré-cristão. Para isso, temos que ter paralelos muito mais específicos e encontramos isso na estrutura básica. Primeiro, um paralelo exato é o deus primordial gerar três filhos (Mano em Tácito e Borr em Snorri); outra similitude é que tanto Tuistão quanto Búri terem nascido da terra; um terceiro paralelo é que a terceira geração tem algum tipo de relação com a humanidade (em Tácito são mencionados nomes de tribos; em Snorri são relatados os três deuses Vili, Vé e Odin, criadores do primeiro casal de humanos). O deus nórdico que encarna mais diretamente esse aspecto de antepassado (tanto dos escandinavos quanto de casas reais anglo-saxãs) é Odin. Mas, no entanto, em conjunto, parecem indicar, além de qualquer dúvida razoável, que devemos aceitar algum tipo de continuidade (Schjødt, 2017a, p. 59). Esse e outros paralelos, de uma vez por todas, legitimam o uso potencial das fontes milhares de anos antes do período em foco. É importante destacar aqui o uso da palavra "potencial", devido ao fato de que o paralelo utilizado até aqui como argumentação não permite que se discuta que tudo do Gylfaginning seja baseado numa estrutura germânica comum. Afinal, mudanças sempre ocorrem (Schjødt, 2017a, p. 60).

• *Análise comparada genética (entre grupos vizinhos)*. Apresentamos a seguir nossa análise envolvendo o tema da árvore cósmica, com cinco fontes euro-asiáticas, sendo três de origem nórdica.

Relato sámi de árvore cósmica, século XVIII (Tradução do inglês de nossa autoria, baseado em Tooley, 2009, p. 28):

"[...] Para Veralden Rad [era dedicada] uma árvore com três ramos, para suportar o mundo.

Contexto histórico e cultural: trecho de informação oral colhida pelo missionário Sigvard Kildai e escrito em 1730, a respeito do festival sacrificial de outono dos sámi, cujo deus Veralden Rad era associado a uma árvore cósmica. Os sámi constituem um povo de língua finoúgrica que habitavam a região do norte da Escandinávia e que mantinham relações culturais e comerciais com os nórdicos desde a Era Viking (Tooley, 2009, p. 28).

Relato sakha de árvore cósmica, século XIX (Tradução nossa ao português, texto original em sakha e inglês de Tooley, 2009b, p. 29-30):

Quando o homem saiu da entrada leste da frente da casa para olhar ao redor, ele viu o rei das árvores, que cresce no meio do seu prado; sobre ele sopra uma brisa azul, e ele tem vários séculos de idade. As raízes de sua árvore cresceram até o submundo, as partes superiores atravessam todos os nove céus, cada folha mede sete braças, cada fruto tem nove braças. Sob suas raízes, a água eterna brota. Quando o gado branco e negro está envelhecido, faminto, com a força desaparecida, vão

>voando e correndo lamber a seiva e a resina que flui dos galhos e frutos dessa árvore e se juntam a um fluxo apressado, ocupando-se em restaurar seu antigo estado de juventude e abundância.

Contexto histórico e cultural: excerto de um conto folclórico sakha registrado em 1840 por um informante nativo. O conto narra a descrição do primeiro homem e o paraíso onde ele vive, além de sua casa, onde estaria situada uma árvore cósmica e da vida. Os sakha (em português: iacutos) são um povo turcomano que habitava a região das tundras e da Sibéria, ao norte da Eurásia (Tooley, 2009, p. 29).

Vǫluspá 19, século X (Tradução do nórdico antigo ao português por Miranda, 2018):

>O Freixo eu sei que ali está, / chamado Yggdrasill, / árvore alta, polvilhada / com barro branco; / dali provêm os orvalhos / que caem sobre os vales, / sempre verde se levanta sobre / o Poço de Urðr.

Contexto histórico e cultural: a Vǫluspá é o mais famoso poema éddico, o primeiro encontrado no manuscrito *Codex Regius*. Composto por 66 estrofes na forma de um monólogo visionário, no qual uma gigante profetisa é instigada por Odin, formando imagens individualizadas dos mitos nórdicos, especialmente da criação e destruição do mundo (Langer, 2015h, p. 555).

Grímnismál 32, século XIII (Tradução do nórdico antigo ao português por Miranda, 2014, p. 32):

>Três raízes / ficam em três direções / debaixo do freixo Yggdrasill; / Hel vive embaixo de uma, os gigantes do gelo em outra, / os seres humanos em uma terceira.

Contexto histórico e cultural: o Grímnismál é um poema éddico que narra um monólogo entre o deus Odin, revelando detalhes cosmológicos e mágicos. O poema é encontrado no manuscrito GKS 2365 4 to (conhecido por *Codex Regius*), datado do século XIII, mas possivelmente cópia de um manuscrito mais antigo (Miranda, 2015, p. 216).

Snorri Sturluson, *Gylfaginning* 15-16, 1220 d.C. (Tradução nossa ao português, manuscrito R, *Codex Regius*, GKS 2367, 4º to, século XIV, edição de Faulkes, 2005, p. 17-18. Não descrevemos aqui o contexto histórico e cultural do Gylfaginning, visto que já o apresentamos na seção anterior):

> [...] Junto ao freixo Yggdrasil. Onde os deuses julgam todos os dias [...] O freixo é a mais alta e melhor de todas as árvores. Suas ramas se dispersam pelo mundo e pelo céu. Três raízes da árvore a sustentam e são muito largas. Em uma ficam os deuses, em outra os gigantes do gelo, onde antigamente ficava o Ginnungagap. A terceira é sobre Niflheimi, e sob esta raiz está Hvergelmir, mas Níðhöggr rói a raiz por baixo. [...] A terceira raiz do freixo está no céu, e abaixo desta raiz está o poço que é sagrado e se chama Urðarbrunnr. [...] Uma águia pousa nos ramos do freixo, e ela sabe muito, e entre os seus olhos está um falcão chamado Veðrfölni!"

Análise comparada: os cinco relatos descrevem o tema da árvore cósmica, um tipo de árvore que sustentaria o cosmos e que é comum a diversos povos euro-asiáticos, possuindo centenas de descrições mitológicas, cosmológicas, simbólicas e envolvimentos com rituais e cotidiano religioso. Os relatos sámi e sakha são mais recentes que os nórdicos, mas não podemos simplesmente considerar que ambos foram influenciados por contatos culturais com os grupos de língua germânica (como é comum na historiografia sobre o tema), pois podem provir de origens nativas mais antigas e que são familiares à grande parte das populações do norte da Europa.

A narrativa sámi provém da descrição de um ritual ao deus Veralden Rad, em que uma árvore era tanto objeto de adoração (na qual se imolavam animais em certos períodos) quanto símbolo ou encarnação da árvore cósmica que sustentaria o universo – neste caso, possuindo similitude direta com a descrição do relato sakha, Grímnismál e Gylfaginning. A diferença, nesse caso, é que estas últimas narrativas são mais detalhadas, descrevendo os três níveis básicos de ordenação do universo: o mundo dos deuses (céu), o nível humano e o submundo. Também o relato sámi, apesar de breve, possui um elemento essencial ao mundo escandinavo e em especial na descrição do Grímnismál e Gylfaginning: o número três associado com a árvore, tanto possuindo este número de ramas (sámi) ou raízes (nórdico).

Um número essencialmente relacionado com o xamanismo e as concepções cósmicas dos euro-asiáticos.

Ao mesmo tempo, apesar de seu conteúdo cosmológico, o relato sakha está mais diretamente associado com uma ideia de tempo primordial, paradisíaco, em que o primeiro homem contempla um vegetal cósmico que também é a árvore da vida – sustenta, provê alimentos e fertilidade para o universo. Seus frutos gigantescos e seu fornecimento inesgotável de água serve tanto para os humanos quanto para os animais. Evidentemente, a árvore Yggdrasill nórdica também tem essa função (especialmente na descrição da cabra Heiðrún, que serve hidromel aos guerreiros mortos, em outro momento da Gylfaginning), mas ela se torna menor em um contexto no qual a existência da árvore é, antes de tudo, espacial: sustentadora e eixo do cosmos, definidora de limites e de classificação entre os seres. Central no relato sakha é a definição da árvore como sustentadora de alimentos para o gado. O povo sakha (iacuta) era até o século XIX seminômade, principalmente criador de gado e cavalos no sul da Sibéria. Já os dois animais presentes no trecho selecionado do Gylfaginning (águia e falcão) remetem não a questões de subsistência cotidiana, mas essencialmente a pássaros envolvidos em aristocracia militar na Era Viking (falcoaria), com elementos de xamanismo cosmológico (a águia como animal celestial no topo da árvore, símbolo da suprema deidade e o falcão como o olho desta). A análise que realizamos até aqui é muito limitada, visto que existem inúmeras outras fontes sobre o tema da árvore cósmica para todos os povos citados e não podemos nos detalhar por falta de espaço. Voltamos a debater esse tema na próxima seção, utilizando fontes iconográficas.

Metodologias iconográficas

O estudo das imagens tornou-se muito comum nas Ciências Humanas a partir de final do século XX, especialmente nas Ciências Sociais e na História. Na impossibilidade de um levantamento básico desta produção, nos deteremos nos referenciais culturalistas de análise. Segundo Ernest Gombrich, toda imagem é um produto de *schematta*: o artista utiliza referenciais psicológicos e culturais para criar representações da realidade, da natureza e de sua imaginação. Assim, toda imagem é baseada no hábito e na tradição, e não pode estar separada das exigências de uma sociedade (Gombrich, 2007, p. 55-78). Nesse sentido, os modernos estudos de cultura visual admitem muito mais o abandono do conceito de uma visão física para uma cultura da visualidade, obtida pela experiência histórica: as construções culturais da experiência visual na vida cotidiana, nas mídias, nas representações e nas artes visuais (Knauss, 2006, p. 105-108).

Alguns elementos básicos na análise de imagens podem ser destacados: 1) O testemunho das imagens necessita ser colocado no contexto ou série de contextos (cultural, político, material), incluindo as convenções artísticas em um determinado lugar e tempo, assim como o interesse dos artistas e do patrocinador original ou cliente (se houver) e a pretendida função da imagem (Burke, 2004, p. 237). A análise da imagem deve, assim, levar em conta, tanto quanto os motivos iconográficos, as relações que constituem sua estrutura e caracterizam os modos de figuração próprios de certa cultura e de certa época (Schmitt, 2007, p. 34). 2) Uma série de imagens é mais confiável do que imagens individuais (Burke, 2004, p. 237). Nenhuma imagem se encontra completamente isolada. Isolar uma imagem é sempre arbitrário e incorreto (Schmitt, 2007, p. 41). 3) Assim como os textos, as imagens precisam ser lidas nas entrelinhas, observando-se os detalhes mais significativos, incluindo as ausências, usando-as como pistas de informações que os produtores de imagens não sabiam que eles sabiam (Burke, 2004, p. 238). 4) A análise da forma e estrutura de uma imagem é indissociável do estudo de sua função. Na relação entre forma e função da imagem, encontra-se a intenção do artista, do financiador e do grupo social que fazia parte (incluindo os destinatários). Além do gênero das imagens, o lugar ao qual era destinada é importante, assim como sua possível mobilidade ou espectadores em potencial (no caso de monumentos). Toda imagem deve ser estudada em sua base sincrônica (social, cultural, ideológica) e diacrônica (periodização, cronologia) (Schmitt, 2007, p. 42-51). Com relação a publicações analisando imagens da Mitologia Nórdica, o estudo mais paradigmático é *Iconographic traditions*, de Signe Fuglesan. Nele, o autor discute essencialmente a relação entre fontes iconográficas e literárias dos mitos, afirmando que as questões sobre uso e distribuição dos modelos iconográficos não foram discutidas pelos acadêmicos. Também a relação entre a iconografia e a literatura (os poemas vernaculares, principalmente) não é claro para o Período Viking, nem mesmo a questão dos contatos com a Europa Continental e possíveis influências culturais (Fuglesan, 2000, p. 1-11). O pesquisador finlandês Mr. Frog analisa uma proposta interessante, utilizando seu referencial de matriz simbólica: os mitos sofrem variação e continuidade por meio de diferentes fatores históricos e culturais. Assim, as imagens são representações estáticas e individualizadas; os motivos envolvem duas ou mais imagens relacionadas entre si; os padrões narrativos são constituídos por elementos genéricos (imagens, motivos, temas) (Frog, 2015, p. 33-57).

Exemplo de análise iconográfica dos mitos

A seguir, analisamos de forma sucinta duas imagens envolvendo o tema da árvore cósmica. Inicialmente, realizamos algumas pequenas análises do contexto histórico e cultural de cada imagem individualmente e, em seguida, reutilizamos o modelo comparativo tipológico de Jens Peter Schjødt para relacionar as duas imagens entre si.

Figura 1 Cena da primeira tapeçaria de Överhogdal, 800-1100 d.C.

Fonte: Museu Jantli, Suécia [Disponível em http://jamtli.com – Acesso em 05/01/2018].

Figura 2 Reprodução de uma decoração em um vaso de osso. Cemitério de Mokrin, Sérvia, século VI d.C.

Fonte: Hoppál, 2009, p. 132.

Figura 1 – Contexto histórico e cultural: o conjunto de cinco peças de tapeçaria (originalmente utilizadas em paredes) de Överhogdal foi encontrado em 1909 na Suécia e data da Era Viking. O conjunto totaliza cerca de 323 figuras humanas extremamente diminutas e 146 animais e bestas, com maior destaque (Alves, 2017, p. 673-676). As teorias predominantes até o momento são de que as tapeçarias seriam uma representação do Ragnarok; envolveria temas do ciclo Nibelungiano; remeteria a um contexto da cristianização da região; seria relacionada a temas xamanistas. A representação destacada é aceita por muitos pesquisadores como sendo uma imagem de Yggdrasill. Não apresentamos as outras imagens do conjunto de tapeçaria por falta de espaço, motivando publicações futuras com mais detalhes analíticos.

Figura 2 – Contexto histórico e cultural: imagem realizada pelo povo ávaro, uma cultura seminômade mongol que emigrou para a Europa Central no século VI d.C. Estabeleceram-se na Hungria, usando-a como base para dominação dos eslavos. Após o século IX, muitos deles perderam sua identidade e foram convertidos ao cristianismo. O objeto foi encontrado no cemitério de Mokrin, cujo período, entre os séculos VII e IX, possui muitos artefatos e objetos religiosos pré-cristãos, incluindo oferendas, vestígios de animais e objetos metálicos. A imagem é percebida por alguns pesquisadores como uma representação da árvore do mundo de base euro-asiática.

Análise iconográfica: as quatro tapeçarias figurativas de Överhogdal não foram dispostas para apresentar uma sequência narrativa (a exemplo de Bayeux), tendo mais semelhança com a tapeçaria de Oseberg. Seus motivos principais são animais quadrúpedes, especialmente cavalos, cervos, renas e bestas (talvez dragões). Os seres humanos foram representados de forma extremamente diminuta, criando assim um destaque absoluto para as representações animais. Das quatro tapeçarias figurativas, em três a figura da árvore é central. Em algumas tapeçarias ocorre a inclusão de motivos diferentes do padrão geral, como uma embarcação a vela, cavalos sendo montados por figuras antropomórficas, habitações e igrejas. Ao contrário do principal fragmento encontrado em Oseberg – que possui a cena bem definida de uma procissão –, muitos dos motivos de Överhogdal não têm relação direta entre si. Neste sentido, discordamos das interpretações que sugerem que sejam cenas do Ragnarok ou do Ciclo Nibelungiano. Para o primeiro caso, estão ausentes quaisquer referências à morte dos deuses ou perseguição dos astros, e no segundo, não ocorrem alusões à morte/combate do dragão (ambas surgindo em imagens das ilhas britânicas de ocupação nórdica no século X). A interpretação de que seja uma evidência da conversão da região também é fraca, visto que a inclusão de temas cristãos (como a igreja) são escassas, ficando em segundo plano, quando comparado com os temas animais. Neste sentido, o significado mais expressivo fica por conta do tema da árvore central, seguido de vários quadrúpedes que possuem seis ou oito pernas.

Na figura 1 percebemos a principal cena da primeira tapeçaria com um cavalo de oito patas (Sleipnir) ao lado da árvore encimada por um pássaro (Yggdrasill e a águia; cf. citação do Gylfaginning 15-16 na seção anterior). Dessa maneira, o contexto mais importante para entendermos todo o conjunto imagético de Överhogdal é a cosmologia nórdica. Na imagem

2 (cena do vaso de osso de Mokrin), percebemos a representação de uma árvore estilizada, central ao conjunto, possuindo nove ramos ou galhos e ao seu lado, a inclusão de nove quadrúpedes (com pelo menos dois cervídeos). O número nove foi identificado com os mundos celestes na maioria das tradições xamânicas euroasiáticas e ocupa uma grande importância na Mitologia Nórdica, sendo essencialmente vinculada a três tradições: cosmológica (os nove mundos); ao contexto do deus Odin (magia rúnica e sacrificial); estética literária na poesia éddica (Langer, 2015e, p. 340-342). Os animais representados em Mokrin parecem flutuar ao lado da árvore, enquanto a inclusão de um círculo e um objeto com quatro pontas (ou a representação de um pássaro) reforçam o caráter cósmico da cena. Como vimos na seção anterior (com o Relato Sakha e o Gylfaginning), os animais são o centro da vida física da árvore do mundo. Com isso, podemos analisar as quatro tapeçarias de Överhogdal desta maneira: na primeira e terceira tapeçarias, ocorrem representações de grande número de animais, centralizados por Yggdrasill, sem preponderância de figuras antropomórficas (elas surgem em tamanhos reduzidos) – a árvore como eixo e base do universo e fonte da vida, o mesmo sentido da decoração de Mokrin. Mas também aqui ela pode assumir o papel de meio de comunicação entre os mundos (pela representação de Sleipnir e da águia no topo). Já na segunda tapeçaria de Överhogdal, a árvore não aparece e, ao contrário, em seu lugar surge uma pequena elevação na qual um cavaleiro sobe portando um machado; logo acima dele, em outra cena, outro cavaleiro posiciona suas mãos para cima, como que querendo sustentar o céu (em seu lado direito repete-se uma figura semelhante). Isso recorda as esculturas do hogback de Aysham (Inglaterra, século X d.C.), com quatro anões sustentando o mundo como descrito em Gylfaginning 7). Somando-se ao fato de que, neste conjunto, não ocorre nenhum animal selvagem (cervos, renas) ou fantástico (bestas ou dragões), mas somente cavalos – o sentido parece ser de domínio humano sobre a natureza. Na quarta tapeçaria de Överhogdal, a árvore surge de maneira diferente das outras duas (seus galhos são representados para baixo) e o conjunto não tem nenhum contexto selvagem ou xamânico: ao seu lado foram representados: duas habitações, um navio partindo com tripulação e homens armados e cavaleiros, todos em situações cotidianas. Neste caso, a árvore parece ser vista como guardiã do homem e de seus assentamentos (em sentido simbólico),

mas também pode encarnar um sentido de culto e sacrifício (no caso de árvores reais, numa escala microcósmica). A árvore cósmica possui uma grande variedade de simbolismos, representações e formas de culto entre os povos euro-asiáticos, todas com grande similaridade e denotando uma longa tradição de um fenômeno cultural circumpolar que influenciou a tradição nórdica, inclusive astronomicamente.

2
As fontes primárias

As fontes primárias para o estudo das religiões nórdicas pré-cristãs são principalmente literárias e arqueológicas. Em especial, as sagas islandesas contêm diversas referências à religiosidade nórdica antiga, incluindo rituais, profecias, atos de piedade, práticas e crenças mágicas, maldições, referências a templos e espaços sagrados, entre outros. Em algumas pesquisas vêm sendo reempregados alguns métodos comparativos com religiões de outras culturas e áreas, como a finlandesa, báltica, celta, oriental e euro-asiática de forma geral, compensando certas lacunas e escassez de fontes originais da área nórdica.

Escolhendo a fonte primária

Uma das questões que mais aflige os estudantes é a escolha de um tema para a sua pesquisa, seja em trabalhos de conclusão de curso ou em projeto para mestrado. Não é fácil de responder essa problemática, pois temos que levar em conta muitas vezes: a área de pesquisa; a instituição; o orientador – e suas respectivas pesquisas, temas e linhas de investigação em programa de pós-graduação. Nem sempre o tema que o graduando tem interesse necessariamente pode ser considerado relevante para o seu orientador ou instituição e, muitas vezes, o discente é levado a caminhos que talvez não sejam suas preferências pessoais. A fonte primária é o elemento mais importante em qualquer pesquisa. Ela deve ser definida antes do recorte temático ou depois, dependendo da situação. Como em língua portuguesa existem poucas fontes traduzidas, o interessado deve necessariamente ler espanhol ou inglês, pela facilidade no acesso em material online ou impresso. Lembramos que uma mesma fonte pode ter referências teórico-metodológicos diferenciadas, por exemplo, uma saga islandesa pode ser abordada tanto por historiadores quanto por pesquisadores da área de Letras, entre outras.

Uma ótima maneira de obter um tema para pesquisa é conhecer com profundidade a bibliografia secundária de uma área, como os estudos de mitologia, literários ou de religião, principalmente após escolher a fonte primária. A preferência são os grandes manuais sistematizadores, como *Old Norse Icelandic Literature and Culture* (Rory McTurk), *Old Norse Icelandic Literature* (Clover e Lindow) ou *The Viking World* (Stefan Brink). O debate com o orientador e com grupos de pesquisa (como o do Neve pelas redes sociais) também pode colaborar para o pesquisador amadurecer melhor o seu recorte temático. Outras questões como metodologia, referencial teórico e problemáticas devem surgir naturalmente, com a leitura, experiência e profundidade de conhecimento no tema e na orientação.

Fontes mitológicas

O corpus: o acesso aos mitos nórdicos é realizado essencialmente por três tipos de fontes – as literárias, compreendendo uma série de manuscritos escritos e preservados durante a Idade Média; as iconográficas, um conjunto de imagens, esculturas, pinturas, referentes aos deuses germano-escandinavos, datados do período das migrações ao fim do Medievo; as arqueológicas, monumentos e inscrições aludindo aos mitos e ritos nórdicos. Somente as duas últimas foram elaboradas durante a Era Viking, criando toda uma série de questões metodológicas para o tratamento das fontes literárias medievais. Para alguns pesquisadores, a memória dos rituais pré-cristãos foi rapidamente esquecida com a cristianização, enquanto que as narrativas mitológicas ainda eram preservadas no momento do registro escrito (Schjødt, 2008, p. 87).

A Edda poética

A mais importante e tradicional fonte para o estudo da Mitologia Nórdica, possui material diferenciado em forma, conteúdo e idade. Essencialmente composto pelo manuscrito conhecido como *Codex Regius* (Ggs 2365 4to, Gammel kongelig samling), com essa denominação porque fazia parte do tesouro da Biblioteca Real de Copenhagen até os anos de 1970, quando então foi devolvido para a Islândia. Este manuscrito foi redigido em um pergaminho (medindo 19x13cm e com 45 folhas, faltando 8 folhas conhecidas como "a grande lacuna"), escrito na segunda metade do século XIII e contendo 29 poemas, dez tratando de temas mitológicos e 19 com material heroico germânico e escandinavo dos tempos antigos (Gunnell, 2007, p. 82). Outros manuscritos que contêm material éddico são o AM 748, 4º, o Hauksbók (Codex n. 544), o Flateyjarbók (Codex n. 1005), o Codex Wormianus (AM 242 fol.) e o *Codex Regius* da Edda em prosa (Codex n. 2.367).

O termo "poema éddico" se refere a poemas anônimos que tratam de mitos ou do mundo heroico nas terras nórdicas utilizando as métricas ljóðaháttr, fornyrðislag ou málaháttr. A origem dos poemas é controversa, segundo alguns seriam de datas e locais diferentes. O manuscrito *Codex Regius* contém material antigo com raízes pagãs, mas existe controvérsia sobre este material ser de origem oral ou ter sido influenciado pelo cristianismo. Enquanto alguns escandinavistas consagrados alegam que os poemas éddicos contêm mitos verdadeiros (Lindow, 2005, p. 28), outros questionam seu caráter de fonte primária para o estudo dos mitos do período pagão (Abram, 2011, p. 20). Sabemos muito pouco sobre as origens ou a história original tanto do manuscrito *Codex Regius* quanto do AM 748 4to. O *Codex Regius* foi escrito em 1270 e acabou sendo possuído por Brynjólfur Sveinsson em 1643. Inclusive foi este bispo islandês que denominou a coleção de Edda, pela proximidade de conteúdo com os poemas preservados na obra homônima de Snorri Sturluson (Gunnell, 2007, p. 83). Quanto ao AM 748 4to, deve ter sido escrito entre 1300 a 1325 (Dronke, 1997, p. xi).

A forma dos poemas éddicos é variável. Enquanto alguns poemas foram realizados na forma de baladas, outros são poemas em forma de perguntas e respostas. Devido ao conteúdo e temas de seus cantos, a Edda Maior é dividida em duas partes ou seções muito diferenciadas. A primeira parte ocupa os poemas mitológicos e a segunda as façanhas dos heróis da tradição germano-escandinava. A organização do *Codex Regius* é lógica, mas não completamente harmônica e não existem evidências de que os poemas circulavam antes deste códice (Abram, 2011, p. 18). Os poemas inseridos nos manuscritos possuem características em comum com a poesia escáldica: conteúdo mitológico; concepções éticas; sabedoria heroica do Norte antigo; todas foram compostas em um estilo simples, e como as baladas e canções folclóricas são anônimas e objetivas, nenhuma traindo os sentimentos ou atitudes dos seus autores. Essa unidade numa aparente diversidade não deixa dúvidas que o coletor anônimo que reuniu todas as baladas e fragmentos de poemas que viviam em sua memória já estava comprometido com a sua escrita (Hollander, 2008, p. xv). Mas as diferenças entre a poesia éddica e escáldica também existem, pois enquanto a primeira forma de poesia é considerada uma fonte mais importante para se estudar a mitologia, a escáldica é superior em questões religiosas (Lindow, 2005, p. 32).

De maneira geral, os pesquisadores argumentam que não existem evidências de que os poemas datem de antes do século VIII, mas neste caso, as preocupações linguísticas se dividem em dois grupos: os que acreditam que o mais importante é o conteúdo dos poemas (Preben Sørensen, Jens Schjødt), enquanto para outro grupo o mais relevante é a forma. A questão básica se o *Codex Regius* reflete a composição original dos poemas é altamente polêmica, pois a tradição nórdica oral variava de época e de local para local. Também a mistura de memória à improvisação refletia a forma dos poemas, fazendo com que o material sobrevivesse com alterações – apesar de expressões e fórmulas sobreviverem intactas. Os poemas mitológicos foram compostos por autores cristãos, mas possuem raízes em um período bem anterior à cristianização, esta efetuada entre os anos de 999 a 1000. Estes poemas são uma imagem genuína da verdadeira natureza do paganismo nórdico antigo (Gunnell, 2007, p. 93, 94). A Edda poética contém poemas datados de épocas bem diferenciadas e de locais externos à Islândia, especialmente a Escandinávia continental, mas também de regiões como as ilhas britânicas ou de localidades com influências célticas. As influências cristãs também aparecem em alguns poemas, como a relação entre o Hávamál e a Disticha Catonis, ou a Vǫluspá e a Prophetia Sibyllae magae.

A Edda em prosa

Manuscritos: a Edda em prosa, também denominada de Edda menor ou Edda de Snorri, é uma obra supostamente escrita pelo intelectual islandês Snorri Sturluson (1179-1241) em 1220. Seu nome aparece em somente um dos quatro manuscritos principais da obra, juntamente com o nome Edda: o manuscrito DG 11 ou *Codex Upsaliensis* (U), c. 1300-1325. Ela também circulou anonimamente no Medievo em outros manuscritos: o GKS 2367 4º ou *Codex Regius* (R), c. 1300-1350 e AM 242 fol ou Codex Wormiamus (W), c. 1350. Nestes quatro manuscritos a obra apresenta variações e textos diferentes entre si, o que leva alguns pesquisadores a questionarem o conceito de "texto original" na qual todas as edições modernas se baseiam (Boulhosa, 2004, p. 13-14). Outros manuscritos são o *Codex Trajectinus* (T 1374), redigido em 1600 e em estado completo; e os fragmentários AM 748 4º (c. 1300-1325); AM 757 a 4º; AM 748 II 4to (c. 1400); AM 756 4º (c. 1400-1500).

Conteúdo: a Edda em prosa é um manual com técnicas de composição da poesia escandinava. A maioria dos pesquisadores o concebe com um caráter pedagógico, com a intenção de preservar a memória das antigas artes poéticas, ameaçadas por novas tendências literárias. A Edda em prosa possui quatro seções: Prólogo, Gylfaginning, Skáldskaparmál e Háttatál. O Prólogo apresenta elementos sobre o criador e o mundo natural, com diversos elementos bíblicos e cristãos, somados a um referencial fortemente evemerista. Por exemplo, ao tratar de Troia e seus descendentes, que teriam migrado para a Escandinávia, fundado dinastias e depois sendo considerados deuses pelos habitantes da região. Alguns acadêmicos concebiam o Prólogo como um texto apócrifo, não pertencendo ao "texto original" da obra de Snorri, algo que vem sendo revisto e contestado. O Gylfagging (O engano de Gylfi) possui trechos intercalados com humor e ironia, sendo um diálogo entre o Rei Gylfi e os deuses nórdicos sobre vários temas, incluindo criação e destino do cosmos. Apresenta uma visão centro-medieval dos mitos nórdicos, com ampla influência clássica e bíblica e, em alguns momentos, hibridizada com o referencial pré-cristão. O Skáldskaparmál (Dicção poética) é a seção mais longa, um diálogo entre Bragi e Aegir recenseando os sinônimos e metáforas da poesia nórdica (heiti e kenningar), ambos originados da Mitologia Nórdica. O Háttatál (lista de métricas) é composto por 102 estrofes na forma de elogios ao Rei Hákon e ao jarl Skúli, redigidas com várias métricas diferentes e está ausente da maioria das edições da Edda em prosa devido ao seu conteúdo extremamente técnico e intrincado.

Modelos e fontes: a obra de Snorri não tem precedente literário nem na Escandinávia e nem na Europa. Em termos de poesia nativa, somente a Irlanda tem casos semelhantes, visto que a maioria dos escritores europeus escrevia em língua nativa (Faulkes, 2005, xx). O caso do Gylfaginning é ainda mais peculiar, visto que escritos mitográficos não eram comuns no Medievo. Na área germano-escandinava, a sistematização de Snorri é a mais completa e interessante que foi preservada relativa aos mitos e lendas, sendo também considerada lúcida, coesa, linear (Lindow, 2005, p. 36). A tradição escandinava em compor poemas de instruções mitológicas como diálogos ou monólogos também pode ser vista em Vafþrúðnismál, Grímnismál e Baldrs draumar. Muitas das narrativas de Gylfaginning foram baseadas na Edda poética em confluência com esquemas bíblicos ou da poesia escáldica (esta segunda mais influente em Skáldskaparmál). Mas nem tudo que está contido na Edda em prosa pode ser considerado como material antigo (tanto oral quanto escrito). Como um intelectual, Snorri interpretou a Mitologia Nórdica enquanto um antiquário, mas não como religioso (Faulkes, 2005, p. xxi).

Interpretações: as duas principais interpretações contemporâneas da obra de Snorri seguem em caminhos diferenciados. A primeira enfatiza que a Edda em prosa é uma adaptação dos mitos nórdicos com o mundo cristão, mas que é possível utilizá-la como fonte para a Mitologia Nórdica. Isso é referendado pelo fato de que muitos elementos em Snorri são confirmados por outras fontes, como a poesia éddica, escáldica e imagens preservadas em monumentos. Apesar da influência de seu contexto, a Edda contém uma estrutura pagã, aos pesquisadores resta encontrar os modos e metodologias para o seu estudo (Schjødt, 2008, p. 97-100). A segunda enfatiza a hibridização e a influência do cristianismo centro-medieval em sua obra, criando uma nova mitologia baseada na tradição e parcialmente nas atitudes e crenças cristãs do período (uma metamitologia do norte), a exemplo da distinção moral entre pagãos que vão para Hel ou para o salão de Odin após a morte. Assim, os mitos preservados por Snorri não pertencem originalmente à "verdadeira" Mitologia Nórdica (Abram, 2011, p. 211-221).

Poesia escáldica

Conceito: trata-se de um gênero poético criado individualmente pelos poetas da Era Viking (skáld, escaldo), composto não somente na Islândia, mas também na Noruega. A poesia era associada a Odin, e o mito do roubo do hidromel, associado estreitamente à arte poética com a Mitologia Nórdica. Muitos poemas descrevem os deuses bem antes da conversão, com especial ênfase em Thor, mas apenas em seu aspecto de combate aos gigantes (sem nenhuma referência a promotor de fertilidade, p. ex.). As narrativas escáldicas não são religiosas em si, mesmo em seu uso como metáforas mitológicas e da relação entre kenningar, mito e crenças (Lindow, 2005, p. 27), tendo como temas bravas proezas, conflitos de honra, sortes trágicas, relações amorosas, elementos didáticos e burlescos, mito e magia, cuja ação é exposta de modo direto e simples, mas ao mesmo tempo sendo um refinado produto artístico. Algumas obras poéticas foram baseadas em imagens heroicas e míticas pintadas em escudos pendurados nos salões reais (Lerate, 1993, p. 9-18).

Interpretações: além de qualquer associação mítica, a poesia escáldica era uma mercadoria na Escandinávia Medieval, usada para conferir ou destruir a honra e, como consequência, considerada um poderoso agente no dinamismo político e social da época. Príncipes podiam recompensar os elogios poéticos com navios com ouro, assim como um mau poeta podia perder a cabeça (Whaley, 2007, p. 480). A maior característica da poesia escáldica, descontando sua métrica, é o seu uso de kenning – uma construção perifrásica e metafórica. Ao utilizar kenningar de mitos, a audiência do poeta deveria ter um bom conhecimento das narrativas em geral, pois elas não eram um bom meio de se ter aprendizado sobre mitologia. Apesar das dificuldades de se analisar a poesia escáldica, ela é importante para se compreender como os mitos foram modificados com o tempo, sendo uma das poucas evidências diretas do período pagão (Abram, 2011, p. 16).

As sagas islandesas

O conceito e a pesquisa sobre sagas islandesas ainda são precários em nosso país, em que diversos aspectos ainda foram poucos debatidos no Brasil e América Latina. Por exemplo, na área de Letras, ainda não temos absolutamente nenhum tipo de publicação que aprofunde as discussões teórico-conceituais do que seja uma saga. Esse conceito pode ser aplicado para a ficção regionalista moderna do país? (como vem sendo feito em várias dissertações nacionais). Saga pode ser generalizada para qualquer tipo de literatura épica da Antiguidade ou Medievo? Também estudos que realizem comparações entre a literatura europeia e escandinava do Medievo são praticamente inexistentes – impedindo o avanço dos estudos de literatura nórdica, ao contrário com a área de literatura medieval, que é bem consolidada no país. Na área de História existem alguns debates sobre o uso das sagas islandesas: elas possuem elementos históricos antigos ou são apenas produtos discursivos da Idade Média Central e Tardia sobre a Era Viking? Até que ponto elas podem servir como fontes históricas para o estudo das crenças pré-cristãs? O debate em línguas estrangeiras é amplo e o interessado deve acompanhar também algumas produções da área de Letras sobre o tema (especialmente em inglês). No Brasil ainda existem poucos estudos sobre alguns temas em sagas específicas – o papel das mulheres; o discurso (ou práticas antigas?) sobre a magia e os ritos pagãos; festas; calendários e sazonalidade; tradições populares; diversos aspectos do cotidiano (como alimentação), entre outros.

Conceito: as fornaldarsögur (sagas lendárias) são um subgênero das sagas islandesas, caracterizadas por serem anônimas e tendo como escopo narrativas envolvendo heróis num universo lendário e mítico. As 25 sagas lendárias possuem relação direta com a tradição éddica e com a tradição germânica antiga, como Beowulf e a Canção dos Nibelungos. Trata-se de um gênero híbrido entre o mundo heroico, o mito, o folclore e o romance continental, realizadas essencialmente para entretenimento, mas também associadas ao aprendizado aristocrático no contexto do século XII. Não possuem valor histórico como as sagas de família (Tulinius, 2007, p. 447-461).

Interpretações: alguns pesquisadores identificam três tipos de paganismo nas sagas lendárias: a nomeação direta dos deuses e as formas de práticas rituais; os remanescentes menos transparentes da tradição mitológica; o uso inconsciente de elementos que provavelmente tiveram alguns elementos dos antigos ritos pagãos (Schjødt, 2008, p. 102). Para outros, entretanto, o paralelo entre o conteúdo das sagas lendárias e as tradições antigas dos mitos e ritos nórdicos nem sempre pode ser estabelecido (ou sequer existe) e deve ser comparado a outros tipos de literatura fantástica (Abram, 2011, p. 24). Uma destas fontes, as *fornaldarsögur*, vem recentemente sendo reavaliadas e utilizadas por vários especialistas como um importante material para o estudo da mitologia e religiosidade antiga. Para um panorama deste debate, sob um ponto de vista histórico e da nova filologia, consultar: Orning, 2015, p. 57-73. Para um vislumbre do conteúdo oral das *fornaldarsögur* e seu emprego como fonte para o estudo da magia nórdica, verificar: Guðmundsdóttir, 2015, p. 39-56. Um excelente e atualizado debate sobre os usos das sagas islandesas como fonte para o estudo da religião nórdica pré--cristã foi realizado por Heide, 2014, p. 170-180, utilizando especificamente a *Bárðar saga Snæfellsáss* como exemplo. Para este pesquisador, apesar da inclusão de diversos motivos literários e ressignificações cristãs no texto, por meio do referencial da espacialidade e cosmologia muitos temas pré-cristãos podem ser recuperados nas sagas islandesas. Ainda sobre o uso das fontes tardias para o estudo da magia nórdica medieval, também consultar: Dillman, 2006, p. 10-700; Tolley, 2009, vol. II, p. 104-116; 131-132; 135-200. Uma das críticas para a obra de François-Xavier Dillmann é a de que as sagas contemporâneas quase não mencionam qualquer tipo de referência para práticas mágicas, podendo ser uma indicação preocupante de que o tema nas sagas em geral seria mais ficcional do que histórico (Tulinius, 2009, p. 98). Porém, ausências também são reflexos de realidades sociais. Em uma profunda crítica às concepções textualistas, colonialistas e pós-modernistas das sagas islandesas e adotando uma perspectiva de uma etnografia do "discurso vivo", o antropólogo Gísli Pálsson analisou as omissões sobre magia nas *Sturlunga sögur* como resultado de que as acusações de feitiçaria foram importantes durante os primeiros anos do período do Estado-livre islandês, mas não mais tarde, durante a Era dos Sturlungos, motivando a sua omissão textual (Pálsson, 1995, p. 111-115), contrariando assim a visão de Tulinius. Ainda sobre a tendência recente de utilizar fontes tardias para o estudo da mitologia e religiosidade nórdica antiga (tanto do Medievo quanto do mundo contemporâneo, como do folclore), consultar: Hermann, 2018 e as edições do periódico *RMN* (*Retrospecive Network Newsletters*) editado pelo Departamento de estudos folclóricos da Universidade de Helsinki, especialmente as edições n. 10, 2015 e n. 4, 2012, com vários estudos metodológicos para pesquisas em fontes tardias sobre magia, rito e mito na Escandinávia (disponíveis em https://bit.ly/2Kr7WZD).

Fontes iconográficas

Corpus: a cultura material proveniente da Escandinávia antes, durante e depois da Era Viking fornece elementos imprescindíveis para o estudo das crenças deste período, mas nem todas possuem valor para o estudo direto dos mitos e crenças. Estas contam algum tipo de estória, sendo apenas meios de informações não narrativas. Os tipos mais comuns de fontes iconográficas utilizadas pelos pesquisadores para o estudo da Mitologia Nórdica são: petróglifos e pinturas da Idade do Bronze; bracteatas do período das migrações germânicas; estatuetas, pingentes e objetos decorativos da Era Viking; estelas rúnicas e pintadas da Era Viking; plaquetas votivas; monumentos nórdicos e cruzes da área anglo-saxã; tapeçarias da Era Viking e do Período Medieval. Em alguns casos, podemos através da iconografia comprovar alguns esquemas da tradição oral, como a tradição da pesca da serpente por

Thor. Em específico, o detalhe dos pés do deus atravessando o fundo do barco (descrito por Snorri Sturlusson na *Edda em prosa*) foi registrado em monumentos anteriores, como as pedras de Hørdum e Altuna. Segundo Christopher Abram (2011, p. 38), isso seria uma evidência de que Snorri não inventou o mito (apesar de alterá-lo em linhas gerais para uma nova versão, adaptada ao contexto cristão, Hermann, 2018). Ainda sobre a questão da oralidade e cultura material, consultar o estudo da arqueóloga Sara Knutson, analisando objetos associados a deidades nórdicas, cujo "esquema mítico" foi transmitido oralmente e preservado pela literatura medieval (Knutson, 2019, p. 29-53). Apesar de concordamos que toda fonte tenha que passar por metodologias rigorosas de análise e crítica, não nos alinhamos com o referencial de Santiago Barreiro de que para o estudo das crenças e práticas nórdicas antes da conversão religiosa devemos eleger como prioridade *somente* as fontes arqueológicas, iconográficas e os poemas éddicos (Barreiro, 2016, p. 97-115).

Petróglifos da Idade do Bronze: diversas pinturas e gravuras (petróglifos) realizadas na Escandinávia durante o Período do Bronze, sendo grupo mais importante as pinturas rupestres de Tanum, Bohuslän (sul da Suécia), datadas de 1.800 a 400 a.C. Diversos mitólogos (como Régis Boyer e Hilda Davidson) acreditavam que algumas destas representações poderiam remeter a divindades nórdicas (como Odin e Thor) muito antes da chegada dos povos germânicos ao local, uma hipótese bem polêmica e contestada. Não há como relacionar diretamente as cenas da arte rupestre com todas as fontes medievais da mitologia germano-escandinava, mas algumas pesquisas indicam que certos elementos, como questões cosmológicas, parecem estar extremamente inseridos nestas imagens. A jornada do Sol, representações de árvores e animais cósmicos, símbolos solares, pássaros, armas, embarcações e cogumelos, símbolos e formas geométricas não figurativas contêm diversas conexões com narrativas preservadas muito tempo depois ou então com elementos da mitologia indo-europeia (Kristiansen, 2010, p. 93-115). O site Underslös Museum fornece uma extensa galeria de fotografias sobre os principais painéis de diversos sítios rupestres escandinavos, além de estudos analíticos e arquivos de imagens por temas (motivos) dos conjuntos. *Bracteatas:* Constituem em tipos de medalhões ou moedas de ouro utilizadas como ornamentos durante o período das migrações germânicas. Diversos acadêmicos estão convencidos que muitas imagens destes objetos trazem alusões a divindades como Odin e seu cavalo (também junto a símbolos como suásticas, lanças e formas não figurativas), Tyr tendo a sua mão devorada, Freyr, Balder sendo morto por Höðr etc. O site Arild Hauges Runer fornece um ótimo índice tipológico e fotográfico destas fontes. *Estelas rúnicas e pintadas da Era Viking:* Existem centenas de objetos e monumentos nórdicos contendo imagens associadas direta ou indiretamente aos mitos. Nem sempre estas imagens possuem conexão com o conteúdo das inscrições rúnicas dos monumentos. As cenas mais comuns nas estelas rúnicas são as que se relacionam com o ciclo nibelungiano, especialmente a morte de Fáfnir por Sigurd. Uma excelente tipologia analítica destes monumentos está disponível no livro *The Viking-Age Rune-Stones*, de Birgit Sawyer (Oxford, 2003), inclusive com descrições de imagens por monumentos (p. 233). Outra importante publicação contendo extensas imagens de monumentos, objetos, painéis e bracteatas com conteúdos mitológicos é *Anthologie Runique*, de Alain Marez (Les Beles Lettres, 2007). A tese de doutorado de Marjolein Stern (*Runestone images and visual communication in Viking Age Scandinavia*, Universidade de Nottingham, 2013) não traz fotografias, mas contém uma tabela infográfica com a relação de quase todas as estelas rúnicas da Era Viking que contém imagens, inclusive com descrição detalhada de cada uma (incluindo temas mitológicos), ou seja, um instrumento imprescindível aos pesquisadores. O site Runor contém uma ampla variedade de fotografias de monumentos rúnicos, bem como Arild Hauges Runer.

Os monumentos mais importantes para o estudo da Mitologia Nórdica são as estelas da Ilha de Gotland, Suécia, contendo diversas cenas importantes, como a pesca da serpente do mundo, a entrada ao Valhalla, cenas de batalhas, valquírias, Odin, entre outras. O livro *Stones, ships and symbols* (Gidlunds, 1988; tradução em francês: Les pierres gravées de Gotland, Michel de Maule, 2007), de Erik Nylén e Jan Lamm, contém uma das melhores tipologias e recenseamento dos monumentos, com ampla quantidade de imagens e análises. Destacamos ainda o estudo em português *As estelas da Ilha de Gotland e as fontes iconográficas da mitologia viking* com uma proposta de classificação tipológica deste material. *Hogbacks, monumentos e cruzes da Inglaterra*: Uma série de monumentos nórdicos foram realizados durante o período de ocupação da Inglaterra anglo-saxônica, alguns ainda em um contexto pagão e outros já hibridizados com o cristianismo.

Alguns destes objetos tratam do mundo odínico e seus símbolos (como os hogbacks), mas mesmo cruzes cristãs contêm cenas mitológicas (a pesca da serpente do mundo por Thor, a morte de Odin, cenas do Ragnarok, entre outras). Para imagens destas fontes, consultar os livros *Viking Age Sculpture in Northern England* (Collins Archaeology, 1980) e Early medieval stone monuments (Boydell, 2015). O site *The corpus of Anglo Saxon Stone Esculptures* possui um amplo arquivo fotográfico separado por regiões e monumentos. Um estudo em português sobre o tema é A morte de Odin? As representações do Ragnarök na arte das Ilhas Britânicas. *Tapeçarias nórdicas:* Um excelente material para estudo de diversas cenas e motivos míticos é uma série de tapeçarias feitas para decorações em parede da Era Viking e Período Medieval. Para boas imagens destas fontes, consultar o Jamtli museum, Kulturhistoriskmuseum e Statens historiska museum.

As crônicas medievais

A *Gesta Hammarbugensis*, de Adão de Bremen, e a *Gesta Danorum*, de Saxo Gramaticus, são as crônicas medievais nórdicas que receberam mais pesquisas no Brasil, mas, mesmo assim, elas ainda podem fornecer parâmetros para novos olhares, especialmente sobre historiografia medieval, política, discursos de identidades etc. Outras crônicas são quase desconhecidas no país, como a Crônica sueca, Morkinskinna, Crônica de Roskilde, Crônica de Lejre, Crônica da Zelândia antiga, Gesta cnutonis, Crônica de Erick (Erikskrönikan), são fontes excelentes para a pesquisa em História das Religiões, História Política (um referencial pouco abordado pela escandinavística brasileira) e muitas questões envolvendo mito, história e genealogia, hagiografia, cristianização, requerendo por parte do pesquisador leituras aprofundadas em medievística. Obras renascentistas como a *História dos povos nórdicos*, de Olaus Magnus, são preciosas para se entender a Idade Média tardia e são fartas de referências sobre folclore, paganismo, magia, estereótipos sobre fronteiras etc. Semelhante às crônicas, os códigos jurídicos do Medievo nórdico praticamente foram ignorados pela produção brasileira, como a Leis de Gulathing, Gutalagen (lei da Gotlândia), Grágás (leis do ganso cinzento), Járnsíða, Jónsbók, entre outras, sendo fontes importantes para diversos aspectos da sociedade, como normas sociais, família, parentesco, cotidiano, comércio, crenças, propriedade etc., temas comuns tanto para o referencial da História Social quanto Cultural.

Relação de crônicas históricas e semi-históricas:

ANKSAR. Vita Anskarii auctore Rimerto (fonte germânica em latim, descrição de aspectos da sociedade nórdica durante a Era Viking); ARI, o sábio. Íslendingabók (fonte em islandês). • BREMEN, A. Gesta Hammaburgensis Ecclesiae Pontificum (descrição do paganismo nórdico, fonte germânica em latim). Edição em inglês: tradução de F.J. Tschan. History of the Archbishops of Hamburg-Bremen, 2002. • DUDO. Gesta Normannorum (fonte normanda). • ETELVARDO. Chronicom Æthelweardi (fonte anglo-saxã em latim). • FLODOARDI. Annales (fonte em latim). • GRAMATICUS, S. Gesta Danorum (fonte escandinava em latim, uma das mais importantes do Medievo). Edição em espanhol: Historia Danesa, libros i-IX, tradução de Santiago Ibánêz Lluch, 2013. • JORDANES. G. (De Getarum (Gothorum) Origine et Rebus Gestis). • JUMIÈGES, W. Gesta Normannorum Ducum (fonte normanda em latim). Edição em inglês: The Gesta Normannorum Ducum of William of Jumièges, Orderic Vitalis and Robert of Torigni. Oxford: Clarendon Press, 1995. Tradução de Elisabeth M.C. Van Houts. • LAMGEBEK, J. Scriptores rerum Danicarum medii aevi (coletânea oitocentista de fontes medievais escandinavas). • MAGNUS, O. Historia de gentibus septentrionalibus (fonte sueca em latim). Edição em inglês: A Description of the Northern Peoples, 1998. Tradução de P.G. Foote. • MERSEBURG, T. Merseburgensis Episcopi Chronicon (fonte germânia em latim). Edição em inglês: WARNER, D.A. (trad.). Ottonian Germany: The Chronicon of Thietmar of Merseburg. Manchester UP, 2001. • PORPHYROGENITUS, C. De Administrando Imperio (fonte grega). • RIMBERT. Vita Rimberti (fonte germânica em latim). • THEODORICUS. Historia de antiquitate regum Norwagiensium (fonte escandinava em latim). • WIDUKIND. Res gestae saxonicae sive annalium libri três (fonte germânica em latim). Edição em inglês: BACHRACH, B.S.; BACHRACH, D.S. (trad.). Deeds of the Saxons. Catholic University Press, 2014.

Ritos nórdicos pré-cristãos: fontes mitológicas, literárias e históricas

A finalidade deste pequeno levantamento é conceder algumas indicações básicas de fontes primárias e documentais sobre os cultos/ritos das religiões nórdicas pré-cristãs, não sendo uma sistematização completa. A grande maioria dessas fontes não está disponível em português. De forma geral não relatamos fontes mitológicas ou míticas, estas consideradas integrantes da dimensão "teórica" da religião (Hock, 2010, p. 145), mas sim elencamos as indicações das expressões "práticas", relacionadas aos rituais, aos templos, às celebrações comunitárias e privadas. A variabilidade das fontes documentais é muito grande e a grande maioria foi produzida após a cristianização, sendo as discussões sobre a historicidade, confiabilidade e interpretações de cada documento particular a cada contexto. A maioria das fontes indicadas pertence à Escandinávia Medieval e algumas à antiguidade germânica e/ou de origem não escandinava. Grande parte das descrições são puramente superficiais e sintéticas e algumas com poucos detalhes.

Ritual de nascimento: Rígsþula 34; Helgakviða Hundingsbana 1-8. *Ritual de morte e funeral:* Risala, Ibn Fadlan, século IX. Tradução ao português: FAḌLAN, A. Viagem ao Volga. Tradução: Pedro Martins Criado. São Paulo: Carambaia, 2018. • Gísla saga cap. 14 e 17. *Rituais de iniciação guerreira:* Fornaldorsögur (em especial a Hrólfs saga kraka cap. 50). • Germânia de Tácito, cap. 31. • Böðvars þáttr bjarka, cap. 22 e 33. • Ynglinga saga, cap. 3. • *Ritual da irmandade de sangue:* Gísla saga Súrssonar, cap. 6. • Fóstbræðra saga, cap. 2. • Þorsteins saga Vikingssonar, cap. 21. • Gesta Danorum I, vi, 7. • *Ritos públicos e comunais*: Hákonar saga in góða, cap. 14, 16. • Adão de Bremen, Gesta hammaburgensis Eclesiae Pontificum, 4, p. 26-30. • Guta saga, apêndice. • Ynglinga saga, cap. 8, 18. • Gylfaginnng, cap. 37. • Fornmanna Sögur VI, 99. • Egils saga, cap. 56. • Landnámabók H, 268. • Eyrbyggja saga• cap. 2, 4. • Viga-Glúms saga, cap. 44. • Kjalnesinga saga, cap. 2. • Vida de São Columbano. *Rituais mágicos e proféticos*: Seiðr/varðlokur: Eiríks saga rauða. Tradução em português: em Três sagas islandesas. Curitiba: UFPR, 2007. Tradução de Théo Borba Moosburger. • Seidr: Lausavísa 6. • Hákonarkviða 12. • Ragnarsdrápa 15. • Sturlubók 145. • Ágrip af Nóregskonugasögum 20. • Hyndluljóð 33. • Harald Saga Híns Hárfagra 36. • Orms þáttr Stórólssonar 6. • Laxdœla saga 37, 76. • Gísla saga Súrssonar 18. • Vatnsdæla saga 10, 12, 26. • Brennu-Njáls saga 30 (Tradução ao português). • Örvar-odds saga 239. • Hrólfs saga kraka 3, 48. • Ectors saga 6. • Historia Norwegie; Diplomatarium Islandicum I, 240-244, II, 223, 604. *Outras práticas mágicas, proféticas e/ou feitiçaria*: Grettir saga, cap. 79, 81. • Egill saga, cap. 57. • Brennu-Njáls saga, cap. 123. Tradução ao português por Theo Borba Moosburger. • Bjarnar saga Hítdælakappa, cap. 17. • Óláfs saga Tryggvasonar, cap. 57. • Knýtlingasaga, cap. 101. • Fornsvenska legendariet. • Norges Gamle Love I, 19, 182, 265, 350. • Den ældre Eidsvathing-christenret 1.24, 45. *Ritos a Odin:* Ynglinga cap. 9. • Eyrbyggja Saga cap. 4, 44. • Völuspá. Tradução ao português por Pablo Gomes de Miranda. • Hávamál. Tradução ao português por Elton Medeiros. • Gautreks saga, cap. 7. • Gesta Danorum. *Ritos ao deus Thor*: Adão de Bremen, Historia Hammarbungensis Ecclesiae IV, 27. • Flateryjarbók I, 268/320. • Landnámabók H, 184. • Eyrbyggja saga, cap. 4, 10. • Orkneyinga saga. *Ritos a Freyr*: Hrafnkels saga Freysgoða. Traduzido ao português em Três sagas islandesas. Curitiba: UFPR, 2007. Tradução de Théo Borba Moosburger. • Óláfs saga Tryggvasonar I, 277, 322, 323/430, 467. • Landnámabók S. 179. • Vǫlsa þáttr; Haralds saga Hárfagra, cap. 15. *Culto aos mortos*: Ynglinga saga, cap. 10. • Óláfs saga Helga II, 6. • Hálfdanar saga Brönufóstra, cap. 9. • Víga-Glúms saga, cap. 26. • Óláfs saga Tryggvasonar I, 174, 206. • Sturlunga saga, cap. 136. *Ritos e religiosidade popular*: Austrfararvísur, Grágás 1, 38. • Íslendingabók; Kormáks saga. Álfablót: Kormáks saga, cap. 22. • Ynglinga saga, cap. 44, 48, 49. *Dísablót*: Hervarar saga ok Heiðreks. • Víga-Glúms saga, cap. 6. • Egils saga, cap. 44; Ynglinga saga, cap. 33.

3
Os mitos

Os mitos nórdicos: concepções gerais e conceituais

Conjunto de narrativas acerca de divindades e seres sobrenaturais, de base oral e pertencente à religiosidade pré-cristã na Escandinávia e Europa Setentrional. Segundo a escola pan-germanista, seriam as tradições míticas comuns aos povos germânicos de origem indo-europeia. Outra terminologia, mitologia escandinava, refere-se muito mais às narrativas preservadas na Islândia e Noruega da Idade Média central, enquanto que mitologia germânica ou teutônica é um conceito propagado pela academia alemã e que envolveria diversas regiões da Europa Setentrional do mundo antigo ao baixo Medievo. Menos utilizado, o termo mitologia viking refere-se especificamente aos mitos identificados com a Escandinávia da Era Viking (793-1066 d.C.).

As crenças nórdicas pré-cristãs envolviam uma série de divindades divididas em dois grupos (*Aesir* e *Vanir*). Algumas divindades femininas (*dísir*) ocupavam papel central no mundo privado, enquanto as forças sobrenaturais (álfar) eram seres inferiores em conexão com os Vanir. Outras categorias são os *jotnar* (gigantes) e os *dvergar* (anões). As narrativas mitológicas expressavam o complexo relacionamento entre deuses, gigantes e homens. As comunidades acreditavam em vários deuses e seres sobrenaturais, mas geralmente poucos ou somente uma única deidade recebia maior atenção na esfera individual. A relação entre homem e divindade variava de temor e medo a uma ligação de profunda amizade (ástvínr). Dentro de um contexto de uma religião sem dogmas, doutrinas, organização e centralização, os mitos são a principal expressão religiosa de mundo, emoções, ideias e valores sobre a natureza, as localidades divinas e o homem. Estas narrativas orais acompanhavam os ritos e dramatizações, além de serem incluídas na arte e cultura material. Os mitos explicam o universo, as origens e servem de modelo tanto para os cultos quanto para o comportamento dos indivíduos nos grupos. O conjunto dos mitos nórdicos não é unificado, sofrendo variações de tema, conteúdo e estrutura, apesar da grande disposição linear e racionalizada que recebeu de Snorri Sturlusson em sua *Edda em prosa*. Basicamente, podemos encontrar nos mitos nórdicos muitos elementos comuns a outras religiosidades europeias pré-cristãs: relatos de criação (cosmogonia), narrativas de organização sobre a estrutura do mundo e do universo (cosmologia), descrições de seres sobrenaturais (deuses, deusas, monstros, entidades fantásticas), heróis, localidades fantásticas, a destruição e reorganização do mundo (escatologia), temas religiosos (festivais, cultos), temas mágicos (feitiçaria, profecias, maldições, curas, viagens ao além), temas etiológicos, evemeristas, poesia gnômica, mitos celestes, entre muitos outros.

A importância da mitologia escandinava para a cultura ocidental é enorme. No Medievo teve interferência direta no cotidiano (nomeou alguns dias da semana nas línguas germânicas); designou localidades, regiões e cidades (toponímia). Após o século XVIII, com o advento do romantismo, os mitos nórdicos foram o baluarte de muitas formas de arte, como a literatura, a pintura, a ópera e a escultura – servindo como elemento ideológico de muitas políticas nacionalistas. Destaque para a obra de Richard Wagner e posteriormente, J.R. Tolkien. Com a propagação da cultura de massa, especialmente o cinema e os quadrinhos a partir do século XX, a mitologia escandinava encontrou grande repercussão artística e se mantém como um importante imaginário no mundo moderno – sendo reinventada, ressignificada e atrelada a valores contemporâneos.

A criação do universo

As poucas referências sobre a criação do universo dentro do imaginário nórdico pré-cristão provêm essencialmente do poema éddico *Völuspá* e do *Gylfaginning*. Segundo as fontes nórdicas, o universo teria sido criado a partir do caos e do vazio ou inexistência das coisas. Para a *Völuspá* 3, na época em que vivia o gigante Ymir, não existia nem terra nem céu, nem areia ou mar, somente o grande abismo ou vazio Ginnungagap. Essa ideia central também subsiste em outra fonte germânica, datada do século IX d.C., a *oração de Wessobrunn*, (tradução de Álvaro Bragança Júnior): "De que não havia a terra, nem o céu lá em cima; Nem árvores, nem montanhas havia; Nem [...] coisa alguma, nem o sol brilhava; Nem a lua iluminava, nem o grandioso mar". Apesar do contexto cristão em que este poema se insere, o trecho alude a uma tradição religiosa anterior, conservando os principais elementos da cosmogonia germânica, também presente em *Beowulf* 95 (tradução de Erick Ramalho, 2007): "a Terra fez (tão pulcro plano com água posta ao seu redor), e a reluzente luz do sol e da lua – solene pros habitantes da Terra, adornada com folhas e galhos". Assim, temos a criação dos três níveis do universo – a abóbada celeste (e o Sol, Lua, oposição do dia com a noite), a Terra (e as plantas, árvores, montanhas e areia) e o mar (e as ondas). Todos estes três elementos se originaram dos futuros filhos de Borr (Odin, Vili e Vé) que, por sua vez, descendem de Búri – formado a partir do gelo lambido pela vaca Audhumla. Deste modo, os ases descendem no lado materno do gigante Ymir, e pelo lado paterno, de Búri. Os filhos de Borr matam Ymir e pelos seus restos formam o céu, a terra e o mar; logo após, também criam os primeiros humanos, criados com os galhos de árvores encontrados numa praia.

E é no *Gylfaginning* 5 que Snorri descreve outros elementos que elucidam a imagem da criação nórdica, explicando a origem de Ymir. Este teria sido proveniente da mistura de elementos de dois locais que existiriam ladeando o Ginnungagap, Múspel, ao sul – local luminoso e ardente, repleto de fogo e brasas; e Niflheim, região fria, situada ao norte. Ymir teria sobrevivido alimentando-se do leite da vaca Audhumla, criada a partir do gelo derretido. Para o referencial de alguns estudiosos, como Enrique Bernárdez, Snorri teria sido influenciado por ideias vulcanistas, típicas da Islândia. Invernos rigorosos seguidos de erupções catastróficas (como o do vulcão Hekla em 1104 d.C.) teriam influenciado parte das descrições cosmogônicas e escatológicas presentes na *Edda em prosa*.

A convergência de tradições de várias regiões pode explicar a variedade de informações dos mitos, mas alguns acadêmicos preferem ver nelas indícios de relatos diferentes. Para Hilda Davidson, Snorri teria conhecido três relatos nórdicos da criação, sem saber qual teria sido o mito originalmente pagão: 1) A origem de Ymir pelo encontro do fogo e gelo. 2) Os descendentes de Búri. 3) O gigante Bergelmir sobrevivendo ao dilúvio provocado pelo sangue de Ymir. Para Davidson, um relato de dilúvio não poderia estar associado dentro do referencial pré-cristão à morte de um gigante hermafrodita – sendo mais um indício de influência cristã. Mais recentemente, o mitólogo Christopher Abram também acredita que o relato de *Gylfaginning* 2 demonstrando Odin como criador principal do universo é altamente filtrado pelo cristianismo, sem relação com os relatos cosmogônicos da *Edda poética*. Mas, na realidade, temos que entender os mitos dentro de uma visão de mundo em que várias versões de narrativas coexistem, sendo típicas de uma religião na qual não existem dogmas, revelações ou centralizações institucionais e literárias. Neste contexto, não é possível aplicar a lógica aristotélica ou padrões racionalistas típicos do Romantismo, procurando a versão mítica mais antiga ou "autêntica". E também o relato do dilúvio é presente em inúmeras outras tradições euro-asiáticas pré-cristãs.

Os mitos de criação utilizam técnicas típicas da mentalidade pré-cristã, explicando estórias por meio da reunião de oposições: fogo contra gelo; selvagem oposto à civilização; ordem contrária ao caos; gigantes em conflito com deuses; noite oposta ao dia. O elemento intrínseco a tudo é o dinamismo – nem o caos primordial é estável, marcado por instabilidade com efeitos cumulativos, na visão de Ciro Flamarion Cardoso. Comparando as noções de tempo entre as culturas, John Lindow esclarece sobre uma das bases da cosmogonia nórdica, a noção de templo cíclico, muito mais presente na *Völuspá* do que na *Edda em prosa*. Não existiria uma concepção de ordem, linearidade ou precisão nos dados das cronologias. A criação estaria incluída numa noção de passado distante, sem margem para maiores detalhamentos sobre a época em que os fatos ocorreram. O escandinavista K. Schier interpretou o quarto poema da *Völuspá* como sendo uma alusão a uma cosmogonia aquática surgindo da criação da Terra. Outros, como Rudolf Simek, identificam a cosmogonia nórdica com paralelos em outras culturas, centradas na figura do hermafroditismo ancestral, como a Índia, Grécia, Fenícia, Pérsia e Babilônia. A criação do mundo a partir do corpo de uma proto-deidade (Ymir) seria uma base comum a vários povos do mundo ocidental e oriental, definida pelos comparatistas e simbolistas como a teoria do sacrifício regenerador, ou seja, na maioria das cosmogonias do mundo, estaria implicada a noção de um sacrifício primordial, resultado do combate entre os deuses e gigantes, com caráter cruel, bárbaro e monstruoso.

Cosmovisão e cosmologia

A *Edda* de Snorri é uma das fontes mais completas para se entender a cosmologia escandinava. Nela, a parte do mundo habitado pelo homem é chamada de Midgard; os deuses habitam Asgard. A região marginal não habitada por humanos é denominada de Utgard, e é separada de Midgard por rios. Ao norte localiza-se Jotunheim, onde se situa também o reino dos mortos, Hel. Ao sul localiza-se Muspell, apesentada como perigosa, e que segundo Rudolf Simek (2007) teria sido influenciada pela religiosidade maniqueísta. O centro do sistema cósmico é a árvore conhecida como *Yggdrasill* ("cavalo de Odin"), uma referência ao fato de Odin ter se autoimolado nesta árvore (*Hávamál* 138). Ela é o centro do universo e o divide em três regiões cósmicas distintas em um eixo vertical: o plano celestial dos deuses, o plano intermediário dos humanos e gigantes, o plano inferior dos mortos – o submundo. Apesar deste quadro cósmico ser tradicionalmente inferido pelas fontes, a relação de Yggdrasill com os nove mundos não é muito clara, sendo difícil estabelecer as fronteiras entre eles.

As imagens de reconstituições contemporâneas da cosmografia nórdica geralmente reproduzem os princípios básicos constantes nas duas *Eddas*: uma gigantesca árvore, ladeada pelos diversos mundos e seres míticos. Um lobo corre atrás do carro da deusa Sol, enquanto outro persegue o deus Máni (Lua) (*Vafþrúðnismál* 23). A parte superior, a copa da árvore, é ocupada por uma águia, logo acima de quatro cervos (*Gylfaginning* 16). O seu tronco forma o mundo dos deuses, Asgard, do qual emerge uma ponte (Bifrost), que se liga à Terra Média (Midgard), o mundo dos homens (*Gylfaginning* 41). Nos contornos, um muro separa Midgard de Jotunheim, a terra dos gigantes. Quatro anões demarcam os pontos cardeais, enquanto uma serpente abarca o mundo ao morder a própria cauda (Midgardsomr, arremessada ao oceano por Odin). Logo abaixo, as raízes são envolvidas por outra serpente, Nidhogg, que é acompanhada por dezenas de pequenas serpentes. No mesmo nível, o cão Garm guarda as portas de Hel (*Grimnismál* 25-44). Temos aqui representados os níveis básicos do cosmos nórdico, sendo três verticais (o mundo dos deuses, dos homens e o submundo) e três horizontais (o mundo dos humanos, dos gigantes e o oceano ocupado pela serpente). Muitas pinturas e ilustrações desde o Oitocentos colocam em uma única imagem a concepção cosmológica dos escandinavos (essencialmente dentro do quadro que nos referimos acima: um eixo vertical estruturado pela Yggdrasill e outro eixo, horizontal, definido pela Terra Média, oceano e terra dos gigantes), mas alguns escandinavistas atualmente estão questionando esse modelo de interpretação, como Margaret Clunie Ros. Para eles, tanto a ideia de uma *axis* vertical quanto de três níveis e a posição celeste dos deuses foi influenciada pelo cristianismo, não tendo base pagã, ou ainda, as referências astronômicas da poesia escáldica foram influenciadas pela tradição clássica. Não concordamos com esses pontos de vista, tendo como respaldo duas perspectivas: a de fontes visuais da Escandinávia da Era Viking e mitos de outras culturas.

Na pedra de Altuna (Suécia, século XI), em uma das faces gravadas, percebemos nitidamente três cenas agrupadas em sentido vertical. A primeira, situada no topo, com uma figura masculina com um pássaro no ombro e cortado por três linhas horizontais (sendo que na terceira ele apoia os pés) é interpretada como Odin (a esfera divina); o segundo nível, intermediário, contém a representação de um homem montado em um cavalo; no terceiro nível, temos a figura de Thor pescando a serpente do mundo – considerada o nível do submundo. Na runestone de Sanda 1 (Suécia, Era Viking), logo acima de três figuras masculinas em movimento, no topo do monumento, foi gravado um nicho retangular, representado uma mulher e um homem sentados, além de um pássaro, possivelmente Odin e Frigg em seus tronos em Asgard. Em outras estelas gotlandesas, como Hammar I, Ardre VIII e Tängergårda I, também podemos perceber claramente um conjunto de imagens em níveis, sendo que o inferior é ocupado por embarcações e cenas de morte, enquanto que nas superiores contêm representações do Valhalla e de Odin. A existência de um pilar cósmico separando três zonas distintas, a celestial dos deuses, a intermediária dos homens e a inferior dos mortos, ocorre em diversos povos asiáticos, orientais, europeus, polinésicos, africanos e americanos. A base comum a todos eles seriam mitos xamânicos, mas sua difusão não seria necessariamente por contato cultural direto ou tendo uma origem fenomenológico-arquetípica, mas pela simples observação de fenômenos astronômicos. A ideia de morada celestial dos principais deuses de quase todas as culturas do mundo é resultado da constatação da imensidão da abóbada celeste, do qual o cristianismo apenas referendou, sendo o simbolismo da transcendência (um ser divino morando nos céus), um padrão observado em grande parte das mitologias euroasiáticas. E o simbolismo do centro (manifestado em montanhas, pilares e árvores cósmicas) seria basicamente advindo da observação da estrela polar (alfa da constelação da Ursa Menor) – que no hemisfério norte é quase fixa, pela sua proximidade com o polo celeste boreal – sendo que as constelações parecem se movimentar em seu entorno, criando as figurações de prego, estaca, pilar, buraco no céu, centro do mundo, em grande parte das culturas euro-asiáticas e na Escandinávia da Era Viking.

Ases e vanes

Ases são uma família de deuses, a mais importante da mitologia escandinava. O termo em nórdico antigo áss (plural: æsir, feminino: ásynja) significa deus, e segundo Régis Boyer também teria um sentido de força e vida, como no sânscrito *asura*. John Lindow também opina de forma semelhante, considerando que o termo deriva de uma raiz indo-europeia significando vida e alento. Segundo Rudolf Simek, o termo foi anteriormente registrado pelos godos como *Ansis* (Getica XIII, 78) e no anglo-saxão *ēsa*. No proto-germânico ela existia aplicada à palavra *Vih-asa* (deusa da batalha) e foi registrada na inscrição rúnica de Vimose na Dinamarca ("*a(n)sal wïja*", eu dedico isso aos ases), datada de 200 d.C. Os mais importantes deuses ases são Odin e seus filhos Thor e Balder. Enquanto os ases são divindades proeminentes da gerra e dos governantes, os vanes são os deuses da fertilidade. Na *Edda* de Snorri, tanto Odin quanto Thor são frequentemente denominados simplesmente de "o ás". No poema éddico *Skírnismál* não é claro qual dos dois é denominado de: "O melhor dos ases". Entretanto, o nome da runa A (ös, ansuz) é associado a Odin. Uma das mais interessantes aplicações do termo ases foi empregado por Snorri Sturlusson no prefácio da *Edda Menor* e na *Ynglinga saga*, utilizando a similaridade da palavra com a região da Ásia, para criar um referencial evemerístico dos deuses.

Na perspectiva dumeziliana, os deuses ases regem a jurisprudência, a soberania e a magia. Por sua vez, os vanes regem a fertilidade e a fecundidade. O termo vanes possui etimologia incerta, segundo Régis Boyer, mas a palavra *uen* (desejo) poderia estar associada a Vênus. Para o pesquisador John Lindow, a palavra vanir é aparentada com os termos para amigo e desejo, nas linguagens escandinavas, mas para Rudolf Simek não existe explicação convincente para ela. A família dos deuses vanes abrange Njord, seus filhos Freyr e Freyja, Heimdall (segundo Lindow), Skadi (segundo Boyer), Ullr (segundo Simek). Os vanes são deidades particularmente relacionadas a boas colheitas, ao florescimento do sol, da chuva, de bons ventos e tempo bom, tanto para os camponeses quanto para os pescadores e marinheiros. Também são relacionados a certas práticas mágicas, como o seidr de Freyja. Outro elemento que as fontes relacionam em oposição aos ases é quanto à prática de incesto, o que para Simek poderia indicar elementos matriarcais no culto aos vanes.

Segundo Jens Peter Schjødt a diferença entre a religiosidade dos vanes e ases seria muito grande, sendo o primeiro supostamente uma religião autóctone antiga, baseada numa cultura agrícola, enquanto a segunda seria mais nova, guerreira e mais espiritual. Os Vanes seriam ligados essencialmente à fórmula arcaica: Ár ok friðr (abundância e paz), gerando os simbolismos de fertilidade, sexualidade, natureza e riqueza. E sendo um grupo ctônico, vinculado diretamente aos elfos. O protótipo incestuoso dos vanes não teria sido usado como modelo para a sociedade humana. Outro tema muito importante nas fontes é a guerra primordial entre ases e vanes, relatada na *Ynglinga saga* 4, *Gylfaginning* 22, *Skáldskaparmál* 1, *Voluspá* 21-26, *Gesta Danorum* I, 7. Na *Voluspá*, a causa do conflito teria sido a feiticeira Gullveig, uma personagem não mencionada por Snorri. A paz é alcançada no momento em que ambas as partes decidem uma troca mútua de deuses.

Em 1903 o acadêmico Bernhard Salin propôs a teoria de que a guerra entre ases e vanes teria um fundo histórico: representaria um culto mais novo, o dos indo-europeus (de índole guerreira, a família dos ases), que teria penetrado na região escandinava, onde proliferava o culto nativo representado pelos vanes, de cunho mais agrário (cultura megalítica). Posteriormente, houve a fusão entre os cultos (representado pelo fim dos conflitos nas fontes mitológicas). Essa guerra de religião também foi defendida por H. Schuch e E. Mogk, enquanto H. Guntert e A. Philippson inclinaram-se a pensar uma guerra puramente política e étnica, que teria ocorrido no segundo milênio a.C. Georges Dumézil criticou essa teoria, afirmando que a guerra entre ases e vanes seria o resultado de um conflito social entre os camponeses e os seguidores do rei/aristocracia. O resultado da guerra teria sido a formação da sociedade tripartida, uma ideia também seguida por J. de Vries. Mais recentemente, a arqueóloga Lote Hedeager propôs que a guerra entre ases e vanes representaria mitologicamente o conflito que teria existido entre a migração dos povos hunos em relação aos povos ostrogodos.

O Valhalla

Valhöll (Salão dos mortos) é o termo para designar a moradia de Odin em Asgard, onde os guerreiros mortos em batalha são recebidos. Segundo Boyer e Simek, a imagem tradicional do Valhalla é a de um paraíso de guerreiros, mas caso o sentido da palavra *valr* (morto em geral) seja unido a *höll* (salão), mas no sentido de *hallr* (pedra), obtem-se a expressão "pedra ou monte dos mortos", atestada por uma diversa toponímia ligada às montanhas. Essa ideia de mortos relacionados a montanhas pode ser encontrada em muitas fontes literárias (*Eyrbyggja saga* 11; *Njáls saga* 14; *Gisla saga* 11) e pode estar relacionada especialmente ao folclore do sul da Suécia, onde os mortos viviam e festejavam com seus ancestrais em montanhas – em conexão com a antiga prática de sepultamento em montículos na Escandinávia pré-Viking. Outra interpretação (especialmente para o termo *valhöllu* inserido em *Atlakviða* 2 e 14) seria salão externo, segundo Christopher Abram e outros acadêmicos.

É com Snorri e a tradição da poesia éddica e escáldica que se populariza a imagem do Valhalla em conexão com os escolhidos em batalha, os *einherjar*, por meio das valquírias enviadas por Odin, formam o exército que se defrontará com as forças caóticas durante o Ragnarok. O telhado é feito de escudos e a entrada principal do Valhalla é denominada de *Valgrind* (Grade dos caídos, *Grímnismál* 22) e é vigiada por um lobo e uma águia. O salão ainda possui 540 portões. Dentro do Valhalla, os guerreiros eleitos são sustentados pelo hidromel provindo de uma cabra (*Heidrún*) e da carne de um javali mágico (*Sæhrímir*). No Valhalla, a alimentação exclusiva de Odin é o vinho. Segundo o poema éddico *Vafthrúdnismál* 41, os einherjar matam-se mutuamente de dia, como treinamento e preparação para o Ragnarok, e durante a noite renascem e festejam todos juntos.

Para John Lindow e Rudolf Simek, o Valhalla pode ser um dos muitos salões de *Gladsheim* (casa brilhante), citado no *Grímnismál* 8 como a moradia de Odin em Asgard, e em *Gylfaginning* 14 ele é descrito como sendo de ouro e contendo 12 tronos para os deuses. Aqui, sem sombra de dúvida, Snorri utilizou o referencial de uma tradição oriental-cristã: a imagem do Éden, um local aprazível relacionado aos primeiros humanos na Bíblia (para o acadêmico Sophus Bugge, a planície de Idavoll também teria sido influenciada pelo Éden); e o número 12, importante símbolo advindo da área oriental e conectado a diversos elementos religiosos (número das constelações zodiacais, dos meses do ano, dos apóstolos etc.), sem autêntico significado para a tradição nórdica.

Uma das mais famosas interpretações acadêmicas sobre o Valhala foi criada em 1931 por Magnus Ölsen: algum viajante nórdico dos tempos antigos teria conhecido o espetáculo dos gladiadores no Coliseu da Roma clássica, criando a narrativa de guerreiros lutando em um salão com 540 portões. Uma ideia hoje sem seguidores. Para Rudolf Simek, a suposta quantidade de einherjar citada nas fontes (800 multiplicado por 540) seria de 432 mil guerreiros e teria sido uma influência helenística, não sendo um número com significado simbólico na tradição escandinava (mas em *Grímnismál* 23 a quantidade de einherjar é clara, referindo-se objetivamente a 800 eleitos). Outros acadêmicos tentaram interpretar esses números dentro de referenciais astrológicos e astronômicos, não tendo nenhum resultado convincente. Em 1969, no livro *Hamlet's Mill*, Giorto de Santillana e Hertha Von Dechend acreditavam que os dois números citados na poesia éddica sobre o Valhalla seriam uma alusão ao fenômeno da precessão dos equinócios em relação aos signos do zodíaco, supostamente registrado pelos antigos nórdicos. Os autores foram influenciados pela ideia oitocentista de que o *Grímnismál* seria uma alusão aos doze signos zodiacais, uma ideia hoje totalmente sem fundamento. Em 2004, Elizabeth e Paul Barber deram continuidade a essa hipótese, sem respaldo nas pesquisas etnoastronômicas. Em sua interpretação do Valhalla (*Heur et malheur du guerrier*, 1969), o mitólogo francês Georges Dumézil acreditava que se tratava de uma transposição de um modelo social vigente no mundo germânico antigo para os mitos: o ideal de vida dos bandos conquistadores. O termo para os eleitos a este salão, os einherjar, seria uma modificação da tribo dos *harii* (mencionada por Tácito na *Germânia* 43, 6), extremamente belicosa, que utilizava escudos negros e combatia à noite. O termo, ainda segundo o pesquisador francês, poderia originalmente designar não o nome de um povo, mas de um grupo secreto de guerreiros.

Os poemas escáldicos *Eirikismál* e *Hákornarmál* possuem cenas do Valhalla, em que Odin e seus guerreiros aguardam a chegada dos reis Eirik Machado sangrento e Hakon o bom e são fontes importantes para se entender a imagem do Valhalla na sociedade e política no final da Era Viking. Mas para Cristopher Abram, essas representações escáldicas sobre o Valhalla não têm conexão direta com as imagens da poesia éddica e foram criadas para o prestígio do rei pelos poetas, dentro do contexto das cortes reais. Para alguns pesquisadores existe a possibilidade do Valhalla ter sido representado ainda na Era Viking: as imagens de objetos circulares no nicho mais alto das estelas de Ardre VIII e Tjangvide I recordam casas tipicamente nórdicas. Como estão ao lado de valquírias e do cavalo Sleipnir, pode ser a representação do salão dos mortos. Mas a primeira fonte visual sobre Valhalla só foi realizada em 1660 no manuscrito AM 738 da *Edda poética*. Trata-se de uma construção muito semelhante a uma igreja gótica, com 12 torres pontiagudas, sobre as quais se projeta Yggdrasil e duas cabras. Além das 12 torres, ao lado do grande portal ocupado por Odin, localizam-se 12 janelas. Obviamente, o autor reforçou o simbolismo deste número para o referencial cristão. A torre mais alta possui uma bandeira assinalando VH, a abreviação para Valhalla. Abaixo da principal torre, acima de Odin, uma figuração recorda uma cruz latina. Aqui percebemos, com muito mais evidência do que em Adam de Bremen, a representação dos antigos espaços sacros do paganismo nórdico dentro de uma arquitetura tipicamente latina, cristã e continental.

Os mitos sobre Odin

Suprema deidade dos escandinavos, em nórdico antigo a palavra Óðinn é derivada do termo ódr, equivalente do latim *furor*. A deidade surge com outras denominações mais antigas de mesmo sentido: Wöden (Anglo-saxão); Woden (Saxão antigo); Wodan (Francônico antigo); Wutan e Wuotan (Antigo Alto Alemão); Wut (Alemão); Wóds (gótico); para Dumézil, o termo nórdico como substantivo designaria a embriaguez e a excitação, o gênio poético, o movimento terrível do mar, do fogo, da tempestade; e como adjetivo, significaria tanto violento, furioso quanto rápido. Para Régis Boyer, o termo tem conotações relacionadas ao êxtase, às circunstâncias guerreiras, sexuais, poéticas e mágicas. Segundo Rudolf Simek, Odin é o chefe dos deuses na mitologia éddica e o mais versátil de todas as deidades: pai, deus da poesia, deus da morte, da guerra e vitória, das runas, do êxtase. Na concepção de Raymond Page, Odin assumiu características de outros deuses, explicando sua enorme complexidade, além das já citadas, também sendo um deus sinistro, ligado ao comércio e controlador dos ventos, e tendo comportamento infiel, instável e muito caprichoso.

As fontes literárias sobre Odin são as mais variadas. Na *Edda poética* especialmente os poemas *Völuspá*, *Hávamál*, *Vaftrúdnismál*, *Grimnísmál*,

Baldrsdraumar, *Hárbardsljód*; a *Edda Menor* e a *Ynglinga saga* de Snorri; a *Völsunga Saga*; *Sörla tháttr*; a *Gesta Danorum* de Saxo; a poesia escáldica. No *Gylfaginning*, Odin juntamente com seus irmãos Vili e Ve criam o universo e o homem, além de ser pai de diversos deuses, como Thor e Balder. Ele vive em Asgard junto a seu trono, Hliðskjálf, e possui omnisciência de tudo. Seu principal atributo é a lança Gungnir, e ele é cego de um olho, perdido para obter o conhecimento na fonte de Mimir. Essa imagem torna-se estereotipada e um clichê nas sagas islandesas entre os séculos XIII e XIV. Segundo Rudolf Simek, um atributo odínico muito mais antigo é o anel, representado por Draupnir. Seus animais são dois corvos, Hugin e Munin, e dois lobos, uma parceria iniciada já durante o período das migrações em inúmeras gravuras e inscrições. Seu cavalo de oito patas, Sleipnir, também ocorre na literatura nórdica mais antiga. Odin adquire seu conhecimento pela cabeça de Mimir ou bebendo na fonte deste, na base da Yggdrasill. Este deus possui várias aventuras amorosas, que segundo Simek podem ser influências da antiguidade clássica, especialmente as narrativas de Zeus-Júpiter. Para John Lindow, a mais importante característica de Odin é a sua sabedoria, que utiliza para colocar a ordem na hierarquia dos deuses. Segundo Enrique Bernárdez, Odin possui 170 cognomes, mas a maioria teria sido inventada pelos escaldos a partir de uma nova imagem do deus durante a Alta Idade Média.

A interpretação desta deidade depende essencialmente do ponto de vista adotado, seja diacrônico ou sincrônico. No primeiro caso, as fontes alto medievais (especialmente do século XI ao XIII) são comparadas com as mais antigas, vislumbrando uma perspectiva progressiva e mutável da deidade, enquanto que a segunda parte somente das fontes literárias pós-Era Viking, realizando uma discussão entre o referencial nativo e uma reelaboração pelo referencial cristão. No contexto diacrônico, o pesquisador Enrique Bernárdez considera que primitivamente Odin não era visto como o pai de todos os deuses, mas sendo essencialmente um deus da morte, e em especial, de alguns mortos – os guerreiros. Todo o simbolismo de sua lança (Gungnir) seria uma herança direta da grande antiguidade da função guerreira do deus. Mesmo a imagem do Valhalla seria uma versão mais recente das antigas fortalezas guerreiras. Em uma perspectiva muito semelhante, Hilda Davidson relaciona o deus caolho com antigos rituais da guerra dos germanos continentais, relacionados aos sacrifícios dos inimigos capturados, ao enforcamento e ao fogo. Com o tempo, Odin acaba substituindo outros importantes deuses da batalha, como Tiwaz (Tyr). Em parte, essa troca ocorreu pela identificação direta dos chefes e líderes locais e famílias reais com Odin, do qual se consideravam descendentes. Ainda nesta perspectiva diacrônica, os pesquisadores destacam a relação do deus com os mortos. De um ponto de vista tradicional nos estudos mitológicos da área nórdica, essa relação já teria sido percebida pelos cronistas romanos, como Tácito, ao comparar Wodan com Mercúrio, algo que se prolonga até a versão anglicana da Bíblia (KJV). Ambos os deuses eram ligados aos mercadores e negociantes, portavam capas e cajados e principalmente atuavam como psicopompos (transportavam os mortos para o além). Essa comparação tem menos problemas que a de outros deuses, como Hércules e Júpiter a Thor, por exemplo, e vem sendo refletida do século XIX até autores bem recentes, como Christopher Abram. Esse caráter fúnebre sobrevive até a poesia escáldica do século X, em que Odin é denominado de guardião dos guerreiros e deus dos mortos em batalha. Em relação direta com o aspecto psicopompo, são as interpretações xamânicas do culto a Odin, uma das teorias mais profícuas da odinologia.

Estes estudos tiveram início em 1927 com R. Pipping, ao comparar o *Hávamál* e a *Völuspá* com ritos iniciatórios do xamanismo siberiano. Aos poucos os pesquisadores começaram a perceber os inúmeros traços xamânicos nos mitos de Odin: um cavalo com oito patas; as viagens ao além; as metamorfoses em animais; as experiências extáticas e de quase morte; a visita ao mundo dos mortos. Durante os anos de 1950 a hipótese xamânica ganha a adesão de Georges Dumézil, que inicialmente era relutante, e também se insere na famosa sistematização de Mircea Eliade desta mesma década. Nos anos de 1960, o seidr passa também a ser considerado dentro desta perspectiva, como na obra de Hilda Davidson, relacionando diretamente as práticas femininas com o culto xamânico a Odin e a própria cosmologia nórdica é atrelada a essa cosmovisão (especialmente os simbolismos da Yggdrasill e a busca pelo conhecimento por parte dos deuses). Os estudos xamânicos ganham nova força com a obra de Carlo Ginzburg, que redimensiona os cultos odínicos dentro de uma perspectiva euro-asiática muito mais antiga e ampla. Mais recentemente, os estudos arqueológicos de Neil Price e antropológicos de Thomas Dubois demonstraram a estreita relação do mundo nórdico com o xamanismo e os rituais da área báltico-

-finlandesa. Outras perspectivas, como as de Jens Peter Schjødt, acreditam que primitivamente a figura de Odin não foi caracterizada como xamânica, mas a estrutura do xamanismo existia em sua habilidade mágica. Ainda na perspectiva dos estudos xamânicos, proliferam estudos sobre a relação de gênero na figura de Odin, paradoxalmente deus guerreiro e do mundo masculino e ao mesmo tempo praticante de seidr e contendo referências homossexuais, tanto na literatura quanto no culto às sagradas rochas fálicas, como sugere Brit Solli e Jenny Blain. Diametricamente oposta a essa visão, a arqueóloga Lotte Hedeager referenda essas rochas, as imagens literárias e as gravuras das pedras pintadas de Gotland como claras definidoras de um culto fálico e do simbolismo de penetração perpetrado por esta deidade. Outros aspectos do culto odínico foram definidos por Jens Schjødt, que percebe essas práticas como essencialmente relacionadas aos reis e guerreiros e eram definidas por cultos iniciatórios, dos quais sabemos pouco sobre quais seriam exatamente, mas que podiam incluir a morte simbólica por uma lança para obter conhecimento e a luta simbólica contra um urso.

O maior choque entre a perspectiva diacrônica e a sincrônica sobre os estudos odínicos é referente ao momento de culto de Odin na Escandinávia: era um deus nativo e antigo na região ou foi influenciado tardiamente pelo continente? Essa polêmica é muito antiga, já apregoada pelo arqueólogo Karl Petersen em 1876, que acreditava na migração de um culto vindo do sul. Essa ideia encontrou partidários de peso, como Georges Dumézil, que apontavam seus principais indícios: ausência de topônimos sobre Odin na Islândia; falta de antroponômios; ausência de Odin na mitologia lapã (ao contrário dos mitos de Thor e Freyr). Mais recentemente, Simek pontuou pesquisas toponímicas na Escandinávia que revelariam a antiguidade do culto odínico. Este mesmo pesquisador realizou comparações com outras mitologias, em especial a do deus Varuna, encontrando várias similitudes com relação à feitiçaria, metamorfismo, sorte nas batalhas, poesia e sacrifícios humanos – uma perspectiva indo-europeia já antevista por Dumézil.

A perspectiva sincrônica dos estudos odínicos reveste-se basicamente de um referencial histórico e literário, procurando investigar as motivações da época em que as fontes foram preservadas. Na concepção de alguns odinologistas mais recentes, como Annette Lassen, as diversas concepções de Odin nos textos medievais não são tanto produtos de uma complexidade pagã, mas de uma polissemia nos referenciais cristãos do período. Assim, a visão de Odin como um pai imortal (ao estilo cristão), o deus que morre na batalha, um príncipe que emigrou da Suécia e foi fundador de uma nova fé, um deus da guerra, um skjaldegud, entre outras, representariam uma fabricação medieval de um deus pagão com referenciais cristãos. Uma figura arcaica que foi encaixada em um contexto no qual a ideologia cristã foi crucial para o estabelecimento das narrativas escritas da Idade Média central.

Odin é uma das deidades com maior quantidade de fontes iconográficas desde o final da Antiguidade. No período das migrações até Vendel, na Escandinávia, temos principalmente dois tipos de representações: de figuras humanoides portando um par de lanças e um elmo com apêndices; e em pingentes de bronze e relevos de placas (que podem ser tanto a figura de Odin quanto de guerreiros cultuadores desta divindade). Em outras imagens, como as encontradas em elmos, um cavaleiro portando lanças é ladeado por dois pássaros. Um dos objetos mais controversos é a famosa placa de Torslunda, encontrada na ilha de Öland (Suécia) em 1870. Nela, duas figuras masculinas parecem realizar uma dança, cada uma portando várias lanças, possuindo um contexto dúbio: os pesquisadores se dividem entre os que defendem que a figura com chifres é Odin, e outros, um guerreiro devotado ao seu culto. Ao lado da figura com máscara de lobo, surge um ser masculino portando um elmo com duas protuberâncias – que alguns pesquisadores equivocadamente interpretaram como sendo a cabeça de duas serpentes gêmeas, baseados na descrição do *Skáldskaparmál* em que Odin transforma-se em um ofídio. Com certeza o simbolismo da serpente está presente em vários objetos relacionados a esta deidade (como na placa de Vendel), mas ele nunca surge de maneira dupla – pelo contrário, as figurações são sempre individuais. Analisando os detalhes da cabeça dos animais do elmo, percebemos que se tratam de bicos, como os observados nos bracteados de Skrydstrup, Kitnæs e Bolbro, Dinamarca, remetendo aos dois corvos Hugin e Munin (cf. verbete). No caso da imagem da bainha da espada de Gutenstein (Alemanha), de pingentes como de Staraya Ladoga (Rússia) e principalmente duas figuras do elmo de Sutton Hoo (Inglaterra), reforçam a ideia de que a imagem de Torslunda seja um elmo com a cabeça de dois corvos. Em alguns casos, a identificação de Odin nas figuras é mais clara: em uma estatueta encontrada em Lindby, Suécia, um homem barbado e com um elmo liso, possui um dos olhos fechados, fato semelhante ao pingente de Staraya Ladoga, de cuja extremidade da cabeça saem dois pássaros formando um arco. Esta última imagem foi analisada por Neil Price como sendo Odin e um exemplo da utilização do simbolismo dos olhos como ênfase para os referenciais políticos e militares dos líderes da região.

Na Era Viking, temos alguns exemplos da representação visual de Odin, como nas pedras pintadas de Ardre VIII e Tjangvide I, ambas de Gotland, em que o deus aparece com seu cavalo de oito patas, sendo recebido no Valhalla por uma valquíria e seu hidromel (alguns também interpretam essas figuras com pênis ereto, como sendo o morto homenageado da estela, transportado por Slepinir). Em outras estelas da mesma ilha, como Hammar I e Sanda I, a deidade foi esculpida sentada em seu trono, ladeada por guerreiros ou por uma figura feminina, possivelmente Frigg. Na pedra pintada de Hammar III, Odin foi representado como uma águia, no momento de sua metamorfose após o roubo do hidromel do Palácio de Suttung. Após o século X, várias representações da morte de Odin surgem na Escandinávia e ilhas britânicas, talvez relacionadas com o triunfo do cristianismo: ele é representado com sua lança e um pássaro, sendo mordido numa das pernas por um cão ou lobo (cruz de Andreas); em duas cenas da cruz de Gosforth, tanto a pé quanto a cavalo, ele é atacado por um grande canídeo; em uma escultura na extremidade de um banco da igreja de Torpo, um homem encontra-se agarrado ao meio da mandíbula de um grande lobo. Também ocorrem algumas exceções a essas representações, como a escultura da igreja de Hegge, onde a cabeça de um homem caolho possui a língua para fora, uma referência ao momento da autoimolação; e várias esculturas de um cavaleiro ladeado por dois pássaros, em Hogbacks da Inglaterra.

As valquírias

O termo deriva-se do original nórdico *valkyrja* (pl. *valkyrjar*), que significa "Aquela que escolhe os mortos". Entre suas diversas atribuições, essas guerreiras iam de encontro aos combatentes que pereceram no campo de batalha para levá-los ao Valhalla e assim esperar pelo Ragnarök, o fim do mundo. Mas as valquírias também eram as mulheres que serviam estes mesmos homens, retratando uma subserviência de certo modo incoerente com seu *status*. Mas o que realmente caracteriza a valquíria? Hilda Davidson, em seu livro *Myths and Symbols in Pagan Europe* (1988), nos traz a ideia que sucintamente responde tal indagação. Ela afirma que o aspecto da mulher sobrenatural, capaz de mudar o rumo de uma batalha, é apresentado não somente na tradição escandinava, mas igualmente entre os irlandeses (na figura da deusa Morrigan). Como dito anteriormente, as valquírias são servas de Odin, prontas para obedecê-lo sob qualquer circunstância. Normalmente eram retratadas no século VIII como guerreiras, portando escudo, espada e elmo. Elas obedeciam às ordens de seu deus e senhor, decidindo os vitoriosos e os derrotados segundo o que lhes era dito, além de conduzir heróis e reis para o Valhalla. Esta autora também nos descreve diversos aspectos das valquírias, em várias fontes, demonstrando a diversidade existente. A primeira delas é talvez a mais notável: o combate. Interessante é notar que estas funções variam de acordo com a fonte. Na poesia éddica, por exemplo, podemos encontrar o segundo aspecto, o papel de esposa espiritual do herói. Outra faceta que podemos citar é a associação com as donzelas cisnes, e por fim, com a figura das profetisas, especialmente as nornas, as equivalentes germânicas das parcas, entidades que presidiam sobre o destino dos homens, que nem mesmo o pai dos deuses, Júpiter, seria capaz de cometer tal ato de interferir no próprio destino dos homens e dos imortais. A interação com os mortos também é algo extremamente característico a tais mulheres, pois em diversos poemas da *Edda poética* vemos a figura da valquíria manifestando essa faceta, seja para convocar guerreiros para Odin ou até mesmo para acompanhar o funeral de alguém sob as ordens da mesma deidade. Em síntese, temos quatro aspectos essenciais relacionados com estas personagens: atendentes (servindo no Valhala), amantes/esposas, lutadoras (escolhendo e protegendo os heróis e reis), profetisas (em conexão com o destino).

Kristina Bergen propõe, em sua dissertação de mestrado (2006), uma forma de percebermos a valquíria, caracterizando-a como a "amazona germânica", nomenclatura que está de acordo com a comparação realizada por Régis Boyer, um desafio ao mundo masculino, onde a mulher transpõe o que lhe cabe na sociedade, entrando em combate e possuindo proficiência em armas. A valquíria em si é uma figura transcendente, capaz de ir e voltar de seu mundo de serventia para o mundo masculino do sangue e da guerra, tornando-a assim uma imagem muito popular na literatura nórdica. A segunda faceta que consideramos importante é o armamento da valquíria. Na iconografia da Era Viking, percebemos dois tipos de representações básicas destas personagens, a de servidoras do Valhala (em estelas, esculturas e pingentes) – seguindo um modelo feminino e doméstico, e a de mulheres armadas – um modelo somente encontrado em pingentes do século IX, especialmente da Inglaterra. Nestes últimos, podemos perceber claramente seres femininos portando elmos, lorigas, escudos, espadas e lanças (cf. figuras 1, 2 e 3). Mas nas representações visuais do final da Era Viking e do início da cristianização, as cotas de malha, os escudos, as espadas e os capacetes desaparecem, permanecendo apenas a lança. Sem a loriga, surgem longos vestidos tipicamente femininos. Em pesquisa anterior, já havíamos percebido certos padrões na cultura visual do guerreiro, na qual a supremacia da lança (entre os séculos V e VIII no mundo germânico continental e escandinavo) concede um espaço muito maior para a espada, especialmente conectada aos mitos do herói Sigurd. Tanto na confluência do imaginário artístico quanto nas fontes orais (que se tornam escritas a partir do século XI), denotam que a espada torna-se um instrumento simbólico tipicamente masculino e aristocrático, identificado ao herói, ao guerreiro, ao rei – ou seja, ao mundo do homem, viril e bélico. Não queremos dizer com isso que a lança e outros equipamentos desaparecem do mundo "real" da guerra, muito ao contrário, pois ela se torna a arma da principal técnica de combate após o ano 1000, com a cavalaria feudal. Apesar das evidências iconográficas privilegiarem a espada enquanto símbolo de poder, *status* e riqueza, as evidências arqueológicas sugerem que a lança esteve muito próxima de um grande significado religioso, político e social na Era Viking.

Mas a separação idealizada entre estes dois tipos de objetos ofensivos é muito clara nas fontes: no poema escáldico *Hákonarmál,* datado do século X, as valquírias são descritas portando elmos (*hjalmaðar*), escudos (*hlífar*) e lanças (*geirs*) (estrofes 10 e 11), enquanto somente o Rei Hakon Haraldsson, seus inimigos e aliados masculinos em todo o poema combatem com espada (*sverð*) (estrofes 5 a 7). Além de obviamente elogiar os feitos do rei fundindo os crânios inimigos, o poema relaciona a sua morte gloriosa em batalha com a entrada no Valhala, cujas principais intermediárias são duas valquírias denominadas Göndul e Skögul (esta última, inclusive é denominada de Geirskögul, Skögul a lanceira). Neste caso a espada é tanto um símbolo real como um instrumento de virilidade, enquanto a lança torna-se um atributo valquiriano e feminino (apesar de seu vínculo com Odin). Em outro poema escáldico, *Darraðarljóð,* essa idealização é ainda mais acentuada: o termo *geirfljóða* (estrofe 10), moças da lança, reflete esse aspecto diretamente relacionado com o simbolismo da principal arma do deus Odin, Gungnir. Além de instrumento ofensivo nas lutas, a lança é utilizada pelas guerreiras deste poema como instrumento para tecer um pano feito de entranhas, cabeças e membros de pessoas mortas – ligada essencialmente a uma concepção de destino e de morte bélica. É por esta arma que as valquírias tecem o porvir dos eleitos, ao mesmo tempo em que protegem os reis e heróis em situações de perigo. A poesia éddica também reforça esse tratamento. Donzelas cavalgam seus cavalos pelo céu, com cotas manchadas de sangue, portando elmos e lanças reluzentes (*Helgakviða Hundingsbana in fyrri* 15, 54). Além de proteger e dar o nome ao herói Helgi, a valquíria Svava lhe presenteia com uma espada com ornamentos na lâmina (*Helgakviða Hjörvarðzsonar* 8-9). Nas sagas lendárias, um tipo de fonte literária posterior aos poemas escáldicos e éddicos, as representações ainda mantêm os padrões básicos que examinamos até o momento, mas com algumas pequenas diferenças. Novamente utilizando-nos de Brynhild, podemos examinar essa circunstância: quando encontrada por Sigurd, ela é descrita usando um elmo (o qual ele retira para vê-la) e uma cota de malha (*Völsunga saga* 21). Mas como nos poemas éddicos do ciclo nibelungiano, em nenhum momento Brynhild é descrita com lanças. A novidade fica por conta da única arma ofensiva associada a ela em toda a narrativa. No momento em que Sigurd ultrapassa a barreira de fogo (transmutado em Gunnar), cavalgando Grani e portando a espada Gram, encontra a valquíria sentada dentro de uma casa. Para falar com ela, apoia-se sobre a guarda de Gram, enquanto Brynhild está portando elmo, cota e uma espada na mão (*Völsunga saga* 29). As fontes divergem no momento da morte da heroína: enquanto Snorri, poemas éddicos e contos afirmam que ela se suicidou com uma espada (*Skáldskaparmál* 41; *Guðrúnarkviða in fyrsta* 26; *Norna-Gests þáttr* 8), a *Völsunga saga* 23 descreve que ela caminhou até a pira funerária de Sigurd e entrou no fogo.

Talvez as valquírias sejam também manifestações de *fylgja*, entidades tutelares que acompanham os indivíduos. Sem querermos estabelecer padrões unilaterais de interpretação de um mito extremamente multifacetado, a interpretação de que as valquírias são produtos de fantasias masculinas pode se aplicar a seus aspectos marciais, mas não explica outras facetas, como a sua subserviência. Em tumbas femininas da Era Viking, foram encontrados pingentes de mulheres com e sem corno de bebida nas mãos, de forma muito semelhante às valquírias retratadas nas estelas gotlandesas, sem nenhum tipo de armamento. Neste caso, as mulheres reafirmam o aspecto doméstico e subserviente do mito, contrapondo-se ao referencial da poesia escáldica, essencialmente masculinista e aristocrática? Por outro lado, porque as estelas gotlandesas (muitas delas erigidas em homenagem a guerreiros falecidos) não representaram valquírias armadas, seguindo o modelo escáldico?

Os mitos sobre Thor

Deus germânico do trovão, o mais forte dos deuses ases e deidade matadora de gigantes. O mais importante deus para o paganismo escandinavo e a figura da mitologia escandinava mais popular até os nossos dias. O nome provém do nórdico antigo Þórr e Þunnar, do germânico ocidental Þonar, do antigo alto alemão *Donar*, do anglo-saxão Þunor e do protogermânico ÞunraR, todos originalmente significando trovão. Também é denominado nas fontes escandinavas de *Vingthórr* (Thor das batalhas), *Hlórridi* (o grande deus do temporal) e Ása-Thórr (o deus Thor). Na *interpretatio germanica*, Thor foi associado a Júpiter, originando o dia da semana da quinta-feira (*Thursday*), mas também a Hércules, como na *Germânia* de Tácito, especialmente devido aos elementos da grande força e da maça. Na mitologia celta, Thor corresponde ao deus *Taranis* (trovão) e *Dagda*, uma divindade que utilizava uma maça e andava numa carroça puxada por cabras. Na área báltica e lituana, corresponde ao deus *Perkunos* (Fulminante) e na Rússia a *Perunnos*, também associado a cabras, uma maça ou machado e ao trovão, às chuvas e à fertilidade. Na área finlandesa dos Sámi, o deus assumiu a forma de Horagalles, adaptado do nórdico Þórr-karl (o amigo Thor). Também possui muitas similaridades com o deus hindu da guerra e do clima, Indra: ambos são filhos dos primeiros deuses ancestrais; combateram uma serpente monstruosa; utilizam maças/martelos; são grandes bebedores e glutões; os dois combatem em uma carroça; ambos realizam jornadas para combater monstros terrificantes.

Thor é filho do deus Odin (Fúria) com Jörd (Terra), irmão de Balder (Brilhante), esposo de Sif (Esposa) e pai de Módi (Raiva), Magni (Forte) e Thrúd (Poderosa). Para Hilda Davidson, o casamento de Thor com Sif representa a união entre um deus do céu com a deusa Terra, representando o caráter de fertilidade e do ciclo das estações que culminam com a colheita, que foi somado ao seu lado mais antigo – o da tempestade. Para Rudolf

Simek, originalmente Thor era uma divindade das chuvas e do vento. A maioria dos mitos relacionados a este deus tem como tema a sua luta contra os gigantes. Ele matou o poderoso gigante Hrungnir em um duelo; destruiu Thrym e todos os gigantes e suas famílias, após roubarem o seu martelo; assassinou Hymir e vários gigantes para obter o caldeirão da cerveja; matou o gigante que construiu a muralha de Asgard. Também impressiona a quantidade de gigantas mortas pelo herói de Asgard – segundo John Lindow, elas representam o aspecto feminino das forças do caos. Thor combateu a serpente do mundo, vencendo a batalha (segundo a poesia escáldica) ou deixando-a escapar segundo Snorri, para morrer envenenado por ela durante o Ragnarok.

Além dos monstros e gigantes Thor também matou anões, como Lift durante o funeral de Balder e Alvis, que queria casar-se com sua filha, como registrado no *Alvíssmál* – nesta fonte também se encontra um aspecto pouco conhecido deste deus, o seu interesse por conhecimento gnômico e vocabulário poético, ou seja, a inteligência. Muitos mitos sobre as aventuras e combates de Thor foram perdidos, e do qual temos apenas algumas indicações, como o gigante de nove cabeças citado pelo poeta Bragi. Thor é frequentemente acompanhado de um assistente humano (Thjálfi), ou os deuses Loki e Týr. A referência a Thjálfi indica a grande proximidade da deidade para com os humanos. Thor habita a moradia de Þrúðheimr ou Þrúðvangr, ambos indicando a sua enorme força e possui uma carroça puxada por duas cabras, Tanngrísnir e Tanngnjóstr, motivo que ele também é denominado de senhor das cabras nas fontes literárias (*hafra dróttin*, *Hymyskvida* 20). Ele também é dono de um cinto mágico que lhe amplifica a força e luvas de ferro. O mais importante atributo de Thor é seu martelo, *Mjöllnir* (Relâmpago), importante símbolo para as últimas comunidades religiosas pré-cristãs. Um dos aspectos mais persistentes dos mitos relacionados a Thor, segundo John Lindow, é sua referência atravessando rios, como Vimur (*Grímnismál* 29), associando simbolicamente os gigantes com a água. As representações visuais do deus Thor existiram ainda na Era Viking, como na estatueta de Reykjavík, realizada no ano 1000, na qual a barba do deus se funde ao seu martelo, expressando todo o simbolismo de mjollnir como equipamento de virilidade e fertilidade. Na pedra pintada de Ardre VIII, Suécia báltica, século VIII, Thor foi representado pescando a serpente do mundo – uma narrativa visual que depois será amplamente popularizado pelas ilhas britânicas e mundo escandinavo em geral.

Uma das interpretações sobre o deus Thor de maior repercussão na academia foi realizada pelo mitólogo francês Georges Dumézil, a partir da publicação do livro *Mythes et dieux des germains*, em 1939. Nesta obra, o autor concebe que os povos indo-europeus teriam conhecido uma estrutura teológica tripartida, influenciados pelas suas divisões sociais. Assim, teríamos os deuses da primeira função, os sacerdotes (mitos da soberania/sagrado); o da segunda função, os guerreiros (mitos guerreiros); e da terceira função, os agricultores (mitos da vitalidade). No caso escandinavo, Odin e Tyr seriam as divindades da primeira, Thor da segunda e Njord/Freyr da terceira função. Para explicar o porquê de Thor ser associado com os guerreiros, Dumézil elaborou a teoria do deslocamento, no qual por resultado da militarização da sociedade nórdica, o deus Odin assumiu a função de Thor, que por sua vez, tomou a função de Freyr. Isso é explicito no seu livro posterior *Les dieux des germains* (1959), no qual os campos da magia, da guerra e do direito são ocupados por Odin e Tyr, enquanto a fertilidade é ocupada por Thor, Njord, Freyr e Freyja. O que Dumézil tem em mente é tentar enquadrar o modelo sociomitológico das castas hindus para a área escandinava e para o resto da Europa antiga. O problema é que ela possui elementos de similaridade, mas não é totalmente idêntica (sacerdotes, guerreiros, trabalhadores), ainda mais se nos focarmos no caso da comparação de Thor com Indra: não existiu um vínculo direto dos guerreiros escandinavos com Thor nas fontes literárias escandinavas, mas algumas pesquisas arqueológicas (como o encontro de pingentes do martelo em fortificações militares da Era Viking) demonstram uma possibilidade ritual neste sentido.

Um dos elementos que Dumézil inicialmente levou em consideração (em 1939), mas posteriormente modificou sua interpretação (em 1959), foi a narrativa da luta entre Thor e Hrungnir. Antes, pensava que se tratava de um ritual para iniciação de jovens guerreiros, mas depois alterou para um mito que diferenciava essencialmente Odin de Thor, explicitado no poema éddico *Hárbardsljód*, no qual se percebe a primeira divindade como um deus aristocrata e o segundo um deus de camponeses. Assim, Dumézil passa a pensar cada vez menos em Thor ligado ao mundo guerreiro: seu caráter de fertilidade e fecundidade acaba por dominar os estudos acadêmicos a partir de então. Hilda Davidson, desde 1964, percebe essencialmente Thor como uma deidade celeste e climática que atende a comunidade em todos os seus aspectos, dos fazendeiros e colonizadores, até viajantes e marinheiros em busca de tempo bom; alguns de seus mitos faziam parte de encenações em assembleias ou festivais religiosos; sua figura literária o apresenta como protetor dos deuses e da humanidade, mantendo a lei e a ordem e o bem-estar da comunidade mais do que qualquer outro deus.

A tendência das últimas décadas é analisar aspectos de Thor relacionados aos seus embates, especialmente com os gigantes. Neste aspecto, destacam-se diversos estudos de John Lindow. Na narrativa envolvendo a luta entre Thor e Hrungnir, Lindow afirma que se trata de um dos poucos mitos que temos certeza que decoravam os escudos nos salões de chefes da Era Viking. Para este mitólogo, a narrativa envolve concepções cosmológicas e cosmogônicas, na qual Thor reivindica perante o reino de Odin a criação do cosmos. Em uma perspectiva muito semelhante, Lindow analisa outra narrativa de Thor, a jornada para Utgard-Loki descrita em *Gylfaginning*. Nesta pesquisa, o acadêmico considera elementos irlandeses e do folclore nórdico em confluência com o material preservado por Snorri, na qual o mito serve como ordenador dos campos de atuação e definição mitológica dos dois deuses: Thor mantém relações confortáveis com a comunidade humana, Odin não; Odin comanda mundos, Thor não; Odin criou e ordenou o mundo e o tempo, mas Thor contribui com sua luta contra o caos. Assim, ambos são diferentes, mas complementares. Outra grande tendência recente nos estudos acadêmicos sobre Thor é referente à análise das narrativas da pesca de Jörmunganðr, que tratamos no verbete sobre a serpente do mundo.

Uma perspectiva muito interessante foi apresentada pelo arqueólogo Torun Zachrisson, pela qual Thor seria a entidade protetora do Odal e a serpente do mundo a sua destruidora (*Völuspá* 56). Odal é tradicionalmente interpretado como a propriedade herdada por uma família, mas também poderia ser uma mentalidade, a relação entre o proprietário e a sua terra e o culto aos ancestrais. A fazenda era vista como o centro da vida dos fazendeiros e os montículos funerários com a realeza. Neste sentido, Thor protegeria aspectos da paisagem que seriam relacionados com a herança familiar ou da realeza (Zachrisson, 1994, p. 221).

Novas perspectivas sobre os mitos de Thor: uma tese de doutorado, transformada em livro em 2017 (*How Thor Lost His Thunder: The Changing Faces of an Old Norse God*, de Declan Ciaran Taggart), vem agora implementar um novo fôlego aos que se dedicam ao estudo dos mitos envolvendo esse importante deus nórdico. A pesquisa possui uma farta documentação de fontes primárias e bibliografia analítica, concentrando seu foco na literatura medieval produzida sobre Thor, com o intuito de estudar as mudanças e estabilidades nas representações mitológicas. A metodologia adotada é a da Ciência Cognitiva da Religião, especialmente a Psicologia e estudos de memória, com o fim de se conhecerem os fatores da transmissão oral ao conservar e adaptar contextos narrativos. O tema central da tese é a análise dos fenômenos do trovão e relâmpago associados com a divindade, e neste sentido, a tese se aproxima de muitas pesquisas que vêm resgatando o referencial naturalista na mitologia nórdica (Perkins, 2001). Taggart discute as afinidades etimológicas entre armamento e movimento do relâmpago, entre carroça e o deus Thor, entre clima e carroça, trovão e Thor, entre outros. Os estudos toponímicos ajudam também a entender a relação entre o deus celeste e suas afinidades agrárias. O primeiro momento polêmico do autor é quando rompe com a tradicional visão de Thor enquanto ferreiro cósmico ou divino, especialmente na poesia escáldica, apesar de concordar que o martelo possui conexões simbólicas com a ferraria e ser emblema de vários ferreiros. Aqui o autor critica especialmente Davidson (1965) e Motz (1997), mas concorda com Lindow (1994), quando menciona que o martelo nunca foi usado como força criativa (Taggart, 2015, p. 129-137). Porém, a questão ainda está muito longe de ser esgotada, como atestam vários estudos mais recentes sobre a figura do ferreiro mítico (a exemplo de Wood, 2015, não citado pelo autor). A relação entre martelo, ferraria, mitos e ritos de Thor ainda demandará muitas problemáticas, especialmente quando confrontada com a cultura material nórdica e com perspectivas comparativas da área europeia antiga.

  Discutindo a relação entre Thor e os objetos mítico-mágicos, Taggart chega a outro ponto polêmico. Questiona a interpretação clássica de Hilda Davidson de que poderiam ter existido ritos a Thor envolvendo o simbolismo do relâmpago, fogo e pilares com pregos, devido ao seu emprego de fontes tardias (especialmente Johannes Schefferus; cf. Davidson, 2004, p. 63-74). A comparação com material folclórico ou posterior à Era Viking volta a ser questionada em outro ponto, referente às denominadas *thunderstones* (popularmente conhecidas no Brasil por "pedras de raio"). Para o autor, não existem evidências de que no mundo pré-cristão nórdico existiram crenças relacionando os relâmpagos/trovões com a criação de pedras (de origem antrópica, como objetos neolíticos; ou naturais, como fósseis, mas ambos creditados a uma origem celeste), como queriam os pesquisadores Jacob Grimm, Turville-Petre, Jacqueline Simpson e Lotte Motz. Essa associação teria sido criada na Grécia clássica, percorrido o mundo medieval e tornada popular a partir do Renascimento, com a sua primeira citação literária no mundo nórdico, na obra de Olaus Magnus. Posteriormente, tais narrativas transformam-se em crença popular e se disseminam no folclore escandinavo contemporâneo, resgatado por Blinkenberg em 1911.

Os mitos sobre Loki

A mais enigmática e controversa deidade do mundo nórdico. A sua etimologia é muito discutida, segundo Régis Boyer pode significar: lobo; fim; aranha; ar (*loptr*); chama (*logi*); fogo (*lodurr*). Também denominado de *Loge* no *Nibelungenlied*. Já para Rudolf Simek, não existem conexões entre Lodurr e Loki e o nome rúnico francônico *logaþore*. Apesar de ser nomeado por Snorri como um deus ás (*Gylfaginning* 20), vários acadêmicos como John Lindow o descrevem como um gigante morando com os deuses, devido ao fato de um gigante ter sido seu pai (Fárbauti). Sua mãe era Laufey (ou Nál), uma deusa que Simek relaciona às árvores. Ao contrário da tradição nórdica, o sobrenome de Loki era relacionado à mãe: Loki Laufeyjarson. Teve vários filhos com a giganta Angrboda (O lobo Fenrir, a serpente do mundo e Hel) e Sigyn (Narvi e Vali).

Loki surge em diversas narrativas sobre os deuses. A mais antiga referência literária a essa divindade surge no poema *Haustlong* de Þjóðólfr, datado do século IX, mas que é mais detalhado em Snorri (*Skáldskaparmál* 1), no qual temos a narrativa do sequestro da deusa Idunna por Tiázi e seu resgate por Loki. Neste mito, o papel de Loki é positivo, ao contrário de várias outras descrições, e o kenning utilizado pelo poeta Þjóðólfr para ele é: "o amigo de Odin, de Hoegni e de Thor". Do mesmo modo, outro papel importante de Loki é durante a construção das muralhas de Asgard, no qual, para impedir a finalização do gigante, ele transforma-se em uma égua, seduzindo o cavalo mágico Svadilsfari, originando o garanhão Sleipnir de Odin (*Gylfaginning* 52), mas também pode transmutar-se em pássaro, mosca, foca, salmão e mulher velha. Nas narrativas sobre Thor, Loki possui um papel bem humorado e pouco pejorativo, como na viagem para recuperar o martelo roubado pelos gigantes, na qual ele traveste-se da serva de Freyja

(*Thrymskvida*). No *Gylfaginning* 45, Loki participa da jornada para Utgardaloki, na qual ele e Thor se envolvem em competições com os gigantes. Um papel ambíguo refere-se ao corte dos cabelos de Sif, cuja compensação origina as principais joias e equipamentos dos deuses, como Gungnir para Odin e Skídblanir para Freyr. O caráter malicioso da divindade está presente, demonstrando sua ambivalência para os deuses, algo também demonstrado no roubo do colar Brisingamen de Freyja (*Sorla tháttr* 1-2).

O mais óbvio papel negativo de Loki é como o causador indireto do Ragnarok, inicialmente envolvido com a morte de Balder, sendo considerado um inimigo dos deuses e condenado ao submundo, auxiliado apenas pela esposa Sigyn (*Gyfaginning* 48; *Voluspá* 33-35; *Skáldskaparmál* 16). Ele não permanecerá ao lado dos ases durante a batalha final, libertando-se e juntando-se aos monstros e entidades caóticas que habitam o reino de Hel (*Gylfaginning* 50). Loki luta contra Heimdall e ambos se matam no campo de batalha. Para Rudolf Simek, Loki seria uma deidade sem função. Não existem cultos a ele nem localidades derivadas de seu nome. Não há como ter paralelos com outras áreas germânicas, visto que seus mitos ocorrem somente na Escandinávia. As dificuldades de interpretação deste personagem mítico se revelam a partir dos primeiros estudos nórdicos, ainda no século XIX. Os Irmãos Grimm (1875-1878) o consideravam um deus do fogo, ideia combatida por Simek. Em 1886 o mitólogo Sophus Bugge o considerou um reflexo do Lucifer cristão, uma posição posteriormente enfraquecida com a mitologia comparada, que demonstrou que vários deuses de outros panteões, como Hermes e Briciu, possuem posições maliciosas, tolas e servis aos outros deuses. Em 1956 Folke Ström interpretou Loki como um puro *alter* ego de Odin ou personificação do lado obscuro de Odin.

No ano de 1933 é publicado na Finlândia o mais paradigmático e importante estudo sobre Loki até nossos dias, de autoria do mitólogo holandês Jan de Vries (em inglês: *The problem of Loki*). Ele foi o primeiro a considerar a figura de Loki dentro do conceito de *trickster* (pregador de peças), empregado anteriormente para designar um grande número de heróis trapaceiros do repertório mítico de grupos indígenas norte-americanos e é utilizado atualmente pela literatura antropológica como expressão de personagens semelhantes em qualquer cultura do mundo. Em geral o *trickster* é uma figura embusteira, ardilosa, cômica, pregadora de peças, realizadora de boas e más ações. Em algumas culturas o *trickster* é antropomórfico, em outras é um animal, às vezes atuando como vilão, noutras como herói e até mesmo o de herói civilizador. Seus feitos positivos são involuntários, porque muitas vezes são produtos de seu comportamento egoísta e antissocial. O *trickster* pode proporcionar aos humanos o controle do fogo, a fertilidade, o conhecimento da cura etc. Astuto, rebelde, glutão, obsceno e malicioso, o *trickster* coloca em jogo a ordem social e quebra diversos tabus. Frequentemente, como a figura de Loki, o *trickster* se disfarça ou se transforma em fêmea e identicamente nenhuma cultura do mundo realiza qualquer tipo de culto a sua personagem.

Para psicólogos influenciados pela teoria antropológica (como Joseph Henderson e Carl Gustav Jung), Loki representaria uma forma primitiva do mito do herói, possuindo a mentalidade de uma criança, tentando satisfazer apenas as suas necessidades mais elementares, sendo cruel, cínico, insensível e passando de uma proeza maléfica para outra. Enrique Bernárdez considera Loki uma figura ao mesmo tempo sobrenatural e divina, um ser perigoso e negativo, mas também, companheiro e auxiliar. Para Georges Dumézil, esta divindade conteria elementos demoníacos, pois o Loki negativo superaria o Loki positivo. Sua principal contribuição foi a comparação com o *trickster* osseta Syrdon, epecialmente a relação de Loki com a morte de Balder (Syrdon e a morte de Soslan-Sosryko). Mais recentemente, Bernard Sergent comparou Loki com diversas narrativas míticas dos povos Huron, no Canadá francês, encontrando admiráveis analogias entre as descrições de punição. Para Hilda Davidson, o lado negativo de Loki predomina na *Edda de Snorri*, ao contrário da *Edda poética*, e ainda, a responsabilidade pela morte de Balder seria uma versão mais tardia, talvez influenciada pelo cristianismo – especialmente as narrativas medievais e apocalípticas do cativeiro do diabo. Uma posição muito semelhante foi defendida por Stefanie von Schnurbein em artigo publicado na revista *History of Religions* em 2000. Jerold Frakes retoma a teoria da tripartição para tentar entender a posição de Loki, que segundo ele teria sido inadequada pelos parâmetros pioneiros de Georges Dumézil. Loki teria um papel eminentemente antifuncional, sendo a principal chave para sua interpretação a sua marginalidade. Loki seria uma réplica negativa de Odin e sua sexualidade teria muito mais ligação com os vanes, sendo caricato e subvertendo as funções divinas. Seria o próprio antagonista do drama divino: a sua função seria de ter uma antifunção, reflexo da clássica tensão sociológica entre centro e margem.

Eldar Heide propõe uma perspectiva diferente e original, ao comparar o material mítico medieval com as tradições tardias e pós-medievais. Para ele existiriam dois Loki: um com caráter mitológico e outro caracterizado como *vätte*, um espírito doméstico vivendo sobre a lareira. O Loki mítico derivado do vätte é encontrado nos contos de fadas e seria basicamente semissobrenatural e não existiriam contradições entre suas atividades benéficas e destrutivas. A associação entre o *vätte* com os locais de fogo marcariam os intercâmbios com o outro mundo. Triin Laidoner recupera os estudos da relação entre os *jötnar* e o território dos Sámi na Finlândia, pensando Loki como a figura do "outro" na mitologia escandinava, além do caráter xamânico e dos cultos de êxtase. A figura de Loki transformando-se em égua, por exemplo, não é vista como uma simples invenção cristã repleta de humor, mas analisada em paralelo com a narrativa báltica de uma égua pertencente a uma mulher xamã que deu a luz a um potro com oito patas, de forma idêntica a Sleipnir. Loki poderia ter conexões xamânicas com os cavalos. Talvez a mais brilhante contribuição de Laidoner seja de pensar que o referencial cristão adotado para pensar Loki não seja exclusividade de Snorri, mas também uma prática adotada pelos acadêmicos contemporâneos, que não souberam interpretar corretamente a relação desta divindade com a tradição do *noaidevuohta* (xamanismo da cultura Sámi) e sua figura ambígua de *trickster*. Alguns elementos mais estáveis das narrativas de Loki, como a associação com o voo e o ar, devem ter feito parte do material original sobre o deus e têm aspectos xamânicos importantes. Os vários conflitos existentes nas características de Loki, com isso, seriam devedores essencialmente do dualismo *noaidi* conectado à tradição dele enquanto *trickster*. E também, Loki como uma figura mutável que se desenvolveu independentemente na mitologia escandinava e incorporou elementos de várias culturas, incluindo as da área Sámi ou mesmo que teria sido originado na área finlandesa.

Na alta Idade Média, somente uma figuração é considerada pelos pesquisadores como sendo uma imagem de Loki: a existente na pedra de Snaptun, Dinamarca. Trata-se de uma gravação de um homem adulto, com longos bigodes e grandes olhos, tendo a boca costurada – assim como a descrição de Loki no submundo. Realizada durante o século X, a pedra de Snaptun foi utilizada como apoio para o uso de foles, por meio de um pequeno buraco na base. Isso pode confirmar, em parte, a relação de Loki com o fogo e as hipóteses de Eldar Heide. Datada da mesma época, a pedra de Loki da igreja de Kirkby Stephen (fragmento cruciforme), na Inglaterra, representa um homem barbudo e com chifres retorcidos para baixo, preso a diversas amarras nas mãos e pernas. Como não existem representações córneas de Loki, talvez seja um caso de reinterpretação deste personagem pelo imaginário cristão. Alguns também comparam esse vestígio com uma escultura da época dos pictos (datada entre os séculos VIII e X), atualmente conservada no museu de Meigle, Escócia, na qual representa identicamente uma figura presa por entrelaçamentos das mãos e pernas e portando cornos. Já na cruz de Gosforth (século X, Inglaterra), uma das esculturas apresenta um homem preso nos membros superiores e inferiores, sendo atendido por uma mulher portando um corno (Sigyn).

Os mitos sobre Njord

Njörðr (Força da vida, segundo Régis Boyer): divindade dos Vanes associada ao mar, pai dos gêmeos Freyr e Freyja. Controla os ventos e o mar, traz riquezas àqueles que navegam e pescam, residindo no palácio celeste Nóatúan (local dos navios). Ele foi casado com Skadi, mas o casamento fracassou, tendo ela preferido morar nas montanhas e ele no mar. Somente Snorri considera Njord um vane, deixado refém entre os ases durante o conflito entre os deuses. Segundo Simek, a menção a Njord em *Lokasenna* é tardia, não sendo parte do mito original. Segundo John Lindow (2001, p. 237-238, 241-243), no estudo de Njord é muito difícil conciliar mito com culto, existindo poucas narrativas sobreviventes sobre este deus. Já para Rudolf Simek (2007, p. 230-231, 233-235), as raras referências não invalidam a sua alta posição nos cultos da antiguidade germânica, um fato confirmado pela toponímia e pelos estudos linguísticos que o aproximam da antiga deusa Nerthus. Aqui entramos no grande debate acadêmico: Por que houve mudança de sexualidade na divindade marinha? Três hipóteses são aceitas – originalmente teria existido um par de deuses gêmeos dos dois sexos (como Freyr e Freyja) com relações incestuosas; o deus era hermafrodita; houve confusão etimológica de Tácito, na realidade a deusa era chamada de Erthus, relacionada a *erþō* (terra), hipótese de Lotte Motz em 1992.

A deusa Nerthus (protogermânico Nerþus) foi citada por Tácito em sua *Germânia*, era cultuada em uma ilha báltica durante o século I d.C. Adorada como mãe-terra (*Terram Marrem*), seu culto incluía um carro puxado por vacas durante os festivais, quando as armas eram recolhidas, e, no final, o carro era submerso em um lago juntamente com escravos a serem afogados. Para Simek, o culto a Nerthus era associado a uma hierogamia, tendo sido encontrados vestígios arqueológicos de carroças num contexto ritualístico e as pinturas rupestres da Idade do Bronze indicariam um antigo culto com procissão na Escandinávia. E também, o mundo megalítico pré-germânico seria constituído essencialmente por marinheiros, também sendo as divindades marinhas muito importantes com os povos germânicos – em que as imagens de cultos a barcos são intensas e conectadas a um papel com Njord. O problema maior, para Simek, seria entender a distribuição da toponímia para períodos mais recentes – teria o culto a Njord se deslocado para o interior e o transformado exclusivamente num deus da fertilidade? Na concepção de Régis Boyer (1997, p. 110-111) – partindo do pressuposto de que os vanes são divindades das populações nômades de camponeses e os ases são deuses dos agricultores sedentários instalados no norte durante a época Neolítica – o deus Njord seria uma divindade com um valor acima dos outros. Hilda Davidson relaciona Njord com Nerthus pela toponímia, como o nome da ilha *Njarðarlög* (banho de Njord). Para John Lindow, a descrição de Skadi armada como homem e Njord eleito pelos pés é uma inversão de gênero, sendo este último tornado feminino na narrativa de Snorri. Renauld-Krantz pensa este episódio como uma sobrevivência de um ritual envolvendo os pés (do mesmo modo que em *Vafthúdnismál* 33, envolvendo o nascimento de um monstruoso filho pelo pé de um gigante). Uma das tentativas de tentar solucionar a mudança de sexo de Nerthus para Njord foi com o clássico estudo de Georges Dumézil *Niord, Nerthus et le folklore scandinave des génies de la mer*, originalmente publicado em 1955. Realizando uma extensa pesquisa em arquivos europeus sobre o folclore náutico na Modernidade, Dumézil constatou a preservação de inúmeras narrativas sobre Njord, negando a hipótese de um hermafroditismo original e concluindo que todas as entidades marinhas escandinavas possuem um caráter sexual dúbio e incerto. Para Rudolf Simek, este estudo não foi suficiente para esclarecer a questão, ficando aberta até nossos dias.

Os mitos sobre Freyja

Freyja (senhora) é a mais importante deusa da mitologia escandinava e a principal divindade dos vanes. Filha de Njord e de Skadi, irmã (e provavelmente também amante ou originalmente esposa) de Freyr. Possui duas filhas: Hnoss e Germisi, ambas significando preciosidade. Rudolf Simek acredita que seja uma derivação poética tardia da própria deusa. A mitologia éddica assinala que era esposa de Óðr. Denominada por Snorri de *Vanadís*, a dís dos Vanes. Freyja preside o amor e a volúpia e possui reputação de lascívia. Segundo o *Lokasenna*, ela teria sido amante de todos os deuses e elfos. Sua residência é o palácio de *Folkvangr*, para o qual se dirigem metade dos mortos em batalha, a outra metade vai para Odin. O seu salão é denominado Sessrúmnir, que é grande e formoso. Ela possui uma carroça puxada por gatos, mas em outros relatos também aparece montada em um javali. Sua beleza está atrelada a diversas situações entre deuses e gigantes, como a construção da muralha de Asgard, a perda do martelo de Thor e o mito de Hrungnir.

Freyja também está associada com a magia seidr, o mais importante ritual mágico do mundo nórdico. Em momentos mágicos, ela possui a forma de um falcão. Nas sagas islandesas, algumas praticantes de seidr utilizavam luvas e acessórios feitos de gatos brancos, relacionados simbolicamente a esta deusa. Para Hilda Davidson, isso é um elemento que indicaria que os gatos seriam alguns dos espíritos animais utilizados pelas videntes em suas jornadas xamânicas. Segundo Brenda Prehal, na sociedade nórdica o gato era associado à fertilidade (cabeças de gato eram vistas como objetos propiciadores), ao mundo da casa e utilizado como proteção mágica. Freyja é conhecida por diversos nomes na poesia escáldica, como Mardoll, Horn, Gefn, Sýr e Vanadís. Todos estes nomes caracterizam Freyja como uma deusa guardiã do mundo doméstico. A literatura escáldica do século X frequentemente cita o nome de Freyja. Um tema conhecido nesta poesia é o choro de lágrimas de ouro: no momento em que o marido de Freyja, Óðr, se afasta por um longo tempo. O relato de sua busca pelo marido não foi preservado, segundo John Lindow, que ainda pensa que uma deusa da fertilidade deveria estar associada também com a morte, o que não ocorre no caso de Freyja, função muito mais desempenhada por Odin. Mas para Hilda Davidson, ela tinha certa autoridade sobre a morte, como aponta a *Egil saga*, em que a filha do herói ameaça morrer e ir jantar no palácio de Freyja. Para Enrique Bernárdez as poucas referências das deusas na mitologia nórdica se devem a um referencial masculinista por parte dos compiladores e escritores cristãos, como Snorri Sturluson, e que muitos acadêmicos modernos enfatizariam ainda mais esse caráter. Ainda segundo este estudioso, Freyja encarna os papéis sexuais, de fertilidade, mágicos e de morte do mundo feminino da Escandinávia alto medieval, enquanto Frigg assume o papel de esposa e está associada mais diretamente aos partos. Mas para Hilda Davidson e Stephan Grundy, as duas deusas estão intimamente relacionadas, talvez sendo aspectos diferentes de uma mesma divindade. Essa tradição, que remontaria ao Oriente antigo, combinaria funções diversas em uma mesma deusa, ou como foi mais comum, funções diferentes com personificações distintas de divindades, como os aspectos de mãe e amante. Se somarmos ainda a figura de Skadi, teremos a tríade que corresponderia ao modelo clássico dos principais aspectos da feminilidade: Hera (esposa-mãe: Frigg), Afrodite (amante: Freyja) e Ártemis (virgem-caçadora: Skadi). De maneira semelhante, Boyer pensa que as três deusas foram aspectos distintos do antigo rito da deusa mãe na Escandinávia. Stephan Grundy percebe que Freyja pode ser uma derivação tardia de Frigg no mundo germânico (visto que é somente preservada na Escandinávia).

Algumas imagens da Era Viking são consideradas pelos acadêmicos como sendo representações da deusa Freyja. No faustoso sepultamento de Hagebyhöga (Suécia do ano 1000), uma mulher foi enterrada a vários objetos e animais, entre eles um pingente que representa uma figura feminina que é circundada por uma grande serpente mordendo a própria cauda (denominado pingente de Aska). A figura posiciona as mãos sobre o ventre, que está numa posição nitidamente relacionada a um propiciar do parto ou simbolismo de fertilidade. Alguns também relacionam este objeto com o colar da deusa, chamado Brisingamen. Outros pingentes (como o de Tissø) e algumas estátuas, como a de Sjælland, Dinamarca, também são consideradas imagens de Freyja, mas podem ser simplesmente figuras femininas propiciatórias.

Os mitos escatológicos: o Ragnarök

O termo Ragnarök significa "consumação dos destinos dos poderes supremos" e parece ter significado mais antigo que a outra forma islandesa (sing. *ragnarökkr* "Crepúsculo dos poderes supremos") e se refere a uma série de acontecimentos que culminariam com a morte dos deuses nórdicos mais importantes e a destruição de parte do universo, após o qual algumas deidades e humanos sobreviveriam em uma nova e renovada ordem cósmica. A palavra existe somente na poesia éddica, não ocorrendo em nenhuma fonte escrita da Era Viking (793-1066 d.C.). Outros termos para a destruição futura do mundo nas *Eddas* são: *aldar rök* (fim do mundo, *Vafþrúðnismál* 39); *tíva rök* (destino dos deuses, *Vafþrúðnismál* 38, 42); *þá er regin deyja* (quando os deuses morrem; *Vafþrúðnismál* 47); *unz um rjúfask regin* (quando os deuses são destruídos, *Vafþrúðnismál* 52, *Lokasenna* 41, *Sigrdrífumál* 19); *aldar rof* (destruição do mundo, *Helgakviða Hundingsbana* II, 41); *regin þrjóta* (fim dos deuses, *Hyndluljóð* 42).

As principais referências escritas sobre o Ragnarök são os poemas *Völuspá* 44-66, *Vafþrúðnismál* 44-54, *Völuspá* 44-66; *Lokasenna* 39; *Gylfaginning* 50-52 e a poesia escáldica. A *Völuspá* ("profecia da vidente") é encontrada nos manuscritos *Codex Regius* (GKS 2365 4to, c. 1270) e no *Hauksbók Codex* (A 544 4to, c. 1310), com algumas variações. É o primeiro poema anônimo do manuscrito *Codex Regius* e geralmente está inserido nesta ordem nas edições modernas. Contém aproximadamente 66 estrofes escritas no estilo fornyrðislág, cujo conteúdo se refere basicamente às visões de criação e destruição do mundo por uma profetisa, ressuscitada pelo deus Odin para esta finalidade. A composição do Völuspá é geralmente datada por volta do ano 1000, de autoria islandesa e obedece a seguinte estrutura básica: o passado (estrofes 3-27), o presente mítico (30-43), o futuro até o Ragnarök (44-58), o futuro após o Ragnarök (59-65). O *Vafþrúðnismál* (A canção de Vafþrúðnr) é o terceiro poema éddico inserido no manuscrito GKS 2365 4to, (c. 1270), possuindo também uma versão parcial no AM 748 I 4to, datado de início do século XIV. Sua estrutura básica refere-se a diálogos entre os deuses Odin e sua esposa Frigg e o gigante Vafþrúðnr, comentando sobre acontecimentos do universo, dividindo os poemas entre o passado (v. 20-35), o presente (36-43) e o Ragnarök (44-54). A data de composição do poema é creditada como sendo a mesma do *Völuspá*, em meados do século X.

Em um ponto de vista historiográfico, podemos separar as concepções sobre o Ragnarök na academia em três ideias principais: os que acreditavam que as narrativas sobre o destino dos deuses germânicos seriam de base totalmente pré-cristã; os autores que perceberam interferências cristãs sobre uma composição nativa e a recontaram após o registro escrito; e mais recentemente, os que defendem que o compositor original foi um pagão que sofreu influências de ideias cristãs durante o período final de conversão.

Desde o século XIX, com a publicação das principais fontes da história e literatura escandinava, os antigos mitos foram valorizados dentro de uma perspectiva nacionalista e folclórica, não recebendo os manuscritos que foram preservados nenhum tipo de crítica interna ou que ligasse ao momento histórico e social de sua composição. Deste modo, os primeiros estudos sobre o Ragnarök não realizaram questionamentos sobre interferências literárias ou de outras religiosidades em uma suposta narrativa de origem pagã. O sueco Rudolph Keyser, em seu livro *Normændenes Religions Forfatning í Hedendommen*, descreveu o relato do fim dos deuses de forma muito próxima à das fontes, de forma descritiva e sem qualquer reflexão histórica sobre o contexto de preservação desta tradição. Essa tendência seguiria as publicações da primeira metade do século seguinte, que influenciadas pelos estudos de mitologia comparada, procuravam ver nas narrativas de destruição do mundo pelos persas, gregos, celtas e outros povos, um suposto indício da autenticidade da tradição nórdica, tendo um fundo em comum especialmente entre os povos europeus mais antigos. Assim, o livro *The Celtic and scandinavian religions*, de 1948, apesar de evidenciar certas influências cristãs na Edda de Snorri, acreditava que o poeta anônimo da Völuspá era totalmente pré-cristão.

Mas um dos teóricos que mais propagou a imagem das fontes nórdicas como pertencentes a um passado europeu em comum foi Georges Dumézil. Para ele, a batalha escatológica entre os deuses e monstros, os cataclismos e a volta de Balder são imagens presentes no mundo iraniano, persa, zoroastriano – baseando-se numa comparação entre as *Eddas* e o *Mahabharata* dos hindus. Com isso, os germanos possuiriam imagens míticas pertencentes ao patrimônio cultural de todos os indo-europeus, não sofrendo variação em sua estrutura básica – a denominada tripartição, altamente contestada pela historiografia contemporânea. Dumézil não incluiu em seus estudos uma avaliação contextual das fontes, nem possíveis variações de conteúdo do período oral ao momento em que foram preservadas por escrito, nem mesmo influências sociais do momento histórico em que a poesia éddica foi preservada literariamente. A partir dos anos de 1920, os estudos sobre o Ragnarök começaram a incluir a possibilidades das fontes escritas terem sido influenciadas pelo referencial cristão (*interpretatio christiana*), numa trilha iniciada anteriormente por Axel Olrik – mas que somente neste momento começa a ter maior respaldo acadêmico. Em sua edição da *Völus-*

pá de 1923, o professor Sigurdr Nordal realizou alguns ensaios críticos que se tornaram muito influentes. Ele reconhecia no poema éddico diversos elementos advindos da Bíblia, especialmente o Apocalipse, mas ao contrário de Olrik, acreditava que estes não poderiam ser facilmente compreendidos, apontando caminhos para análises estruturais e comparativas. Outros mitólogos continuaram a perspectiva criada por Olrik e Nordal. Em um de seus livros mais famosos, Hilda Davidson admitia os efeitos da visão de fim do mundo bíblico sobre o imaginário nórdico durante os séculos X e XI e na composição da Völuspá, mas insiste em um fundo originalmente pré-cristão. Para isso, recorre a alguns pontos essenciais: a) a semelhança entre as narrativas escatológicas celtas e germânicas; b) referências ao fim do mundo em inscrições rúnicas e poemas escáldicos do século X; c) imagens do Ragnarök em esculturas britânicas alto-medievais; d) sobrevivência de narrativas escatológicas nórdicas no folclore. Posteriormente, a autora admite maiores influências cristãs também na arte anglo-escandinava e nas narrativas escritas e rúnicas, mas ainda insiste na continuidade de uma tradição arcaica dos indo-europeus: após um terrível inverno, ocorrerá a deterioração da vida na terra e o abandono da lei e da realeza.

A mitologia escandinava possui muitas representações visuais, especialmente as produzidas na área sueca durante os séculos VIII e IX. Mas não existem imagens originalmente pagãs produzidas na Era Viking sobre o Ragnarök. Em nossos estudos sobre imagética da ilha báltica de Gotland – a mais rica área com fontes iconográficas míticas – percebemos que a grande maioria das representações diz respeito ao deus Odin – a chegada ao Valhalla, a recepção das valquírias, o sucesso nas batalhas, a morte honrosa na guerra. Outras narrativas míticas ocupam um espaço menor, mas significativo na área sueca, como as representações de Gunnar e a pesca da serpente do mundo por Thor. Porém, em nenhum momento ocorreram representações visuais do fim do mundo nórdico. Isso nos leva a duas perspectivas neste momento: ou realmente o Ragnarök não fazia parte da cosmologia escandinava pré-cristã – mais especificamente, a morte dos principais deuses –, ou ocupava um espaço não muito importante, sem grande relevância para a religiosidade e para a expressão icônica e social, sobrevivendo apenas em algumas narrativas orais que foram depois definitivamente compostas, reelaboradas e preservadas já em um contexto cristão. As duas representações visuais mais antigas e importantes do Ragnarök surgem em monumentos cristãos das ilhas britânicas: a cruz de Thorwald na Ilha de Man (Andreas 128) e outra na Inglaterra (Gosforth 1, Cumbria), ambas datadas na primeira metade do século X. A maior parte dos estudos analisou suas imagens apenas relevando seu conteúdo temático. Em nossos estudos, realizamos três níveis de interpretação: primeiro, analisando estes monumentos dentro do contexto da ocupação escandinava no mundo britânico; em segundo, comparando suas imagens (temas, estilo, contexto espacial) com a cultura visual e mitológica da área escandinava; e em terceiro, o conteúdo temático dentro do contexto da cristianização dos nórdicos, a composição da *Völuspá* e as diferentes fontes literárias sobre o Ragnarök. Nossa pesquisa mais recente vem demonstrando que a grande quantidade de narrativas e imagens do Ragnarok durante o século X podem ter sido ocasionadas por eventos astronômicos ocorridos durante os séculos VIII e IX. Em 2013, o arqueólogo Neil Price apresentou uma pesquisa apontando eventos geoclimáticos (como consequência de uma erupção vulcânica em 536) como ocasionadores da tradição ragnarokiana (especialmente o *Fimbulwinter*), mas ocorridas durante o século VI.

Em algumas bracteatas do século V, tanto da Escandinávia quanto da Alemanha, alguns pesquisadores identificam cenas que podem ter relação com as narrativas escatológica produzidas no Medievo. O mito de Balder sendo morto, talvez tenha sido reproduzido nas bracteata de Zagórzyn (Kalisz), tipo B, Alemanha, Museu Stuttgart, século V-VI; e de Fakse, Dinamarca, século V-VI. Três figuras aparecem nas imagens, talvez Loki, Hoder e Balder, sendo a figura do meio trespassada por um dardo. Mas as imagens mais importantes são referentes à figura do lobo. Este animal como inimigo dos deuses surge em duas bracteatas dos séculos V e VI: Trolhattan, Suécia, séculos V e VI; e Skrydstrup. Na primeira, uma figura masculina é atacada em sua mão por um canídeo (Tyr e Fenrir?). Na segunda, uma figura masculina possui um elmo com formato e pássaro, outro pássaro está ao lado, com um cervídeo e uma serpente na base. Pelas suas costas, uma figura canídea o ataca, com feições ferozes. Sem sombra de dúvida trata-se de Wotan, já sendo associado com o lobo inimigo.

Mas porque o Ragnarök não aparece nas fontes literárias desta época? Talvez porque não fosse importante. Várias pesquisas arqueológicas estão apontando que catástrofes climáticas (desencadeadas por uma erupção vulcânica) ocorreram na Escandinávia durante o século VI, ocasionando grande incidência de abandono de vilas, fome e crises sociais (Price, 2015). É neste contexto que poderia ter sido formada a imagem do Fimbulvetr, o período de três invernos que antecede ao Ragnarök na literatura medieval – uma imagem de desolação e crise ambiental. Também durante o século VI que as imagens do disco do Sol e de espirais nas estelas da ilha de Gotland desaparecem, dando lugar a imagens heroicas e figurativas. Uma recente análise da pedra de Rök (800 d.C., Suécia) afirma que o texto alude a morte de um filho com um contexto significativo de eventos escatológicos, uma batalha final contra os poderes cosmológicos destrutivos e uma memória de crise climática (Holmberg, 2018-2019, p. 1-38). Também neste contexto, é de ressaltar que a Völuspá str. 40 ("rauðum dreyra; svört verða sólskin; um sumur eptir / névoa vermelha, escuro será o sol; que brilhará no verão, tradução nossa) alude a um acontecimento prévio ao Ragnarök, que é típico de um céu diurno após uma erupção vulcânica – o sol fica obscurecido, cinza ou avermelhado durante meses, devido à presença de resíduos na atmosfera.

Em nossas pesquisas de etnoastronomia, identificamos que o aglomerado das Hiades (constelação de Touro) era conhecido na Escandinávia pré-cristã como a mandíbula do Lobo (Ulf's Keptr, citado no manuscrito Gks 1812, seção referente a informações celestes do período pagão) e descobrimos que ele esteve associado no céu com vários eclipses totais do Sol, Lua e passagens de cometa (conjunções astronômicas visíveis a olho nu) a partir do século VIII – estes fenômenos têm larga tradição de estarem associados pelas povos europeus antigos a catástrofes e acontecimentos maléficos. Assim, em um período que vai do século VIII ao X d.C., o céu noturno também passa a ser associado com acontecimentos malignos e à figura do lobo (Langer, 2018, p. 1-20). Como este animal já era vinculado com os deuses (como vimos nas bacteatas), a representação de um canídeo atacando corpos celestes toma uma forma mais objetiva no imaginário. Um recente estudo do escandinavista italiano Andrea Maraschi reforça os estudos sobre o Fimbulvetr como experiências pessoais associadas com visões apocalípticas, fixando uma memória sobre o antigo acontecimento na tradição oral. Este autor ainda reforça que a tradição do lobo nórdico como representação de catástrofes pode ter sido devida à associação entre eventos celestes sinistros e a constelação da mandíbula do lobo (Maraschi, 2019, p. 35).

É durante o século X que encontramos uma farta quantidade de imagens provindas de áreas nórdicas, todas relacionando o lobo com objetos circulares. A mais contundente é a de um contexto totalmente pagão, de Dublin da Era Viking, em que um pingente representa um lobo em feições ferozes, curvado e devorando uma espécie de globo (figura 5). Também os *hogbacks* ingleses de Tyningham e Ovingham 1C apresentam esculturas de canídeos atacando globos (Langer, 2012). Apesar da poesia escáldica não apresentar diretamente material relativo ao Ragnarök, ela confirma essa tradição mais antiga do lobo como inimigo dos deuses, como em um trecho do Eiríksmál 7 "Hvi namt þu hann sigri þa er þer þotti hann sniallr vera þvi at ovist er at vita sagðe Oðenn ser ulfr enn hausve a siot goða." (Então, por que privas ele da vitória, quando você mesmo pensou sê-lo bravo? Não prevejo o que deveria para saber, diz Odin, entretanto, o lobo cinza olha sombriamente para a morada dos deuses – Tradução de Pablo Gomes de Miranda.) Eiríksmál é um poema escáldico anônimo, composto sob o patrocínio da Rainha Gunnhildr konungamóðir para homenagear o seu marido, Eiríkr blóðøx, morto em 954 d.C. Também o poema Hákonarmál, século X, confirma a concepção do lobo relacionado a eventos escatológicos, estrofe 20 (Mun óbundinn á ýta sjǫt Fenrisulfr fara / Solto de suas amarras, Fenrir o lobo, andará pelo mundo – Tradução nossa). Então, de maneira objetiva, as informações iconográficas e etnoastronômicas nos levam a considerar que as cenas da morte de Balder, de Odin sendo atacado por um lobo e dos astros serem devorados pelo mesmo animal (vargǫld, a Era do lobo), já existiam anteriormente ao ano 1000. Somando-se à então recente erupção do vulcão Eldgjá na Islândia do ano de 940 d.C. (Oppenhelmer, 2018), os pavores coletivos devem ter ficado ainda mais acirrados. E todos eles devem ter sido incorporados em uma narrativa que se somava aos crescentes medos escatológicos provenientes da Inglaterra do século X: é a narrativa da Völuspá, que pode se tratar de um híbrido entre tradições orais cristã e pagãs (Abram, 2011, p. 165), todas incorporadas pelo paganismo tardio, antes deste desaparecer totalmente (Cardoso, 2006, p. 36). Era um período no qual pagãos e cristãos conviviam plenamente, de forma ampla e circular. Então, antes de desaparecer com a cristianização, o próprio paganismo incorporou elementos cristãos em sua cosmovisão e concepção escatológica (interpretatio Norrœna). Neste caso, o poema Völuspá é originalmente um produto literário híbrido e não como se pensava na academia de tempos atrás – que o relato pagão teria sido preservado por escrito em tempos cristãos e sua escrita alterada pelo modo de ver do escriba, já cristianizado.

ESTUDO DE CASO 1
A mitografia brasileira sobre o Ragnarök

Em 2020 estreou no canal de streaming Netflix uma série norueguesa de nome *Ragnarok*. A produção foi um drama de cunho adolescente, centrado em alguns personagens que se defrontam com problemas ambientais decorridos da ação de uma família de gigantes. A série conseguiu despertar a atenção midiática por ressignificar de forma muito atual vários temas relacionados com a Mitologia Nórdica, demonstrando que a sua recepção ainda se encontra muito viva em nosso mundo. E em especial, o título da série aporta justamente que uma das questões mais importantes da recepção são as disputas dos deuses com os gigantes. Neste sentido, podemos identificar que o tema do Ragarok ganhou um sentido especial, tornando-se até mais importante que outras questões da mitologia Nórdica, principalmente após o sucesso das óperas de Richard Wagner.

Desde o fim do Medievo até o romantismo oitocentista, os mitos nórdicos encontravam-se dispersos, recebendo atenção pulverizada por alguns artistas e outras vezes por intelectuais, ávidos de conhecer as antigas narrativas. Mas, com exceção da obra de Snorri Sturluson, até mesmo a Edda poética apresentava os mitos de forma desconexa durante o Medievo. Esse panorama vai continuar até o século XIX. Cada país ou em algumas nações, vai ocorrer um apelo para seus próprios parâmetros regionalistas no sentido do que privilegiar artisticamente ou academicamente. A Dinamarca elege inicialmente as nornas, os germânicos as valquírias, a Suécia e Noruega os deuses Thor e Odin. É neste sentido que o Anel do Nibelungo (*Der Ring des Nibelungen*), ópera estreada de forma completa em 1876, vai estabelecer vários elementos que se tornarão canônicos na interpretação moderna dos mitos medievais, mesclando informações das duas *Eddas*, das sagas lendárias e epopeias germânicas medievais com referenciais filosóficos. O mais dramático momento de toda a obra é certamente o desfecho, com a seção *Götterdämmerung* (O crepúsculo dos deuses, a tradução alemã para Ragnarök). Wagner imagina o Ragnarok como uma consequência do uso inadequado que os deuses cometeram de seus poderes, especialmente após a morte do herói Sigurd (Bjarnadóttir, 2018, p. 18-19).

A influência da obra de Richard Wagner pela arte, mídia e cultura popular durante o século XX foi enorme. E é por ela que foi realizada a primeira referência acadêmica sobre o tema do Ragnarok no Brasil. Participando de diversos cursos sobre ópera alemã na Universidade de Heidelberg nos anos de 1950 e posteriormente elaborando uma tese de livre docência da USP, a professora Sonia Orieta Heinrich de Mattos realizou uma pesquisa sobre as influências das *Eddas* na tetralogia de Wagner. O seu exame do conteúdo sobre o Ragnarok no poema *Völuspá* é denunciador da própria influência estética advinda do compositor alemão, ao utilizar os termos "crepúsculo dos deuses" e "juízo final" (Heinrich de Mattos, 1959, p. 23).

As décadas seguintes não apresentaram nenhuma inovação (de 1960 até os anos de 1990 não ocorreram pesquisas, publicações ou produções acadêmicas referentes à Mitologia Nórdica em nosso país), pelo contrário, percebemos uma continuidade na influência da ópera alemã. Em dois dicionários com conteúdo de popularização sobre a mitologia nórdica, ocorreu ainda uma associação do Ragnarok com Wagner. O jornalista Owen Ranieri Mussolin (1922-2002), sob o pseudônimo de Esopinho, publicou o primeiro livro sobre mitologia nórdica em nosso país, com grande alcance público, mas o seu conteúdo era restrito, descritivo e superficial. Retomando as mesmas perspectivas de Sonia Mattos, também acaba repetindo alguns autores alemães citados por esta professora, como Richard Moritz Meyer, e outros como Eugen Mogk. Em seu curto verbete sobre o Ragnarok (com cinco linhas), o jornalista o define como o "dia do crepúsculo dos deuses e do incêndio do mundo, o qual ressurgirá em luz de paz e harmonia e somente o bem reinará para sempre" (Esopinho, s.d., p. 9), evidenciando uma estética wagneriana, somada a uma perspectiva nitidamente cristã. O referencial confessional do autor também fica explícito em seu resumo geral sobre a mitologia nórdica no prefácio da obra, relatando que no novo mundo pós-Ragnarok proviria uma ordem emanada "do alto, para o grande juízo, o Onipotente, que tudo domina, rege e governa, pronunciará as sentenças, aplacará as discórdias e fará reinar a santa paz, para sempre" (Esopinho, s.d., p. 9).

Em 1973 foi publicada a grande sistematização *Dicionário das Mitologias Europeias e Orientais*, contando com uma seção específica sobre mitologia germânica, escrita por Tassilo Orpheu Spalding. O autor retoma vários pesquisadores alemães citados por Sonia Mattos (como Jacob Grimm) e Esopinho (Richard Moritz Meyer), além de Jan de Vries. No prefácio para a seção temática, Spalding incorpora as fontes nórdicas dentro de um grande escopo germânico (a "raça ariana"), compreendendo uma ampla área geográfica indo da Islândia até a atual Alemanha, onde todos os povos teriam uma língua e mitos em comum da Antiguidade até o século X d.C. A influência wagneriana neste autor foi tão contundente a ponto de caracterizar a própria essência de toda a mitologia germânica: o que a tornaria singular, única e particular seria o Ragnarok e a condição dos deuses como seres finitos: "esse melancólico fim é o que se chamada o crepúsculo dos deuses" (Spalding, 1999, p. 13). Mas o autor também acaba se equivocando, colocando Ragnarok como o nome da batalha que precederia o fim dos deuses e do mundo (Spalding, 1999, p. 13) omitindo a série de catástrofes naturais e sociais que antecederiam a grande batalha na planície de Vígríðr, ou ao momento em que alguns deuses retornam no futuro; ou seja, o Ragnarok nas fontes medievais é um grande processo escatológico, e não apenas um detalhe.

Do final da década de 1970 até a década de 1990 o Brasil não conheceu outras publicações envolvendo temas nórdicos medievais. Em 1997 tivemos o início da *Nova escandinavística brasileira*, que iria até os anos de 2010 produzir diversas publicações e eventos relacionados com a área, especialmente a Mitologia Nórdica e estudos históricos envolvendo a Era Viking. Ela se concentrou especificamente no Estado do Rio de Janeiro e a sua influência vai ser percebida até meados dos anos seguintes, tanto em temas de pesquisa quanto de abordagens metodológicas.

Mas o Ragnarok seria retomado nesta época ainda dentro dos parâmetros dos estudos alemães e do referencial wagneriano, como na coletânea *Ouvir Wagner, ecos Nietzschianos* (2000). Em um estudo sobre a figura de Wotan na tetralogia, o psicanalista Alfredo Neto analisa os mitos nórdicos basicamente dentro de dois referenciais: a filosofia e teatro grego antigo e a obra de Nietzsche. As influências de fontes literárias medievais para a obra de Wagner foram pontuadas em uma nota, mas o autor não parecia perceber as diversas ressignificações que o compositor alemão realizou, demonstrando um desconhecimento direto delas. Por exemplo, a morte de Brunhilde é vista apenas como uma opção estética, e não como uma releitura da *Völsunga Saga*. Influenciado pela psicologia e psicanálise, Neto aponta vários simbolismos presentes nas ações dos personagens e seus equipamentos, sempre numa dicotomia sobrenatural invisível e o mundo natural visível, em que o símbolo seria superior e mais completo do que a linguagem humana. Com relação ao *Crepúsculo dos deuses*, ele seria consequência das ações do deus Odin para o seu próprio ocaso e a sua tragicidade um reflexo direto do *eterno devir*: nascer e morrer, segundo o referencial de Nietzsche (Neto, 2000, p. 116).

Também é importante aqui mencionar a escritora esotérica Mirella Faur e a sua principal obra, *Mistérios Nórdicos* (2007). Sem ter nenhum tipo de compromisso metodológico mais rigoroso ou algum tipo de vínculo acadêmico, o seu livro caracteriza-se por conter inúmeros equívocos, interpretações fantasiosas ou mesmo com algum tipo de juízo de valor e moral. Devido a sua frequente repercussão no grande público e em certa parcela da comunidade acadêmica, analisamos o trecho de seu livro referente ao Ragnarok. Além de seu conhecimento das fontes primárias do Medievo ser superficial (como a citação de que existiriam pedras antigas na Suécia gravadas com cenas do Ragnarok), a sua interpretação das *Eddas* e *Sagas* foi influenciada por um referencial feminista radical advindo de leituras da arqueóloga Marja Gimbutas (do qual cita o livro *Languages of the Goddess*): "a descrição do Ragnarok foi feita pela ótica masculina" (Faur, 2007, p. 44). Segundo sua interpretação, a questão das fontes literárias não mencionarem nenhuma deusa ou entidade feminina no processo do Ragnarok seria devido ao fato delas serem expressões diretas da Grande Mãe e "jamais poderiam ser aniquiladas pela ação de deuses, gigantes ou seres humanos" (p. 45). E também esta ausência seria explicada pela "certeza de que a guerra e a destruição jamais foram provocadas ou sustentadas por manifestações do princípio sagrado feminino" (p. 45). Influenciada por Gimbutas – que criou a fantasiosa teoria de que as sociedades antigas eram matriarcados pacíficos que cultuavam somente a paz (a guerra e os deuses eram invenções masculinas), a autora se equivoca e se esquece do papel sanguinolento das valquírias nos mitos ou das referências literárias a dezenas de mulheres guerreiras (denominadas de donzelas do escudo) que participavam ativamente de batalhas.

A mesma autora vai retomar este ponto de vista, com certas modificações, em seu livro *Ragnarok*: uma introdução à mitologia nórdica: "desde sempre, as mulheres – por serem as que geram e protegem a vida dos seus filhos – relutavam em enviar seus filhos para serem mortos ou feridos nas guerras" (Faur, 2012, p. 91). A escritora desconhecia por completo a dinâmica social da Escandinávia, da Era Viking ao mundo cristão feudal, em que o belicismo era algo requerido tanto pelas mulheres quanto pelos homens. Vide a famosa passagem da *Saga de Egil*, na qual a mãe de Egil o incentiva a se tornar guerreiro e "Viking", após ter matado um oponente, tendo apenas 6 anos de idade.

Em 2008 foi publicado o primeiro estudo acadêmico brasileiro sobre o Ragnarok, na coletânea *Mitologia Germano-Escandinava: do caos ao apocalipse*. Organizada pelo NEA (Núcleo de Estudos da Antiguidade), laboratório de pesquisa vinculado à Universidade Estadual do Rio de Janeiro, a coletânea abrangeu alguns dos poucos pesquisadores universitários de temas nórdicos do período, com estudos de qualidade e abordagens desiguais. O capítulo sobre o Ragnarok, escrito pelo então mestre em História Alan Ney Dias, não possuía a qualidade analítica dos outros textos, escritos por Ciro Flamarion Cardoso, Álvaro Bragança Júnior, Luiz Claudio e Moniz e Johnni Langer. Sem constituir um estudo de caso ou uma investigação temática baseada em fontes primárias do Medievo, o capítulo acabou sendo uma introdução a aspectos básicos da mitologia nórdica, com algumas questões específicas sobre o Ragnarok ao final do texto. O autor parte, mais uma vez, em uma visão de que os povos de língua germânica constituíam uma matriz cultural comum, da Antiguidade ao início do Medievo central, sem qualquer tipo de alteração, variação ou regionalização, uma ideia que pode ter se originado da leitura de três das quatro referências bibliográficas citadas: Arthur Cotterell, Maria Lamas e Manfred Lurker, todas traduções de obras sistematizadoras e populares sobre mitologia e disponíveis aos leitores de língua portuguesa naquela época.

Após uma síntese inicial da mitologia nórdica, descritiva e superficial, Alan Ney Dias realizou um levantamento das principais divindades nórdicas, separadas por parágrafos. Por fim, o Ragnarok é resumido por meio de algumas citações do poema *Völuspá*, obtido por meio da edição ao espanhol de Enrique Bernardez de 1987. Para Ney Dias, o Ragnarok nada mais constituiria do que o próprio resultado de uma religião na qual os deuses não tinham importância ou relação direta com a vida dos homens. Para ele, o destino (sob a forma das nornas) era o conceito mais importante. Deste modo, o Ragnarok teria sido o resultado do triunfo do cristianismo sobre o paganismo – aproveitando o fato dos deuses terem sido supostamente "alheios" às necessidades sociais da Era Viking. Evidentemente o autor desconhecia maiores detalhes sobre a religiosidade nórdica antiga, além de utilizar uma fonte literária de conteúdo mítico (concebida oralmente na Alta Idade Média e preservada por escrito durante o fim do Medievo central) para o conhecimento das formas rituais pré-cristãs, confundindo mito com rito. Também percebemos que o autor utilizou uma comparação moral na qual o paganismo teria sido "fraco" e o cristianismo "superior" (Moraes Dias, 2008, p. 61-67).

As pesquisas sobre o Ragnarok iriam retornar na década seguinte, mas em um novo contexto. Os estudos escandinavísticos realizados por brasileiros sofrem várias transformações, passando a ser mais sofisticados, dentro de critérios metodológicos e bibliográficos mais avançados e com uma atualização maior das publicações ou mesmo pesquisas internacionais. Isso foi devido diretamente à criação de grupos acadêmicos especializados em temas nórdicos, à ocorrência de eventos da área e a uma maior divulgação e popularização em diversos meios digitais e universitários.

Mesmo assim, encontramos publicações acadêmicas de péssima qualidade. O estudo *Ragnarok* da Professora Neide Miele, por exemplo, caracteriza-se por ser extremamente descritivo, superficial e tendo por base apenas duas referências, um livro de popularização e de tradução secundária (*As melhores histórias da mitologia nórdica*) e outro uma sistematização generalista e ultrapassada (*O livro de ouro da mitologia*), sem recorrer a nenhuma fonte primária do Medievo. A pesquisadora também segue a tendência anterior de outros estudos em considerar o Ragnarok como uma batalha, e não como um processo escatológico, e afirma que este: "já aconteceu e acontecerá novamente" (Miele; Amado, 2011, p. 55-68), o que é também uma visão errônea do tema. O pior é a sua interpretação do Ragnarok como sendo uma tradição de base oral de lembranças da época do degelo da última glaciação, ocorrida há 11.500 anos, sem absolutamente nenhuma evidência ou suporte documental, histórico ou arqueológico.

Os estudos acadêmicos dessa década se concentraram em três eixos interpretativos: os que buscam a compreensão de algum fenômeno ou ocorrência histórica para definir a base das representações sobre o Ragnarok; o Ragnarok dentro da recepção artística contemporânea; mitografia e historiografia para discutir o tema, além de estudos interdisciplinares e comparativos para se compreender o processo de hibridização religiosa presente nas narrativas literárias. No primeiro caso, temos duas publicações de 2012 e 2013 que se pautam em fontes primárias da Alta Idade Média. O artigo "A morte de Odin? As representações do Ragnarök na arte das Ilhas Britânicas (século X)", de 2012, publicado na revista lusitana *Medievalista*, foi um estudo iconográfico de temas relacionados ao Ragnarok na área britânica durante a alta Idade Média e também constitui o primeiro estudo de origem brasileira com um enfoque historiográfico e mitográfico das fontes literárias desta narrativa mítica. O artigo concedeu um novo enfoque para o *corpus* literário, dialogando com várias questões envolvendo a ressignificação e o hibridismo cultural entre pagãos e cristãos no momento da composição de temas escatológicos.

O segundo foi o artigo "Cometas, eclipses e Ragnarök: uma interpretação astronômica da escatologia nórdica pré-cristã" (2013), no qual o seu autor tentava compreender parte da formação das narrativas do Ragnarok (especialmente o *Fimbulvetr*) baseadas na visibilidade de fenômenos astronômicos durante a alta Idade Média, especialmente passagem de cometas e eclipses totais do Sol e Lua, todos associados visualmente (conjunções) com o aglomerado das Híades (constelação do Touro). O autor baseou-se na descrição do manuscrito islandês *Gks 1812 4to.*, em sua seção do século XII, que afirmava que o nome nativo das Híades na Escandinávia foi *Ulf's Keptr* (a boca/mandíbula do lobo), um animal cujo simbolismo catastrófico esteve presente em diversos momentos do Ragnarok. A pesquisa foi a primeira a vincular a metodologia da Etnoastronomia e História da Astronomia para o estudo das mitologias celestes nórdicas em línguas neolatinas modernas e abriu novas perspectivas para o entendimento da escatologia escandinava antiga.

Em 2018 este mesmo artigo recebeu uma versão em inglês: The Wolf's Jaw: an Astronomical Interpretation of Ragnarök, publicado no periódico russo *Archaeoastronomy and Ancient Technologies*, sendo até o presente momento o estudo brasileiro sobre mitologia nórdica com maior repercussão internacional. Ele recebeu um resumo comentado no portal *Medievalist. net* (2018) e o autor foi entrevistado para elaboração de um artigo em revista de popularização científica nos Estados Unidos, *Ars Technica* (11/16/2018). Posteriormente ele foi citado no artigo de popularização escrito pela arqueóloga K. Kris Hirst para o site *ThoughtCo* (2019) e em matéria no site

Of wolf and man (2018). Mais recentemente, o estudo foi referenciado no livro sobre mitologia celeste nórdica *Sky Wolves* de E.S. Wynn (2020) e num artigo acadêmico abordando uma perspectiva ecológica, ambiental e catastrófica da narrativa de *Fimbulvetr*, escrito pelo historiador italiano Andrea Maraschi (2019, p. 35).

A recepção artística e histórica do Ragnarok foi um dos temas mais discutidos no Brasil em meados dos anos de 2010. Pioneiro neste sentido foi o ensaio escrito por Angela Albuquerque Oliveira: A representação do Ragnarok na série Vikings pra o boletim *Notícias Asgardianas* em 2015, no qual a pesquisadora estabelece algumas reflexões de como a série televisiva reconstruiu, selecionou e ressignificou as fontes literárias sobre a temática, adaptadas para um novo público consumidor dos mitos. Esta mesma pesquisadora iria retornar ao tema da recepção do Ragnarok em outro estudo, escrito em conjunto com Leandro Vilar, numa perspectiva comparativa das Ciências das Religiões: Ignatius Donnelly e a teoria da fúria cósmica para o mito do Ragnarök para o periódico *Roda da Fortuna* (2017). Suas principais conclusões são as de apresentar as teorias pseudocientíficas de Donnelly durante o século XIX em congruência com o pensamento da época e altamente influenciada por ideologias políticas contemporâneas, somado a interpretações de fenômenos naturais que teriam ocorrido no passado. Os autores também perceberam que a seleção e mescla de narrativas medievais por parte de Donelly correspondiam a uma visão específica de História, em que o mito da Atlântida também se fazia presente.

Neste mesmo ano, também foi publicado um estudo da área de *design*, envolvendo o Ragnarok numa proposta de exploração em jogo digital: *Völuspá: Mito e Jogos*. Por meio de uma abordagem do *design* emocional, a elaboração do jogo empregou os referenciais essencialistas e fenomenológicos de Joseph Campbell sobre mito, no que para os autores seria um modo das pessoas se atualizarem e rememorarem os mitos nórdicos antigos (Pereira, 2017, p. 1260-1263). E em 2019 foi concluída a dissertação de mestrado *O estereótipo viking no cinema: as representações do mito do Ragnarök nos filmes da contemporaneidade*, de Mirelly Maciel da Silva (UFPB). Além de apresentar algumas discussões do tema do Ragnarok nas artes europeias durante o romantismo, a autora analisa em detalhes três filmes: *Erik o Viking*, *Gaten Ragnarok* e *Thor Ragnarok*. Suas principais conclusões foram as de que o cinema modificou as narrativas medievais para uma melhor adaptação e entretenimento para o seu público consumidor, ao mesmo tempo em que elas ainda conservam vários elementos simbólicos que servem de identificação para a arte moderna.

Em 2016 e 2017 foram publicados vários estudos que foram importantes para uma nova concepção do Ragnarok na escandinavística brasileira, principalmente ao discutirem a relação entre fontes iconográficas e literárias, além de também elencarem discussões mitográficas. O artigo *Ragnarǫk: alternativas de interpretação da escatologia escandinava* (2016) de Fábio Stern, utilizando uma discussão bibliográfica e mitográfica, questionou a concepção tradicional de que o Ragnarok teria sido uma narrativa que refletiria a superação do paganismo pelo cristianismo e apontou duas linhas interpretativas: de autores que entendem a narrativa como reflexo de fenômenos naturais, sociais ou históricos anteriores à cristianização; e de outro lado, autores, como Del Molino, que pensam o Ragnarok como um alerta escatológico contra a honra e a ordem social (Stern, 2016, p. 39-58).

Por sua vez, o ensaio Ragnarök em Gylfaginning: traços do Estado livre islandês, de Munir Lutfe Ayoub e Caio de Amorim Féo, foi publicado na última edição do extinto boletim *Notícias Asgardianas* em 2017. Analisando a seção mais famosa da *Edda em prosa* de Snorri Sturluson, os autores traçaram paralelos com o mundo social refletido em algumas sagas islandesas, especialmente o tema da vingança. Neste sentido, o mito funcionaria como uma espécie de validação da ordem moral e social da época em que foi elaborado (ou conservado), sempre numa relação dialética de manutenção e alteração. Ainda em 2017 merece destaque outro estudo da dupla Angela Albuqerque e Leandro Vilar: *O simbolismo do lobo e da serpente no Ragnarok*. A pesquisa constitui um minucioso exame da questão do simbolismo animal nos mitos nórdicos, em especial com questões catastróficas, utilizando principalmente o referencial dos mitos enquanto narrativas simbólicas que ajudariam a construir a identidade de um povo em determinada época.

Pensando em termos de originalidade e abordagem de fontes no panorama acadêmico nacional, certamente o trabalho mais importante da década sobre a temática foi a dissertação de mestrado *Concepções escatológicas na religiosidade nórdica pré-cristã e cristã: um estudo comparativo*, de Angela Albuquerque Oliveira (UFPB, 2017). A autora apresentou a mais detalhada sistematização das fontes literárias do Ragnarok até aquele momento e principalmente um estudo comparativo entre as concepções escatológicas do paganismo nórdico com o cristianismo alto medieval, utilizando fontes literárias e monumentos religiosos (como cruzes com esculturas da área britânica).

O tema do Ragnarok esteve presente na preocupação intelectual dos acadêmicos brasileiros por muitas décadas e necessita de maiores investigações, especialmente diálogos interdisciplinares para se investigar um tema tão complexo e multifacetado. Mas que não deixa de ser sempre inquietante, conseguindo uma atualização ou interesse constante pelo nosso mundo e muito popular além da academia. A estreia da segunda temporada de *Ragnarok* pelo canal Netflix é uma prova disso.

ESTUDO DE CASO 2
Thor e a estrela Polaris

Nosso tema encontra-se na denominada *Edda menor*, tradicionalmente atribuída a Snorri Sturluson e escrita entre 1226 d.C. na Islândia. A *Edda Menor* foi estruturada em quatro partes, sendo a nossa narrativa constante na terceira seção prosimétrica conhecida como *Skáldskaparmál* (Ditos sobre poesia), na qual ocorre uma discussão prosódica na forma de um diálogo entre Bragi, o deus dos poetas e Aegir, uma personificação dos oceanos. Snorri utilizou neste capítulo vários elementos mitológicos, etimológicos e citações retiradas da poesia escáldica. A narrativa de Aurvandil está inserida num drama maior do *Skáldskaparmál*, referente ao combate do deus Thor com o gigante Hrungnir (também mencionado no poema *Haustlöng* e preservado em alguns manuscritos da *Edda* de Snorri) e do qual temos quatro cenas intercaladas: o encontro de Odin com o gigante; a visita de Hrungnir ao Valhalla; o duelo entre o gigante com o deus Thor; a remoção da lasca de pedra da cabeça de Thor.

Inicialmente temos o diálogo de Hrungnir com Odin, em que ambos entram em disputa para saber qual cavalo é mais rápido. Ambos acabam chegando em Asgard e o gigante é convidado a entrar e beber com os deuses. Ali Hrungnir fica bêbado e pronuncia que irá matar a todos e levar a deusa Freyja embora consigo. Cansados do visitante, mas sem poderem expulsá-lo diretamente, invocam o nome de Thor. Os dois acabam marcando um duelo, e como reforço, os gigantes produzem um gigantesco homem de barro (*Mokkurkalfi*). O ajudante de Thor, Tialfi, vence o gigante de barro, enquanto Thor consegue destruir Hrungnir. Mas metade da arma de pedra de Hrungnir fica acidentalmente depositada no crânio de Thor, além do fato do deus ficar preso nas pernas do gigante após o combate acabar. Seu filho Magni consegue libertá-lo (Sturluson, 1998, p. 20-24). Após o ocorrido, Thor retorna a sua casa, em Trudvángar, com a lasca em sua cabeça. Thor é auxiliado pela feiticeira Groa, esposa do gigante Aurvandil, o valente. Por meio de sons mágicos (*galdra*), a pedra começa a se mover no seu crânio. Neste instante, acreditando que a operação seria bem-sucedida e como sinal de agradecimento para Groa, Thor comenta que antes de chegar a sua casa, pelo caminho de volta do norte (do reino de Jotunheimr), transportou o seu esposo Aurvandil em uma cesta. Um dos dedos do pé do gigante, que havia ficado de fora do cesto, acaba se congelando e sendo partido pelo deus, que o arremessa em seguida ao céu. Ele se transforma na estrela chamada O dedo de Aurvandil (*Aurvandilstá*). O deus proclama para Groa que seu marido não tardará em retornar para casa, fato que deixa a feiticeira feliz e transtornada, impedindo que o restante da magia seja cumprido, e como consequência, a lasca acaba não saindo da cabeça do deus. Isso seria a explicação porque não se deve retirar de uma casa nenhuma pedra de amolar, pois do contrário, fará com que a lasca do crânio de Thor se mova (Sturluson, 1998, p. 20-24).

O relato do combate entre Hrungnir e Thor recebeu as mais variadas análises pelos mitólogos desde o século XIX, e não temos intenção de retomar em detalhes essa historiografia. Uma das mais recentes e bem-sucedidas análises foi a do pesquisador norte-americano John Lindow. Para ele, esse mito teria em essência desempenhado um papel cosmogônico pelo deus do trovão na hierarquia do reino dos deuses, em contraposição a Odin em seu papel de deus criador dos mundos, do homem e de grande parte do cosmos. O referencial básico deste pesquisador é o culturalista, percebendo os equipamentos dos seres envolvidos na contenda, seus comportamentos, suas ações e seus atos dentro de um referencial de audiência desta sociedade: a batalha segue as regras jurídicas e sociais para disputas nórdicas na Era Viking; as características dos gigantes, deuses e ajudantes destes é definida por parâmetros humanos para covardia e bravura. Além disso, o autor também utilizou comparações internas das fontes nórdicas para perceber estruturas semelhantes: sagas islandesas, poemas escáldicos e narrativas míticas são contrapostas para delimitar seu modelo, a de uma cosmogonia desempenhada pelo deus Thor, especialmente no relato de Aurvandil e da criação de estrelas com os olhos de Tiazi descrito no poema *Hárbarðsljód* 19 (Lindow, 1996, p. 3-20).

Outro trabalho mais recente, tendo com o referencial conceitual as discussões sobe o xamanismo na área nórdica, aprofundou questões relacionadas às crenças sobre estruturas cósmicas verticais e em especial, os mitos envolvendo o deus Thor e a narrativa de Aurvandil (Tooley, 2009, p. 273-294). Consideramos as análises de Lindow e Tooley muito satisfatórias, mas não completas. Algumas questões sobre a fonte ainda ficaram pendentes, especialmente as relacionadas com questões astronômicas: efetivamente qual seria a estrela apontada por Snorri na abóbada celeste? Como ela estava inserida nas crenças cosmológicas nórdicas? Qual o seu papel ou significação com os ritos efetuados para Thor no mundo pré-cristão?

Recentemente alguns temas astronômicos das *Eddas* estão sendo discutidos pelos acadêmicos e cada vez mais se percebem que possíveis descrições celestes (tanto personificações quanto simbolismos ou descrições figuradas) podem ser encontradas nas narrativas nórdicas (Knight, 2013, p. 31-62). A *Edda de Snorri*, em particular, está sendo apontada como uma promissora fonte para novos estudos sobre mitos celestes (Sigurðsson, 2014, p. 198). Nosso principal referencial da narrativa de Thor e Hrungnir vai neste sentido. Trata-se de uma mitologia celeste que envolve dois tipos de fenômenos do firmamento: atmosféricos e astronômicos. Essa classificação é moderna, visto que os antigos não separavam o que acontecia no céu (Verdet, 1987, p. 11-127) e serve como parâmetro em nossa investigação. No relato de Snorri Sturluson, o gigante Hrungnir duela com Thor em um local chamado Grjótúnagorðum (Sturluson, 1998, p. 21). Em nórdico antigo esta palavra significa "o muro do local de pedra" e Snorri utilizou a casa do gigante Geirrod para fabricá-la (Grjótún, segundo Simek, 2007, p. 120). Na fonte que serviu de base ao relato, o poema *Haustlöng,* somente a forma Grjótúna é mencionada. O autor do poema, Þjóðólfr de Hvin, inicia sua narrativa na estrofe 14, mencionando que Thor percorre o caminho da Lua com a sua carroça: *mána vegr und hánum*, um *kenning* para o céu. Na próxima estrofe, novamente o céu é invocado em forma poética (santuário dos falcões), desta vez relacionado à passagem de Thor ao fenômeno do relâmpago. Logo em seguida, a batalha em si é mencionada, destacando o choque entre o martelo de Hrungnir (uma amoladeira) e de Thor, e apesar de ela ser efetuada em uma ilha, o simbolismo entre o choque das armas remete a uma natureza atmosférica típica das deidades do trovão entre o mundo indo-europeu. A barba vermelha de Thor, causadora de tormentas, também lembra a amoladeira de Hrungnir, descrita em Snorri como vermelha, remetendo ao céu tipicamente vermelho de algumas tormentas. O relâmpago é outra característica associada às variadas deidades do trovão nos panteões europeus, além do controle dos ventos, arco-íris, das chuvas e tempestades. As relações atmosféricas do deus Thor já foram bem debatidas na academia. A deidade foi especialmente relacionada ao vento e ao impulso de navegação pelo Atlântico Norte, relacionadas ao movimento de sua barba. Diversos amuletos foram criados no intuito de proporcionar sorte na navegação e no aparecimento de ventos favoráveis (Perkins, 2001, p. 9-158). De nossa parte, intentamos aprofundar as questões astronômicas do relato.

Tabela 1 Estrutura da narrativa de Hrungnir e Thor

Local da cena	Fonte	Cena/situação	Contexto	Relação astronômica
Asgard	*Skáldskaparmál*	Disputa entre Odin e Hrungnir	Titanomaquia	–
Jötunheimr	*Skáldskaparmál Haustlöng*	A carroça de Thor percorre o céu	Cratofania	Ursa Maior (Gks 1812: *Karlvagn*, carroça do homem)
Jötunheimr	*Skáldskaparmál Haustlöng*	Ocorrência de trovões e relâmpagos	Etiologia	–
Jötunheimr	*Skáldskaparmál*	Descrição do coração de Hrungnir (*Hrungnis hjarta*)	Simbologia (*valknut*)	–
Jötunheimr	*Snorri Haustlöng*	Choque da amoladeira de Hrungnir e o martelo de Thor	Cratofania	*Axis* circumpolar?
Jötunheimr	*Skáldskaparmál Haustlöng*	Consequência do choque: surgem as amoladeiras do mundo e uma lasca vai parar na cabeça de Thor	Etiologia	–

Jötunheimr	Skáldskaparmál Haustlöng	Feitiços de Groa	Magia	–
Jötunheimr	Skáldskaparmál	Thor cria a estrela Dedo de Aurvandil	Cosmogonia	Estrela Polaris, alfa da constelação da Ursa Menor (Gks 1812: *Kvennavagn*, carroça da mulher)
Jötunheimr	Skáldskaparmál	As amoladeiras não podem ser retiradas das casas	Folclore	–

A narrativa possui diversos elementos que ligam o mundo celeste à terra dos gigantes (tabela 1). De um lado, a carroça de Thor percorre o céu e sua passagem ocasiona os trovões e tempestades. Já no mundo dos gigantes, o combate entre o gigante e o filho de Odin provoca o surgimento dos seixos e amoladeiras do mundo – uma situação totalmente ctônica. O início da narrativa da batalha de Hrungnir e Thor possui fortes elementos atmosféricos, mas o final da narrativa é ocupado pela criação da estrela *O dedo de Aurvandil*: passando por sentidos que vão da etiologia, da cratofonia até a cosmogonia. Mas como identificar qual estrela a narrativa está mencionando?

Uma primeira pista pode ser conferida pela perspectiva etimológica. Em 1934 o mitólogo alemão Rudolf Much interpretou *Aurvandil* como sendo "o brilhante Vandal" (baseado no nórdico antigo *aurr*, ouro, relacionado ao latim *aureum*, ouro), mas foi questionado por Simek, 2007, p. 24. A grande maioria dos pesquisadores, a partir do Oitocentos, vincula o nome Aurvandil com o anglo saxão *Earendel*, devido a este ser último ser associado à estrela da manhã (o planeta Vênus) no poema *Christ I* e que possui relação com outros nomes próprios nas fontes germânicas, como *Horwendillus* (Saxo Gramaticus) e o herói do poema alemão medieval *Orendel*, *Auriwandalo* (Longobardos), *Orentil* (Antigo Alto Alemão) (Simek, 2007, p. 24). Esse mesmo vínculo etimológico é seguido por outros autores, que optam por relacionar a estrela Dedo de Aurvandil ao planeta Vênus (Lindow, 2001, p. 65; 1996, p. 18; Bernárdez, 2010, p. 235; Dubois, 2014, p. 216; Tooley, 2009, 283-285; Ogier, 2002; Person, 2016). Outros acadêmicos pensam que essa origem etimológica é controversa e questionam a associação de Aurvandil com o anglo-saxão Earendel, preferindo uma conexão com o nórdico antigo *aurr* e os rios de Élivágar (Etheridge, 2013, p. 7), o que também é problemático. Particularmente percebemos que um vínculo direto da estrela citada por Snorri ao planeta Vênus é muito complicado, baseado nos estudos de navegação astronômica dos povos nórdicos.

Acreditamos que a origem do termo Aurvandil deve ser encontrada em outros parâmetros, mais por conteúdos homônimos do que proximidade etimológica. O termo mais próximo seria *Veralden tjoelte*, palavra sámi para a estrela Polaris (alfa da constelação da Ursa Menor), significando literalmente "pilar do mundo" (Heide, 2014). Outro indicativo é a expressão em nórdico antigo *Veraldarnagli* (prego do mundo), um *heiti* utilizado em um manuscrito da *Edda em prosa*. A estrela Polaris é simbolizada por um prego no céu em diversas culturas euro-asiáticas e relacionada a uma cosmologia vertical, e assim é que deve ser buscado o sentido de Aurvandil: o prego do mundo ou prego do céu. Outras interpretações astronômicas da estrela *Dedo de Aurvandil* também são equivocadas. A adição do primeiro nome por Snorri (de um termo ctônico, *aurr*), comum a gigantes e anões, revela uma clara intenção de apresentar à audiência uma informação cosmogônica.

No relato da *Edda Menor*, o deus Thor procura a esposa de Aurvandil para retirar uma lasca de sua cabeça, após criar a estrela. Algumas fontes relacionam o culto desta deidade a pilares (Öndvegissúlur, *Eyrbyggja saga* 4) com pregos em sua ponta, chamados de *Regingaddi* (Prego dos deuses) e *Veraldarnagli* (Prego do mundo). Possivelmente Snorri teve acesso a uma versão da mitologia celeste do filho de Odin, elegendo uma expressão popular atrelada à estrela Polaris, baseada em seus aspectos religiosos e cosmológicos. Essa identificação da estrela com o genitivo *veralden*, se deve a uma tradição etimológica de associar a Polaris com a ideia de prego do mundo (mas também estrela do mundo, o centro do mundo), existente na Europa Setentrional somente no islandês antigo, no finlandês e na língua sámi (cf. tabela 2). Nas línguas escandinavas, de maneira geral, desde o Medievo, a forma corrente de identificar esta estrela é através de termos relacionados com a direção Norte (como *Leiðarstjarna*) e se mantém até hoje. Porém, essa última tradição etimológica foi influenciada diretamente pela entrada do conhecimento astronômico ocidental na área escandinava, além de sua utilização pela navegação e aplicada ao mundo erudito. Deste modo, a associação entre os termos *Aurvandil* e *Veralden* se mantém exclusivamente numa tradição popular e próxima à área báltica, da Islândia ao norte da Suécia e Noruega, ao contrário do referencial etimológico da Polaris como estrela do Norte, que envolve tanto a Escandinávia quanto a Europa medieval em geral – e se tornou canônico mesmo nas línguas modernas em geral.

Tabela 2 A estrela Polaris nas línguas europeias

Língua europeia/país	Polaris como prego do mundo/céu	Polaris como Estrela do Norte/Estrela do Caminho (Norte)	Polaris como estrela Polar
Sámi	*Veralden tšuold* (Pilar do mundo) *Veralden tjoelte* (Pilar do mundo) *Wäralden tjuold* (Pilar do mundo) *Ál-tšuol* (Pilar do céu)	*Boahje-nasti Boahjenástir* (Estrela do Norte)	*Napatähti* (Estrela Central)
Finlandês	*Pohja nael/naula* (Prego do Norte)	*Pohjantähden* (Estrela do Norte)	*Taivan sarana* (Estrela Polar) *Taillan tappi* (Centro do Céu) *Napatahti* (Estrela Central)
Estôniano	*Bohinavle* (Prego do Norte)		
Lituano		Šiaurinė (Estrela do Norte)	*Poliarinė* (Estrela Polar)
Chukchi	Əlqep-ener (Prego do céu) Iluk-ener (Estrela imóvel)		*Unp-ener* (Estrela Polar)
Bielorusso	*Gvozd* (O prego)	*Stazhar* (Esrela da Meia-noite)	*Zorny Kol* (Estrela Polar) *Polunochna zora* (Estrela Polar)
Nórdico antigo	*Veraldar nagli* (Prego do mundo)	*Leiðarstjarna* (Estrela do Caminho)	*Hjarastjarna* (Estrela Dobradiça/ Estrela Polar)
Anglo-saxão		*Ladsteorra* (Estrela do Caminho) *scip-steorra* (estrela navio)	
Inglês medieval		*loode sterre, lood-sterre, lade-sterne, lode sterre* (Estrela do Caminho)	

Alemão medieval	*Leitstern* *Leiderstern* (Estrela do Caminho)	
Sueco medieval	*Ledstjärna* (Estrela do Caminho)	
Alemão moderno	*Norstern* (Estrela do Norte)	*Polarstern* (Estrela Polar)
Islandês moderno	*Norðurstjarnan* (Estrela do Norte)	*Pólstjarnan* (Estrela Polar)
Norueguês moderno (bokmål/nynorsk)	*Nordstjernen* (Estrela do Norte)	*Polarstjerna* (Estrela Polar)
Dinamarquês Moderno	*Nordstjernnen* (Estrela do Norte)	*Polarstjernen* (Estrela Polar)
Sueco moderno	*Nordstjärnan* (Estrela do Norte	*Polstjärnan* (Estrela Polar)

O pesquisador Clive Tooley foi um dos poucos que procurou analisar com alguns detalhes a narrativa de Aurvandil, mas ainda dentro da concepção de que ela seria uma alusão ao planeta Vênus. Para ele a palavra seria conectada ao anglo-saxão *Earendel* e ao protogermânico *auza-wandalaz* (errante luminoso). Ambas teriam um sentido de queda celeste e seriam explicadas pelas características do Planeta Vênus (que em algumas épocas é visível após o pôr do Sol e em outras, antes). Como reforço a sua interpretação, Tooley ainda cita a narrativa de Groa no *Svipdagsmál* (que tem o mesmo nome da esposa de Aurvandil), mãe de *Svipdagr* ("dia repentino", cujo pai é *Sólbjartr*, "brilho do Sol") (Tooley, 2009, p. 284). O problema é que na narrativa de Snorri o deus Thor arremessa o dedo de Aurvandil ao céu, criando a estrela. Ou seja, não há em nenhum momento da narrativa alguma alusão a simbolismos de queda (a ligação de Vênus com Lúcifer, inclusive na *Vulgata*; ao submundo, à ressurreição, à visita aos outros mundos, à guerra, ao sexo – típicas imagens associadas a este planeta, visto como essencialmente feminino no mundo oriental (Aveni, 1993, p 39-78) –, mas também aplicado ao contexto cristão, como no poema *Christ I*, com o termo Earendel), e sim a um ato de criação, cosmogônico, como já mencionamos citando a análise de Lindow (1996, p. 3-20). Concordamos com

Tooley de que o fato da feiticeira Groa não conseguir remover a lasca da cabeça de Thor seria uma alusão ao fato da estrela Polaris permanecer visualmente fixa no céu (2009, p. 284), mas acreditamos que a narrativa realiza uma dupla referência ao mesmo objeto celeste – tanto a lasca da cabeça do deus quanto a estrela criada por ele, são menções diretas à estrela Polaris. Sintetizando a narrativa, a feiticeira tenta mover a lasca de Thor (microcosmo: simbolizado pelos pilares com pregos na extremidade), enquanto que a estrela foi criada durante a jornada para a casa de Groa (macrocosmo: o próprio firmamento). E por fim, o planeta Vênus é visível somente na faixa da eclíptica, totalmente afastado visualmente da região da estrela Polaris e seus arredores: astronomicamente a interpretação de Tooley é totalmente questionável.

A estrela polar é mencionada no poema rúnico saxônico (datado do século IX d.C.), relacionada ao deus Tyr. No contexto mítico germano-escandinavo, o deus Tiwaz era a deidade principal do mundo celeste (depois substituído por Thor na Era Viking), sendo associado aos reis e conectado às amoladeiras. Estes últimos objetos, por sua vez, estavam conectados no mundo germânico à autoridade política e utilizado inclusive como objetos cerimoniais, tendo um simbolismo de poder, justiça, guerra e sacralização de juramentos (Mitchell, 1985, p. 1-31). No relato da batalha de Hrungnir e Thor, as amoladeiras do mundo são originadas pelo encontro do martelo Mjollnir e a amoladeira do gigante. Essa etiologia é um dos episódios centrais narrados por Snorri e Þjóðólfr, certamente constituindo o âmago de uma simbologia religiosa relacionando objetos de pedra ao deus do trovão. Também uma lasca cai na cabeça de Thor, o motivando a procurar a feiticeira Groa para retirar esse incômodo e acabando por criar a estrela Dedo de Aurvandil. Uma grande quantidade de objetos líticos (fósseis marinhos, armas e utensílios pré-históricos, amoladeiras) vem sendo encontrada em sepulturas nórdicas, indicando que desde o Neolítico havia algum tipo de associação entre pedras com certos formatos especiais (especialmente apresentando morfologia bélica) e a esfera celeste (Ravilious, 2010). No folclore escandinavo até nossos dias, objetos líticos são considerados provenientes do céu e produtos de trovões e relâmpagos, sendo considerados objetos mágicos e de proteção (Blinkenberg, 1911), as denominadas "pedras de raio" nos países de língua portuguesa.

Seguindo o relato de Snorri e as problemáticas que levantamos inicialmente, nos deparamos com a constatação de que Polaris está inserida no mito com um sentido cosmológico, e não como uma simples estrela de orientação. Diversos pesquisadores já constataram a existência de diversos simbolismos envolvendo esta estrela como central para diversos sistemas religiosos na área euro-asiática. Um dos primeiros pesquisadores a constatar a importância deste objeto celeste foi Mircea Eliade em 1951, inferindo que Polaris era vista como um prego no céu, a ponta de um pilar cósmico que sustenta o universo em dezenas de povos da área polar, báltica, norte asiático e norte europeu. Outro dado extremamente importante foi a constatação de que estruturas humanas reproduziam em escala microcósmica essa espacialidade cósmica: pilares de casas, templos, cabanas eram denominados de "pilares do mundo". Na base destes pilares, eram efetuados sacrifícios, oferendas e orações ao ser supremo celeste desta comunidade. E através de Polaris os xamãs destas sociedades podiam se comunicar com o outro mundo. Todas essas evidências seriam constituintes do que o mitólogo romeno conceituou como simbolismos do centro (Eliade, 1998, p. 289-294).

Mais recentemente, diversas investigações demonstram as conexões entre xamanismo e rituais envolvendo crenças cosmológicas de uma *axis* vertical tendo a estrela polar como ponto mais elevado e central, especialmente na área circumpolar. Ao contrário do que muitos acadêmicos defendiam, essas crenças bálticas e do norte escandinavo (especialmente da área sámi) não foram originadas pelo contato com grupos germânicos antigos, mas ambas provêm de tempos mais recuados, talvez do Paleolítico.

Dentro desta perspectiva, o referencial de que o pilar do mundo foi uma invenção nórdica, original e independente, é questionada e vista agora como uma adaptação tardia de uma crença mais antiga e provinda de uma área muito mais ampla (Hultkrants, 1996, p. 38). Da América do Norte à Sibéria, as concepções de um pilar do mundo encabeçado pela estrela Polaris, na qual as estrelas giram ao seu redor, foi uma constante quase genérica. O prego na coluna do mundo (identificado com Polaris), assim, seria um conceito amplamente distribuído nas populações euro-asiáticas. Comparado com outras crenças cosmológicas, como a árvore do mundo, alguns pensam que se trata de concepções diferenciadas: enquanto o pilar/coluna sustenta o cosmos, a árvore se projeta até o céu (Hultkrants, 1996, p. 43), o que, a nosso ver, é muito correto se aplicada ao mundo nórdico.

Também investigações em arqueoastronomia vêm correlacionando antigos monumentos europeus com orientações astronômicas para a estrela Polaris, como o círculo de Goseck na Alemanha.

A noção de um prego cósmico também é um elemento primordial em deuses do trovão da área finlandesa, báltica e eslava. Os adoradores do deus finlandês Ukko possuíam diversos objetos metálicos, denominados de *Ukon naula* (pregos de Ukko, relacionado ao norueguês antigo *naghle*), associado simbolicamente ao relâmpago e utilizado junto a armamentos (Salo, 1990, p. 131-134). Viajantes europeus descreveram diversas estátuas de madeira do deus Storjunkare dos sámi na Lapônia, que foram reunidas pelo escritor Schefferus (1704, p. 102-103), segundo as quais estas imagens portavam um martelo em sua mão direita e um prego metálico em sua cabeça (que para o autor, seria uma imagem do Thor dos sámi, p. 102). Ainda segundo outro cronista, uma estátua nesta mesma região da Lapônia também possuía martelo e prego no topo, mas com um detalhe a mais: uma corda era amarrada no prego e sua ponta continha um pedaço de prata, uma pederneira para fazer fogo (Picart, 1723, p. 186). Obviamente aqui lembramos da narrativa de Aurvandil e a lasca na cabeça do deus Thor. Já mencionamos as descrições islandesas de pilares ao culto deste deus com pregos na ponta, o que faz pensar em conexões – se não influências diretas da área nórdica (registros medievais) para a região sámi (registros modernos, portanto mais recentes), como afirmaram alguns pesquisadores anteriores, mas ao menos temos conexões religiosas de algum tipo em regiões vizinhas. Em 1964 a mitóloga Hilda Davidson refletiu que as semelhanças entre os pilares islandeses e lapônicos poderiam explicar a narrativa de Aurvandil – seria uma alusão ao fogo utilizado nos templos do deus Thor (Davidson, 2004, p. 86). Não sobreviveram as narrativas dos deuses do trovão sámi, mas podemos inferir que eram semelhantes às de Thor e provavelmente os pregos seriam a representação da estrela Polaris, enquanto que os objetos amarrados neles foram os símbolos da pederneira do gigante – conectando o céu e a terra, na forma das pedras que caem do céu e produzem fogo (os meteoritos), explicando o folclore das pedras encantadas ou de raios.

Até o presente momento analisamos especificamente a identificação da estrela criada pelo deus. Mas no início do relato entre a batalha de Hrungnir e Thor, é mencionada a carroça deste deus percorrendo o céu. Ela teria alguma correlação com o mundo astronômico e com a estrela de Aurvandil?

Acreditamos que sim. Em um manuscrito islandês (GKS 1812 4to), na sua seção datada de 1192 d.C., existe a menção a algumas constelações que seriam conhecidas no mundo escandinavo antes da cristianização, utilizando nomes nativos: a carroça do homem (*Karlvagn*) e a carroça da mulher (*Kvennavagn*). A primeira, segundo o manuscrito, seria a equivalente da constelação ocidental conhecida como Ursa Menor (UMa), e a segunda, a Ursa Menor (UMi). A Ursa Maior é a mais famosa constelação do Hemisfério Norte desde a Antiguidade. Seu asterismo mais reconhecível a olho nu são sete estrelas: quatro formam um quadrado, seguidas de três estrelas em linha reta – o desenho é semelhante a uma concha (a denominada *Big Dipper*, a Grande caçarola). Tanto a Ursa Maior quanto a Menor giram em torno da estrela Polaris, no movimento que possui implicações cosmológicas (como veremos adiante). Diversos estudos demonstram uma grande antiguidade na associação destas duas constelações com animais por toda a Eurásia, possivelmente uma tradição advinda do Paleolítico. Nestas sociedades (que vão da Grécia aos indígenas norte-americanos) o grande quadrado das estrelas Dubhe, Merak, Megrez e Phecda geralmente eram percebidos com a forma de animais (originalmente o alce, depois o urso), enquanto Alkaid, Mizar e Alioth eram vistas como os três caçadores (Berezkin, 2005, p. 79-94).

Muitas tradições circumpolares e euroasiáticas atrelaram a essas figuras dos ursos celestes diversas manifestações religiosas, como o xamanismo e simbolismos relacionados à realeza e ou práticas de caça com significados ritualísticos, num período que transcorre do Paleolítico à Grécia clássica (Antonello, 2013, p. 1-13). Analisando diversas imagens de arte rupestre da Escandinávia, datadas da idade do bronze (Bohuslän, c. 1800-600 a.C.), o pesquisador Gudmund Schütte (1920, p. 244-254) concluiu que podem ser antigas representações da constelação da Ursa Maior – com destaque para suas sete principais estrelas formando o *Bigg Dipper*. Mesmo se suas análises estiverem corretas, não sabemos com certeza qual o significado que os nórdicos tinham para essas constelações durante esse período, mas baseados em pesquisa comparadas de mitologia e folclore, podemos inferir que a partir do início do Medievo (século IV d.C.), a Ursa Maior passou a ser relacionada em praticamente todo o mundo europeu como um veículo com roda (Berezkin, 2012, p. 46-49). Essa mudança da configuração do asterismo de animal para uma carroça, basicamente, foi originada pela forte mudança social e econômica que se efetuou no final da Antiguidade, estreitamente vinculada ao universo rural formador do Medievo europeu.

As tradições europeias medievais em geral associam as setes principais estrelas da Ursa Maior com uma carroça (*carrus* em latim): *Sandivanger* (Carroça do camponês, Estônia), *Ceorles wan* (carroça do camponês, Anglo saxão), *Suur Vanker* (A grande carroça, Estônia), *Göncölszekér* (carroça de Goncol, Hungria), *Grosser Wagen* (A grande carroça, Alemanha) ou mais especificamente, atreladas a um monarca como *Arthur's wain* (Inglaterra) e *king Arthur's chariot* (Irlanda). Posteriormente, a imagem de Artur seria substituída por Carlos Magno em vários países de línguas germânicas: Carleswæn/*Charle's Wain* (Carroça de Carlos, Inglaterra medieval, do protogermânico *karla wagnas*) (Ivanisha; Rudenska, 2016, p. 104-113; Dubois, 2014, p. 184-260; Kuperjanov, 2010, p. 51-60; Berezkin, 2005, p. 81-84; Goller, 1981, p. 130-139; Allen, 1963, p. 419; Olcot, 1911, p. 348-359; Reuter, 1982; Schutte, 1920, p. 244-254).

Na Alemanha a Ursa Maior foi relacionada ao deus Odin e seu veículo: *Wotanswagen* e *Irmineswagen*. Na Estônia esta constelação é conhecida como *Otava*, e segundo alguns pesquisadores foi influenciada pela região escandinava (teria sido originada de Óðins vagn, carroça de Odin), do mesmo modo que o finlandês *Otawa* (Ivanisha; Rudenska, 2016, p. 104-113). O termo mais genérico usado folcloricamente na Escandinávia não se atrela individualmente e objetivamente a uma deidade, mas somente a designação da carroça de um homem, como em outras regiões da Europa (Dinamarca, *Karlsvogn*; Suécia, *Karlwagn* e *Herrenwagen*). No já citado manuscrito islandês GKS 1812 4to, a constelação da Ursa Maior é denominada nativamente do mesmo modo, *Karlvagn*. Mas a qual deidade ela era associada na Era Viking?

Diversos deuses germânicos e nórdicos eram relacionados na literatura com diferentes tipos de veículos com rodas, seja em ritos públicos ou em narrativas míticas: Nerthus, Lýtir, Balder, Freyr, Freyja, Njord, Thor e Odin (Reaves, 2010, p. 1-10; Taggart, 2015, p. 77). Odin é um dos deuses mais citados na poesia escáldica conectado a esse veículo, o que levou desde o século XIX os pesquisadores a identificá-lo com a constelação da Ursa Maior (Grimm, 1882, p. 724-726). Em seu famoso dicionário etimológico, a dupla Cleasby; Vigfusson (1874, p. 674) afirma que na Escandinávia pré-cristã esta constelação era conhecida como Óðins vagn, mas não sabemos quais fontes foram utilizadas para essa afirmação. Possivelmente, essa denominação foi derivada do folclore medieval pós-cristianização da Escandinávia, a exemplo de *Wotanswagen* e *Irmineswagen* na Alemanha e *Wotan szekere* na Hungria, opinião que é reiterada por Grimm (1882, p. 724-726) e Krayer (1987, p. 679).

Odin é conhecido na poesia escáldica como *runni vagna* (condutor de carroças); *vinr vagna* (amigo das carroças); *vári vagna/vagna ver* (protetor/senhor das carroças); *valdr vagnbrautar* (protetor da estrada das carroças); *runni vagna* (movedor da carroça/constelação); *vagna Grimnir* (carroça de Grimnir) (Cleasby; Vigfusson, 1874, p. 674; Reaves, 2010, p. 1-10); *reiðartýr* (deus da carroça) (Taglan, p. 77). Os nórdicos antigos não utilizavam veículos com roda para a guerra, causando perplexidade o atrelamento de Odin à essa figura da constelação. Para o mitólogo Thomas Dubois, o termo *karl* (constante na forma *karlavagnen/Karlvagn*) se refere a um homem de alta condição social nas sociedades germânicas antigas, o fazendeiro livre, membro do *comittatus* dos líderes e reis e, portanto, tendo alto significado militar. Deste modo, a associação desta palavra à mais reconhecível constelação do hemisfério norte confere a ela um estatuto de marcialidade, explicando sua associação ao deus Odin (Dubois, 2014, p. 209). Concordamos com esse referencial, ainda mais se observarmos que as duas narrativas da criação de estrelas (O dedo de Aurvandil e os olhos de Tiazi) estão conectadas com o desmembramento ou morte de gigantes por parte de algum deus (ou Odin ou Thor, dependendo da versão do mito).

Thor também é conectado à figura deste veículo na literatura, sendo considerado por alguns pesquisadores como o deus dominante em relação à citação com esse equipamento na poesia escáldica e éddica, a exemplo de Álvissmál 3, em que ele é denominado de *vagna vers*, o homem da carroça. A criação de relâmpagos e trovões está estritamente associada com o movimento de sua carroça, portanto, uma associação metereológica e celeste. Deste modo, de um ponto de vista religioso, o símbolo da carroça estaria muito mais associado com Thor do que com outros deuses (Taggart, 2015, p. 72, 77, 79). Mas esta questão precisa de maiores aprofundamentos: na realidade, as diversidades e as variações de cultos da mesma divindade por toda a Escandinávia são atestadas também pela toponímia (Brink, 2007, p. 125). Após a cristianização, a imagem de Thor conectada à constelação da Ursa Maior era muito forte entre os intelectuais medievais, a ponto de inclusive criarem documentos apócrifos (devido a erros de tradução do latim para o sueco, p. ex.). Mas voltando à narrativa de Snorri do *Skáldskaparmál*: como a carroça, a estrela polaris e a constelação da Ursa se inserem nos mitos e ritos relacionados ao deus Thor?

Como já mencionamos na segunda parte desta seção, vários estudos relacionam uma concepção cosmológica com a estrela Polaris em diversas culturas do hemisfério Norte. Essas pesquisas não somente constataram a relação entre uma cosmovisão baseada em um pilar cósmico, mas também como tendo conexões com xamanismo e a estrela Polaris ocupando o alto deste sustentáculo cósmico. Mais recentemente, alguns estudos perceberam esse envolvimento para a área nórdica e realizaram algumas aproximações comparadas com o mundo báltico e finlandês. Tooley (1995, p. 63-82; 2009, p. 299-303) afirma que a imagem de um moinho cósmico (a exemplo do *sampo* finlandês) não existe extensivamente nas fontes nórdica e seu registro é marginal e pouco claro, enquanto que na área báltico-finlandesa ele é central. Influenciado pelas pesquisas de Tooley, mas propenso a perceber conexões etimológicas mais amplas provindas do mundo germânico antigo (como a coluna *Irminsul*), Eldar Heide (2013) conclui que a exemplo de outras culturas euro-asiáticas, os antigos nórdicos tinham uma cosmologia em que o firmamento era um gigantesco moinho, com a estrela polar ocupando o topo de um pilar invisível. Concordamos com a posição destes dois acadêmicos, mas ressaltamos que ambos não perceberam em suas análises a constatação de um fenômeno astronômico que poderia explicar a essência desta cosmovisão: ela pode ter sido influenciada pela visibilidade periódica da rotação de algumas constelações em torno de um ponto quase fixo no céu (a estrela Polaris). Esse movimento é percebido em poucas horas (com a Ursa Maior, Menor e outras constelações circumpolares girando em sentido anti-horário em torno de Polaris) e na prática acaba tendo a configuração de uma espiral ou círculo, o que explicaria a criação das narrativas de mito de um moinho cósmico no norte europeu, além de ter relação com outas narrativas, como o *Mælstrøm* (do qual a própria cosmologia nórdica possui afinidades, conforme Tooley, 1995, p. 68-69).

As possibilidades de pesquisa material na Escandinávia seguindo esta hipótese são imensas. Alguns alinhamentos de pedra em forma de labirinto dos sámi (cf. figura 6), interpretados como tendo significados religiosos em ritos de passagem e em funerais (Olsen, 1991, p. 51-57), podem ter implicações com o movimento das constelações em torno da estrela Polar, mas dependem de futuras pesquisas arqueoastronômicas. Em pelo menos uma fonte da mitologia nórdica nós encontramos uma possível referência a esse fenômeno celestial. No poema éddico *Vafþrúðnismál* 23 Mundilfari é denominado como o pai do Sol e da Lua e sua etimologia é associada com o giro dos moinhos, o que nos leva mais uma vez à cosmologia do moinho cósmico associado com o prego e os deuses do trovão (Tooley, 1995, p. 75-76).

Apesar de, durante certo tempo os estudos sobre o céu e suas manifestações nas crenças dos povos terem sido relegados a certa marginalidade, eles têm retornado com vigor em emergentes disciplinas e perspectivas acadêmicas, concedendo novos olhares para a história das religiões. A área nórdica ainda é repleta de fontes primárias que podem levar os investigadores às mais diferentes questões envolvendo o tema da religião e natureza, cujas conexões também são as mais variadas possíveis. Ao longo deste estudo, examinamos a narrativa mítica de Aurvandil e suas implicações astronômicas. Ela possui afinidade com muitos mitos euro-asiáticos envolvendo a noção de um pilar e prego cósmico – bem como símbolos celestiais (carroça e suástica) – que estão conectados a outras tradições culturais e religiosas em torno da Escandinávia. Assim como para com a noção do moinho cósmico na área finlandesa e nórdica, a narrativa de Hrungnir e Aurvandil esteve inserida dentro de concepções de fertilidade (Tooley, 2009, p. 285), de cosmogonia e etiologia (Lindow, 1996, p. 3-20), além de aspectos marciais e iniciáticos (Dumézil, 1990, p. 110-114). Algumas questões ainda dependem de mais análises: é necessário entender com mais profundidade como essas narrativas míticas eram relacionadas com os cultos e, mais especificamente, como o vislumbrar da paisagem celeste foi utilizado junto aos ritos do deus Thor na Escandinávia pré-cristã. As constelações das duas Ursas (e a estrela Polaris) são visíveis durante todo o ano pela Escandinávia e é necessário compreender melhor as conexões entre visibilidade, calendário e atividades religiosas nesta região.

As versões de alguns mitos e símbolos também são obscuras: Por que o mito de criação das estrelas Olhos de Tiazi é creditado tanto a Odin quanto a Thor, do mesmo modo que a constelação Carroça do homem e os símbolos de *Hrungnis hjarta* e da suástica? Aurvandil pode ser um reflexo de conflitos sociais entre os colonos e migrantes (exemplo do que propôs DuBois ao comparar mitos celestes nórdicos e fino-úgricos, 2014, p. 219)? Outras conexões devem ser melhor investigadas. O simbolismo do crânio e da cabeça, tão importante para a religiosidade celta, também tem um importante espaço na narrativa de Aurvandil e na mitologia nórdica em geral, quase sempre associada ao mundo celeste e aos gigantes: o firmamento é criado a partir do crânio de Ymir (*Gylfaginning* 1); um gigante tem a sua cabeça partida e enviada para Nifheilm por Thor, após ter exigido o Sol e a Lua por pagamento (*Gylfaginning* 42); o gigante Tiazi é morto e seus olhos são transformados em estrelas (*Hárbarðsljóð* 19); o estilhaço de Hrungnir vai para a cabeça de Thor (*Skáldskaparmál* 3). É necessário o entendimento mais profundo destes simbolismos da Titanomaquia nórdica e da Astronomia. Acreditamos que as perspectivas de análise para os métodos comparativos, alargando o foco das pesquisas futuras da área escandinava para a Europa Setentrional e Báltico, possam ajudar a entender melhor as escassas fontes de que dispomos. A paisagem celeste pode refletir as condições sociais, econômicas e os conflitos culturais de determinados períodos históricos em diversos aspectos. "O céu não é um mundo estrangeiro ou remoto, mas tem muito a dizer sobre os conflitos e características do mundo abaixo" (Dubois, 2014, p. 220). Espaço extremamente privilegiado de representações simbólicas, religiosas e míticas, a paisagem celeste somente agora começa a despertar interesse dos cientistas das religiões em nosso país, bem como o estudo das mitologias celestes. O céu não é o limite.

4
Os rituais

Mito e rito na Escandinávia pré-cristã

A religiosidade nórdica antiga é muito mais conhecida no mundo contemporâneo por seus mitos do que por outras facetas de suas crenças, como os rituais e as articulações materiais com o sagrado. Mas mito e rito não são a mesma coisa. Como diz Jens Peter Schjødt (2008, p. 64-72), mitos contêm referências sobre as coisas e os seres, são dramatizações, enquanto os rituais são ferramentas de comunicação com o outro mundo (o mito explica, o rito obtém). Essas narrativas são utilizadas em rituais ou pela esfera religiosa, sem perder suas características ou serem independentes. O mito seria constituído em sua base pelas narrações, os rituais seriam as ações. Ou seja, em qualquer religião e religiosidade, os mitos se cruzam com as esferas rituais, mas ao mesmo tempo têm uma dinâmica própria. Muitas religiões se extinguem em seus formatos públicos, mas seus mitos permanecem, se transformam, são ressignificados. Ou em outro viés: os mitos também foram narrados oralmente por contadores profissionais de estórias, em contextos privados e públicos, em eventos e festas, pela elite, pela população em geral – e nestes casos, podem ter pouco ou nenhum paralelo com a prática religiosa (Nordberg, 2019, p. 357).

Essa dinâmica é um dos aspectos mais intrigantes e, também, mais interessantes de se pesquisar. Como afirma o arqueólogo britânico Neil Price: "[...] uma coisa é entender de que maneira os vikings pensavam sobre seus deuses e todos os outros seres (sobre)naturais dos nove mundos que constituíram o mundo nórdico, outra é saber o que eles *faziam* a respeito" (Price, 2021, p. 222, grifo do autor). Em um exemplo prático da área escandinava: muitos manuais antigos de história das religiões descreviam o deus Odin como o mais cultuado na Era Viking, mas na realidade ele é o mais importante nos mitos e não necessariamente era cultuado em todas as regiões e da mesma maneira. O problema dessa generalização é tanto conceber as informações da *Edda poética* como sendo dados diretos da vida religiosa antiga ou uma espécie de livro sagrado (o que nunca foi) quanto fundir mito e rito (os autores dos grandes manuais, como Mircea Eliade, Joseph Campbell, Rudolf Otto e Gilbert Durand, não conheciam outros tipos de fontes nem dados mais precisos sobre a área nórdica). A *Edda poética* é uma fonte muito importante, mas precisa sempre ser contextualizada e receber análises críticas documentais. Outro exemplo é o deus Loki. Fundamental nos relatos míticos, por certo. Tanto em termos positivos quanto negativos, Loki é muito importante para a cosmovisão nórdica antiga dos mitos. Mas esta deidade está completamente ausente dos rituais, da toponímia, dos vestígios arqueológicos de rituais. Mesmo assim, ele recebe algumas formas de culto no mundo contemporâneo, mas que, sem dúvida, fazem parte de ressignificações de nossa época. Outros exemplos de deidades importantes na mitologia nórdica da qual não existem evidências de culto ou importância na prática religiosa foram Heilmdallr (Nordberg, 2019, p. 357), Bragi, Gefion e Idunna (Brink, 2007, p. 125). Ou então alguns dos primeiros deuses, Vili e Vé, que aparecem em um dado contexto da cosmogonia, depois surgem esporadicamente na poesia escáldica e algumas referências éddicas. E é claro, estão totalmente ausentes da esfera ritual. Uma situação totalmente inversa ao que foi citado é com o deus Ullr: quase ausente das fontes literárias do mito, ele foi muito cultuado em várias regiões da Suécia e Noruega (Brink, 2007, p. 117).

Essa diferença entre mito e rito também pode ser observada no tratamento com as fontes primárias do mito. Em uma perspectiva que considera tanto a recepção quanto a cosmologia dos mitos, a arqueóloga Catharina Raudvere percebe os cultos descritos na poesia éddica como "rituais fictícios". Ou seja, os ritos mencionados nas *Eddas* não podem ser tomados literalmente como reflexos de práticas reais na sociedade; antes, são atos cosmológicos que retomam dramas inseridos nos poemas – que podem servir como fonte para o estudo dos ritos históricos pré-cristãos, mas não em sentido objetivo. O ritual seria baseado originalmente tanto no discurso quanto na ação social, produto da religião enquanto conceito abstrato, mas o redator moderno dos poemas éddicos refletiu o rito dentro de uma religião singularizada. Deste modo, os ritos nas fontes textuais nórdicas estão entre uma zona situada entre o imaginado e o crível ("Ritos fictícios") (Raudvere, 2012, p. 97-117).

Outra questão que deve ficar muito clara para o leitor é a de que *não podemos reconstituir a grande maioria dos rituais nórdicos pré-cristãos em detalhes*. Existem poucas fontes primárias para isso. Eles podem ser estudados em seus aspectos gerais, em seu contexto social, os seus simbolismos e significados para as culturas e regiões do mundo nórdico do Período Viking. Mas não temos detalhes de como eles ocorriam na prática. Um exemplo: um dos rituais com maior quantidade de informações nas sagas islandesas é fornecido pela *Saga de Erik, o vermelho*. Nele, Þorbjörg lítilvölva realiza um ritual denominado de *varðlokkur*. A saga informa para que o dito ritual foi efetuado; como ele foi executado e em que contexto. Muitas análises acadêmicas já foram publicadas sobre este episódio (algumas estupendas, como os simbolismos do coração neste ritual, pelo italiano Andre Maraschi (2018, p. 25-47)). Mas não temos detalhes práticos da dita atividade: não sabemos quanto tempo durou, quais foram os cantos executados, orações e invocações que fizeram parte dele (se é que fizeram). De um ponto de vista histórico, qualquer tipo de reconstituição prática dos rituais escandinavos antigos nos dias atuais vai ter que incorporar elementos imaginários, hipotéticos, anacrônicos ou puras suposições, afastando-se assim dos objetivos de uma pesquisa científica.

Figura 3 Classificação dos rituais na Escandinávia (recortes geográficos e sociais)
Fonte: Nordberg, 2018, 2019.

Podemos classificar as formas de crenças e rituais na Escandinávia pré-cristã em três níveis básicos, em um *ponto de vista geográfico*: as tradições locais, as regionais e as suprarregionais. Elas foram definidas primeiramente por Sanmark (2004) e depois por Nordberg (2018; 2012). As tradições locais são as que eram realizadas pelos fazendeiros e suas famílias (a maior parte da população durante a Era Viking). Elas faziam parte do cotidiano: constituem os ritos locais que eram executados em montanhas, lagos, rios, bosques, fazendas. As entidades que eram alvo destas crenças e devoções eram os elfos, trolls, anões e os espíritos da terra (*Landvættir*). Temos poucas informações sobre estes cultos, comparados com os outros, mas certamente eram relacionados aos diversos problemas da vida e aos seus desafios do dia a dia no difícil mundo da fazenda.

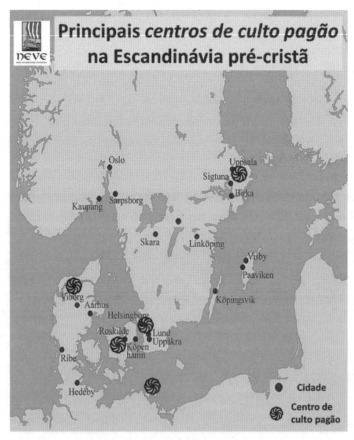

Figura 4 Principais centros religiosos na Escandinávia pré-cristã

Fonte: Price, 2015.

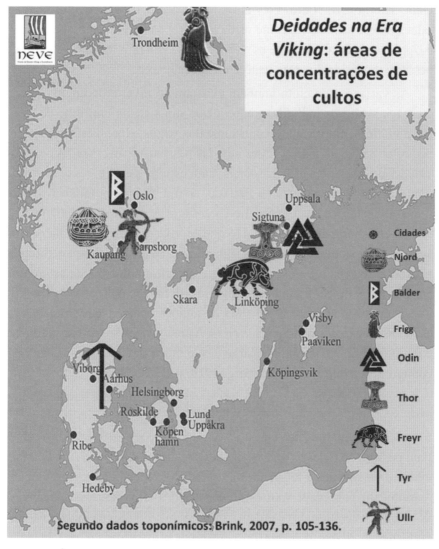

Figura 5 Áreas de concentrações dos cultos a divindades na Escandinávia pré-cristã.
Fonte: Brink, 2007, p. 105-136.

Os cultos regionais eram conduzidos por alguma liderança local e geralmente obedeciam a datas de calendário. Os seres que eram conectados a esses cultos eram deuses regionais, como Ullr, Ullin, Týr, Forseti, Irpa, Þorgerðr. Já os rituais suprarregionais eram conduzidos por um rei e também obedeciam a calendário, sendo cultuados os deuses que tinham um caráter panescandinavo; ou seja, que eram comuns a toda a Escandinávia:

129

Odin, Thor, Freyr, Njord, Freyja. Os locais destes rituais eram os grandes salões reais e santuários, como os de Lejre (Dinamarca), Uppsala (Suécia) e Uppåkra (Suécia). Durante os cultos nestes centros, acorriam milhares de pessoas, vindas de diversas regiões da Escandinávia.

As variações de culto também existiam ao nível cronológico, social e espacial. Muitos indivíduos não tinham um sistema uniforme de crenças e práticas, empregando conhecimentos vagos e inconsistentes até aspectos de sua experiência. Essas atitudes pessoais eram cruzadas com atividades de diferentes grupos sociais. Para estudar as religiões nórdicas da Idade do Ferro Germânica ao Período Viking, Nordberg também sugere o uso dos padrões das *configurações religiosas*: qualquer religião não é um sistema homogêneo; a religião que se vive é parte do cotidiano e da subsistência; as pessoas (individualmente ou em grupo) alternam diferentes configurações religiosas. Neste referencial, o autor divide as crenças em três tipos de configurações religiosas, definidas por *recortes sociais*: a vida em fazenda; as configurações de regiões relacionadas à caça e pesca; a instituição dos bandos guerreiros. A área geográfica da Escandinávia é muito grande e com muitas variações, também interferindo nas antigas configurações religiosas (Nordberg, 2019, p. 338-339).

Configurações religiosas das fazendas: as fazendas e os assentamentos eram habitados tanto por camponeses quanto por membros da aristocracia, fornecendo pecuária, caça e pesca. As configurações deste grupo envolveriam pessoas de todas as idades, classes sociais, gênero. Elas significariam uma ordem cósmica e regeneração, estabilidade social e paz, ritos cíclicos (nascimento, puberdade, morte), saúde, relações com a morte e vida doméstica. Todos estes anseios de ordem e paz seriam refletidos na tradicional fórmula mágica *til árs ok friðar* (por um ano de prosperidade e paz), mencionada em diversas sagas islandesas. Os deuses conectados a esta configuração são os de referencial ctônico: Thor, Freyr, Freyja, Njord, Ullr. Nordberg cita a inscrição rúnica de Stentoften (Suécia, século VII) como exemplo de uma liderança local inserida na configuração religiosa de uma fazenda: "niu habrumR, niu hangistumR, HaþuwulfR gaf j" (transliteração em Nordberg, 2019, p. 347) "Com nove cabras e nove garanhões, Hathuwulf garantiu um bom ano" (tradução nossa). Aqui este líder presidiu certamente um culto envolvendo a imolação de caprídeos e equinos para garantir a prosperidade e fertilidade de uma região.

Dentro da configuração religiosa das fazendas existia o modelo da família. O pesquisador John Murphy estudou um padrão de religião doméstica na Idade do Ferro nórdica tardia, expressando a religiosidade de uma unidade social – o agregado familiar islandês, dentro ou próximo de uma habitação, nas fazendas. Este tipo de religiosidade se dedicou mais a seres sobrenaturais como os espíritos da terra (mas também incluindo espíritos ancestrais) do que a divindades mais conhecidas. Neste caso, existiam papéis mais significativos para as mulheres como especialistas e líderes de culto do que em outras esferas das religiões nórdicas pré-cristãs. Seus rituais parecem ter sido mais comuns no outono e inverno do que na primavera e verão e eram essencialmente cultos baseados em alimentos vegetais (evitava-se a carne), sendo mais cíclicos do que rituais de passagem (Murphy, 2018, p. 49-97; 2017, p. 1-16).

Configuração religiosas dos bandos guerreiros: uma instituição (*comitatus*) composta por guerreiros. O centro destes bandos guerreiros seria constituído pelo salão real (ou aristocrático), inicialmente situado em fazendas entre os séculos IV e V d.C., depois sendo a parte central de um complexo denominado de localidades centrais, constituídos de mercados, locais de assembleia, produção manufatureira, santuários públicos e grandes montículos funerários. O bando guerreiro é a instituição central na Escandinávia do período da Idade do Ferro germânica até a Era Viking. O mais proeminente local ideológico para essa comunidade é o salão, onde eram realizados os laços de compromisso, as promessas, banquetes e em especial os brindes cerimoniais com cornos e hidromel, realizados em datas religiosas especiais durante o ano. Os mitos sobre Odin e algumas narrativas heroicas e épicas são especialmente conectadas a este local. Rituais secretos de iniciação e mitos envolvendo o lobo e o urso também poderiam ter feito parte das atividades guerreiras do salão real. Obviamente, Odin é o deus por excelência da aristocracia, realeza e dos bandos guerreiros.

Configurações religiosas das áreas de caça e pesca: os camponeses que viviam da caça e pesca moravam em regiões litorâneas da Escandinávia mantinham vários tipos de crenças que vão dos equipamentos de caça até a comportamentos ritualísticos relacionados com presságios, magia, inveja, tabus e tradições. Tudo isso era muito importante para um bom relacionamento com o outro mundo e aos senhores da natureza. Alguns dos seres sobrenaturais que fariam parte destas tradições seriam os *landvættir* (espíritos da terra), constantes do folclore islandês.

Cultos a deidades: aspectos toponímicos

Uma das mais importantes pesquisas já realizadas sobre a espacialidade dos cultos divinos durante a Era Viking foi realizada por Stefan Brink (2007), utilizando a metodologia da toponímia. Esta consiste no estudo linguístico de localidades, cidades, regiões (topônimos em geral) que, no caso da pesquisa de Brink, tenham alguma relação com nomes divinos (teóforos) do nórdico antigo: a *teonímia*. A quantificação e localização dos teóforos identifica a existência e a importância de uma deidade nos tempos antigos. As fontes que o pesquisador utilizou são crônicas e a literatura medieval produzidas nas diferentes regiões escandinavas. Esse tipo de pesquisa já havia sido realizado na escandinavística, como por exemplo, no famoso livro de Jan de Vries: *Altgermanische Religionsgeschichte* (1935), mas a pesquisa de Brink é inovadora pela sua extensão de fontes, quantificações e crítica documental.

Os resultados da pesquisa são impressionantes. Em primeiro lugar, mostra a diversidade e extensão dos cultos às principais divindades nórdicas. E também algumas sutilezas: o deus Tyr praticamente foi objeto de culto apenas na Dinamarca, estando ausente do restante da Escandinávia. Ullr, ao contrário, só recebeu registros na Noruega e Suécia. Nós sintetizamos a pesquisa de Brink em um só mapa (cf. figura 5) – ele não contém a abrangência geral de cada deidade individualmente, mas apenas as áreas de maiores concentrações de cada culto divino. E assim percebemos que os cultos de Odin, Thor e Freyr estavam mais concentrados em torno da região próxima a Uppsala, Suécia, coincidindo com a famosa descrição de Adão de Bremen em sua *Gesta Hammaburgensis Ecclesiae Pontificum* (século XI), que menciona a existência em um templo em Uppsala de três estátuas centrais dedicadas a Odin, Thor e Freyr. Por mais que o relato de Bremen seja cristocêntrico e fantasioso, certamente teve uma base histórica.

Outros resultados da pesquisa de Brink (apontados em nosso mapa) é que as áreas de maiores concentrações do culto a Balder, Njord e Ullr são muito próximas de Oslo e Kaupang, Noruega, evidenciando conexões com locais de forte influência urbana, comercial, política e cultural durante a Era

Viking. Por outro lado, os resultados de Brink demonstram a inexistência de rituais para Loki, Heimdall, Bragi, Gefion e Idunna. As deusas Frigg e Freyja aparecem nas fontes topônimicas, mas muito pouco, o que demonstra que as deidades masculinas tiveram uma preponderância muito maior na religiosidade pública.

Comparando a investigação de Brink com a de outros pesquisadores os resultados são muito próximos. Destacamos principalmente o seguinte resultado – a área de maior incidência do culto aos deuses Vanes (Njord, Ullr e Freyr) foi o sul da Noruega e parte do sudoeste da Suécia (limites geográficos atuais), enquanto os deuses Ases (Tyr, Odin e Thor) ficaram mais concentrados no sul da Suécia e Dinamarca (Christiansen, 2002, p. 260, dados toponímicos para os anos de 800 a 1000 d.C.; Rood, 2017, p. 128-134). Ainda observamos algumas regiões que o pesquisador coloca como locais de culto comuns a ambos os tipos de deidades (Ases e Vanes): sudeste da Suécia (incluindo a ilha da Gotlândia) e sudoeste da Noruega. Também é digno de citação que a Escandinávia já possuía neste recorte temporal várias comunidades cristãs: Aarhus, Ribe, Meldorf e Hedeby (Dinamarca) e Birka (Suécia).

Outro dado muito interessante apontado pelo autor é de que a região entre Birka e Uppsala (Suécia) foi a que concentrou a maior quantidade de localidades apresentando monumentos com máscaras e representações de faces esculpidas em pedras rúnicas (Christiansen, 2002, p. 260), símbolos tradicionalmente identificados ao deus Odin, e deste modo, confirmando a alta incidência de teóforos da deidade nesta mesma região (Brink, 2007, p. 112). Outra pesquisa indicou que a maior concentração de figurações com chifres (pingentes com representações masculinas portando chifres ou apêndices em forma de dois pássaros, geralmente interpretadas como o deus Odin) localiza-se em torno da região de Uppsala (Suécia) (Rood, 2017, p. 150).

Ritos nórdicos: aspectos gerais

Para a área nórdica pré-cristã os pesquisadores estão adotando um referencial de que rito designa diferentes tipos de conhecimentos, em situações diferenciadas e em momentos específicos (Schjødt, 2020a, p. 598). Uma das características mais visíveis dos rituais são as suas diversidades: variam de cultura para cultura, mas também possuem variações dentro de uma própria cultura. Mas existem certas funções básicas que são inerentes a todos os rituais: uma delas é a distinção em nosso mundo e o outro mundo, relacionados com a distinção entre sagrado e profano. Esta dicotomia básica define a vida religiosa e os simbolismos e são mais ou menos visíveis nos rituais (Schjødt, 2020a, p. 600). O culto no mundo pré-cristão tinha um papel de mediação e estruturação da unidade coletiva. Existiam diversos tipos de rituais. Os banquetes sacrificiais (*blótveizlur*) ocupavam um papel proeminente nos grandes festivais sazonais, com a participação de um grande número de pessoas. Os rituais familiares eram frequentemente feitos em fazendas, a exemplo do *álfablót*, sendo os ancestrais os mais antigos temas de adoração nas regiões nórdicas. Outros tipos de ritos eram frequentes em certas épocas da vida das pessoas e das comunidades, como nascimentos, iniciações, casamentos e funerais. Uma grande quantidade de vestígios de poços de cozinha, datados da Idade do Bronze até o ano 1000 d.C. foram encontrados na Escandinávia, utilizados em banquetes rituais tanto de famílias quanto da comunidade de forma mais ampla. Na área islandesa eram frequentes a utilização do consumo de carne de cavalo. Outros tipos de atividades com implicações ritualizadas eram lutas entre guerreiros, salto sobre fogo, hóquei, natação, arremesso de objetos, andar sobre remos, competições de canto, danças com máscaras etc.

As pesquisas arqueológicas também encontraram uma grande quantidade de vestígios rituais relacionados com a construção ou inauguração de habitações e construções na Escandinávia do Período Viking. Os rituais consistiram na consagração com bebidas e o depósito dos vasilhames (potes, vasos e copos) em áreas com fogo – aqui identificado com o seu poder sobrenatural e transformador. As áreas mais ricas neste tipo de material são o sul da Suécia e o norte da Dinamarca, algumas delas associadas com depósitos de cerâmica e construções. Analisando diversos tipos de vestígios materiais obtidos na tradição ritualística nórdica, Anne Carlie considerou diversas mudanças diacrônicas: inicialmente na Idade do Bronze temos depósitos agrários, com diversos machados, cerâmicas e ossos animais. Posteriormente, no período das migrações (séculos VI a VIII d.C.), surgem depósitos não agrários, com vestígios de armamentos e sepultamentos. No início da Era Viking até final do Medievo, aumentam os depósitos mágicos: objetos antigos (como machados neolíticos e fósseis) são encontrados junto a ossos animais e humanos, moedas e pingentes/amuletos com símbolos odínicos (aves e serpentes).

Ritos de crise

Rituais de crise são todos os tipos de práticas realizadas para tentar reverter uma condição negativa e fazer o mundo voltar ao normal. São orientados para o indivíduo e o coletivo em situações de doenças, guerras e fome. As profecias e adivinhações são parte importante destes rituais, realizados para detectar as motivações da crise e obter os meios ou conhecimentos mais eficientes para sair da crise.

Ritos privados: nosso conhecimento tanto de cultos privados quanto público é pequeno e muitas descrições nas fontes são denominadas de "mágicas". Na *Egils saga Skallagrímssonar* 72 Egill visita um homem chamado Thorfin; em sua residência, havia uma mulher doente e ele pergunta o que estava de errado com ela. O homem responde que ela seria sua filha e que estava doente há certo tempo. Egill descobre sobre a cama que havia um osso de baleia com runas inscritas de modo equivocado. Ele reescreve as runas e a mulher acaba se recuperando. O historiador Jens Peter Schjødt (2020b, p. 785) percebe esta cena como um exemplo de crise individual e as crenças nas influências do Outro Mundo com as runas, comparando o caso de Egill com as inscrições rúnicas do fragmento de crânio de Ribe e o bastão de Hemdrup, ambos da Jutlândia na Alta Idade Média (Dinamarca). Nós não sabemos os detalhes rituais que devem ter sido operacionalizados por Egill, mas com certeza deviam envolver encantamentos ou fórmulas mágicas.

Outro exemplo é a famosa passagem da *Eiríks saga rauða* 4, na qual uma praticante de seiðr presta auxílio a uma comunidade que passa por um período de fome na Groelândia. Apesar de todas as críticas documentais a esta cena, que poderia ter sido influenciada por elementos da magia europeia do século XIII e o contexto literário proselitista com a personagem principal, Schjødt (2020b, p. 786) considera que ela contém elementos de base para uma antiguidade oral sobre os antigos rituais, sendo os detalhes da dieta e do uso do bastão os principais. Desta maneira, os rituais privados envolvendo crise poderiam variar de região para região e também com o passar do tempo. Mesmo assim, não envolveriam nenhum tipo de sacrifício animal ou humano.

Alguns rituais de crise na esfera privada teriam as seguintes fases (seguindo a estrutura da cena de Þorbjörg lítilvölva descrita acima): 1) *Ritos de separação*: os preparativos, envolvendo tipos especiais de comida; subida em plataformas elevadas; um olhar ou visão em todos os habitantes da casa; dormir na primeira noite (aqui uma possível conexão com a ideia de que os sonhos são um canal de comunicação com o outro mundo). 2) *Ritos liminares*: a formação de um anel (círculo de pessoas), com uma pessoa cantando ou proferindo palavras, após o qual, espíritos seriam invocados para predizer o futuro da comunidade. 3) *Ritos de reintegração*: as pessoas perguntariam individualmente o seu destino futuro.

Ritos públicos: na esfera pública temos casos envolvendo especialmente conexões com o sacrifício de reis. Um exemplo é a morte do Rei Víkarr, inserida na *Gautrek saga* 36, 42, mas também relatada em Saxo. Apesar de seus elementos míticos, trata-se possivelmente de reminiscências de antigos ritos proféticos ou de adivinhação. A situação de crise seria a falta de vento para as embarcações, uma situação crítica em tempos de guerra; os ritos preparatórios seriam as adivinhações e o rito liminar a morte do rei. Toda a narrativa serviria para criar um vínculo entre o rei e as pessoas. Comparado ao ritual mencionado da *Eiríks saga rauða*, temos semelhanças e diferenças: em ambos existem práticas divinatórias, mas os especialistas cúlticos mudam – Þorbjörg é a profetisa, enquanto Starkarðr é um imolador. A narrativa da morte do Rei Víkarr não é um relato histórico em si, mas é muito provável que conservou uma situação histórica de um tipo de ritual público de crise (Schjødt, 2020b, p. 795).

Ritos cíclicos

São os rituais executados durante certa ocasião do ano, obedecendo geralmente a datas específicas. Geralmente possuíam uma função importante: além da manipulação dos poderes sobrenaturais para o religioso, auxiliavam o estabelecimento de um calendário para o trabalho agrícola, além de criar uma identidade social para a celebração popular (Schjødt, 2020c, p. 797, 822).

Ritos privados: os dois tipos mais comuns de ritos privados cíclicos mencionados nas fontes nórdicas são os realizados para os elfos (*álfablót*) e a dísir (*dísablót*).

O Álfablót: o sacrifício aos elfos é um ritual pré-cristão descrito nas fontes literárias medievais. Para Rudolf Simek, existiram três momentos do registro deste ritual nas fontes. O primeiro está relacionado ao escaldo

Sighvatr Thórdarson, que em sua obra *Austrfararvísur* menciona sua viagem para a Suécia no outono de 1018, onde foi hostilizado pelos pagãos suecos. Em parte, a recusa de hospitalidade nas fazendas suecas teria conexão com o ritual *álfablót* (que estava sendo realizado no momento da chegada de Sighvatr), e em especial, sua entrada foi negada por uma anciã que temia a ira de Odin (Simek, 2007, p. 7-8). Um segundo momento da descrição do ritual é na *Kormáks saga* 22, na qual um tipo diferente de ritual é executado: ao herói Þórvarðr é recomendado despejar o sangue de um boi nas montanhas habitadas pelos elfos e preparar uma refeição com a carne do animal. De acordo com a cronologia interna da fonte, o incidente teria ocorrido no século X, mas como esta saga foi escrita somente após o século XIII, Simek acredita que a crença nos poderes dos elfos ainda continuava na Escandinávia pós a cristianização. O terceiro momento em que o ritual foi citado é na *Ynglinga saga* 44, 48, 49, relacionada ao Rei Ólafr Guðrøðarson. Após um período de grande sucesso do reinado, Ólafr morre e é sepultado em Geirstad. Seus súditos o denominam de Geirstaðaálfr e sacrifícios a ele são realizados. Seu bisavô é chamado de brynjálfr em uma estrofe. Segundo Peter Schjødt, este ritual foi executado para garantir fertilidade e anos de paz na comunidade. Neste sentido, os elfos estariam relacionados aos espíritos da terra, sendo ambos ctônicos e associados com os simbolismos de morte, fertilidade e proteção da localidade (Schjødt, 2018, p. 159; 381; 384; 385). Na concepção de John Lindow, o ritual aos elfos também possuía conexão explícita com os deuses. Para Catharina Raudvere, tanto os espíritos da terra (*landvættir*) quanto os elfos estão estreitamente conectados à fazenda, mas assumem formas diferentes. Enquanto que na *Kormáks saga* ele está envolvido em rituais de cura, na *Ynglinga saga* ele é uma celebração aos ancestrais (Lindow, 2001, p. 53-54; Raudvere, 2008, p. 235-243).

O dísablot: o sacrifício para as dísir era executado durante as noites de inverno (*Víga-Glúms saga* 6). As dísir eram seres femininos sobrenaturais, relatados tanto pela toponímia quanto pelas fontes literárias (Simek, 2007, p. 61-62). Na *Egils saga* 44 é mencionado um dísablot para o Rei Eiríkr e a sua rainha. Nenhuma fonte descreve como o ritual era executado, a não ser pelo detalhe de que ocorriam brindes rituais (Schjødt, 2020c, p. 799).

Ritos públicos: na *Guta saga* 1 é mencionado que na ilha da Gotlândia (Suécia) existiam três níveis de ritos públicos: um que era executado em toda a ilha; outro, um sacrifício que cobria um terço da ilha; e por terceiro, pequenos sacrifícios que eram executados pela comunidade. Três tipos específicos de *blóts* eram executados no mundo nórdico de outubro a janeiro de cada ano. Os mais tradicionais ritos públicos de todas as comunidades eram os promovidos pelas lideranças, sendo o centro destes rituais a ocorrência do *blótveizlur* (banquete sacrificial). Na *Hákonar saga* estes tipos de ritos eram executados no início do inverno e ocorriam em locais denominados de *hof*, uma edificação que também podia ser a residência da liderança. Muitos rituais de imolação eram realizados em pequenos recintos. O espaço ritual era provavelmente marcado fora do profano, mas os textos não informam maiores detalhes sobre a espacialidade. Em alguns textos, o espaço ritual é relacionado com as assembleias jurídicas, utilizando a palavra *vébond* (vínculo sagrado) como na *Egils saga* 56 e *Frostaþingslǫg* 127. Os elementos jurídicos sugerem que os cultos religiosos e as assembleias legais eram profundamente conectadas. As motivações destes rituais não são bem claras, mas a maioria dos pesquisadores concorda em relacioná-los com aspectos da vitória do rei e as suas campanhas, bem como aos aspectos de fertilidade dele próprio. Pessoas de diversos estratos sociais e seus animais integravam estes rituais, geralmente sob a forma de procissões. Cavalos geralmente tinham um valor especial, ligando o deus Freyr ao rei (Schjødt, 2020c, p. 808-822).

O Jól: festival pré-cristão comemorado durante o solstício de inverno na Escandinávia. Segundo Rudolf Simek (2007, p. 379-380), a coincidência temporal do festival fez com que os nomes para o mês de dezembro e janeiro fossem semelhantes: *fruma jiuleis* (gótico do século IV; *giuli*, anglo-saxão do século VIII) e também semelhantes ao nórdico antigo ýlir (em dinamarquês e em nórdico antigo *jól;* em sueco *jul;* em anglo-saxão *geohol*).

Para Régis Boyer (1995, p. 27-30) os ritos cerimoniais envolvem a imolação de animais engordados para esse fim, oferecidos para as divindades da fertilidade-fecundidade, as dises ou os elfos. O rito durava treze dias e era de importância fundamental para as regiões nórdicas durante o inverno – particularmente rude e longo, no qual a vida deveria ser simbolicamente renovada. O Jól foi recuperado pelo cristianismo e substituído por Noël. A árvore de natal contemporânea remonta ao *julgran* nórdico (sueco: pinheiro do jul; norueguês: *juletre*), cuja origem seria a árvore cósmica de Yggdrasill, símbolo da vida e da fecundidade. Na tradição natalina, os bodes remeteriam a Thor, a árvore a Odin, o varrão a Freyr. James Frazer (2002, p. 461-462, 636) pontuou a celebrações envolvendo o sacrifício do varrão durante o solstício. Ainda segundo Boyer, outras reminiscências sugerem que o Jól foi uma grande festa sacrificial dos mortos ou do clã: teria sido o momento da passagem da horda selvagem de Odin. O banquete que tradicionalmente se executa nesta ocasião era destinado a criar laços entre os vivos e os mortos. Também neste momento seria celebrado o célebre *til árs ok fridar* (para um ano fecundo e para a paz, segundo o *Gulathingslog* 7), que fazia parte das prerrogativas do rei nórdico.

Para o referencial de Rudolf Simek (2007, p. 379-380), o festival de Jól era essencialmente religioso e com um caráter de sacrifício para a fertilidade. Mas também Odin seria associado com o Jól, tendo o epíteto de Jólnir. Ainda segundo este pesquisador alemão, a associação entre culto aos mortos e veneração aos ancestrais durante o Jól é incerta, talvez provinda de sacrifícios do inverno durante a Idade do Bronze europeia. As fontes islandesas cristãs descrevem o Yule pagão no referencial das celebrações cristãs que eles conheciam. Especialmente nas sagas, o Jól seria uma época para a atividade dos *draugar*. O draugr é um morto vivo que adquire vida após ter sido enterrado em um monte funerário e é um tema comum nas sagas islandesas (*Eyrbyggja saga* 63; *Grettis saga* 35). Para se conseguir sua morte definitiva, seria necessário o corte de sua cabeça e a queima do corpo. Por outro lado, as conexões com a caçada selvagem de Odin são relatadas no folclore. E o fato da bebedeira de Jól ser sinônimo para a celebração da festa, demonstra sua ligação com o antigo beber sacrificial. Em Snorri Sturluson o festival pagão é entendido completamente como o sacrifício de solstício de inverno, que contém a festa comunal. De outro lado, algumas fontes nórdicas não generalizam o Jól como uma festa comunal – e é neste referencial que Thomas Dubois o descreve, como um ritual limitado a certa família e alguns membros selecionados, presidido por uma mulher.

Terry Gunnel (1995, p. 24-36) aponta a relação entre a palavra *leikr* (dramatização, ritual, jogos) com a época do Jól e, em especial, com um ritual dedicado ao deus Freyr (*Freys leikr*, que também é um kenning para batalha na *Ragnar saga Loðbrókar*). Se de um lado temos o deus Freyr conectado à fertilidade e à guerra, o termo leikr também pode ser aplicado ao ritual, à atividade dramática e a jogos de crianças. Durante o Jól acontecem vários tipos de jogos (incluindo a *glíma* e o *knattleir*). James Frazer ainda recorda as celebrações envolvendo grandes festivais do fogo durante o Jól, sobrevivendo até os tempos modernos.

O mais detalhado estudo sobre a data do Jól foi publicado por Andreas Nordberg (2006, p. 15-159). Segundo ele, a data não era definida por um calendário solar (equinócios e solstícios) como se pensava tradicionalmente, mas sim por um calendário lunissolar (combinando tanto o movimento do Sol quanto da Lua). Sua conclusão era a de que a celebração ocorria na primeira Lua cheia depois do solstício de inverno, ou seja, um período compreendido entre 5 de janeiro e 2 de fevereiro de cada ano (a data exata é variável).

Ritos de passagem

Os rituais de passagem constituem fundamentais conexões religiosas entre o nosso e o Outro Mundo. Eles geralmente envolvem nomeações, ritos de separação (dividindo modelos prévios da existência), ritos liminares (significando a transição para outros estágios) e ritos de incorporação (simbolizando a incorporação de um novo estatuto na sociedade). Ritos de passagem dividem o indivíduo ou os grupos em novos estatutos sociais dentro de uma religiosidade, de categorias mais baixas para categorias superiores. Essas transições envolvem mudanças físicas, psicológicas, e em algumas situações são secretas. Alguns ritos de passagem são puramente baseados em padrões biológicos da vida individual (nascimento, puberdade, casamento, morte), enquanto outros se relacionam a situações sociais (não biológicas, como cultos secretos, irmandades de sangue, treinamento ou nomeação de sacerdotes, xamãs, reis, entre outros) (Schjødt, 2020d, p. 823-824).

Nascimento: nós conhecemos muito pouco sobre rituais conectados com o nascimento no período pré-cristão. No folclore posterior, se conhecem várias narrativas ou tradições atreladas ao relacionamento entre mãe e filho, no momento do nascimento. Elas se conectam a dois aspectos destes rituais: a integração da criança recém-nascida na sociedade e a celebração do novo estatuto social da mãe. As poucas fontes que temos acesso mencionam a aspersão da água na criança (*ausa vatni*), a conceção de um nome (*Rígsþula* 34) e a colocação da criança no joelho do pai (*knésetja*). Estas partes do ritual correspondem a um significado de incorporação da criança na sociedade.

Também algumas fontes indicam rituais divinatórios durante o nascimento. Na *Helgakviða Hundingsbana* I, dentro de um cenário mítico, as nornas chegam após o nascimento de Helgi e torcem o seu fio do destino. Talvez não tenham ocorrido ritos divinatórios para todas as pessoas da sociedade, mas especificamente para reis e grandes guerreiros da época (Schjødt, 2020d, p. 825-826).

Em sepulturas da ilha da Gotlândia da Era Viking foram claramente percebidos padrões associando objetos femininos com a idade do morto. Pequenas meninas com cerca de 5 anos de idade foram enterradas com poucos objetos e em sepulturas junto a adultos. Com a idade entre 5 a 15 anos, as garotas eram enterradas em sepulturas próprias, com cerca de 100 a 250 contas de vidro e anéis em seus braços direitos. Garotas com mais de 15 anos eram sepultadas com cerca de 20 contas e anéis em seus braços esquerdos. Dentro desta análise, podemos perceber claramente que as meninas gotlandesas receberam importantes ritos de passagem quando tinham entre 5 a 15 anos (Schjødt, 2020d, p. 827).

Puberdade: os rituais de puberdade receberam algumas representações nas fontes literárias nórdicas, talvez devido à importância de um tipo de iniciação na puberdade para garotos, tanto no mundo germânico antigo quanto no nórdico, envolvendo o uso de armas e certas habilidades, mas sem serem necessariamente ritos de iniciação dos guerreiros (estes em fase adulta). Na *Hálfs saga ok Hálfsrekka* 10 e na *Jómsvíkinga saga* 24 a idade que os garotos são aceitos nos bandos guerreiros é entre 18 a 20 anos. Algumas das regras requeridas eram desde a capacidade para o transporte de pesadas pedras até a habilidade para utilizar certas armas, além do cumprimento de certos papéis éticos (a exemplo de não tornar crianças e mulheres como prisioneiras). Mas a exemplo dos rituais de nascimento, não temos detalhamento sequencial dos ritos de puberdade (Schjødt, 2020d, p. 826-829).

Casamentos: a palavra em nórdico antigo para casamento era *brúðlaup*, literalmente: "a noiva correndo", provavelmente indicando a pressa dos participantes para o banquete. Nós não temos conhecimento profundo das dimensões religiosas nos casamentos. Na Þrymskviða 30, no momento em que Thor se encontra na festa do casamento (no salão do gigante Thrym), este mesmo gigante proclama pra se trazer o martelo para se consagrar a noiva. É possível que martelos e pingentes com este formato tenham sido utilizados para consagração da noiva, ao serem colocados em seu colo, com claras conotações de fertilidade, mas como trata-se de uma fonte mitológica, qualquer tipo de afirmação definitiva é puramente conjectural. Essa relação do deus Thor com a fertilidade também é confirmada em Adão de Bremen (século XI), quando o associa com a fertilidade do solo. Mas no contexto do casamento, o martelo não pode ser visto apenas como símbolo da fertilidade, mas também algum tipo de proteção contra todo o mal que pode cercar esta atividade. Snorri também comenta sobre uma deusa que protege os casamentos (*Gylfaginning*), denominada de *Vár* – a menção a sua mão pode estar associada com o simbolismo do aperto de mão entre os antigos indo-europeus.

Casar é um rito de transição em mais de um sentido: um dos cônjuges deve deixar a sua família para se juntar à família do outro. Na sociedade escandinava, predominantemente patriarcal, a mulher deixa a sua família para se juntar à família do marido, e para ela, esse é justamente um rito de passagem. Porém o casamento é normalmente a matriz de um novo capítulo da vida tanto para o marido quanto para a esposa, à medida que ambos deixam para trás algumas possibilidades (e limitações) – possivelmente mais para a mulher que para o homem. A habilidade para gerar filhos assegura a continuidade da família e os seus aspectos de fertilidade. Infelizmente as fontes literárias não indicam quais simbolismos existiam nos casamentos nórdicos: intercursos sexuais reais ou simbólicos, troca de presentes, muitos festejos, procissões ou outros fenômenos relacionados com a dimensão religiosa (Schjødt, 2020d, p. 829-830).

Iniciações nos bandos guerreiros: não temos muitas informações sobre iniciações guerreiras. Somente algumas narrativas com conteúdo mítico, como as sagas lendárias (*Fornaldarsögur Norðurlanda*), a exemplo de Sigmund e Sinfiotli na *Völsunga saga* e Bodvar na *Hrólfs Saga Kraka*. Ambos apresentando poucas reminiscências destes antigos rituais. Alguns destes cultos poderiam envolver testes de habilidade e coragem, como nas mencionadas *Hálfs saga ok Hálfsrekka* 10 e na *Jómsvíkinga saga* 24, mas também poderiam ser apenas ritos de puberdade. As habilidades apontadas nas narrativas sobre os *einherjar* (os guerreiros mortos que eram escolhidos para o Valhalla) poderiam indicar conexões entre o deus Odin e os bandos guerreiros (Schjødt, 2020d, p. 841-842).

Também é possível que nestes rituais tenham ocorrido testes de coragem e habilidade. Nas fontes semimíticas (as sagas lendárias) ocorrem associações de transformações simbólicas em animais, geralmente lobos e ursos, mas também javalis e outros animais, o que liga estes guerreiros também ao culto de Odin, tanto na vida quanto na morte, transformando-se em einherjar. Nós desconhecemos os detalhes práticos destes rituais, mas podemos estruturá-los neste esquema: primeiro, a separação entre a sociedade "comum" pela *performance* dos testes, em que os "iniciantes" se preparam para o segundo passo, o período liminar – durante o qual os guerreiros provavelmente se identificam com o deus Odin e seus simbolismos animais e uma morte simbólica; finalmente, a terceira fase, na qual o guerreiro é reintegrado à sociedade e recebe um novo nome e algum equipamento bélico (Schjødt, 2020d, p. 841-842).

Iniciação dos governantes: existem algumas poucas referências sobre as iniciações de lideranças e reis. O novo rei tinha que ser colocado em uma plataforma alta, simbolizando a sua condição de novo governante com um poder acima dos homens. Olaus Magnus, na imagem *Mora stenar* de seu livro *Historia de Gentibus Septentrionalibus* (1555) apresenta o novo rei em um grande bloco de pedra na região de Mora, Suécia, o local onde os réus suecos eram elegidos na Idade Média. Apesar do ritual ser cristão, ele possivelmente foi mais antigo e a pedra substituiu plataformas elevadas dos tempos pré-cristãos.

Alguns poemas éddicos podem estar vinculados a antigas tradições da transmissão do conhecimento nas iniciações dos reis. No poema *Hyndluljóð*, o Rei Ottar se dirige ao submundo para obter conhecimento da giganta Hyndla. No *Grímnismál*, Odin narra informações para Geirrod, que mais tarde vai se tornar um rei após a morte do seu pai. Em *Rígsþula*, o personagem Rígr (que pode ser Heimdall ou Odin), após vários intercursos sexuais, tem um filho chamado *Konr ungr* (rei). Na estrofe 43 são narradas as habilidades dele, que incluem o conhecimento rúnico e alguns tipos de magia (Schjødt, 2020d, p. 843-845). Um novo estudo sobre a pedra sueca de Mora ampliou os horizontes sobre a iniciação dos reis. A pesquisa utilizou um referencial comparativo com crônicas medievais e leis suecas de província da cerimônia denominada "o rei pegando" (*taka konong*). Focando na localização destes rituais, as terminologias usadas nos textos, vestígios arqueológicos e fontes de outras áreas da Europa indicariam que o ritual não seria uma invenção medieval, mas uma continuação modificada de antigos ritos de iniciação dos reis pré-cristãos. As ideias que envolvem o ritual do *taka konong* seria incompatível com referenciais cristãs e contravenções do código canônico (Sundvist, 2022, 89-118).

A irmandade de sangue: o *fóstbrœðralag* é um ritual que talvez tenha existido nas práticas religiosas arcaicas da Escandinávia. É muito citado nas Sagas, tanto históricas quanto lendárias, sendo as principais fontes: *Gísla saga Súrssonar* 6; *Fóstbrœdra saga* 2; *Þorsteins saga Vikingssonar* 21; *Gesta Danorum* I, vi, 7. Seria um tipo de relação familiar artificial entre os nórdicos antigos, tendo, entre outras obrigações, o dever de vingar a morte de algum irmão de sangue. Apesar das várias passagens literárias aludindo a essa instituição guerreira, não existem traços dela na arqueologia e nem teve a importância pública de outras instituições, como a dos bandos guerreiros e a realeza.

Quando dois ou mais homens querem se ligar por fraternidade, eles procuram um local a céu aberto, constituído por dois pedaços de terra cobertos de relva. Ali, eles montam uma espécie de plataforma em forma de V invertido, um contra o outro, chamado de *Jarðarmen* (colar da terra). Os dois fazem um corte nos pulsos para escorrer o sangue, que é misturado um no outro. Após isso, eles passam rastejando sobre o jardarmen, segundo Boyer uma figuração da saída do ventre materno – que remeteria ao simbolismo do retorno ao seio da Mãe Terra (ou Grande Deusa). Associados com o destino, os dois homens são tornados irmãos por meio deste rito. Em todas as situações, eles devem se vingar mutuamente em caso de desaparecimento violento de um ou de outro. Como na *Fóstbrœdra saga*, ocorre um exemplo impressionante, em que a vingança foi exercida na Groelândia. Este rito mágico denota ao mesmo tempo um culto arcaico à Grande Mãe e confere uma evidência, ao mesmo tempo em que explica, ao sacrifício final de Sigurd Fáfnisbani, segundo Régis Boyer (1997, p. 53-54). Para Jens Peter Schjødt (2008, p. 355-372), o ritual também remeteria ao renascimento para a terra, simbolizado pelo útero – sendo o renascimento também importante para estes cultos. Mais recentemente, Schjødt divide o rito da irmandade de sangue em três rituais distintos: as palavras de juramento; a mescla de sangue; o rito do *Jarðarmen* (sendo um espaço liminar). Os juramentos também fazem parte de outros rituais nórdicos e talvez originalmente envolviam alusões às deidades. O sangue contém simbolismos muito conectados a transferências de habilidades. O último teria conexão direta com simbolismos do submundo e a aquisição de poderes, que também poderiam ser interpretados como "renascimentos" (Schjødt, 2020d, p. 845-851).

Os ritos fúnebres: na Escandinávia pré-cristã, existiam duas formas básicas de enterro: os de cremação e os de inumação (sepultamento do corpo), sendo esta última mais rara. O primeiro tipo abundava principalmente na Noruega, Suécia e Finlândia. As inumações eram mais frequentes na Dinamarca e na ilha sueca de Gotland. Nos dois tipos de enterro, os corpos eram conservados com a roupa do uso cotidiano e estavam providos com pertences e utensílios. As práticas funerárias, assim como os rituais religiosos, variavam conforme a categoria social e a região da Escandinávia. Quanto mais rico o indivíduo, mais elaborado o funeral e maior a quantidade e qualidade dos objetos depositados no jazigo mortuário.

Nas cremações, o corpo que ia ser incinerado era vestido e adornado com joias e os objetos. A queima era feita em uma grande pira. Os ossos incinerados e as joias fundidas eram recolhidos. Em outras regiões, as cinzas eram simplesmente espalhadas pelo buraco ou chão. Na Suécia, os restos queimados eram separados e colocados em um recipiente de cerâmica, que era enterrado num buraco e cobertos com um montículo ou demarcados com pedras. Alguns desses alinhamentos pétreos tinham a forma de navios, como em Lindholm Høje (Dinamarca).

A inumação era praticada principalmente pelas classes superiores da sociedade e pelos estrangeiros (vindos do Leste Europeu). Algumas inumações utilizavam câmaras: escavava-se um buraco no solo e escorava-se o mesmo com madeira. Até cavalos eram enterrados nestas câmaras, junto a objetos cotidianos, alimentos (ovos e pães pequenos) e o defunto. Era crença popular que o morto continuava a viver no seu túmulo. Muitas câmaras foram orientadas no sentido Leste-Oeste. Também foram encontrados ataúdes dentro da terra ou corpos envolvidos numa mortalha de casca de álamo. A mais famosa das inumações da Era Viking é a embarcação de Oseberg (Noruega). No convés do navio, foi instalada a câmara mortuária, com o corpo de duas mulheres, sendo a mais velha considerada rainha pelo contexto das riquezas encontradas, mas nada se sabe sobre sua identidade. Recentes análises de DNA comprovaram que tratavam-se de mãe e filha. Espalhadas pelo convés havia maçãs, animais sacrificados – cães, cavalos e bois, alguns decapitados. A embarcação encontrava-se com remos, âncora e foi enterrada com pedras e lacrada com musgos. Em Birka também foi encontrado numa câmera funerária o corpo de duas mulheres, uma ricamente vestida. Pela posição de uma delas (uma escrava, estranhamente retorcida), o arqueólogo Holger Arbman concluiu que ela tinha sido enterrada viva, numa espécie de sacrifício. Um cronista árabe do Período Viking, chamado Ibn Rustah, confirmou o costume de enterrar a esposa favorita ainda viva junto ao corpo morto do guerreiro.

Os rituais funerários são muito pesquisados atualmente pelos escandinavistas, devido à sua riqueza de material arqueológico. Eles são expressões de atividades (guerra, negociações, caça, atrações pessoais), funcionando como elementos de identidade social em uma rede de relações híbridas. Muitos são conectados diretamente aos cultos odínicos, a exemplo do funeral descrito por Idn Fadlan. Outro cronista árabe, Ibn Rustah, também mencionou uma elaborada câmara sepulcral de um líder nórdico da Rússia, com depósitos de comida, bebidas, vasilhames e moedas. Segundo este cronista, a esposa do chefe foi colocada viva dentro da sepultura. Para o arqueólogo britânico Neil Price, os funerais nórdicos não consistiam apenas de rituais, mas de performances e dramatizações de narrativas míticas. Esses atos passavam ao público presente várias mensagens de cunho social e religioso. Mesmo os animais presentes – geralmente sacrificados e dispostos no local – executam papéis em um drama funerário. Embora os atores não estivessem presentes na cena final, desempenham o papel principal: o de confirmarem a sepultura como uma moradia.

Os enterros com embarcações também foram comuns fora da Escandinávia, como atestam vestígios na Ilhas de Man e Groix, Escócia, Finlândia e Rússia. A exemplo de muitas culturas, o uso de embarcações nos funerais da Era Viking está associado ao culto dos mortos e ao simbolismo da jornada da alma no além. Também pode estar relacionado aos cultos de Njord e Freyr. E ser um indicador de elevação social, poder e prestígio dentro da comunidade de origem. Segundo Jens Peter Schjødt (2008, p. 335-352), a inserção de anéis nos funerais pode remeter ao simbolismo de renascimento (na mitologia, com Draupnir sendo colocado por Odin na pira funerária de Balder), a exemplo de Egil deixando anéis de ouro na sepultura de Þórólfr.

Em sepulturas encontradas recentemente na ilha sueca de Gotland, alguns objetos incomuns foram encontrados. Nas câmaras mortuárias femininas, foram depositados fósseis animais (geralmente cabeças de peixes), interpretadas como amuletos de fertilidade e feminilidade. Nas sepulturas masculinas, abundavam machados feitos de âmbar. Quando um guerreiro morria, realizava-se o ritual do *nábjargir*: fechava-se os olhos e bocas e as narinas tampadas. Uma anciã, conhecida como o "anjo da morte", lavava as mãos e o rosto do defunto, penteava seus cabelos e o vestia com suas melhores roupas. Uma das mais famosas descrições de funerais dos escandinavos foi fornecida por outro explorador árabe, Ibn Fadlan (em 922). Quando ele chegou no lugar que ia ser enterrado um chefe dos Rus (nórdicos da área do Volga, atual Rússia), viu um formoso navio que havia sido preparado, cercado por uma fogueira. A embarcação estava repleta de armas, cadeiras e camas de madeira trabalhada. O corpo do rei (que estava sendo preparado há 10 dias) foi levado para o interior do navio e colocado num belo leito. Depois, um grande número de cavalos, cães e vacas foram sacrificados e seus corpos esquartejados foram jogados dentro do navio. A família pergunta às escravas e servos quem deseja se unir ao morto, e uma mulher aceita. Ela é preparada e lavada e participa de festas e bebidas. Em uma tenda armada próxima ao funeral, a escrava escolhida teve relações sexuais com vários guerreiros presentes. No navio, ela é estrangulada por dois homens, enquanto a mulher conhecida por "anjo da morte" fura suas costelas com uma adaga. Um parente do morto sai da multidão e ateia fogo na madeira, incendiando todo o conjunto fúnebre. Após tudo ter se tornado cinza, uma estaca com inscrições rúnicas contém o nome do homem morto. Com a entrada do cristianismo na Escandinávia, cessaram as incinerações e o enterro com bens valiosos junto ao corpo. As crenças pré-cristãs, em parte, deixaram de existir publicamente.

As descrições de funerais nos relatos míticos são muito mais difíceis de serem analisadas e avaliadas em relação aos vestígios arqueológicos, como na famosa descrição da pira funerária de Balder (*Edda em Prosa* de Snorri). Não é fácil determinar quais são os elementos individuais mencionados com a cremação – poderiam ser elementos aplicados somente em funerais de pessoas proeminentes ou pertencerem apenas à esfera mítica. Os episódios de Hyrrokin e Litr são altamente repletos de elementos rituais, enquanto a morte de Nanna pode ter conexão com a morte das viúvas, mencionadas em fontes históricas. Outras questões, como a possibilidade de guerreiros que não faleceram em batalhas se marcarem com lanças no leito de morte (cujos exemplos míticos seriam Odin e Njord na *Ynglinga saga* 9) não tem equivalente no contexto sócio-histórico (Schjødt, 2020d, p. 832-835).

As procissões

As procissões eram rituais importantes na religiosidade pública, mas não eram centrais na vida religiosa como os sacrifícios. Os textos escandinavos não fornecem muitas pistas sobre as procissões, mas a *Germânia* de Tácito menciona a procissão de Nerthus. A maior função das procissões era a hierofania, conectando o mundo sagrado com o público, criando uma experiência coletiva. Desta maneira, as procissões estavam mais conectadas com a esfera pública do que a privada, surgindo em vários tipos de rituais, mas o mais comum eram os rituais cíclicos: faziam parte dos ritos de passagem dos reis, sua coroação ou funeral. Um exemplo é a *Eriksgata*, um tipo de procissão que de acordo com as leis medievais suecas eram executadas para o novo rei. Outras evidências para procissões ritualísticas antigas são a descrição de um funeral em *Beowulf* (28-51), o funeral de Balder descrito em *Gylfginning* 46-47, imagens descritas no *Húsdrápa* e as cenas da tapeçaria de Oseberg (século IX).

No *Flateyjarbók* existe a descrição de Gunnar, na qual uma estátua do deus Freyr foi acompanhada por uma sacerdotisa durante uma procissão ritual em certa área da Suécia. Na *Gesta Danorum* 5.16.3, após a morte do Rei Frotho, seus homens escondem a sua morte para evitar a decadência de sua região. Seu corpo permanece sendo conduzido por uma carroça real (*regale vehiculum*) durante três anos após a sua morte (633). Nerthus, Freyr e Frotho parecem indicar algum tipo de culto aos deuses *Vanes*, em que as procissões teriam conexão com ritos anuais. Também a arqueologia vem revelando traços de antigas pavimentações ou estradas feitas especialmente para procissões. Elas teriam sido construídas para funções práticas e rituais, durante grandes ritos públicos anuais, como os que ocorriam em Gamla Uppsala (Suécia) (Schjødt, 2020a, p. 630-634).

Uma recente pesquisa realizou uma sistematização do tema da procissão em fontes arqueológicas, crônicas e literatura e iconografia, chegando à conclusão que teriam existido dois tipos básicos no mundo nórdico pré-cristão: o primeiro, um grupo de *procissões circulatórias* (de um lugar para outro) em que predominavam tipos hierofânicos conectados com questões de fertilidade e altamente hierarquizadas. Esse tipo de procissão é encontrado nos textos que mencionam atividades ligadas aos deuses Vanes. O outro grupo são as *procissões lineares* em que predominavam funções hierofânicas relacionadas com ritos fúnebres. A maioria deste tipo consiste no transporte do corpo para o seu túmulo. Podem ter sido procissões funcionais, com o uso de símbolos e elementos miméticos. Mas esta característica funcional-hierofânica também pode ter ocorrido fora de situações fúnebres, como o ritual do Lýtir mencionado no *Flateyjarbók* (Nygaard; Murphy, 2017, p. 40-77).

O culto a Odin

O escandinavista alemão Rudolf Simek destaca em seu estudo sobre o deus Odin a discrepância que existe entre Odin ser considerado o deus mais importante da mitologia nórdica e as poucas referências para o seu culto, o que o leva a considerar que esta divindade nos mitos foi mais um produto da literatura aristocrática do que objeto geral da fé e crença nos tempos pré-cristãos (Simek, 2007, p. 143).

Adão de Bremen menciona que Odin foi representado em uma das três estátuas do templo de Uppsala, mas na sua descrição dos sacrifícios realizados a cada nove anos envolvendo imolações humanas não associa estes atos diretamente ao deus caolho. Mas na *Ynglinga saga* 25, os sacrifícios humanos seriam exclusividade de Odin. A pesquisa teonômica de Setefan Brink apresenta este deus tendo teóforos em toda a Escandinávia, mas com maior concentração em torno do lago Mälaren, situado ao sul de Uppsala (Brink, 2007, p. 112). Também nesta mesma região ocorre a maior concentração de máscaras e rostos humanos esculpidos em pedras rúnicas, associadas com o deus Odin (Christiansen, 2002, p. 260). Outros tipos de figurações, também associadas a esta mesma deidade, são as representações de guerreiros com chifres ou apêndice duplo de pássaros, com a maior área de concentração em torno da região de Uppsala (Rood, 2017, p. 150).

Quando se trata de questões marciais ou de assuntos relacionados diretamente com a guerra, sem dúvida Odin é o deus preterido. Prisioneiros capturados eram sacrificados para o deus e arremessar lanças sobre o inimigo clamando seu nome são atestados em diversas fontes literárias (Davidson, 2001, p. 98-101). Uma lança é atirada sobre os inimigos e considerada como um antigo costume para se trazer a sorte (*Eyrbyggja saga* 44). A lança foi um importante item no culto a Odin. Na *Ynglinga saga* 9 o deus marca a si mesmo com este instrumento. Em diversas fontes iconográficas, guerreiros portam lanças em posições de dança, êxtase ou rituais para batalhas desde o período das migrações até o final da Era Viking, sempre em relação direta ou indireta ao deus Wodan/Odin: na plaqueta de *Torslunda* (Suécia do Período Vendel), um guerreiro (ou Odin) segura uma lança em cada mão, ao lado de outro guerreiro com uma máscara de lobo; na placa do elmo de Sutton Hoo (Inglaterra saxônica), dois guerreiros com elmos portando duas cabeças de pássaro seguram duas lanças cruzadas nas mãos. A representação da lança também é importante nas placas de elmos de *Valsgärde* 7 e 8 (Suécia do Período Vendel): um cavaleiro segura um escudo e uma lança ao lado de sua cabeça, arremessa contra os seus inimigos. Próximo dele, uma figura diminuta "flutuando" segura a extremidade da grande lança do cavaleiro, enquanto ela mesmo porta um elmo com dois pássaros e na outra mão segura uma lança. Indubitavelmente, trata-se da representação do deus Wotan/Odin. Na Era Viking, temos um fragmento da tapeçaria de Oseberg (Noruega, século IX) que apresenta um ser masculino portando elmo com chifres e segurando um par de dardos em suas mãos, em frente a um grupo de guerreiras armadas com escudo. Ao lado, outro guerreiro veste uma cabeça de urso (um *berserkr*?).

A lança seria um importante símbolo da autoridade e do poder dos governantes e também foi representada em miniaturas que seriam utilizadas como pingentes durante a Era Viking. Não é possível saber com certeza se o uso dessas miniaturas constituiu uma devoção particular para Odin ou se o uso de réplicas teria algum poder como amuleto simbólico ou, ainda, como apetrechos rituais. O tamanho minúsculo das lanças permitiria a seus proprietários um controle total sobre elas, exibindo-as ou guardando dentro de suas roupas. Em situações tensas e dramáticas, poderiam proporcionar a seus donos uma sensação de confiança e empoderamento. No contexto nórdico, isso seria reforçado pelos simbolismos e mitos da lança de Odin (Gardela, 2022, p. 396-430).

Outro elemento ligado ao culto do deus Odin é o sacrifício por enforcamento ou o trespassar por lança dos prisioneiros de guerra, um claro reflexo social do mito da autoimolação do deus. Mas para a Escandinávia da Era Viking, alguns pesquisadores acreditam que o mito do enforcamento foi mais popular na literatura do que na prática: ele seria utilizado somente em situações de crise e são extremamente raros na cultura material, além de dizer respeito somente aos estratos superiores da sociedade (elite). Não consistia apenas em um ritual de adoração, mas também era um método de punição, vingança e violência social. A exposição do corpo morto gerava tanto uma autoridade quanto associação com o deus Odin. O enforcamento ritual também pode ter desempenhado papéis funerários específicos, como a destruição de certas memórias sociais, bem como funções em conflitos religiosos. Em síntese, o ritual de enforcamento desempenhou várias funções em memória e propaganda, conjuntamente com a consagração divina do deus Odin (Dutton, 2015, p. 212, 231-232). A pesquisadora Hilda Davidson ainda aventa a possibilidade dos guerreiros adeptos do culto a Odin também conhecerem encantamentos mágicos, especialmente realizados para serem utilizados em batalhas, mas tendo como base somente fontes literárias da mitologia, como o *Hávamál* e o *Sigrdrífumál* (Davidson, 2001, p. 99).

Outra questão mais polêmica é o envolvimento dos berserkir com o culto de Odin, inserido em inúmeras sagas. Para Hilda Davidson isso seria reflexo de uma base histórica para uma elite de guerreiros que eram devotos do deus, mas que foram romantizados e fantasiados pela literatura medieval, do mesmo modo que a relação do guerreiro com batalhas e a sua entrada no Valhalla (Davidson, 2001, p. 100). Uma das mais longevas e famosas teorias sobre os berserkir e sua relação com Odin foi criada pelos pesquisadores alemães Otto Höfler e Lily Weiser, que acreditavam que narrativas como a *Völsunga saga* e a jornada de Thor para Útgarðaloki teriam traços de antigas iniciações rituais entre os guerreiros e especialmente, evidências de antigas sociedades secretas masculinas entre os germânicos antigos. Em uma perspectiva folclorista, os pesquisadores alegavam uma continuidade entre os povos da antiguidade e os nórdicos da Era Viking. Tanto os berserkir quanto os úlfhéðnar seriam humanos homólogos aos einherjar das fontes mitológicas (os guerreiros mortos que eram recebidos no Vahalla).

Essa teoria foi retomada criticamente por vários estudiosos, especialmente Jens Peter Schjødt. Os principais pontos levantados por ele são: 1) Nosso conhecimento atual não permite saber as conexões diretas entre os rituais de iniciação e admissão em grupos específicos; 2) A existência de antigas iniciações não é rejeitada completamente, mas não pode ser definida objetivamente pelas fontes primárias; 3) O simbolismo animal dos berserkir e úlfhéðnar em sua relação com os einherjar não foram devidamente explicados por Otto Höfler e Lily Weiser; 4) A relação entre berserkir e úlfhéðnar com os einherjar não seria paradigmática, mas sintomática: os guerreiros humanos tinham um *status* especial que os transformaria em einherjar depois de mortos (em suas crenças); 5) A principal contribuição de Höfler seria a ideia de que o deus Odin teria uma relação objetiva com os bandos guerreiros, atualmente aceita genericamente entre os acadêmicos; 6) Várias fontes (como *Hálfs saga ok Hálfsrekka* 10 e *Jómsvíkinga saga* 24) contêm testes de coragem e força que poderiam ter sido utilizadas em rituais de iniciação guerreira (Schjødt, 2011, p. 276; 2008, p. 49-57, 352-355). Novas luzes sobre a relação entre bandos guerreiros e a figura do deus Odin pode ser atestada em vestígios arqueológicos, como as descobertas de sepultamentos masculinos na Escandinávia da Idade do Ferro até o ano 1000 d.C. Centenas de sepultamentos contêm vários vestígios relacionados com ursos, de dentes a presas até peles, inclusive calças masculinas feitas de pele de urso, um animal identificado a esta deidade (Grimm, 2013). Uma máscara feita de pele animal foi encontrada no casco de uma embarcação na região de Hedeby, Dinamarca, e alguns pesquisadores, como Inga Hägg, sugerem que pode ter alguma conexão com os berserkir ou ulfhéðnar (Giner, 2020, p. 58).

O culto a Odin não se limitava à guerra, mas também era muito relacionado ao poder do rei e aos seus contatos com os deuses. O próprio poder do rei foi ampliado com a importância de Wodan no mundo germânico no final da idade do Ferro, tornando-se a figura central nas comunidades germânicas. Dinastias reais foram identificadas com mitos de origem conectados a Odin (Davidson, 2001, p. 101). Nas últimas décadas diversas pesquisas arqueológicas estão apontando a crescente influência de Wodan/Odin nos centros de poder do sul da Escandinávia, durante a idade do Ferro romana e Germânica. Uma elite aristocrática dominava a sociedade por meio de salões monumentais, edificações e recintos ritualísticos, formando uma complexa paisagem ritual. Os cultos eram todos conectados com a própria paisagem. Talvez procissões transportassem armamentos, em fileiras de fogueiras, para serem destruídas ritualisticamente. Posteriormente, um evento maior ocorria envolvendo sacrifícios de animais, banquetes e bebidas. Assim, a aristocracia guerreira centralizava uma autoridade política e religiosa nestas áreas (Rood, 2017, p. 54-113).

Estudos iconográficos atrelados a pesquisas arqueológicas indicam que a incidência de figurações de guerreiros portando chifres é muito próxima com a distribuição dos teóforos de Odin, bem como estes dois estão associados nas áreas da Dinamarca ao centro da Suécia – as mesmas regiões em que a nova geração da elite guerreira se estabeleceu com seus salões reais e localidades centrais (usadas como locais de culto) desde o período das migrações. Também pingentes tendo figurações masculinas portando somente um olho (Odin) foram encontradas perto de edificações rituais em Tissø e Lejre (Dinamarca) e Uppsala e Uppåkra (Suécia), demonstrando objetivamente uma conexão entre autoridade da elite, política e religião nestes locais (Road, 2017, p. 116-147). Outras pesquisas mais recentes evidenciam uma grande relevância de Odin nos cultos públicos e altamente associado com os guerreiros e reis dinamarqueses pré-cristãos. Uma série de sepultura dinamarquesas de cavaleiros com armamentos do século X, portando miniaturas de cadeiras (ou tronos), possivelmente teve ligação com o deus Odin (Roesdahl, 2022, p. 385-395). Outra área que deve ter recebido uma variação específica dos cultos odínicos foi a ilha da Gotlândia, onde atualmente restam vários monumentos pintados e pedras rúnicas contendo figurações associadas diretamente ou indiretamente ao deus.

O culto a Thor

O deus Thor foi a principal divindade a ser pesquisada e conhecida desde o denominado *Renascimento nórdico* em 1755. Diversos intelectuais, artistas e professores se dedicaram desde então ao seu estudo, mas concentrando-se basicamente em seus mitos contidos nas duas *Eddas*. O primeiro estudo que realmente teve uma preocupação objetiva em tentar determinar as crenças e o espaço ritual desta divindade durante os tempos pré-cristãos foi um livro escrito por Karl Nikolaj Henry Petersen (1849-1896) em 1876, baseado em sua tese de doutorado em Arqueologia. Petersen trabalhou em diversos museus dinamarqueses, inclusive o Museu Nacional. O livro *Om Nordboernes Gudedyrkelse Og Gudetro I Hedenold* (Sobre a adoração e crença nos deuses nórdicos durante o paganismo) desenvolve sua principal tese – a de que Thor teria sido a principal e a mais popular deidade nórdica –, apoiada em vários tipos de fontes além da literatura éddica: nomes de localidades dinamarquesas com teóforos desta deidade (Petersen, 1876, p. 41-48); inscrições rúnicas e figurações do martelo em monumentos (p. 52-59); tradições folclóricas modernas sobre o uso do martelo de Thor (p. 66-72); análise dos pingentes em forma do martelo de Thor (p. 75-79); objetos móveis e fixos portando suásticas (p. 110-115). A obra de Petersen contém diversos tipos de erros interpretativos, generalizações excessivas e o uso incorreto das fontes folclóricas e toponímicas. Para ele, Thor teria sido o deus primordial e o mais importante, especialmente entre a população de camponeses. O livro tornou extremamente popular a dicotomia entre os principais deuses Ases: Odin seria exclusivamente um deus da elite aristocrática (bem como a ideia do Valhalla) e Thor um campeão e protetor dos homens comuns, dos agricultores e todos os moradores do campo. Essa dicotomia ainda vigora em vários pesquisadores da atualidade.

Aspectos gerais da crença em Thor: na realidade, não temos informações detalhadas sobre os cultos a Thor, apenas algumas citações de contexto e nunca alguma descrição pormenorizada sobre a sua prática. Thor é tanto conectado à guerra (ao lutar contra as forças do caos) quanto à fertilidade. Seus aspectos marciais defendendo Asgard ou os deuses aparecem em várias narrativas mitológicas, mas seriam eminentemente de caráter cosmológico (seria um deus agressivo do tipo berserkr). Mas a relação entre as suas funções é motivo de muito debate (Schjødt, 1993, p. 672). Seguindo a ideia oitocentista de Henry Petersen, a pesquisadora britânica Hilda Davidson (2001, p. 101) conecta Odin ao rei e aos bandos guerreiros enquanto Thor seria a deidade preterida por fazendeiros, pescadores, caçadores e todos aqueles que viviam em fazendas e nas comunidades locais.

Algumas inscrições rúnicas realizadas para encantamentos a nível privado confirmam crenças das comunidades em geral com relação ao deus do martelo. Na placa rúnica de Södra Kvinneby (ilha da Olândia, Suécia), datada do século XI, contém uma invocação: "Poderoso Thor proteja com o seu martelo quem está vindo para fora do mar", interpretada como um amuleto para proteção da pesca ou do pescador (MacLeod; Mees, 2006, p. 28). No manuscrito de Canterbury (século XI), em um encantamento contra envenenamento, o deus é invocado: "Que Thor te abençoe, senhor dos Trols" (MacLeod; Mees, 2006, p. 120). Já dentro de um contexto aristocrático, o monumento funerário de Glavendrup (século IX, Dinamarca) evoca a deidade para proteger este monumento: "Thor abençoe estas runas" (MacLeod; Mees, 2006, p. 224), demonstrando a sua popularidade em vários contextos sociais e indo além da simples dicotomia proposta por Henry Petersen durante o século XIX.

Anéis de Thor eram utilizados para a abertura das assembleias, que eram abertas durante o seu dia na Islândia (Þórsdagur). Outro símbolo relacionado a este deus foi o carvalho, apesar de sua pequena significância entre os islandeses, mas existem crônicas atestando a sua relação com o culto de Donnar no continente. Segundo Elfrico de Eynsham, Wulfstan de York e Dudo de Saint-Quentin (em torno do ano 1000), Thor foi o deus favorito dos homens dinamarqueses (Christiansen, 2006, p. 261).

Templos e estátuas nas fontes literárias: especialmente crônicas como o *Landnámabók* e a *Eyrbyggja saga* 4 citam a crença neste deus durante o período de colonização da Islândia, incluindo a existência de esculturas pintadas e pregos em pilares (*reginnaglar*, citada em *Eyrbyggja saga* 4), uma referência ao fragmento de pedra que lascou de Hrungnir e se alojou na cabeça de Thor (segundo a Edda de Snorri). Os colonos islandeses confiavam na proteção de Thor quando erigiam novas casas (Simek, 2007, p. 320). Algumas sagas fazem referência a templos com estátuas consagradas a esta deidade (*Eyrbyggja saga, Kjalnesinga saga*). Santo Olavo teria destruído uma grande estátua em Gudbrandsdal (Ólafs saga hins helga), mas, segundo Simek (2007, p. 320), o termo Þórshof (templo de Thor) está ausente da toponímia destas regiões, o que complexifica o seu uso com base histórica. Adam de Bremen também menciona estátuas de Thor na Suécia, além do grande templo de Uppsala. Pequenas estatuetas eram utilizadas nos cultos (*Hallfredar saga*). Uma figuração de Thor com a sua carruagem em Trandheim foi citada no *Flateyjrárbók* I. Saxo refere-se a um martelo no templo de Thor na Suécia, que teria sido removido por Magnus da Dinamarca em 1125 (*Gesta Danorum* XIII, 5).

Crenças e ritos domésticos: algumas figurações de sua imagem gravada supostamente em pilares situados em salões, como sustentadores do teto, talvez estivessem ligadas a crenças domésticas. Estes pilares possuem um importante simbolismo e são citados várias vezes no *Landnámabók* e nas sagas islandesas. Os colonos que deixaram a Noruega e aportaram na Islândia soltavam pilares na praia para que Thor determinasse a direção na qual as habitações seriam erigidas (*Eyrbyggja saga* 4), e o colonizador em questão, Thorolf de Mostur, consultou previamente Thor se deveria deixar a Noruega. A frase utilizada na *Eyrbyggja saga* para a consulta aos deuses é *gekk til fréttar* (para perguntar). Segundo Hilda Davidson, um dos ritos associados a esta entidade foi a demarcação de propriedade nas fazendas com fogo, devido à sua associação com o poder do relâmpago. Também ocorreram algumas descrições da utilização de estrondosos instrumentos sonoros em templos, supostamente para evocar o som do trovão (Davidson, 2001, p. 102).

Thor na poesia escáldica: vários poemas escáldicos foram dedicados ao deus, com forte caráter de crença e fé refletidos em uma poesia religiosa, como em *Húsdrápa*, *Haustlong* e *Þórsdrápa*. Segundo Hilda Davidson, Thor seria o único deus do qual restaram poemas de louvor, sendo uma deidade mantenedora da ordem e da lei e das comunidades (Davidson, 2021, p. 103).

Imolações para Thor: sacrifícios humanos para Thor são mencionados na literatura, como os descritos por Dudo de São Quentin entre os normandos (século XI), e o *Lándnamabók* também menciona a prática entre os islandeses, na qual os sacrifícios eram realizados na denominada pedra de Thor (H 73). Para Rudolf Simek, as memórias de sacrifícios a este deus foram preservadas nas narrativas sobre seus bodes. Também inscrições da Era Viking atestam a devoção a Thor: várias pedras rúnicas do século X atestam a fórmula "Thor abençoe estas runas", além de blocos nos quais foram gravados o símbolo do martelo. O uso de amuletos com pingentes do martelo pode representar uma reação das crenças não cristãs à crescente cristianização da Escandinávia a partir do século X.

A difusão do culto pelos monumentos rúnicos: Rudolf Simek (2007, p. 321) atenta que a enorme difusão do culto a Thor não é encontrada somente nas fontes literárias, mas também em inúmeras inscrições continentais e da Escandinávia. Em ornamentos pessoais e inscrições rúnicas este deus aparece como o deus do momento, o único em que se pode confiar, o único que pode aplacar algo. Ele é invocado em inscrições de bastões e pedras rúnicas para auxiliar qualquer pessoa, mas especialmente pescadores, pastores, fazendeiros, montanheses (Christiansen, 2006, p. 261-262). Três inscrições rúnicas dinamarquesas (Glavendrup, Virring, Sœnder-Kirkeby) e uma sueca (Velanda Skattegården), todas do século X, contêm a fórmula "Thor abençoe estas runas". Três pedras rúnicas (Læborg, Spentrup, Gardstånga 3) e três suecas (Stenkvista Kirka, Åby, Bjärby) contém a mesma fórmula gravada com a gravura do martelo de Thor. A fíbula de Nordensdorf (século VII) contém a inscrição rúnica *wigiÞonar*. Na fase final das devoções ao deus Thor, o seu culto aflorou em várias partes da

Escandinávia e do continente europeu, apesar deste fato também ter sido uma reação à expansão do cristianismo sobre as populações germânicas. Mesmo que Odin nas fontes mitológicas seja genericamente representado como o deus superior, não há dúvida de que Thor foi o mais cultuado amplamente, pelo menos durante a última fase das crenças pré-cristãs. Neste sentido, é natural perceber que Thor foi visto como o mais direto oponente de Cristo durante o processo de cristianização. Esse conflito foi representado muitas vezes nas sagas islandesas, em que este deus foi caracterizado como o diabo, especialmente nas *konungasögur* (Schjødt, 1993, p. 672-673). As fórmulas de evocação e o símbolo do martelo nas pedras rúnicas e o seu uso ornamental vêm sendo consideradas reações pagãs com o avanço da nova religião. A popularidade do uso de nomes próprios derivados da deidade também seria um indicativo do crescimento tardio do culto a Thor na Escandinávia, visto que nas inscrições rúnicas eles ocorrem muito pouco (Simek, 2007, p. 321).

Novas perspectivas sobre o culto a Thor: em 2103 foi publicado o mais recente estudo monográfico envolvendo os ritos desta deidade: *Thor-kult i vikingetiden* (O culto a Thor na Era Viking), de Lasse Sonne. O autor faz uma revisão detalhada das fontes literárias, crônicas históricas, monumentos epigráficos e dados toponímicos e um amplo questionamento das teorias clássicas de Henry Petersen. Para a descrição de sacrifícios humanos em Dudo de São Quentin, autorrejeita esta narrativa (Sonne, 2013, p. 77-84), como também questiona se as figurações de martelo nas pedras rúnicas e nos pingentes sejam efetivamente o Mjölnir ou se representações figurativas do martelo tiveram algum significado religioso, além de também questionar os dados toponímicos (p. 85-138).

Lasse Sonne também contesta as descrições de Adão de Bremen e algumas sagas e crônicas islandesas, afirmando que os únicos vestígios que realmente confirmam um culto a Thor (atestariam a proteção do deus em algumas pessoas da população rural e nos locais em que os monumentos foram erigidos) seriam: os monumentos rúnicos do século X como Glavendrup (DR 209), Virring (DR 110), Sønder Kirkeby (DR 220), Korpbron (Sö 140) e Velanda (Vg 150), com a fórmula mágica "Thor abençoe estas runas" ou somente "Thor abençoe"; o encanto rúnico de Canterbury (século XI), com a fórmula "Que Thor te abençoe" (uma proteção mágica contra doenças); o amuleto rúnico de Södra Kvinneby (século XI), no qual Thor e seu martelo são invocados para proteger uma pessoa de nome Bove; o poema escáldico *Vellekla* (século X), em que o culto de Thor asseguraria a prosperidade agrária; a homília anglo-saxônica *Falsis Diis* (século XI), que cita Thor como sendo adorado pelos daneses (Sonne, 2013, p. 185-195).

A principal crítica de Sonne ao modelo binário de Henry Petersen para o culto ao deus Thor seria de que este deus não era adorado por todo o restante da população nórdica que não fosse adoradora de Odin. Thor seria cultuado somente por uma elite aristocrática do mundo rural, fora das cidades e dos grupos guerreiros, capaz de financiar a ereção dos monumentos rúnicos. Assim, não temos evidências de fontes históricas para a atuação do culto a Thor em grupos sociais que não estavam ligados à agricultura, por exemplo, populações urbanas primitivas ou os grupos guerreiros. Pode-se, portanto, supor que um líder importante participaria do culto de Thor como parte da administração de suas propriedades rurais e ao mesmo tempo do culto de Odin como parte das atividades de seu séquito guerreiro (Sonne, 2013, p. 187).

O livro de Lasse Sonne foi duramente criticado pela historiadora Else Mundal, que entre outras coisas, questiona o fato deste autor desprezar fontes importantes sobre o tema, como o material mitológico, os dados toponímicos e as crônicas medievais. O segundo ponto de crítica é o pesquisador se concentrar em uma delimitação pequena de fontes e sua análise, esquecendo do contexto maior das crenças nórdicas da qual Thor se inseria. E a sua hipercrítica às fontes latinas não permite verificar as variações em torno das representações cristãs deste deus no período de cristianização (Mundal, 2014, p. 207-212).

O culto a Freyr

O culto ao deus Freyr estava intimamente associado com a realeza na Escandinávia pré-cristã. Na literatura islandesa medieval, Yngvi-Freyr foi lembrado como tendo sido um rei divino entre os suecos. Na *Ynglingasaga*, ele teria sido um humano em cujo reinado ocorreu fartura e paz. Depois da sua morte, os homens passaram a adorá-lo como a um deus, trazendo ouro e metais preciosos como oferenda, para que a prosperidade de seu reino continuasse. Os reis subsequentes da Suécia tomaram o título de Yngvi e seus descendentes ficaram conhecidos com a dinastia dos Ynglingos. Possivelmente Yngvi-Freyr tenha alguma conexão com o progenitor mítico Ingwaz da tribo germânica dos Ingaevones (Simek, 2007, p. 92).

Saxo na *Gesta Danorum* 8 comenta que os mais valentes suecos eram parentes do divino *Frø*. Snorri Sturluson também afirmou que Freyr foi um rei posteriormente divinizado, que os antigos suecos lhe atribuíram um período de longas colheitas, denominado de *Fróða friðr* (paz de Frodi). Nas fontes sanglo-saxônicas, Yngvi corresponde a Ing. No *Poema Rúnico anglo-Saxão*, Ing apareceu pela primeira vez entre os Danes, dirigindo uma carroça. Em *Beowulf*, o rei dos dinamarqueses chama-se Frea Ingwina (Senhor e amigo de Ing). Em *Sigurðrkviða i skamma* 24 o herói Sigurd é denominado de *Freys vinr*, o amigo de Freyr (Reaves, 2008, p. 4-5).

Na Escandinávia pré-cristã, junto a Thor e Odin, Freyr possui o culto mais proeminente. Ele não seria apenas um deus da fertilidade, mas também possuindo todos os requisitos para um rei ideal: virilidade, destreza militar e riqueza, os atributos necessários para se manter em um trono. Os suecos antigos acreditavam que o sucesso ou fracasso de suas colheitas dependia de seu rei, como descrito na *Ynglinga saga*. O culto a Freyr é descrito em Adão de Bremen (*Gesta Hammaburgensis ecclesiae pontificum*, livro IV, cap. XVI-XVIII) no templo de Uppsala, junto a Odin e Thor. Essa mesma tríade divina é relatada em *Skirnismál* 33. Segundo Adão, Frikko concedia paz e prazer aos mortais e a sua estátua possuiria um enorme falo. Para cada um destes deuses seriam concedidos sacerdotes para ofertarem sacrifícios e se ocorressem casamentos, Frikko seria celebrado; em caso de guerra, libações para Thor; numa situação eminente de guerra, para Wotan. Na *Gesta Danorum*, Saxo afirma que os sacrifícios a Frico eram acompanhados de gestos efeminados, palmas e tilintar de sinos (Reaves, 2008, p. 6-15). A especial devoção de Freyr na Suécia pode ser conferida na fórmula: "Me auxiliem Freyr e Njord e os poderosos deuses". Também o *Landnámabók* cita um juramento invocando Freyr, Thor e Njord, para ser proferido durante o Althing. Na Islândia algumas pessoas recebiam o epíteto de *Freysgoði* (sacerdote de Freyr), além de outras que, sendo devotas da deidade, carregavam amuletos dele em sua bolsa (*Vatnsdœla saga* 10) (Simek, 2007, p. 92) ou referência a amuletos de prata do deus (*Landnámabók* s. 179).

Numerosas figuras de madeira com pênis protuberante foram descobertas na Escandinávia pré-cristã. A noção de que os ídolos de Freyr possuíam poder procriador foi enfatizada em várias fontes literárias. No Flateyjarbók

(Ögmundar þáttr), menciona-se a estória de Gunnar, acusado de assassinato que foge para a Suécia, onde encontra uma jovem que diz ser esposa de Freyr. Ele se junta à mulher quando ela viaja pelo campo em uma carroça, acompanhada de um ídolo de madeira representando Freyr. Ofendendo o deus, Gunnar recebe ajuda de Deus e faz com que Freyr fuja. Mas pouco tempo depois, a jovem aparece grávida e as pessoas interpretam com um sinal da potência do deus. Também uma saga islandesa tardia contém uma referência a estátuas de madeira em um templo em Trondheim, Noruega, que teria existido no século X (Óláfs saga Tryggvasonar 323). Uma referência a carroças conectadas a reis aparece nesta mesma saga citada (I, 467), com um veículo denominado de Lytir e sendo usado para divinações (Davidson, 2001, p. 103, 106).

Na *Gesta Danorum* o herói Hadingus institui o festival conhecido como *Fröblot*. Cavalos eram usados em sacrifícios e principalmente o fígado era comido. Lutas entre cavalos podiam estar associadas com os ritos a Freyr, além da sua carne ser usada em banquetes (Davidson, 2001, p. 104). A *Hervarar Saga* menciona o sacrifício de um javali em nome de Freyr que deveria ser realizado durante o Jól. O nome Vaningi, utilizado por Freyr em *Skirnismál* 37, pode sugerir que os javalis sacrificados durante os vários festivais nórdicos simbolizavam o próprio deus sendo consumido. Ocorre aqui uma associação entre o deus e o símbolo do javali: morte, guerra, fertilidade (Reaves, 2008, p. 6-15).

O culto às deusas

A questão das deidades femininas sempre despertou atenção dos especialistas em história das religiões. Durante o século XIX, alguns mitólogos procuraram demonstrar uma suposta antiguidade de um culto de caráter feminino, que teria produzido algumas estruturas sociais como o direito, a exemplo de Johann Bachofen, que posteriormente influenciou James Frazer em seu clássico *O ramo dourado*. A ideia de uma grande deusa do Norte foi investigada por Régis Boyer no livro *La grande déesse du Nord*, que utiliza como metodologia básica de investigação as teorias da arqueóloga Marija Gimbutas, que renovou os estudos sobre a deusa mãe nos anos de 1970-1980. Boyer apresenta algumas considerações de ordem teórica sobre as religiões de origem indo-europeia e o papel das deusas, especialmente a hierogamia e a discussão de alguns aspectos da teoria de Georges Dumézil sobre tripartição. Em seguida, traça os elementos gerais sobre o papel das deusas na Escandinávia Viking, principalmente os aspectos relacionados com a fertilidade e os ritos de fecundidade. Também apresenta as mais importantes divindades femininas e suas relações com o panteão mitológico nórdico: as vornas (muito semelhantes às Parcas dos Gregos), dísir, valquírias e vanes (Boyer, 1995).

Para Boyer, na realidade, as três grandes entidades femininas adoradas pelos Vikings, Freyja (a dama), Frigg (a muito amada) e Skaði foram manifestações diferenciadas de uma mesma deusa, que originalmente compunha o panteão da Escandinávia pré-histórica. Freyja teria recebido os valores mais sexuais e mágicos da divindade primordial, enquanto Frigg herdou os aspectos mais familiares, sendo o símbolo da esposa por excelência, mas também sendo a senhora do destino. Skaði representava os aspectos de sazonalidade da natureza, o renascimento e renovação das estações do ano. Desta maneira, Boyer foi influenciado pela teoria da tripartição do mitólogo Georges Dumézil, ao adotar este esquema em seu livro: Freyja (fertilidade), Skaði (guerra), Frigg (soberania) (Boyer, 1995).

Por sua vez, o livro de Hilda Davidson, *Roles of the Northern Goddess* (1998), procura seguir as teorias de Marija Gimbutas num âmbito mais arqueológico e relacionado aos vestígios de cultura material. Em todo o livro, encontramos larga referência a estatuetas, estátuas, moedas, figuras de tapeçaria, imagens em alto e baixo relevo, decorações de painéis, estelas, frisos de edificações etc., num eficiente exemplo de análise iconográfica atrelada ao estudo da religiosidade e mitologia. Do mesmo modo que Régis Boyer, mas de um modo mais detalhado e profundo, Hilda Davidson procura relacionar as manifestações das entidades femininas com valores sociais, especialmente nos aspectos cotidianos. Utilizando o tradicional modelo comparativo com outras mitologias e tradições religiosas, destacando os indo-europeus, Davidson cria um quadro bem complexo dos papéis das deusas na vida dos antigos escandinavos, examinando as influências das divindades caçadoras e sua aproximação com animais sagrados. Não se restringindo apenas às fontes nórdicas, Davidson debruçou-se sobre uma ampla variedade de tradições folclóricas e sagradas, especialmente dos eslavos e do mundo clássico. Passando pelo *Kalevala* e *Beowulf* até chegar ao folclore oitocentista (como o caso dos Irmãos Grimm), a autora examina a imagem das deusas como protetoras de florestas, do gado e dos animais, propiciadora da caça. Enfim, toda uma série de imagens relacionadas às regiões selvagens, herdeiras de um mundo ainda não completamente dominado pelo homem.

Os aspectos de favorecimento ao mundo agrícola por parte das deusas são vistos com a narrativa da deusa Gefjón, que após dormir com o Rei Gylfi, ganhou certa porção de terra da Suécia, posteriormente separada do continente e originando a ilha de Sjaelland. Para Davidson, isto poderia refletir uma rivalidade existente entre os marinheiros e os fazendeiros da Escandinávia. Típicas das crenças pré-cristãs, com uma religiosidade não centralizada, tradicional, sem hierarquias, castas sacerdotais ou livros sagrados, os conflitos podiam tanto ser de ordem social quando de gênero, reflexos de variações de cultos. Por sua vez, enquanto deusas da fertilidade, Freyja e Frigg tanto podiam ser invocadas para partos como para uma colheita melhor.

Refletindo diretamente as funções e particularidades da mulher dentro da sociedade nórdica, as deusas também atuavam como protetoras da tecelagem. Davidson (1998) analisa o famoso tapete de Oseberg, encontrado em um sítio funerário da Noruega (dentro de uma embarcação) e considerado um dos mais importantes vestígios sobre a vida na Era Viking. Segundo a autora, a cena estampada no tapete representa o enterro de uma grande rainha que teria sido sacerdotisa da deusa Freyja ou Frigg, por causa da imensa quantidade de símbolos de fertilidade encontrados no funeral. O navio representa a passagem para a vida em outro mundo para os nórdicos e também era o símbolo dos deuses Vanes, enquanto a tecelagem simbolizaria o destino individual. Juntos, navio e tecelagem são um poderoso tributo para as entidades femininas que determinavam o destino das classes mais influentes da sociedade.

Outros aspectos da interferência religiosa das deusas no cotidiano são os referentes à vida doméstica. Passando pelo trabalho de parto, o uso medicinal de ervas até o preparativo de funerais, as entidades sobrenaturais eram as guardiãs do lar, figuras poderosas que atestam uma independência de culto na Escandinávia até o século VII d.C., somente relegadas a um segundo plano com a eminente chegada do culto a Odin e aos Ases durante o final da Idade do Ferro e plenamente na Era Viking (século VIII ao XI d.C.). Outra situação em que as deusas refletem diretamente padrões sociais é referente ao choro e ao luto, muito comum nas fontes mitológicas, associadas diretamente à lamentação feminina em funerais – um comportamento previsível em sociedades guerreiras, nas quais esta situação era considerada um sinal de fraqueza para os homens.

Hilda Davidson (1998) conclui com observações muito importantes para os estudiosos da religiosidade. Para ela, o mundo nórdico não conheceu templos poderosos ou cultos públicos importantes para deidades femininas, o que é confirmado pelas pesquisas toponímicas. Os rituais e a adoração às deusas foram estendidos apenas para os limites da família e da casa, aparecendo vários aspectos destas entidades no trabalho feminino. As deusas nórdicas se concentravam em facetas particulares da vida e da atividade doméstica, associadas a uma área limitada da fazenda e do rebanho. Em geral, elas eram vistas como poderes sustentadores da vida, do mundo natural e das comunidades, encorajando a sexualidade e o casamento, mantendo uma continuidade entre os ancestrais e a família. As representações das deusas como figuras totalmente benignas e defensoras das mulheres não têm suporte nas fontes, pois elas também foram interpretadas com aspectos terríveis: figuras destrutivas, cruéis, implacáveis, associadas com o crescimento e cura, mas também com as forças indomadas da natureza e com aspectos selvagens do comportamento humano.

Uma série de indícios eonímicos indica locais de devoção cultual na Suécia e Noruega da deusa Freyja, como *Føihov* (de Freyjuhof, templo de Freyja), apontando para poucas regiões de cultos públicos. Para John Lindow, Freyja foi uma força potencial nos últimos anos das religiões pré-cristãs, especialmente no famoso incidente da blasfêmia proferida por Hjalti Skeggjason na Islândia contra ela. Segundo Enrique Bernárdez, o culto de Freyja não era individualizado na Era Viking, mas associado a outras divindades femininas e também ao rito odínico. Posteriormente, o cristianismo relegou os ritos femininos a um segundo plano.

Recentes escavações nas sepulturas pagãs de Ingiríðarstaðir, Islândia, revelaram a existência de fragmentos de ossos de mulheres enterradas junto a restos de gatos, interpretada por alguns como a representação da *fylgja* da morta. Pesquisas arqueológicas indicaram restos carbonizados de gatos, porcos e cachorros em sepulturas da Era Viking (caverna de Cloghermore, Irlanda), o que indicaria um simbolismo de renascimento após a morte e de culto a Freyja, conectadas a práticas advindas do sul da Suécia, segundo Michael Connolly. A mais famosa associação entre sepultamento e Freyja é referente ao barco de Oseberg, que segundo Anne-Stine Ingstad, seria de uma sacerdotisa ligada a esta deusa. Recentemente, o arqueólogo Roman Kovalev propôs uma hipótese de que a princesa russa Olga de Kiev teria sido uma sacerdotisa de Freyja, antes de sua conversão ao cristianismo no final do século X, o que demonstraria uma amplitude do culto da deusa também na Europa báltica e eslava.

Para Hilda Davidson, o culto das deusas no mundo nórdico foi estendido apenas nos limites entre a família e a casa. Mesmo no mundo rural nórdico, onde as narrativas orais de fertilidade eram essenciais para a sobrevivência cotidiana (especialmente nas colheitas), os deuses e espíritos da terra ocupariam um lugar privilegiado e preponderante. Não há uma separação tão nítida entre o espaço da lavoura, da criação dos animais ou do ambiente doméstico. Todos são conectados e cada deus ou deusa ocupa um lugar dependendo da situação, e não do contexto espacial. Assim, os deuses e espíritos locais foram relacionados à organização das comunidades, à guerra, ao trabalho, ao campo e terra, as viagens, negócios e heranças, leis, enquanto que as deusas se concentraram em aspectos particulares da vida (nascimento, crescimento, cura, amor, sexo). De maneira nenhuma as deusas eram concebidas como "campeãs" e defensoras das mulheres oprimidas em um mundo masculinista e patriarcalista. Assim, as deusas nórdicas não eram especializadas e se conectavam com uma área limitada da terra, água e fazenda, associadas com suas famílias e gerações ancestrais. As deusas são representadas como figuras poderosas, destrutivas e implacáveis, associadas com crescimento e cura, mas também com forças indomadas da natureza e com aspectos selvagens do comportamento humano.

Uma das mais amplas pesquisas sobre Freyja foi realizada por Britt--Mari Näsström. Para ela, o culto a esta deusa não foi influenciado originalmente pelos ritos a Cibele ou Ísis, como pensavam alguns acadêmicos (ideia seguida na atualidade por Birgit Arrhenius), sendo uma figura autônoma dentro do panteão nórdico. Ela seria conectada ao destino, ao céu, à terra e à lua, sendo tanto maligna quanto benévola. Uma das hipóteses mais audaciosas desta pesquisadora foi de que diversos sacrifícios por enforcamento de reis descritos na *Ynglinga saga* teriam sido dedicados à deusa Freyja. As influências da teoria estruturalista de Georges Dumézil na obra de Näsström foram recentemente criticadas por Mortenlund Warmind e se aplicam especialmente às considerações sobre o uso das fontes secundárias para se entender a figura da deusa em seus aspectos gerais. Mas a grande maioria dos acadêmicos vem utilizando as considerações de Britt-Mari Näsström especialmente no período de transição das religiões pré-cristãs ao cristianismo na Escandinávia: os aspectos positivos de Freyja foram transferidos diretamente para a figura de Maria, enquanto seus aspectos negativos (aos olhos do cristianismo) foram transformados em características de feiticeira, e bem mais tarde, de bruxa. No processo de conversão, Maria nunca foi invocada como virgem, mas sempre como mãe, o que explica o sucesso da transferência, pois os aspectos de fertilidade da deusa tornaram-se preponderantes: as funções primordiais de Freyja agora são resgatadas num contexto monoteísta, mas amplamente relacionadas ao mundo feminino, como partos, casamentos e fertilidade da terra.

Os rituais de sacrifício

Os sacrifícios são os meios mais conspícuos para se obterem meios de comunicação com os deuses (Schjødt, 2020a, p. 604). A palavra para sacrifício no nórdico antigo é *blót*, com a forma verbal *blóta*. O sacrificador é geralmente denominado de *blótmaðr*. Outro termo para sacrifício é *senda*, significando "para remeter", enfatizando o transporte de objetos para o Outro Mundo, mas também pode significar "para sacrificar". Uma terceira palavra com este sentido é *sóa*, que significa "para matar" e é relacionada com sacrifícios sangrentos em particular (Schjødt, 2020a, p. 609).

O termo nórdico para sacrifício (*blót*, em relação com o gótico *blōtan*) originalmente tinha um sentido de fortalecimento da divindade, sem relação etimológica com sangue, segundo Rudolf Simek. O blót podia transcorrer tanto em templos ou áreas sagradas quanto em habitações. Diversas sagas islandesas descrevem práticas de blót, como a *Hákonar saga goða* 14, sobre sacrifícios na Noruega, com participação de todos os fazendeiros da região de Thrandheim. Mais detalhada, a *Eyrbyggja saga* 4 descreve um grande festival sacrificial na Islândia. Snorri Sturluson citou as três datas mais importantes relacionadas com sacrifícios no mundo nórdico e suas motivações (*Ynglinga saga* 8): no início do inverno para um ano mais próspero; no meio do inverno para a fertilidade; no início do verão para a vitória. Elas eram distribuídas ao longo de um ano com 364 dias e dividido em duas metades.

O *Haustblót* era celebrado durante as primeiras noites de inverno (*vetrnaetr*) e corresponde aos dias situados entre 11 a 18 de outubro, que segundo Boyer (1981, p. 43, 106, 152-153) teria relação com o princípio geral de prosperidade (*til árs*). Na *Gísla saga Súrssonar*, as noites de inverno foram relacionadas com práticas mágicas numa festa na fazenda de Saeból, que segundo o pesquisador Teodoro Manrique Antón estariam conectadas às celebrações para o deus Freyr e seriam um período tradicional para casamentos. Para Terry Gunnell, o *vetrnaetr* também foi associado com diversos jogos de caráter propiciatório e ao *dísablót*, relacionado às dísir.

O *Midvetrarblót* era o sacrifício realizado durante a metade do inverno, de 9 a 16 de janeiro (segundo Santiago Lluch), relacionado às festividades de fertilidade e fecundidade do *jól*. Também durante esse período ocorria o *alfablót*, dedicado aos elfos. Para Thomas Dubois, o *Midvetrarblót* seria presidido por uma mulher. Foi associado às comemorações do nascimento de Cristo nos tempos da nova religião.

O *Sumarblót* era realizado entre 9 e 15 de abril, sendo de menos importância (levando-se em conta sua menor recorrência nas fontes), realizado durante o *sumarmál* (tempo de verão). Na Era Viking, era a época das saídas de expedições marítimas e requeria bons presságios. Segundo Hilda Davidson, o elemento essencial de todas estas ocasiões era o banquete, executado em comunhão com as divindades. De especial importância era o consumo de *ale* ou hidromel, usados para consagrar os deuses depois do banquete. Outro momento especial era o sacrifício de um animal, depois cozido e oferecido aos participantes.

Imolações animais e humanas

Podemos dividir as mortes ritualizadas entre as populações nórdicas pré-cristãs em dois tipos básicos: as imolações de membros da própria comunidade e as mortes de pessoas externas às comunidades, sendo o segundo tipo o mais antigo registrado entre os germanos antigos. A festa sacrificial (*blót*) era a prática principal dentro das religiosidades nórdicas. Consistia na morte de criaturas vivas, geralmente cavalos, bois, ovelhas e porcos. Estas eram abatidas pelo oficiante do ritual (*goði*) diante de imagens dos deuses (primeira etapa – *högg*, chacina). O sangue era coletado em um recipiente chamado *laut-bolli* (ou *hlautbollar*). O altar e as paredes do templo eram sujos com o sangue da vítima e outra parte deste era borrifada sobre a multidão que participava da cerimônia (segunda etapa – *rjóða*, borrifamento). Algumas imagens de madeira (*hlautteinar*) eram cobertas com a gordura das vítimas e queimadas no chão dos templos. Posteriormente, ocorriam os banquetes com a carne cozida dos animais, quando se utilizavam chifres para bebidas (terceira etapa – *blótveizla*, banquete sacrificial e consagração da cerveja). Os sacrifícios públicos estavam conectados com os festivais anuais.

Os sacrifícios humanos eram raros e circunstanciais na religiosidade da Era Viking. A maioria das vítimas, oriundas da própria sociedade nórdica, era composta por escravos, criminosos e, em menor escala, crianças, em rituais sempre associados ao deus Odin, geralmente por meio de enforcamento, fogo e trepanação por lança. Vestígios de homens e mulheres mortos por enforcamento foram encontrados nos pântanos da Dinamarca, alguns ainda apresentando cordas em torno do pescoço e vestígios de resíduos alimentares ritualísticos, datados da Idade do Ferro Celta ao período das migrações.

O viajante árabe Ibn Fadlan descreveu um funeral de chefe escandinavo na área do Volga, século X, no qual uma escrava foi sacrificada junto a vários animais. No sítio nórdico de Ballateare, Ilha de Man, o esqueleto de uma mulher foi encontrado junto a um funeral masculino, com o crânio esfaqueado, indicando tratar-se de uma escrava. Na ilha de Gotland (sítio de Barshalder 2) foram encontrados vestígios de uma mulher com cerca de 50 anos, vítima de sacrifício, além de outros corpos interpretados como escravos. A sociedade na Era Viking era muito estratificada. Os escravos (*thrœll*) executavam os trabalhos menos valorizados e não possuíam mais direitos do que um cavalo ou um cão, pois, pela lei, eram propriedades. Seus donos tinham poder de vida e morte sobre eles, e até o advento do cristianismo matar um escravo não era considerado crime, especialmente as mulheres. Com isso, estas se tornaram algumas das vítimas preferenciais para as imolações. Apesar de toda a concepção mítica e religiosa dos nórdicos estar vinculada a motivações sobrenaturais – portanto, aparentemente externas aos vínculos sociais –, a função primária dos ritos sangrentos seria o apaziguamento dos conflitos em potencial, gerados pela própria comunidade, segundo a concepção de sagrado e violência de René Girard. Sendo uma sociedade potencialmente violenta, com várias disputas e hostilidades entre famílias (a vingança pelo assassinato de um membro do clã), a morte ritual de escravos tornou-se uma opção prioritária para o apaziguamento da ordem interna, pois estes constituem elementos que praticamente não possuem nenhuma importância social. A eliminação do mecanismo da vingança foi um dos grandes objetivos das sociedades nas quais o sistema judiciário ainda não era muito complexo e estava associado a um poder político realmente forte.

A forma mais comum de imolações na Escandinávia foi a utilização de animais domésticos e selvagens. Eles eram vistos como um meio de comunicação com alguma divindade e cada animal geralmente sendo conectado a diferentes seres divinos. Assim, bois, porcos e javalis foram sacrificados para Freyr e Freyja e cabras e bodes para Thor. Os porcos simbolizam o poder bem-sucedido das reproduções e da fertilidade em geral (mesmo as humanas). Já o bode representa tanto o humor quanto a imagem sagrada do sexo na imaginação pré-cristã. Outros animais sacrificados são imediatamente consumidos em banquetes, como os cavalos na Islândia (conectados a Odin e ao mundo da nobreza); esse ato possuía um significado de ratificação de leis ou como agregador das relações entre as comunidades. Outro animal odínico foi o urso, relacionado aos ancestrais míticos dos clãs e identificado à bravura dos guerreiros, que se transformavam no animal em diversas sagas, demonstrando sua popularidade enquanto ser portando poder animista.

A presença de sacrifícios humanos, especialmente associados a funerais, não é fácil de ser detectada diretamente; mas, apesar disso, diversos vestígios foram encontrados e são debatidos pelos especialistas. Um grande número de sepulturas da Era Viking contém indivíduos que foram claramente decapitados, esfaqueados ou enforcados com as mãos amarradas. Exemplos famosos são o homem enterrado em Stengade (Dinamarca), abaixo de outro corpo masculino coberto com uma pesada lança e outro de uma sepultura de Birka (Suécia), com o corpo de um jovem ao lado de um homem de idade avançada também coberto com lanças. As fontes clássicas (como Tácito e Diododo da Sicília) já descreviam sacrifícios de guerreiros capturados pelos antigos germanos e dedicados a Mercúrio (possivelmente Wotan), realizados pelo trespassar de uma lança ou enforcamento – ambos relacionados com o autossacrifício do próprio Odin, utilizando estes dois métodos conjugados. Em outro sítio, Borg (Suécia), foram encontrados depósitos junto ao grande salão, datados da Era Viking, com vestígios de ossos animais, incluindo dez cachorros decapitados. O escavador do local,

A. Nielsen, conclui que se tratava de um templo dedicado a Freyr ou Freyja. Em Trelleborg (Dinamarca), um fosso revelou ossos de crianças junto a porcos, vacas, cabras e cachorros. Em Repton (Inglaterra), ao redor do chefe morto, foram encontrados ossos de vítimas jovens. A fonte mais famosa sobre sacrifícios em funerais é a do árabe Ibn Fadlan, que relatou uma imolação durante os funerais de um líder dos nórdicos situados na área do Volga, durante o século X d.C.

Outros tipos de sacrifícios humanos detectados pela arqueologia são diversas imolações encontradas em pântanos escandinavos e datadas da Idade do Ferro, na qual diversos especialistas acreditam que estavam conectadas com o culto do deus Wotan/Odin. Em crônicas históricas do Medievo também surgem descrições semelhantes. No relato de Adão de Bremen, a respeito de práticas religiosas pré-cristãs, menciona-se o sacrifício periódico no templo de Uppsala, Suécia, realizado a cada nove anos e contendo nove representantes de cada espécie, incluindo seres humanos, que eram enforcados em uma árvore situada ao lado do templo. No *Heimskringla*, Snorri Sturluson descreve o rei sueco Aun sacrificando seus próprios filhos para aplacar um período de longa fome, fato idêntico ao sacrifício do próprio Rei Domaldi, na mesma fonte. Obviamente aqui temos algumas filtragens realizadas pelo cristianismo, que mantinha um referencial moralista sobre estas antigas práticas.

Os líderes rituais e os especialistas religiosos

Não existiam sacerdotes profissionais como os druidas dos povos celtas ou sacerdócio hereditário dos indo-iranianos. Funções ritualísticas de diversos tipos eram realizados por pessoas de diferentes ocupações e papéis na sociedade. Reis e líderes eram conhecidos por suas importantes ocupações em banquetes sacrificiais públicos. Na Islândia existia a instituição do *goði*, um papel de liderança que combinava funções políticas, jurídicas e religiosas. Outro tipo de personalidade que tinha algum tipo de função religiosa era o *Þulr* (orador ou recitador). Nos atos de comunicações com o além, tanto homens quanto mulheres desempenhavam papéis importantes, mas as mulheres possuíam mais valor no tocante a previsões do futuro. A *völva* era a profetisa que frequentemente era requisitada para atender situações reais de infortúnios e crises sociais.

O termo original, *þulaʀ*, pode compreender uma série de significados (*thul* – recitador, líder, pessoa proeminente, sacerdote, homem da lei, chefe, poeta, escaldo, leitor: Brink, 1996, p. 256; orador, sábio: Imer, Hyldgård, 2015; homem instruído, orador culto: Sundqvist, 2003, p. 114; narrador, fabulador: Abrahamson, Thorlacius, 1812, p. 289), mas todos conectados a elementos religiosos, ou seja, trata-se de um especialista em rituais pré-cristãos. Existia uma série de categorias da sociedade que também poderiam conduzir rituais em certas ocasiões, como rei (*konungr*), líderes regionais, *goði* (chefe político, judicial e religioso da Islândia), *þulʀ* (Hultgård, 2008, p. 217), *solvir* (sacerdote de um santuário), *vífill* (consagrador/sacerdote), *Lytir* (adivinho/sacerdote/intérprete) (Sundqvist, 2003, p. 113, 116). Na poesia escáldica o termo *þulʀ* é um nome particular para os escaldos e também pode ser interpretado como o guardião da tradição religiosa e jurídica, recitador da tradição e do culto (Simek, 2007, p. 331-332). O termo *thul* ocorre nas pedras rúnicas de Sö 82 e U 519; nas bracteatas de IK 364, DR IK 585, DR IK 225 e IK 2 (e nesta última o termo é associado com Wotan/Odin); nos poemas éddicos *Vafþrúðnismál*, *Hávamál* e *Fáfnismál* e o seu correspondente em anglo-saxão (þyle) em *Beowulf* (Tsitsiklis, 2017, p. 6, 8, 32-266). Para outro pesquisador, o substantivo *þulʀ* é relacionado ao verbo *þylja* do Nórdico Antigo, que significa fala, murmúrio, canto (Sundqvist, 2009, p. 660, nota 49).

Os líderes de culto não constituíam uma ordem separada da população comum, e a diferença entre laico e sagrado era quase inexistente. Não existindo sacerdote profissional a responsabilidade ritualística maior cabia ao rei ou chefe local. Para Boyer (1997), jamais teria existido uma "casta" de sacerdotes ou servidores encarregados do sagrado, não se conheciam ritos de iniciação ou cerimônias de formação de sacerdotes entre os nórdicos antigos. O ocidental moderno projetou na sociedade nórdica da Era viking a imagem dos druidas e dos sacerdotes cristãos.

Reis e chefes eram também líderes de culto da fé dos deuses. O conselho de sacerdotes descrito por Snorri Sturluson certamente foi um erro de interpretação das fontes, uma visão anacrônica. Durante certo tempo, foi utilizado o termo *drótnar* (mestre) para os sacerdotes dos Ases. Mas a palavra mais comumente utilizada nas fontes foi *goðar* e *hofgoðar*. O primeiro termo foi derivado de deus (*goð*) e significa servidor de uma divindade. O segundo significa superintendente de um templo. O termo *goði* foi universal na Islândia, mas muito raramente mencionado fora dela. Na Escandinávia em geral, as fontes mencionam a palavra "atendente de templo" (*varðveittu hof*), mantenedor dos sacrifícios (*Héldu upp blótum*). Na Noruega, era o *Hersir* (soberano de um *herað*, distrito) quem efetuava a função de sacerdócio, sendo este o termo empregado também para sacerdote, mas na Islândia este termo era inexistente (substituído por *Goðorð*). Reis e *Jarls* (condes) eram diretamente responsáveis pelos festivais sacrificiais, atendendo aos habitantes de uma região. Alguns líderes rituais também parecem ter tido a função de educadores, sob a forma de narradores públicos, efetuando sob a forma oral a transmissão de conhecimentos religiosos e a perpetuação de poemas mitológicos.

Reis (*konungar*) e nobres (*jarlar*) tinham *performance* central em festivais cerimoniais e em santuários. Em *Hákonar saga*, Snorri descreve um ritual efetuado em Trøndelag, conduzido por Sigurd Hlada-Jarl. Durante o cerimonial, ele abençoou o fogo no local e brindou aos deuses invocando a fórmula *Til árs ok friðar* (Para uma boa colheita e a paz). Essa ideia de que a autoridade real era fundamentada em elementos religiosos foi denominada de realeza sagrada e vem sendo questionada e debatida intensamente. Mais recentemente, a pesquisadora Gro Steinsland vem demonstrando a ligação entre mito e rito nos papéis de liderança política, especialmente a hierogamia entre Freyr e Gerd e suas ressignificações na cultura material: plaquetas de ouro com imagens destes personagens míticos foram encontradas em salões reais. A giganta Gerd seria uma representação do território, assumido pelo rei. Ela seria a força primitiva, enquanto que o rei encarnaria o papel de fertilizador e de mantenedor da ordem (como o deus Freyr).

Mulheres também participavam da condução de sacrifícios e de outros ritos para adoração dos Ases, e no caso da Islândia presidiam a templos (denominadas de *Gyðia* ou *Hofgyðia*) ou praticavam a profecia. A sacerdotisa possuía um sinal desta função – um colar que a arqueologia oferece alguns exemplares, como o de Alleberg (Vastertgotland, Suécia, século VI, feito todo em ouro), na qual figura uma personagem que poderia representar uma sacerdotisa. Também não podemos afirmar que existia um *corpus* constituído de sacerdotisas. As mulheres aparecem muito mais nos rituais da casa e da família do que nos ritos públicos. Mas existem dois casos especiais citados no *Landnámabók*, em que duas mulheres são citadas como substitutas do chefe de família. Na Islândia, os chefes de família tornaram-

-se os executantes dos ritos do blót ou sacrifício semidivinatório e semipropiciatório (século IX e início do X). Um certo número de pessoas importantes possuía o título de *goði* – esta noção evoluíra em seguida, para o caso islandês, em um sentido político e jurídico. Também em muitos distritos islandeses, os *goðar* serviam como mantenedores da ordem e negociadores de disputas legais, advocacias, diplomacias e força. Como não existiam reis nesta região, os goðar serviram como uma espécie de líderes locais circunstanciais, mas mesmo assim nunca formaram uma classe social definida. Para tornar-se goði, o fazendeiro não passava por nenhuma investidura formal, não havia juramento da função, nenhuma promessa ante uma divindade, apenas era responsável pelas mínimas diretrizes definidas pela lei e pela pressão da opinião pública. O *goðorð* (a política oficial da comunidade) garantia ao líder uma autoridade formal.

A realeza sagrada e os rituais

Uma ideia seguida por muitos acadêmicos é de que o rei germânico obtinha a legitimação de sua liderança por poderes divinos. Para Régis Boyer (1997), entre os germanos antigos a realeza possuía um valor sagrado. O rei era reconhecido não somente por seus valores guerreiros e legisladores, mas por sua capacidade mágica ao promover a fertilidade-fecundidade da comunidade em que estava atrelado. Ele serviria de intermediário entre o mundo dos homens e o poder dos deuses. Para a área escandinava, Boyer cita a *Ynglinga saga* de Snorri Sturluson, que apresenta o caso do Rei Hálfdan o negro, cujo corpo foi repartido nas províncias de sua comunidade para que assegurasse a prosperidade de seus habitantes. No caso de Domaldi e Sveigdir, foram reis sacrificados em vida para cumprir essa função de prosperidade pós-morte.

Rudolf Simek (2007, p. 269-271) pontua as três principais teorias sobre o tema: a sorte do rei era associada à sua posição sagrada; a posição do rei no culto, mas também como objeto de culto; a crença em uma descendência divina para os reis germânicos. O primeiro referencial, a associação da função real sendo responsável pela colheita e pelo clima, originando uma paz interna e externa é atestada em diversas fontes. O cronista romano Amiano Marcelino em sua obra *Res Gestae* 5 (século IV), narra a deposição do Rei Hendinos dos Burgundios durante o século IV pelo fato de durante seu reinado terem ocorrido péssimas colheitas.

A inscrição rúnica de Stentoften (DR 357, Suécia, século VII) aponta para uma situação semelhante: *"NiuhabörumR / niuhagestumR / Haþuwolfar gaf j / HariwolfaR magiusnu hlë"* (Aos novos camponeses, aos novos hóspedes, Hathuwolf concedeu anos prósperos, Hariwolf mantém a proteção). Tanto Mindy MacLeod quanto Alain Marez concordam que a inscrição *gaf j* significam, neste caso, uma referência à fertilidade das colheitas, sendo Hathuwolf um rei cujo monumento teria sido erigido em sua homenagem. Outra inscrição rúnica, a famosa Vg 119 (Sparlösa, Suécia, c. 800), contém uma possível referência à sacralidade do rei em conexão com a prosperidade: "Øyuls gaf, Æiriks sunR, gaf Alrik[R] / *gaf raul at gialdi* /" (Øjuls propiciou, o filho de Erik propiciou "..." propiciou "..." como pagamento). Simek ainda pontua como evidência deste referencial os poemas escáldicos referidos a São Olavo, citando esse como mediador dos anos prósperos e de paz (*ar ok friðr*), e os reis citados no *Heimskringla*, para os quais foram realizados sacrifícios após as suas mortes e venerados pelos reinos prósperos (Óláf Guðroðarson e Ólaf Haraldsson). Ainda segundo Simek, o poema escáldico *Ynglingatál* confirma que o Rei Domaldi foi sacrificado para salvar o seu povo. Sacrifícios não garantiam apenas boas colheitas, mas também a vitória para o rei sueco (sigrblót: *Ynglinga saga* 8; til friðar ok sigrs konungi: *Ólafs saga hins helga* 77) e bebidas sacrificiais na Noruega (til sigrs ok ríkis konungi: *Hákornar saga goða* 28).

Do ponto de vista do rei como objeto de culto, Simek cita a *Germania* 10 de Tácito, em relação a profecias: o rei ou o sacerdote acompanha um cavalo e observa os nitridos e respiração do animal para estabelecer augúrios. Na *Ynglinga saga* 8 e 9, Odin e Njord são descritos como reis para os quais se fazem sacrifícios (uma visão evemerista da realeza). A *Hákornar saga goða* 17 relata que o Rei Hákon forçou os fazendeiros a participarem de um sacrifício. Simek ainda cita a pedra rúnica de Glavendrup (DR 209, Dinamarca, c. 900) como evidência da identidade entre o sacerdote sacrificial e senhor. Por último, a interpretação da crença na divina descendência das casas reais é documentada em diversas áreas germânicas. Simek relata as genealogias da realeza anglo-saxã em particular. Wodan e Geat são nomes de ancestrais míticos na Inglaterra, os Ynglingos na Suécia são associados a Yngvi-Freyr e os Skjoldungs e noruegueses a Hladir e Odin.

O historiador Munir Ayoub em sua dissertação de mestrado *Goðkynningr* (2013) realizou uma detalhada historiografia do conceito de realeza sagrada, passando dos primeiros autores influenciados por James Frazer (como Henrick Schück e Vilhelm Grøbech), baseados diretamente na *Ynglinga saga*, a Gustav Geijer e Otto Von Friesse, que acreditavam na historicidade da narrativa de Domaldi. A partir dos anos de 1960, com as críticas à obra de Snorri, a teoria da sacralidade régia começou a ser desabilitada, como em Walter Batke e Claus Krag, que acreditavam numa influência direta do cristianismo na literatura sobre os tempos pagãos, mesmo no poema escáldico *Ynglingatal* de Þjóðólfr ór Hvíni (século IX). Para Lars Lönnroth a representação de um rei malfadado como Domaldi foi uma criação cristã, feita para contrapor o paganismo com o cristianismo (neste caso, o rei é justo e virtuoso). Munir Ayoub, baseado nos referenciais de Olof Sundqvist e Gro Steinsland e analisando vestígios materiais, acaba optando em seu estudo pela terceira via apontada por Rudolf Simek: o chefe dos cultos era considerado descendente dos deuses, ao contrário das críticas de Krag e Baetke de uma pura criação dos tempos cristãos, mas sem apontar uma realeza sagrada nórdica no referencial clássico de Schück e Grønbech. Mais recentemente, o historiador dinamarquês Jens Peter Schjødt afirmou que não existem argumentos consistentes para negar a realeza sagrada nórdica e que indícios de rituais envolvendo simbolismos de iniciação do rei (aquisição de conhecimento e de poderes numinosos) possuem respaldo nas fontes mitológicas e literárias.

Em uma densa discussão historiográfica sobre o tema, Rory Mcturk (1994-1997, p. 19-32) criticou os referenciais céticos de Krag, Baetke e Eve Picard, reiterando elementos de Gro Steinsland e insistindo em um referencial sobrenatural, mágico ou religioso na figura da realeza pré-cristã. Neste sentido, uma descoberta arqueológica pode retomar algumas discussões. Na Irlanda foi encontrado em 2003 um corpo preservado no pântano, datado da Idade do Ferro, chamado Old Crogahn, que, segundo as análises, aponta para um homem nobre ou rei que teria sido sacrificado ainda em vida. Sua última refeição, diferentemente de sua dieta tradicional com carne, foi leite e cereais – ambos associados com a fertilidade. Segundo alguns arqueólogos, essa descoberta pode apontar para a narrativa clássica de um rei sendo sacrificado para apaziguar péssimas colheitas (a literatura irlandesa antiga também possui relatos que confirmam essa ideia). Levando-se em conta a influência e a proximidade cultural da Irlanda com a Escandinávia (além das inscrições rúnicas nórdicas de Stentoften e Sparlösa e a crônica

Res Gestae 5 que apontamos antes), a imagem tradicional da realeza sagrada nórdica (ou ideologia da soberania religiosa, no referencial de Olov Sundqvist) ainda deve gerar muitos debates acadêmicos.

O rito de Völsi

A narrativa de Völsi é encontrada inserida na *Oláfs saga hins helga* e denominada de *Völsa þáttr* (o conto de Völsi), preservado no manuscrito *Flateyjabók*, datado do século XIV. Basicamente, o relato descreve uma fazenda ao norte da Noruega, onde vivia uma família de nórdicos pagãos. Durante o final de outubro, no momento que morre o cavalo do fazendeiro, este foi utilizado como alimento. Logo após, um escravo corta o pênis do cavalo (*víngul*) e o filho do senhor o leva para sua mãe e irmã, que o secam com muito cuidado e o envolvem em um pano de linho juntamente com alho poró e outras ervas. Toda noite os moradores da casa realizavam uma oração ao pênis, que era repassado para cada indivíduo após pronunciar uma estrofe. O Rei Ólaf o santo estava visitando aquela região no ano de 1029, com dois homens de confiança, e entram na fazenda durante a noite. Após sentarem-se em um banco, observam a entrada da filha do fazendeiro. Saudados, todos os três homens identificam-se pelo nome de *Grim* (mascarado). Logo após entra o senhor, o seu filho e o escravo, e a mesa de jantar é preparada. Em seguida, o pênis embalsamado (*Völsi*) é repassado para cada membro da casa pela mulher, primeiro para o seu marido, em seguida para o filho, a filha, o escravo e a escrava, que recitam uma estrofe cada um. Quando o pênis é passado para o rei, este o atira para o cachorro da casa, que imediatamente o devora. Olaf retira sua capa, revelando sua identidade e convertendo todos para o cristianismo.

Essa pequena narrativa sempre foi muito polêmica nos estudos escandinavos. A grande maioria dos pesquisadores inclinou-se a identificar nela a preservação literária de um ancestral rito dos tempos pré-cristãos. Turville-Petre associou a narrativa com o culto do deus Freyr, enquanto Folke Ström relacionou a mesma com a deusa Skadi e as divindades da fertilidade. O mitólogo francês Régis Boyer (1997) acredita que Völsi representava um rito sacrificial mágico da Era Viking, enquanto Gro Steinsland considera uma referência a um culto para gigantas, ideia compartilhada por Bernárdez. Neste caminho, baseando-se nas perspectivas dos estudos de cultura material de Neil Price, cogitou-se a narrativa como uma demonstração na crença do falo enquanto símbolo de valores hierárquicos sociais, políticos e religiosos. Quanto aos críticos, temos K. Düwel na década de 1970, que considerava este conto uma invenção cristã do século XIV para desmoralizar o paganismo. Mais recentemente, em um denso estudo bibliográfico e documental, Clive Tolley (2009) voltou a cogitar a *Völsa þáttr* como um produto mais próximo da época de composição do *Flateyjabók* que a do paganismo, ou seja, um produto literário da Idade Média Tardia. Num caminho intermediário, cogitou-se que os fazendeiros relatados pela saga não eram mais pagãos, mas "tradicionalistas passivos", isto é, cristãos que perpetuavam práticas dos tempos pagãos através do folclore.

De qualquer maneira, mesmo que o conto seja uma invenção cristã tardia, ele foi baseado essencialmente em uma tradição folclórica que remete a crenças dos tempos pré-cristãos, ainda conhecidas pela audiência da saga no momento em que foi composta – uma ideia que mesmo os pesquisadores céticos mais recentes vêm admitindo.

O referencial de que o conto de Völsi é um produto tardio do cristianismo pode ser questionada em um dado omitido pelos pesquisadores céticos. Nas ilhas Féroe (de colonização norueguesa), foi preservado um folclore relacionado ao casamento, denominado *Drunnur*. Um osso do rabo de um boi ou ovelha decorado com fitas é passado durante esta cerimônia, momento no qual o participante deve proferir um verso pequeno antes de passar para a próxima "vítima". Geralmente os versos possuem insinuações de jocosidades sexuais. O detalhe de um membro animal com fitas sendo passado para outra pessoa após uma versificação é estruturalmente idêntico à narrativa de Völsi. Com isso, os detalhes do humor (especialmente as estrofes do irmão passando o objeto para a irmã e a dos escravos, *Völsavísur* 6 e 9) não se devem a um referencial do cristianismo debochando do paganismo, mas de uma característica própria do humor sexual da Era Viking, que pode ser observado em outras fontes literárias mais antigas, como nas cenas de casamento da *Þorgils saga ok Hafliða* 10. Práticas similares também podem ser conferidas em outras fontes folclóricas da Europa Setentrional, como festas das colheitas da Escócia e Baváiria.

Existe uma grande probabilidade de que o conto de Völsi seja um eco de ritos hierogâmicos efetuados ainda na Era Viking, mas que desconhecemos maiores detalhes. Essas crenças sobreviveram pelo folclore da Idade Média Central, associadas a casamentos e festas das colheitas, mas já numa sociedade cristianizada. Com o tempo, a literatura do Medievo tardio transformou-se num instrumento eficaz de conversão, adaptando a narrativa para um efetivo controle ideológico da audiência. As antigas crenças pagãs são agora desmoralizadas pela figura triunfante do santo, que substitui a adoração de objetos idólatras pela salvação cristã, mas que ainda persistem na memória coletiva. Com isso a literatura ao mesmo tempo em que é produto da história, também é agente transformadora dela. Mas, de qualquer modo, é um reflexo do dinamismo cultural em que a religiosidade está inserida.

A águia de sangue

O *blódörn* (Águia de sangue) é um ritual que consistia em abrir a costela das vítimas, extraindo os pulmões e abrindo-os na forma de asas. Em algumas fontes, a prática é percebida também como um método de tortura ou execução. Ela é mencionada em várias fontes literárias, como *Reginsmál* 26; *Orkneyinga saga* 8; *Gesta Danorum* 13, 315; *Norna-Gests þáttr* 6; *Knútsdrápa* de Sighvatr Thórðarson. O *blódörn* é um tema polêmico nos estudos escandinavos. Para os autores que defendem a sua existência histórica, como Alfred Smyth, Ronald Hutton e Régis Boyer, ele podia ter relação com os sacrifícios humanos realizados para o deus Odin. Segundo Boyer, a prática pode ter perdido seu caráter religioso e mesmo ter ficado em desuso, na época da cristianização, mas auxiliou a reforçar a imagem de barbárie dos nórdicos frente aos povos invadidos (Boyer, 1997, p. 12).

Em um detalhado e crítico estudo, a historiadora Roberta Frank sugere que as narrativas envolvendo o tema nas fontes, foram construções literárias e invenções criadas para reforçar o horror dos povos invasores, negando qualquer origem ritualística para a prática (Frank, 1984, p. 323-343). Segundo outros pesquisadores, os próprios poetas da Era Viking não souberam interpretar corretamente as informações históricas, perpetuando fantasias sobre este ritual, enquanto outros entendem que este ritual possui relação direta com as divindades da guerra e mesmo algumas evocações em gravuras da Idade do Bronze escandinava. A utilização das imagens da pedra pintada de Stora Hammars I, na ilha da Gotlândia, como evidência para o *blódörn,* seria questionável. A sequência ao lado de um enforcado, próximo a um símbolo de *valknut* e uma águia, no qual um homem de pé segura uma lança sobre o corpo de outro humano deitado (que pode ser uma criança ou outro homem, numa escala menor), demonstra a existência de sacrifícios humanos na Era Viking, mas não existe detalhamento na imagem para verificarmos se o pulmão está sendo extraído do corpo da vítima.

Dois estudos mais recentes validam a antiga existência deste ritual. Baseados em amplas evidências arqueológicas de imolações na Escandinávia pré-cristã, os pesquisadores estão reavaliando as fontes secundárias, permitindo ver as descrições literárias com base histórica, e não meros estereótipos ou estigmatizações dos personagens. Mesmo que as narrativas não descrevam pormenores estritamente históricos, a sua ideologia foi conservada em muitos momentos. Um detalhe importante nas fontes literárias é que as vítimas são retiradas das camadas mais altas da sociedade, inclusive reis. Assim, o ritual da águia de sangue envolvia um tratamento violento e letal e possivelmente o novo regente utilizava o antigo rei com uma oferenda sacrificial e um presente para Odin, legitimando o seu novo papel e garantindo os aspectos simbólicos da guerra. O ritual da águia de sangue descrito na literatura nórdica medieval é consistente com o culto de Odin e com as mudanças de poder durante o final da Idade do Ferro (Edholm, 2018, p. 5-40).

Em outro estudo, utilizando abordagens interdisciplinares, os autores concluíram que de um ponto de vista anatômico e fisiológico os rituais mais completos de águia de sangue poderiam ter sido realizados, mas rapidamente teriam como consequência a morte da vítima, por perda de sangue ou asfixia. Em termos físicos, a águia de sangue seria possível. Mas qualquer tipo de ritual relacionado não deixou vestígios nos esqueletos recuperados pela arqueologia e estaria fortemente relacionado com a elite social, cruzando-se com vários aspectos desta cultura marcial, principalmente uma exibição espetacular e performática do alto estatuto social. Assim, o ritual da águia de sangue poderia ter ocorrido na Era Viking e existido como uma parte de uma série mais ampla de práticas sociais e culturais, garantindo o alto nível social do imolador, não sendo uma simples tortura, mas uma prática repleta de significados (Murphy; Fuller; Willan; Gates, 2022, p. 1-39).

A religiosidade popular

Algumas expressões da fé nórdica separam claramente a crença em seres superiores (os deuses e deusas) dos seres conectados com o mundo rural, as regiões provincianas e os espíritos da terra. Deste modo, algumas destas expressões aproximam-se do folclore, sendo especialmente relacionadas com os elfos, gigantes, anões e trolls. De acordo com a visão corrente sobre destino no mundo nórdico, cada indivíduo e família recebia certa quantidade de sorte, tanto em termos materiais quanto abstratos. As ideias de sorte e azar eram usadas para explicar as situações correntes, as estratificações sociais e para entender por que uma família era mais rica do que outra. Sorte era considerada um fato certo da vida, mas às vezes se tentava obtê-la por meio mágico ou de encantamentos.

O xamanismo nórdico

Os estudos de xamanismo escandinavo tiveram início em 1802, com a publicação da obra *Travels through Sweden, Finland, and Lapland*, de Giuseppe Acerbi. Depois, em 1877, Johan Fritzner publicou um estudo comparando o paganismo lapão com as crenças norueguesas. Entre 1920 e 1930, Uno Holmberg publicou vários estudos associando Yggdrasill como uma árvore xamânica, além de grande parte do poema *Völuspá*. Ao analisar o ritual do *seidr* em um clássico estudo de 1935, Dag Strömbäck o compara aos rituais dos Saami, e durante a década de 1950, o mitólogo Mircea Eliade popularizou a vertente xamanista dos estudos nórdicos.

Atualmente existem ao menos três posições sobre o tema: 1) Os oponentes da antiga existência do xamanismo nórdico (incluindo os que defendem uma filtragem cristã das fontes); 2) Os favoráveis (incluindo os que defendem o xamanismo nórdico como fenômeno autóctone); 3) Os que defendem uma posição intermediária: ocorreu influência da área finlandesa, mas com elementos próprios. Em um brilhante e erudito trabalho, o historiador John Lindow discorre sobre as relações entre o xamanismo e os cultos e mitos do deus Thor, especialmente os vinculados ao uso simbólico do seu martelo no cotidiano dos escandinavos medievais. Uma razoável sistematização sobre os aspectos xamânicos nos mitos e cultos do deus Odin pode ser conferida em Jøn Asbjørn, mas não concordamos com a utilização do termo Ásatrú para referir-se à antiga religiosidade na Era Viking. Na realidade, essa palavra surgiu durante o século XIX, na Escandinávia, promovida por intelectuais nacionalistas e românticos, não existindo palavra ou termo original para designar uma identidade religiosa entre os antigos nórdicos pré-cristãos. Uma recente pesquisa, apoiada em documentação legislativa do cristianismo nórdico inicial, aponta que os deuses das fontes éddicas na realidade ou seriam essencialmente criações literárias do período cristão ou refletiriam apenas as crenças da elite aristocrática da Escandinávia Viking, sendo a população em sua maioria conectada a cultos da natureza.

Apesar de apoiarmos a concepção de que existiram cultos de base popular e outros de caráter mais restrito à elite, também defendemos a visão de que pode ter ocorrido uma base comum a ambos, advinda de uma cultura intermediária – o xamanismo que penetrou na Escandinávia, de origem finlandesa, pode ser um exemplo: "No seio de um mesmo grande conjunto histórico-geográfico, os processos de aculturação tendem a ser facilitados pela presença de várias similitudes entre suas culturas intermediárias", segundo o historiador Hilário Franco Júnior. O xamanismo ocorreu tanto na religiosidade popular (como nas descrições dos rituais do seiðr, descritos em várias *Sagas*) como nos mitos odínicos, presentes na iconografia das estelas de Gotland – essencialmente aristocráticas. Segundo Sanmark, uma diferença básica entre os cultos populares e aristocráticos é o que favoreceu uma rápida cristianização na Escandinávia, especialmente Noruega. Ainda sobre o xamanismo em geral e sua relação com as religiosidade e mitologias da Europa pré-cristã, ocorre a sistematização de alguns debates críticos recentes (como limites metodológicos e conceituais de abordagem), especialmente os vinculados à Antropologia e história da religião.

Influências religiosas externas

Diversas pesquisas apontam influências estrangeiras na religião nórdica, de um período que remonta ao início das migrações germânicas até o final da Era Viking. Segundo Hilda Davidson, Anders Kalliff e Olof Sundqvist, o culto do deus Odin sofreu assimilações do culto oriental de Mitra, que penetrou na área germânica com a expansão dos exércitos romanos – ambos possuem uma estreita ligação com alguns animais, como corvo, cachorro e serpentes, além de sua estreita relação com a ideologia militar e aspectos da morte. O motivo iconográfico da morte de um touro pelo deus, inexistente na Era Viking e central ao mitraísmo, tem sido identificado pelos pesquisadores como tendo ocorrido no período das migrações, surgindo supostamente em bracteatas – nas quais algumas representações portam um touro junto a suásticas e uma figura masculina com corvos e armas (Wotan/Odin).

Também há evidências de influências da área céltica, especialmente da Irlanda, onde temos símbolos e narrativas que foram adicionadas à oralidade e iconografia nórdica. Os especialistas tradicionalmente acreditavam que o mundo nórdico tinha influenciado os povos sámi e finlandeses, mas atualmente percebe-se que houve trocas culturais e religiosas entre ambos na Escandinávia, num movimento de circularidade frequente, do mesmo modo que na área báltica. Outras influências especialmente importantes no final da Era Viking são advindas do cristianismo. Diversos acadêmicos acreditam, com indícios fortemente cristãos, que fontes literárias como a *Edda poética* não tenham sido criadas no momento em que as narrativas foram preservadas por escrito, mas tenham penetrado na oralidade pré-cristã ainda quando essa era atuante, mas cercadas de pessoas convertidas, no que se denomina hoje de *interpretativo norroena*.

ESTUDO DE CASO

Rituais nórdicos na *saga de Njál*

A *Brennu-Njáls saga* (A *saga de Njál* o queimado) constitui uma das mais famosas sagas islandesas, escrita entre os anos de 1275 a 1290 por um autor desconhecido e narrando eventos ocorridos durante os anos de 960 a 1020. Não foi conservado o manuscrito original, sendo a cópia mais antiga datada dos anos de 1300-1315, denominada de manuscrito *Arna-Magnæan* (AM 468 4to). A primeira vez que foi publicado impresso foi em Copenhagen, no ano de 1772 (Ólasson, 1993, p. 434). Sua estrutura narrativa possui um denso realismo psicológico e uma aparência muito moderna, caso seja comparada com as produções literárias da Europa de então (Haywood, 2000, p. 133). Como em grande parte das sagas dos islandeses (Íslendigasögur), a maioria dos personagens da *saga de Njál* pode ter existido historicamente. Apesar da caracterização literária, que distancia a personagem Njál da realidade, existem indícios arqueológicos que confirmam que ele realmente foi atacado e queimado em sua casa, por exemplo. A coerência histórica da saga segue padrões internos típicos de sua época – a credibilidade dos fatos não seguia exatamente a fidelidade de como eles aconteceram. O autor da obra certamente conhecia a Bíblia, outras sagas e documentos literários, islandeses e estrangeiros, como o *Landnámabók*, *Íslendigabók*, *Kristni saga*, *Laxdæla saga*, *Orkneyinga saga*, *Egils saga*, *Óláfs saga Tryggvasonar*, *Eyrbyggja saga*, entre outros (Bernárdez, 2003,

p. 17; Lönnroth, 1976, p. 33; Hamer, 2008, p. 11). Não se sabe se o autor era clérigo ou leigo, e se parte de sua formação deu-se fora da Islândia. Em todo caso, era uma pessoa de família rica e poderosa, talvez da dinastia Suinfelling, residente a sudoeste da Islândia, e parte da obra possui influência de monastérios agostinianos (Hamer, 2008, p. 16).

O principal tema desta saga é a relação entre Njál, um rico e influente fazendeiro, com seu amigo Gunnar. Esta amizade é testada pela esposa de Gunnar, a desonesta e vingativa Hallgerd, que entra em conflito com Bergthora, a esposa de Njál. Apesar destas desavenças, os dois homens permanecem amigos e em paz. Mas quando Gunnar é considerado fora da lei (por um envolvimento em uma disputa de sangue), Njál acaba se envolvendo em assassinatos contra seus inimigos e ambas as famílias participam de matanças. O clímax da saga é atingido com a morte de Njál e seus familiares, todos queimados vivos em sua fazenda. Os assassinos são caçados e mortos pelo filho de Njál, Kári. O fim da saga ocorre com a reconciliação entre Kári e Flosi, o único sobrevivente dos incendiários.

Nosso interesse principal na *saga de Njál* reside nos capítulos 100 a 105, que tratam da chegada do cristianismo na Islândia – um dos episódios das sagas islandesas mais populares do século XIII (Lonnröth 1976, p. 2). Na realidade, trata-se da cópia de um texto mais antigo, contido no *Íslendigabók* (*c.* 1122-1132) e na *Kristni saga* (*c.* 1250-1254), com algumas modificações. Realizaremos análises de cada passagem deste episódio, para em seguida conceder algumas reflexões gerais.

O texto inicia-se com a descrição da troca de governantes na Noruega, antes chefiada pelo conde Hakon Haraldsson e substituído por Olaf Tryggvason, o que ocasionou também a mudança de religiosidade:

| Það spurðist með tíðindum þessum að siðaskipti var orðið í Noregi. Og höfðu þeir kastað hinum forna átrúnaði en Ólafur konungur hafði kristnað Vesturlönd, Hjaltland og Orkneyjar og Færeyjar (*Brennu-Njál saga* 100). | Dizem também que na Noruega houve mudança de fé, haviam abandonado as antigas crenças e o Rei Olaf cristianizou Vestrlönd, as Hébridas, as Órcades e as Feróes. |

Hakon iniciou a tentativa de cristianizar a Noruega, mas encontrou forte oposição dos fazendeiros livres, desconfiados de qualquer tipo de inovação. Foi somente com Olaf Tryggvason que a nova religião adentrou efetivamente no país, a partir de 960, utilizando-a como suporte político e de coerção social, queimando templos e eliminando chefes pagãos (Graham-Campbell, 1997, p. 119). Após a descrição da mudança de religiosidade, o texto alude ao posicionamento de Njál, declarando que seria "monstruoso" abandonar os antigos costumes (*fornum sið*), a não ser no caso da nova fé (*þann sið*) ser muito melhor, e caso viessem os pregadores nesta região, ele os apoiaria incondicionalmente. Em seguida, o texto narra a chegada de dois missionários na Islândia, enviados por Olaf Tryggvason com o intuito de cristianizar a ilha: Thangbrand e Gudleif, ambos de origem nobre, e o segundo imputado de ser um grande guerreiro. A recepção inicial dos habitantes da região a esses visitantes não é amistosa. Logo, reunidos em assembleia, decidem proibir as pessoas de comercializar com eles. Porém, um fazendeiro de nome Hall, visita Thangbrand e o convida a comprar mantimentos em sua residência. O missionário monta uma tenda onde realiza uma missa e uma grande festa. Hall pergunta a este para quem se destinavam os festejos, recebendo a resposta que seriam para São Miguel. Logo, Hall decide ter esse anjo como guardião e é batizado com toda a sua família e dependentes, neste mesmo dia.

Em essência, a cena possui um contexto histórico; tanto a vinda de Thangbrand quanto o batismo de Hall foram baseados no *Íslendigabók* 7 (Livro dos islandeses). Mas a descrição inicial de Njál, favorável à nova religiosidade sem necessariamente conhecê-la, desperta interesse: seria possível a um "pagão" questionar as tradições antigas desse modo? Aqui, evidentemente, estamos num patamar puramente literário – trata-se de um recurso narrativo, criado pelo escritor da saga, antecipando o triunfo dos seguidores de Cristo, num futuro já conhecido, mas inexistente no momento em que os fatos ocorrem. É a famosa imagem do "nobre pagão", teorizada pelo escandinavista Lars Lönnroth nos anos de 1960. No momento da composição da saga, a audiência necessitava da criação de uma ligação com os tempos pré-cristãos (a Era Viking); afinal, eles representavam um momento de liberdade política, social e cultural que não podia ser descartado simplesmente (a Islândia foi anexada à Noruega em 1262, aproximadamente 15 anos antes da *saga de Njál*), mas, ao mesmo tempo, não poderiam ser criados elementos totalmente positivos para uma religiosidade não cristã. Deste modo, alguns reis, líderes, guerreiros e fazendeiros importantes da Era Viking tornam-se na narrativa das sagas, pagãos que não se preocupam com o paganismo; ou, em outras, palavras, adeptos de um credo que está para ser extinto com o tempo. O seu comportamento "desleixado" com relação às religiosidades pré-cristãs é ao mesmo tempo um clichê literário e um anacronismo histórico. Um exemplo semelhante ao de Njál é o personagem Glúmr, que seria supostamente um rei odinista, mas que em momento nenhum da narrativa explicita qualquer devoção a esta deidade (*Víga-Glúms saga* 14) ou Ketil, que afirma que nunca havia feito sacrifícios para Odin (*Ketil saha hœngs* 5).

O recém-convertido Hall e Thangbrand iniciam uma jornada missionária, convertendo e batizando várias pessoas na Islândia, e outras vezes, matando para isso concretizar-se. Alguns moradores do local recebem o *prima signatio* (batismo preliminar, em nórdico antigo: *prímsigning*), o que implica não em uma conversão total, mas em um primeiro contato com as estruturas simbólicas da nova religiosidade, sem abandonar totalmente suas crenças antigas. Em uma localidade denominada Kerlingardal, os habitantes da região contratam um feiticeiro para matar os missionários, denominado de *Galdra-Héðinn* (Hedinn, o encantador). O *galdr* é um conjunto de práticas mágicas relacionadas com cantos, runas, confecção de amuletos, curas, profecias e maldições. O seu uso está relacionado diretamente com o deus Odin e era praticado durante a Era Viking (Langer 2009d: 66-90). A saga não detalha o ritual de malefício que Hedinn empregou para matar Thangebrand, apenas de que seria um grande *blót* (sacrifício), realizado no alto da montanha Arnarstakksheid. Nos tempos pagãos, o blót consistia em um cerimonial público, coletivo e de caráter especialmente sazonal, conduzido geralmente pelo líder da comunidade – que servia como sacerdote circunstancial, e não profissional. Era relacionado, de um lado, com os festivais de certos deuses e ou espíritos da terra, e de outro, também a momentos de crise, como ataques inimigos ou a morte de um rei (Davidson, 2001, p. 93). Não negando a ideia de que na realidade os sacrifícios na Era Viking continham elementos de crenças mágicas (pois nem sempre podemos criar uma oposição entre religião e magia), a saga acabou por fundir em uma mesma imagem duas práticas distintas originadas nos tempos pré-cristãos: o sacrifício ritual, ligado aos festivais públicos e religiosos, de caráter divinatório e propiciatório; e as técnicas relacionadas à maldição e injúrias contra uma pessoa, de caráter individualizado e mágico (o *níðr*).

Apesar das referências ao passado continuarem vivas na memória coletiva (por meio da tradição oral), as antigas práticas pré-cristãs foram mescladas, fundidas ou mesmo reelaboradas pelo discurso cristão em uma única imagem – a da feitiçaria. Quase tudo o que envolve a religiosidade nórdica antes da chegada dos missionários necessariamente está relacionado com o mal, o diabólico, o bárbaro, o imoral. Também na *Saga de Hrólfr Kraki* o sacrifício público dos tempos pré-cristãos transforma-se em um simples feitiço para atrair um javali (Barreiro, 2008, p. 8). A feitiçaria, neste caso, dentro da tradição imaginária eclesiástica (que influenciou os escritores das sagas), relaciona-se com a noção de *maleficia*, atitudes, palavras ou poderes ocasionadores das discórdias e da quebra da ordem natural das coisas (Schmitt, 2002, p. 426).

O termo utilizado pelo escritor da saga para descrever os pagãos que contrataram Thangbrand – *heiðnir menn* – é advindo do século X, significando um camponês não convertido, habitante da zona rural (McKinnell, 2001, p. 399). Seguindo a narrativa, quando o missionário andava a cavalo na região de Hofdabreka, a terra se abriu tragando o animal, mas este se salvou pulando para o lado. A narrativa responsabiliza o feitiço de Hedin pelo desastre (após retornar à corte do Rei Olaf, Thangbrand informa que os islandeses eram muito hábeis na magia <*fjölkunnga*>, abrindo a terra). A descrição do controle climático provocado por magia é muito comum nas sagas islandesas (tormentas, neblinas e avalanches em especial), sendo interpretada como um motivo literário criado para dar tensão à narrativa, destacando a trajetória de uma personagem (Ogilvie; Pálsson 2006, p. 7) – no caso da saga em questão, uma etapa em que o missionário enfrenta os perigos do mundo pagão. Mas acreditamos que não é somente isso.

A literatura possui mecanismos específicos de criação, e o clichê é uma necessidade que é adequada a um estilo. Ao mesmo tempo em que estes estereótipos fazem parte da criação individual, eles podem também ser sintomáticos da existência de tradições e crenças ainda vigentes na sociedade, como também precisam ser evocados devido à audiência presente nesta época (o texto medieval era lido coletivamente, ao invés da leitura individualizada e silenciosa). Como os textos dos inquisidores tratando de feitiçaria, devemos separar os mitos das crenças que foram preservadas pela ótica erudita, transformadas em códigos diferentes e ambíguos (Ginzburg, 2007, p. 287). A recorrência do tema do controle climático, em nosso entendimento, é a evidência de uma sobrevivência das crença mágicas, mesmo no período cristão. Os "pagãos" são capazes de promover a interferência na ordem natural do mundo (maravilhoso), mas é algo visto como maléfico (magia), enquanto que a contrapartida, o milagre, ocorre somente no universo cristão. Mas é uma questão puramente discursiva. Do ponto de vista cultural, magia e milagre pertencem a categorias semelhantes (são fantasias criadas para cumprir papéis de valores morais dentro de uma sociedade, Egilsdóttir, 2006, p. 1), ou seja, ambas são definidas e sustentadas por crenças coletivas, existindo porque as pessoas acreditam nelas (a eficácia simbólica, Monteiro, 1986, p. 60).

Seguindo a saga, Thangbrand persegue e mata o feiticeiro Hedin com uma lança. Logo após, Njál se converte, com todos os membros de sua casa. Mas alguns pagãos permanecem ainda convictos de suas crenças. Entre eles, Thorvald e Ulf Uggason, que proclamam alguns versos difamatórios ao missionário, entre estes, que estaria ofendendo aos deuses e que ele seria um covarde. Juntamente com Gudleiff, o evangelizador golpeia e mata seus inimigos em uma emboscada. Logo a seguir, um convertido de nome Hjalti Skeggjason declara uma estrofe difamatória contra as velhas crenças:

Spari eg eigi goð geyja.	Eu não deixarei de insultar os
Grey þykir mér Freyja.	deuses.
Æ mun annað tveggja	Freyja deve ser uma cadela.
Odin grey eða Freyja (*Brennu-Njáls saga* 102).	Ou será um dos dois: Odin é um cão ou Freyja.

A utilização de insultos sexuais era uma prática comum na Escandinávia, que além das acusações de covardia, representavam as mais efetivas perdas de valores na reputação pessoal e prestígio social. Esse sistema idealizado de normas foi marcado por uma escala de valores essencialmente masculinos – e qualquer desvio representava perversão e anormalidade (Ström, 1974, p. 20). Assim, o insulto sexual era uma arma terrível e eficaz, com sérias implicações na sociedade. O cachorro geralmente era considerado o companheiro e guia das jornadas da alma para o outro mundo em rituais votivos (simbolizado pelo cão mitológico Garm) e conectado com a ideologia guerreira (os cães de caça e de guarda são associados como o lobo aos jovens guerreiros) (Davidson, 1988, p. 57). Existem indícios arqueológicos de sacrifícios deste animal, de forma decapitada, no sítio de Borg (Noruega) dedicados a Frey e Freyja (Christiansen, 2006, p. 81). Com isso, podemos perceber que o cachorro era um animal extremamente importante nas concepções religiosas pré-cristãs dos nórdicos. Comparar sexualmente uma deusa ou deus a este animal (o termo *grey* também significa prostituta), deste modo, seria um ato que os desvincularia de maiores poderes.

Comparado à crônica do *Íslendigabók* – que é muito mais antiga – esta narrativa da *saga de Njál* possui algumas diferenças. O combate entre Thangbrand contra Ulf e Thorvald não é mencionado, nem seus poemas difamatórios. No *Íslendigabók* é proferido que Hjalti ficou desterrado por três anos, após ter ofendido os deuses, mas seu poema possui apenas a frase: *Vilk eigi goð geyja. Grey þykki mér Freyja*, a mesma que foi inserida nas duas primeiras linhas do poema da *saga de Njál*. Além do destaque muito maior para o missionário Thangbrand, também percebemos que a figura de Odin foi acrescentada, tanto no poema de Thorvald (*Yggs*) quanto na difamação de Hjalti (*Óðinn grey*). Mais adiante comentaremos as implicações destas modificações.

Prosseguindo em sua missão evangelizadora, Thangbrand segue por mar nas regiões do Oeste da Islândia. Mas seu barco acaba naufragando. Steinunn, a mãe do poeta Ref, vem ao encontro do náufrago, pregando a antiga religião e quase o convence a abandonar o cristianismo. Após ouvir calado, o missionário passa a negar todas as afirmações da poetisa. Esta declara que tinha ouvido falar que Thor havia desafiado Cristo, mas que se negou a participar do duelo. Thangbrand responde que Thor não seria mais do que cinzas e terra se Deus quisesse. Ela responde que sabia quem havia causado o naufrágio, proferindo os poemas:

1) Braut fyrir bjöllu gæti,
bönd ráku val strandar,
mögfellandi mellu,
mástalls, Vísund allan.
Hlífðit Kristr, þá er neyfði
knörr, málmfeta varra.
Lítt ætla eg að guð gætti
Gylfa hreins að einu.

1) O matador de gigantes (Thor),
destruiu totalmente o auroque (embarcação) do guardião dos sinos (padre),
que naufragou por obra dos deuses.
Cristo não cuidou, ao que parece, da
destruição do Knörr (tipo de embarcação nórdica)
Eu creio que Deus não guardou a rena
que cavalga as ondas (navio).

2) Þór brá Þvinnils dýri
Þangbrands úr stað löngu,
hristi búss og beysti
barðs og laust við jörðu.
Muna skíð um sjá síðan
sundfært Atals grundar,
hregg því að hart tók leggja,
hánum kennt, í spánu
(*Brennu-Njál saga* 102).

2) Thor agarrou o cavalo de Þvinnil
(navio) de Thangbrand, bateu e moveu
sua madeira e o lançou contra as
rochas;
Não voltará a singrar o mar novamente, o esqui de Atal (navio)
Pois uma tormenta terrível o deixou
em pedaços.

    Steinunn foi uma das raras poetisas da Era Viking cuja obra sobreviveu. Estes poemas foram preservados em várias versões, o que indica que eram muito populares durante os séculos XII e XIII (Jesch, 2003, p. 166). Seus versos são claramente "pagãos", contrastando a proteção de Cristo com o poder de Thor, este último triunfando. A métrica utilizada, *dróttkvaett*, é perfeita. A estrutura dos versos segue uma tradição escáldica em que o herói retratado obtém sucesso com sua jornada sobre os maus elementos da natureza (tempestades, chuvas, neblinas etc.). As várias indicações do uso de *kennings* (metáforas poéticas) para embarcações sinalizam um tipo de poesia de navegação; porém, esta inverte a convenção, descrevendo uma viagem fracassada, sendo a antítese de um poema de louvor (Jesch, 2003, p. 167). O uso de antigos nomes de reis dos mares (Atall, Gylfi, Þvinnil) e o tema da navegação e vida náutica é tipicamente masculino (Straubhaar, 2002, p. 268).

    O encontro de Thangbrand e Steinunn foi escrito como tendo sido um exemplo de *performance* oral, utilizando trocas verbais como uma espécie de combate intelectual e verbal. Steinunn inicia o encontro, predicando a fé pagã ao missionário. Ele replica, mas ela insulta a Cristo. Falhando em aceitar o desafio com Thor, Cristo foi considerado um *níðingr*, um covarde dentro dos referenciais nórdicos. Steinunn recita duas estrofes de *dróttkvætt* (poesia de corte), revelando que Thor despedaçou o navio de Thangbrand. Apesar desta discrepância, o missionário não concede respostas para a poetisa. Ao contrário do poeta Vetrlidi, que foi morto por Thangbrand devido aos seus versos difamatórios, as estrofes de Steinunn não contêm difamações sexuais contra Cristo – explicando talvez a sua conservação pelo escritor cristão na saga. Deste modo, o missionário falha em proteger seu sistema de fé, falha na competição verbal e por consequência, é envergonhado por uma mulher. Mas como isso pode ter sido conservado em uma saga do século XIII? Na realidade, alguns pesquisadores percebem essa cena dentro de um grande drama social – significaria o encontro entre o Estado livre pagão da Islândia (representado por Steinnun) e a monarquia norueguesa cristã (Thangbrand) para Victor Turner. Para outros, a cena encarnaria dramas sociais baseados na coexistência de uma tradição oral e outra escrita. Else Mundal perceberia o paradigma de uma mulher nórdica poderosa na tradição oral (e pagã), mas submissa na tradição escrita (e cristã, na literatura). Para estes dois referenciais, a passagem cultural teria sido um desastre: enquanto no primeiro caso, ocorre a perda da liberdade política, no segundo, a mulher perde a independência. Carol Clover postularia ainda uma interpretação intermediária para as ideias de Turner e Clover – que a mulher era simultaneamente as duas coisas: poderosa do privado e impotente no público (Borovzky, 1999, p. 10-11). Estudando a *performance* feminina na Escandinávia medieval, Zoe Borovszky interpreta que as mulheres participavam da transmissão do conhecimento oral, eram limitadas mas não totalmente dominadas pelos homens e valores masculinos. Durante o ritual religioso, elas poderiam encontrar um espaço não oficial dentro da esfera pública (Borovzky, 1999, p. 32). Assim, o embate de Steinunn com Thangbrand pode ser percebido como um momento de poder e de grande visibilidade para a mulher nórdica, no qual ela encontra espaço para sua influência além do mundo privado.

Seguindo a narrativa, o missionário é recebido na casa de um profeta, Gest Oddleifsson, que realiza uma grande festa. Neste mesmo local, havia quase duzentos pagãos que esperavam a visita de um *berserkr* chamado

Otrygg. Todos receavam este guerreiro: contavam que ele não temia ao fogo nem à espada. Thangbrand indaga se alguém queria se converter, mas todos se opuseram. Assim, este realiza um desafio – seriam acessas três fogueiras, uma consagrada pelos pagãos, uma pelos cristãos e a terceira ficaria sem consagração. Caso o berserkr tivesse medo da fogueira que Thangbrand consagrou, todos teriam que ser convertidos, o que é plenamente aceito pelos presentes. Quando o berserkr chegou, atravessou a fogueira dos pagãos e a sem consagração, mas se deteve diante da fogueira do missionário, alegando que o queimava. Thangbran ataca o guerreiro com um crucifixo, e milagrosamente este faz com que a espada do berserkr caia, enquanto Gudleif corta seu braço. Várias pessoas presentes acabam por matar o pagão. Logo após o ocorrido, todos os presentes na casa de Gest são batizados.

Os berserkir são um tema polêmico dentro da escandinavística. Tradicionalmente, são relacionados ao culto do deus Odin, como na *Ynglinga saga* 6, que os descreve como guerreiros que lutam sem proteção e sem medo do fogo ou do aço. A menção mais antiga a esta classe de lutadores vem do século IX, do poema *Haraldskvæði* 8, 20, de Thorbjorn Hornklofi, que os identifica a um grupo próximo do Rei Hárald, servindo como guarda de elite na batalha de Hafrsfjord. Posteriormente, as sagas islandesas criam uma imagem negativa e estereotipada dos berserkir, retratados como violentos, assassinos, arruaceiros e fanáticos. Na *saga de Njál*, os próprios pagãos temem o personagem Otrygg. Isso pode evidenciar uma possível sobrevivência folclórica na qual a memória social conservou em parte as querelas entre os fazendeiros livres e o grupo dos berserkir – que segundo algumas referências, eram acometidos de êxtase e loucura mesmo fora do campo de batalha, como descrito na *saga de Egil*.

Outra possibilidade é que o escritor criou uma dicotomia entre o herói cristão, Thangbrand, e o campeão do paganismo, Otrygg, justamente para enaltecer o milagre do crucifixo e a conversão (esta passagem do episódio do berserkr não é mencionada no *Íslendigabók*). Essa segunda hipótese é confirmada pela existência de outra narrativa, muito semelhante e quase do mesmo período, existente na *Vatnsdæla saga* 46 (*c.* 1270-1280), em que uma dupla de berserkir de nome Hauk, que era temida pelos moradores da região, é confrontada pelo bispo Frederick. Este os desafia a atravessar três fogueiras, onde são queimados e mortos. Após o fato, os habitantes do local são batizados.

Neste caso, o milagre não é apenas indicador da superioridade da nova religião, mas um substituto para a tradição: no imaginário medieval, o miraculoso cristão sobrepunha o miraculoso pagão com o mesmo nível de realismo e eficácia (Vauchez, 2002, p. 201). O sobrenatural pré-cristão sobrevive mesmo após as modificações culturais advindas com a nova fé. Várias *sagas de bispos* (*Byskuppa sögur*) utilizam narrativas que eram conhecidas nos tempos antigos: a imobilidade do corpo, tema presente em uma espécie de magia odínica que acometia certos guerreiros no campo de batalha (*herfjöttur*), que ressurge na imobilidade de um santo após sua morte (*Jóns saga*); a jornada para fora do corpo, comum no paganismo (as metamorfoses animais da *Kormáks saga* e nas *Eddas,* entre outras) e nas narrativas de santos (bispos visitam o céu na *Guðmundar saga*) (McCreesh, 2006, p. 1-11).

E também citando outros tipos de fontes nórdicas (como os *þættir*, as sagas curtas), percebemos que a imunidade do fogo, citada para o berserkr na *saga de Njál*, também ocorre em outras situações, como a de bispos que atravessam fogueiras (*Þorvalds þáttr ins viðförla*). Em todos estes casos, a audiência geralmente constituída de aristocratas educados, clérigos e políticos, buscava elementos que integrassem ambas as tradições religiosas em uma nova sociedade (McCreesh, 2006, p. 11; Grønlie, 2006, p. 10). Ao atravessar a primeira e segunda fogueira e não ser queimado, Otrygg demonstrou que possuía poderes miraculosos, mas não consegue superar o fogo consagrado, pois o poder de Cristo possui semelhanças, mas é superior ao de Odin.

O episódio da conversão islandesa na *saga de Njál* pode ser interpretado dentro de um referencial mais amplo do que fizemos até o momento. Elencando os episódios em uma estrutura comparativa (tabela 3), constatamos alguns detalhes: primeiramente, o deus Odin é ofendido no poema de Hjalti. Se considerarmos a tradição de que os guerreiros berserkir são discípulos fanáticos de Odin, neste caso, a deidade também sofreu um ataque indireto na passagem da vitória de Thangbrand sobre Otrygg. Mas ao mesmo tempo, o deus Thor, citado como sendo a causa do naufrágio do navio Auroque, não é ofendido diretamente, nem sequer derrotado na narrativa. Comparando-se a um texto mais antigo, o *Íslendigabók*, o escritor da *saga de Njál* deliberadamente acrescentou a passagem do feiticeiro Hedin, o poema de Steinnum e o confronto com o berserkr. Odin nem mesmo foi citado no *Íslendigabók*, sendo apenas a deusa Freyja motivo de ofensa no poema de Hjalti (tabela 3). A que se deve esse hiato moralista sobre o deus Thor na *saga de Njál*?

Tabela 3 Estrutura do episódio de conversão da *Brennu-Njáls saga* (cap. 100-105)

Episódio	A terra se abre devido ao feiticeiro Hedin	Poema de Hjalti	Poemas de Steinunn	Confronto com o Berserkr
Detalhamento	Controle do clima	Odin e Freyja são difamados	Thor é exaltado como tendo mais poder do que Cristo	O berserkr é desafiado e morto pelos missionários
Estrutura	Permanência das crenças mágicas – Malefício	Odin e Freyja não têm poder	Thor ainda tem poder	Odin não tem poder – Milagre a serviço do cristianismo
Comparação com o *Íslendigabók*	A passagem não é citada	Apenas Freyja é mencionada no poema de Hjalti	O poema não é citado	A passagem não é citada

Acreditamos que a explicação reside na hipótese já alentada anteriormente, de um confronto entre uma tradição islandesa com a dominação norueguesa (Borovzky, 1999, p. 10-11). Mas ao invés de percebermos essa ideia apenas no silêncio do missionário Thangbrand após a declamação pública dos poemas de Steinunn, também a verificamos numa leitura ainda mais ampla do episódio de conversão. O escritor da saga, coadunado com a audiência de sua época, identificou a figura de Odin diretamente com a monarquia norueguesa. Sendo um deus da aristocracia, dos guerreiros, enfim, da elite escandinava pré-cristã, ele teria condições de representar a opressão advinda da realeza da Noruega após 1264 (Otrygg aterroriza os pagãos em nossa narrativa). Ao contrário, Thor é uma deidade identificada aos fazendeiros livres, camponeses, que acolhe em seu palácio os escravos mortos. Comparando-se os deuses no momento da conversão, Thor é o que mais se aproxima de Cristo – vence as forças malévolas da natureza, é identificado ao homem simples e carrega um martelo, logo assimilado à cruz. Apesar de alguns símbolos relacionados a Odin sobreviverem em imagens cristãs – triquetras em cruzes de cemitério (como Gosforth, Inglaterra), são imagens advindas de muito tempo antes da Era Viking. Um símbolo exclusivamente odínico, o *valknut*, somente foi encontrado em objetos relacionados às religiões pré-cristãs. Igrejas, cemitérios, portais, esculturas, pias batismais, pedras comemorativas e pingentes, após a cristianização, contêm imagens de Thor, mas nunca do valknut. Alguns objetos, como o famoso pingente encontrado em Fosse, demonstram uma assimilação do martelo de Thor – que já era utilizado como pingente nos tempos pagãos, transformando-se numa cruz no período de conversão.

Mas não podemos pensar que o processo de conversão foi o mesmo para toda a Escandinávia, nem que a assimilação e o sincretismo foram idênticos. Em primeiro lugar, as crenças pré-cristãs sequer eram unificadas e genéricas. As religiões nórdicas pré-cristãs não eram centralizadas, não possuíam hierarquias ou sacerdócio profissional, sendo, por isso mesmo, muito variáveis em termos de cultos e crenças, conforme a região, a categoria social e o gênero do praticante (Langer, 2009, p. 131-144). Muitos escandinavistas, justamente por isso, preferem evitar o termo paganismo, que, num primeiro momento, concede uma ideia muito monolítica desta religiosidade. Em algumas regiões (como a Islândia), o culto a Thor era preponderante, enquanto que na região sueca, especialmente no báltico, o odinismo era superior. Diversas localidades adotavam o enterro por inumação, enquanto outras optavam pela cremação. Preferências por certos deuses ou espíritos, existência de diferenciações de crenças e preponderância de certas narrativas míticas, tudo isso foi preservado pela tradição oral e interferiu na mudança de religiosidade. Assim, as fontes medievais permitem verificar vários aspectos do processo de conversão. Em outras sagas islandesas, ao contrário do episódio de conversão da *Njál saga*, o herói cristão defronta-se com Thor. Na *Óláfs saga Tryggvasonar em mesta* 213, o rei norueguês Olaf Tryggvason encontra-se pessoalmente com esta deidade, caracterizada como forte e brava, mas reclamando que o rei estava matando seus amigos, antes de mergulhar no mar. Neste caso Olaf não somente vence e supera seu inimigo, mas o substitui (Kaplan, 2006, p. 1-9). As antigas funções de Thor, como a de combater os inimigos dos homens (no contexto pré-cristão: os gigantes; para o novo imaginário: os demônios), agora são efetuadas pelo rei cristão. As tradições não podem ser abandonadas.

Desta maneira, não podemos concordar com o pesquisador Craig Davis, quando afirma que a *Njáls saga* reconhece o novo *status quo* da Islândia, reconciliando para a audiência a nova coligação entre autoridade eclesiástica e o poder real norueguês (Davis, 1998, p. 453). Existe, obviamente, o reconhecimento da superioridade da nova religião, mas o episódio da conversão aponta para uma crítica ao domínio político de então, por meio do descrédito com a figura de Odin. Já para com o deus Thor, seu poder sobre as forças da natureza permanece inalterado. Com isso, o islandês, seja o camponês ou o aristocrata, conserva seu espírito de liberdade e de identificação com um passado considerado melhor, mas agora regido por uma nova religião e um novo direcionamento político-social.

5
Os templos e locais sagrados

Localidades sagradas: aspectos gerais

Locais sagrados e de culto (bosques, fontes, poços, locais altos, montanhas) são mencionados nas fontes como *Vé*, *Hörgr* e *Hof*, mas sem descrições pormenorizadas. O Hörgr pode ser um altar de pedras ou um espaço para sacrifícios (especialmente um círculo de pedras), consagrado a certas divindades. Outras expressões são *goðahús* (casa dos deuses) e *blóthús* (casa de sacrifício). O chefe Throrolf Mostrarskegg, em seu templo de Thor na Ilha Moster, edificou uma plataforma com uma estátua da mesma divindade. A porta de entrada situava-se na lateral do templo, ladeada por colunas sagradas, com uma plataforma e altar em seu interior. Muitas edificações religiosas foram descritas como portando grandes anéis e correntes em suas portas, a exemplo de Uppsala e dos templos da Noruega. No *Livro da colonização*, um escaldo chamado Sigvatr Þórðarson afirmou que uma sala comum da fazenda, skáli, foi momentaneamente convertida em templo para a celebração de grandes sacrifícios ou cerimônias familiares.

Uma religiosidade profundamente inserida na paisagem natural – desde os primórdios essa relação com a natureza foi típica da sociedade nórdica. A própria ideia da árvore cósmica, *Yggdrasill*, mostra-nos como um elemento da natureza campestre podia tornar-se preponderante na visão de mundo. Florestas, cachoeiras, colinas, pedras, bosques e árvores possuíam forte atratividade para os escandinavos, além de remotas representações rupestres de astros como o Sol e a Lua. Estes são os terrenos dos *Landvaettir*, os espíritos tutelares das regiões naturais. Contudo, também as regiões selvagens abrigam os espíritos dos humanos mortos, muitas vezes montanhas foram consideradas sagradas, como *Helgafell*, na Islândia; mas, de maneira geral, os mortos eram enterrados próximos às famílias, pois a essência do paganismo nórdico era o culto aos ancestrais. A comunidade familiar era um dos suportes e bases das crenças pré-cristãs, essencialmente rurais e sem centralização: o elemento primordial da mentalidade germano-nórdica era o *aett* ou o *kyn*, a família ou o parentesco.

O historiador Munir Ayoub (2013, p. 99-113) analisou as construções e edifícios utilizados para fins ritualísticos, especialmente salões reais. Estes espaços eram o ponto central de uma cosmovisão escandinava, expressão máxima dos cultos, festas e manifestações aristocráticas. Algumas descobertas arqueológicas mais recentes, como o sítio de Ranheim (Noruega), datado da Era Viking, demonstram a antiga existência de templos e espaços especializados para rituais e demarcações públicas do sagrado.

Os templos pagãos nas fontes latinas

O historiador Robert Barlett (2007, p. 56-57) apresentou uma tabela comparando as descrições de templos do "paganismo nórdico" com as de outras regiões da Europa medieval, todas baseadas em fontes latinas. Ela pode ser um importante referencial futuro para novas pesquisas, destacando sempre o referencial cristocêntrico destas fontes e também a sua possível comparação com material arqueológico atualizado sobre os templos e edificações fechadas para ritos pré-cristãos na Era Viking:

Local	Fonte	Estrutura do templo	Imagens de deuses	Atributos	Sacrifícios	Divinações com cavalos	Termos para os sacerdotes
Riedegost (Alemanha)	Thietmar VI.23-25.	Muito triangular, com três portas, santuário de madeira (*fanum*), com cornos de animais e imagens externas	Zuarasici e outros deuses armados	Bandeiras (flâmulas)	Sangue de homens e bestas	Sim	*Ministri*
Uppsala (Suécia)	Adão de Bremen IV.26-27**	*Templum*	Thor no trono, Wodan armado, Fricco como Príapo		Nove animais machos eram mortos: cães, cavalos e homens suspensos em árvore sagrada		*Sacerdotes*
Szczecin (Pomerânia)	*Vitae*, de Otto***	*Fanna* de madeira chamada *continae*, com figurações animais e humanas	As três cabeças do deus Triglav	Cornos de bebidas e vasilhames	"Sacrifícios eram oferecidos" (Ebo III.1)	Sim	*Pontiflex* (*Vita Prieflingensis*); *Pontifices*, *sacerdotes* (Elbo); *Sacerdotes* (Herbord)
Wolgast (Pomerânia)	*Vitae*, de Otto***	*Fanum; Templum; Delubrum*		Escudos de ouro dedicados ao deus Gerovit			
Arkona (Rügen, Alemanha)	*Saxo Grammatticus* XIV, 39, 2-11****	Delubrum (elefantes de madeira); uma porta; imagens esculpidas no exterior; teto vermelho	Quatro cabeças do deus Svantevit	Cornos; arcos; selas de cavalo; espada	Sacrifícios animais depois da colheita	Sim	*Sacerdos*, com longos cabelos e barbas
Garz (v. Alemanha)	*Saxo* XIV, 38-41	Três *fanna* magníficas	Sete faces de carvalho do deus Rungiaevit; sete faces do deus Porevit; sete faces do deus Porenur	Espadas de Rugiaevit			

Detalhamento das fontes citadas:

*MERSEBURG, T. *Chronicon*, século XI. Ed. de W. Trillmich. Darmstadt, 1957.

**BREMEN, A. *Gesta Hamaburgensis Ecclesiae Pontificum*, século XI. Ed. de W. Trillmich. Darmstadt, 1961.

***Vita Prieflingensis (*Sanctis Ottonis Episcopi Bebenbergensis vita Prieflingensis*), século XII. Ed. de J. Petersohn. Hanover, 1990.

****GRAMMATICUS, S. *The history of the Danes*, século XII. Ed. de Hilda Davidson e Peter Fisher. Londres: D.S. Brewer, 2008 [Trad. ao espanhol: *Historia Danesa (gesta Danorum)*. Ed. de Santiago Lluch. Madri: Miraguano, 2013.

Este mesmo pesquisador (Barlett, 2007, p. 47-72) realiza algumas observações críticas para o estudo documental das representações dos "templos pagãos" nas fontes latinas: 1) As descrições podem estar circunscritas a uma área ou região em particular. O quanto cada autor generalizou a sua descrição é motivo de debate; 2) Os problemas entre correlação textual e informações arqueológicas; 3) A determinação dos referenciais e modelos cristãos para as estruturas descritas. No caso das fontes escandinavas, a determinação dos referenciais cristológicos para o deus Odin e o martelo de Thor na sua correlação com a cruz cristã; 4) O templo de Upsalla foi considerado uma ficção durante muitas décadas, porque não existiam remanescentes de edificações rituais na área escandinava, um panorama que vem mudando nas últimas décadas pela arqueologia; 5) A estrutura de poder e a do sagrado são diferentes no cristianismo e nas crenças pré-cristãs.

A historiadora Else Mundal realizou algumas reflexões sobre o referencial hipercrítico aplicado nas fontes latinas (que considera o conteúdo pré-cristão destas como totalmente fantasioso): rejeitar elas não é a melhor solução; analisar as representações que a cultura cristã elaborou sobre os cultos, deuses e templos pagãos também é importante; o tempo transcorrido entre as práticas pré-cristãs públicas e a criação das narrativas literárias cristãs é muito pequeno, o que permite a permanência de uma pequena base histórica para os relatos. "Quando um pesquisador rejeita a maioria das fontes, ele se priva da oportunidade de analisar fontes e grupos pelo olhar de outros referenciais. Fontes que isoladamente parecer incertas e fracas, podem se tornar muito mais interessantes se o que elas fornecem for suportado por outro conjunto de fontes" (Mundal, 2014, p. 211).

Alguns escandinavistas preferem optar por uma análise que privilegia somente o caráter retórico e polêmico das narrativas latinas, apontando os idealismos cristãos presentes nas fontes textuais analisadas (no caso, Adão de Bremen e Rimbert). Se, de um lado, este tipo de análise é fundamental para perceber o contexto histórico e social da época em que a fonte foi produzida, ela limita as conclusões do pesquisador, ao ser utilizada de forma isolada (especialmente os que afirmam que os conteúdos examinados não possuem qualquer tipo de informação etnográfica em relação às religiões pré-cristãs). Limitando-se apenas aos textos, a análise destes pesquisadores fica restrita somente a uma visão cristocêntrica do documento, não percebendo que estereótipos também informam conteúdos históricos, apesar de distorcidos. Neste sentido, estes escandinavistas seriam "historiadores escravos dos textos", dentro do referencial apontado por Raudvere, 2012, p. 100.

Um excelente exemplo do estudo de crenças pré-cristãs em documentos altamente estereotipados é em relação aos textos inquisitoriais examinados por Carlo Ginzburg. Em uma síntese reflexiva e conceitual, ele declara sobre o conteúdo ideológico básico das fontes: "Não existem textos neutros: mesmo um inventário notarial implica um código que temos de decifrar." Sobre a questão do conteúdo de crenças pré-cristãs e a filtragem cristã: "estamos diante da costumeira projeção de estereótipos inquisitoriais num estrato de crenças folclóricas [...]. Que outra coisa era a *interpretatio romana* ou *bíblica* (Diana ou Herodiades) proposta pelos inquisidores senão uma tentativa de apreender essa unidade subterrânea? [...] Mas a existência de uma continuidade entre a mitologia dos inquisidores é inegável. Eles traduzem, melhor dizendo, transpunham num código diferente e menos ambíguo crenças essencialmente estranhas à sua cultura." A respeito da análise que o historiador pode realizar sobre esse material, a nosso ver, essencial se aplicada ao contexto da Escandinávia Medieval (e pensando no multiperspectivismo): "Nossa interpretação pode ser controlada recorrendo a uma comparação mais ampla do que a que estava à disposição dos inquisidores" (Ginzburg, 2007, p. 288, 290, 292).

Alguns exemplos de abordagens interdisciplinares e comparativistas sobre o templo de Uppsala – que vão muito além do *topos* literário, dos estereótipos e do cristocentrismo de Adão de Bremen – são os estudos de Olof Sundqvist e Stefan Brink: segundo o primeiro, o relato possui um fundamento histórico real – foi baseado em um modelo cultural advindo de uma tradição mítico-cosmológica generalizada: um sítio ritual entendido como conectado a simbolismos cósmicos da árvore, salão e poço, possivelmente aplicados a ideologias de poder e autoridade entre os governantes de Uppsala (Sundqvist, 2018). Quanto a Stefan Brink, por meio da linguística, toponímia e arqueologia seria possível deduzir que Gamla Uppsala foi um importante centro ritual, político e mítico dos primeiros reis suecos, não sendo uma invenção fantasiosa de Adam de Bremen. "Mais uma vez, parece que nem Snorri nem Adão 'falaram através de seus chapéus'; ou, como dizemos em sueco, 'andaram de bicicleta', quando muito. Portanto, meu artigo é uma espécie de reabilitação de Snorri e Adão e seus textos, tão importante para que possamos reconstruir não *a* mitologia, mas *uma* mitologia pré-cristã. Deve haver um núcleo de verdade histórica em suas estórias, tanto quanto os topônimos nos dizem" (Brink, 2017, p. 191, grifos do autor).

Ídolos e imagens em templos

Os nórdicos antigos esculpiam imagens de suas divindades em madeira, metais e pedra. Não sobreviveu nenhum dos ídolos mencionados pelas fontes, principalmente pela ação do processo de cristianização na Escandinávia. Outra possibilidade é que muitas das imagens e descrições foram produtos de referenciais cristãos influenciados por fontes clássicas; sendo, deste modo, fantasias históricas. As fontes abundam em descrições de idolatria, a exemplo das três estátuas presentes no templo de Uppsala, erigidas a Odin, Thor e Freyr. Em geral, as fontes mencionam muito pouco estátuas a Odin, enquanto Thor é largamente citado, como no templo de Hundsthorp, adornada de ouro e prata, ou o templo de Gudbrandsdal, coberta de anéis de ouro. Balder possuía uma estátua no templo de Sokn, enquanto imagens de Freyr eram ornamentadas de ouro e prata na Islândia. Também um ídolo de prata representando Freyr existiu no adoratório do Rei Agðir.

Alguns dos conhecidos objetos com intenções supostamente religiosas são estatuetas antropomorfas de madeira e metal. Um dos mais famosos exemplos é o objeto de bronze encontrado em Rallinge, com 7cm, representando uma figura masculina com pênis ereto – geralmente interpretado como sendo o deus Freyr. Outra estatueta (Eyraland) representa um homem portando barba e um martelo, identificado com Thor. Algumas figuras de barba também são associadas a este deus, como as encontradas em Suécia, Islândia e Ucrânia. Por sua vez, o deus Odin é identificado a outras estatuetas e esculturas sem um dos olhos, como as de Lindby, Tisso e Uppakra.

As pessoas utilizavam amuletos contra doenças, perigos, proteção e adversidades da vida e muitas vezes esses objetos possuíam uma relação direta com os poderes de alguma divindade. O martelo de Thor, por exemplo, era um objeto comumente encontrado em sepulturas, fortificações e locais sagrados e continha significados mágicos e de proteção. Alguns pingentes em formato de machado, feitos de âmbar, parecem ter sido utilizados com propósitos semelhantes em ritos funerários. Miniaturas da lança de Odin, Gungnir, são conhecidas de muitas localidades da Suécia. Outros objetos como representações de valquírias também são atrelados ao culto de Odin e foram encontrados em sepulturas de *volvas*. Muitos outros tipos de amuletos foram descobertos na Escandinávia da Era Viking, como pingentes representando escudos com espirais, tronos e serpentes. O primeiro possuiria ligação com o culto ao Sol e a fertilidade, enquanto o segundo pode estar relacionado tanto a Thor como Odin (ambos possuem tronos). A serpente é um dos símbolos religiosos mais difundidos entre os povos indo-europeus e entre os nórdicos possuía vários significados, entre os quais o renascimento e a vida, além de sua relação com o xamanismo de Odin.

Templos e arqueologia

Uppåkra: importante edificação ritual descoberta na região sul da Suécia, Escânia, entre os anos de 2000 a 2004. A edificação teria sido construída durante o século III d.C. e foi utilizada até o início da Era Viking, sendo reconstruída seis vezes. Ela media 13m de altura e 6 de comprimento, tendo três portas (duas no sul e uma no norte). A parte central era sustentada por quatro grandes colunas, enquanto que os cantos também tinham pilares, feitos de carvalho. Em volta de um dos pilares foi encontrada uma argola de ferro e outra a 10m do edifício. Próximo deste edifício também foram encontrados quatro túmulos da Idade do Ferro, indicando que constituía um local muito importante. A edificação foi construída para ser destacada na paisagem, devido ao seu tamanho. Pontas de lanças de diferentes épocas são os materiais que foram mais encontrados, depositados ao redor do templo (algumas deliberadamente quebradas), seguidos de fragmentos de escudos e podem ter sido exibidos na edificação. Também próximo ao edifício foram encontradas pedras queimadas, ossos animais e vestígios de uma área pavimentada, a sudoeste do prédio. Alguns achados de dentro da edificação destacam o uso ritual do local: uma lareira central; uma tigela de vidro; cacos de vidro; centenas de figuras de ouro (*gullgubber*, cerca de 200) (Larsson, 2006, p. 11-25).

Comparando esta estrutura com outras da área escandinava pré-cristã, os vestígios parecem indicar que ocorria uma grande variedade na estrutura de edificações especializadas para cultos, o que indicaria a inexistência de uma religião institucionalizada com construções rituais especiais antes do cristianismo. O sítio de Uppakra cobre uma escala de tempo em que a sociedade passou por diferentes e marcantes mudanças, o que poderia ter afetado as formas de rituais e cerimônias. Este sítio difere da maioria das localidades centrais encontradas na Escandinávia pela sua grande continuidade, que vai da Idade do Ferro Romana até o final da Era Viking, o que demonstra uma grande estabilidade, representante de uma ordem secular e sagrada solidamente estabelecida por séculos (Larsson, 2006, p. 11-25).

Tissø: na década de 1990, alguns arqueólogos encontraram um edifício ritual na residência de um grande líder nos arredores do lago Tissø, Zelândia, Dinamarca. O local continha um salão central, uma grande quantidade de ossos animais e fragmentos de vidro. Na mesma área, foram descobertos um enorme anel de ouro e ossos animais. Todos os vestígios apontavam para um significado religioso de todo o complexo. Outros tipos de vestígios, como armas e joias, apontaram que o local era frequentado pela aristocracia e que o rei desempenhava um papel importante nos cultos.

Lunda: na Fazenda Lunda, Södermanland, Suécia, foi escavado um edifício contendo três figuras fálicas no seu interior, uma de ouro e as outras de bronze. Próximo deste local, ocorria um bosque que parece ter sido sagrado, contendo grande quantidade de ossos animais, contas e armamentos.

Ose/Ørsta: próximo à cidade de Bergen, Noruega, foi descoberta em 2020 uma edificação ritual, na vila de Ose, próxima a Ørsta. O local foi descoberto quando iniciaram as escavações para a construção de um conjunto habitacional. Segundo os pesquisadores Sissel Beate Brunstad e Olaug Bjørneset, a estrutura de Ose tem muita semelhança com os antigos templos de Uppåkra e Tissø, mas seria a primeira evidência deste tipo encontrada na Noruega. Ela teria originalmente 7m de altura e 14m de largura. Ela possuía dois lados logos e ligeiramente arqueados com seis rolamentos de telhado em cada lado. Dentro do edifício ocorreram traços de quatro pilares centrais (de modo semelhante ao templo de *Uppåkra*). Em 1928 teria sido encontrada uma pedra de formato fálico neste mesmo local, reforçando o seu caráter sacro. As últimas escavações recuperaram ossos de animais e diversas estatuetas. As datações prévias foram baseadas nos vestígios próximos de habitações, que cobrem um período que vai da idade do Ferro ao início do Medievo. As informações e resultados iniciais das escavações foram divulgados pelo site do Museu de Bergen em 2020.

Templos e cosmologia

A famosa descrição do tempo pagão de Uppsala (Suécia), realizada por Adão de Bremen, conteve diversos referenciais cristãos. Escavações arqueológicas neste local indicaram que não existiu um grande templo como descrito pelo cronista, mas um grande salão real, utilizado para fins cerimoniais. Locais muito semelhantes foram também encontrados em Mære (Noruega), Järrestad (Suécia) e Helgö (Suécia). Apesar de tradicionalmente os pesquisadores argumentarem que não existiram templos ou construções especializadas para fins rituais na Era Viking, recentes descobertas vêm demonstrando que além dos cultos praticados ao ar livre, também ocorriam nesses espaços fechados. Em Borg (Noruega), uma pequena casa foi encontrada, situada numa elevação rochosa, construída com soleiras e paredes de madeira. Ela foi erigida junto a um jardim pavimentado, cobrindo uma área de cerca de 1.000m². A redor desta construção foram encontrados inúmeros ossos de animais (cachorros, cavalos e javalis) e também amuletos circulares de metal, ligados com pingentes do martelo do deus Thor.

Vestígios de sítios rituais ao ar livre foram encontrados em Frösön (Suécia). Entre os ossos de animais domésticos e selvagens, foram achados vários remanescentes de ursos – um animal associado diretamente à marcialidade e ao deus Odin, o que levou os pesquisadores a acreditarem que se tratava de um sítio sacrificial, possivelmente uma sepultura. Os corpos foram depositados junto a árvores que cresciam na época dos sacrifícios, o que leva a uma comparação direta com o relato de Adão de Bremen e a Tapeçaria de Oseberg – apresentando imagens de enforcados numa grande árvore.

Diversos tipos de pesquisas vêm apontando implicações cosmológicas em estruturas e localidades nórdicas. Para Lars Larsson, o templo de Uppåkra foi construído representando aspectos cósmicos e sociais: seus depósitos de pontas de lanças invocava o salão do Valhalla (repleto de guerreiros renascidos), enquanto os postes centrais são uma alusão à árvore Yggdrasill. Um destes postes foi recoberto com figuras de ouro, conectando simbolicamente o local com o bosque de Glasir e o Valhalla. Um outro local, a fortificação de Ismantorp (Suécia), foi identificado pelo arqueólogo Andres Andrén como também possuindo conotações cosmológicas: seus nove portões seriam uma alusão ao número sagrado de Odin e aos nove mundos, enquanto o poste central teria sido uma referência a Yggdrassill. Tendo um caráter de legitimação de uma nova ordem militar no final do período das migrações, Ismantorp também foi integrada a uma nova concepção de liderança política, que se utilizou de referenciais mitológicos e religiosos.

Também no sítio de Gudme (Dinamarca), a arqueóloga Lotte Hedeager acredita em implicações cosmológicas em sua estrutura arquitetônica: ele teria sido um modelo paradigmático de Asgard, ou seja, um centro de culto ao deus Odin, cuja arquitetura seria baseada (em termos de imaginário artístico) ao que se acreditava que seria a moradia dos deuses. Do mesmo modo que o trono de Odin (Gladsheim), o trono do rei ficava em uma posição central e mais elevada no centro de Gudme. Neste caso, o objeto também servia como suporte para a autoridade real.

Espaços sagrados

Diversos tipos de blocos de pedras erigidos durante a Era Viking, naturais ou antrópicos, podem se caracterizados por terem sido *monumentos sagrados* – eles foram investidos de significados de liminaridade e cosmovisão e serviram como *lugares de memória* na paisagem natural. A liminaridade, dentro do referencial conceitual proposto pelo escandinavista John Luke Murphy, é a presença em espaços objetivos ou subjetivos de valores sagrados, liminares e destituídos do referencial humano como centralizador no cosmos (Murphy, 2016, p. 161). O binarismo sagrado *versus* profano na paisagem vem da tradição cristã. No mundo escandinavo pré-cristão existiam lugares que foram mais sagrados do que outros, mas sem um rígido binarismo (Murphy, 2016, p. 141)

A cosmologia nórdica torna o mito compreensível e o carrega de significados; fornece a base para os rituais e as representações espaciais; pressupõe ou confirma uma visão de mundo e uma ordem social. É o pano de fundo com a qual as ações são executadas; estabelece limites e a ordem, define o "dentro" e o "fora" na estrutura do mundo e as posições no universo; estabelece as bases morais do ritual (Raudvere, 2009, p. 16-21). A cultura material servia como veículo para os *lugares de memória*. As referências espaciais com o passado continuam mesmo após a cristianização (Anders, 2018, p. 138). As pedras rúnicas inseridas na paisagem natural afetavam os corpos sociais e as narrativas dos mitos, sendo a própria paisagem portadora de qualidades mnemônicas; as pedras rúnicas não podem ser analisadas somente pelo seu conteúdo, mas pela sua interação original com a paisagem, não eram elementos isolados (Danielsson, 2015, p. 64-71).

Um exemplo (bem anterior à Era Viking) é o monumento de Kårstad (Noruega) que foi erigido diretamente na paisagem natural, na encosta de uma montanha. Ele foi o marcador de um novo espaço social – os bandos de guerreiros do período das migrações, definidos pelos ritos extáticos, juramentos e simbolismos relacionados à guerra, cultuando essencialmente Wotan. A própria montanha em si poderia ser considerada um espaço sagrado, pois no mundo escandinavo antigo deste período elas eram consideradas habitadas por espíritos ou conectando o céu e a terra como *axis mundi* (Šeiner, 2009, p. 13).

Outro exemplo é a pedra de Snoldelev (DR 248, Dinamarca da Era Viking), que por ser um bloco pétreo, era sagrado por si mesmo. Na Escandinávia da Idade do Ferro tardia, as pedras e blocos eram considerados símbolos de eternidade e imortalidade, devido à sua longevidade material. Continham propriedades espirituais e meios de comunicação com o numinoso, simbolismo fálico, conexões com os mortos, objetos de proteção e suportes para memórias coletivas (Šeiner, 2009, p. 12-3). E também deve ser levado em conta o fato deste bloco estar inserido no topo de um monte que foi utilizado como cemitério.

Também outros tipos de rochas, marcações com pedras e monumentos com sentido sagrado são as funerárias. Para o pesquisador Andreas Nordberg, a morte era considerada um drama cósmico, especialmente dramatizada em funerais. O monumento funerário seria uma ponte de acesso para o outro mundo, uma passagem para os mortos, como descrito no *Risala* de Ibn Fadlan e na *Saga de Hervor*. Deste modo, a sepultura teria uma função de conexão com o outro mundo. Ao analisar sepulturas com construções de pedra triplamente dentadas, proeminente e isoladas na paisagem, Nordberg conclui que poderiam ter alguma ligação com os simbolismos das três raízes da Yggdrasill. Já para as sepulturas de blocos centrais (Lingsberg, RAA 241, Dinamarca), elas teriam conexão com o simbolismo das montanhas sagradas. Neste momento o pesquisador utiliza o poema *Ynglingatal* para narrar a estória de Sveigðir, um rei que partiu em busca de Odin e chega na fazenda Steinn, situada acima de uma rocha enorme. Após uma festa, segue um anão para dentro da rocha (*í dúra*) e fica preso nas montanhas com os anões. Nordberg também recorda outra fonte que é relacionada com a sacralidade da montanha: Hellgafell (Nordberg, 2009).

Um outro padrão que também possuiria simbolismos cosmológicos são os depósitos de rochas circulares, a forma arquitetônica mais comum em sepulturas nórdicas pré-cristãs, realizadas em torno do ano 1000 d.C. (como Sylta, RAA 87, Suécia). Existem evidências de fogo ao redor da sepultura, o que poderia indicar uma relação com os simbolismos do fogo no relato literário da sepultura do pai de Hervor, por exemplo. Locais com fogo são espaços intermediários e conectados aos outros mundos (Nordberg, 2009). Um outro exemplo de que a esfera sagrada não era algo separado da vida das pessoas nas crenças pré-cristãs da Escandinávia é com a fortaleza de Ismantorp. Construída em 200 e abandonada em 680 d.C., a fortaleza tinha nove portões e um poste central. A fortaleza em si seria uma representação de Midgard, o mundo dos homens, enquanto o poste seria a simbolização da Yggdrasill, a árvore cósmica (Anders, 2014).

6
As práticas mágicas

Aspectos gerais da magia nórdica

O mundo nórdico, assim como em outras regiões e períodos, conheceu diversas manifestações de práticas mágicas. Tanto utilizadas para fins domésticos, a exemplo da magia amorosa e intentos maléficos, como em rituais de caráter coletivo (incluindo profecias), a magia nórdica ao mesmo tempo esteve vinculada tanto com a religiosidade pública quanto privada. Aqui definimos magia enquanto um conjunto de práticas, técnicas e instrumentos utilizados por determinadas pessoas para controlar fenômenos da natureza e do próprio ser humano, adequando-se geralmente nas categorias do sobrenatural, do invisível e do oculto. Assim, estas manifestações culturais, na realidade, estariam vinculadas também com certas concepções sobre vida, morte, cosmos, humanidade, divindades etc., não sendo possível separar rigidamente de outras esferas do imaginário social, como a mitologia e a religião tradicional (pública e/ou institucional).

A magia no mundo nórdico pode ser amplamente dividida em dois grupos do ponto de vista da intencionalidade da prática (e muitas vezes, ambas realizadas pelos mesmos agentes e com as mesmas técnicas): defensivas e ofensivas. Este conceito esteve presente desde as culturas da Antiguidade oriental e ocidental, em que a magia defensiva (geralmente curativa e profética) tinha legitimidade social – une a comunidade, enquanto a magia destrutiva ou ofensiva era considerada ilegal ou antissocial – separava os homens.

Nas fontes literárias da Escandinávia medieval (principalmente as *Eddas* e as sagas), a feiticeira ou praticante de magia tanto pode utilizar objetos mágicos, como em outras situações, ela própria é a fonte de poder da magia (*fróðleikur/margkunnindi*). E ela pode atuar tanto no mundo rural como nos centros urbanos nórdicos, executando rituais coletivos públicos ou individuais e privados. Utilizamos a perspectiva de que feitiçaria é um ritual mágico de caráter destrutivo ou ofensivo com forte carga simbólica e representações do cosmos, da vida e da morte ("A feitiçaria é, antes de tudo, uma rede de representações e de palavras", segundo Jean-Claude Schmitt, 2011; a feitiçaria possui "uma função cognitiva mais geral: ou seja, é um modo de perceber o mundo, compreendê-lo, usando-o para os seus propósitos", segundo Luck), enquanto bruxaria foi definida pelo imaginário da elite inquisitorial e clerical inicialmente durante o século XIII, mas amplamente após o século XIV, associando à figura histórica e social da feiticeira alguns elementos fantasiosos, como o pacto diabólico, o voo noturno, a metamorfose animal e a participação coletiva no sabá (nos critérios de Carlo Ginzburg). Deste modo, a bruxaria constitui-se em uma série de representações elaboradas pelo imaginário cristão, sem correspondência para a Escandinávia da Era Viking. Este imaginário penetra no mundo nórdico somente após o século XIV, sendo errônea a tradução ou utilização do termo bruxa em português tanto para as *Eddas* quanto para a maioria das sagas islandesas (compostas inicialmente entre os séculos XII e XIII). Apenas em algumas sagas tardias podemos perceber influências do imaginário continental da bruxaria, articulado com elementos nativos. Os termos escandinavos para bruxa (heks, trollkvina) são empregados mais comumente no final da Idade Média.

O termo mais comum para magia nas fontes nórdicas é *fjölkynngi* (conhecimento). As duas técnicas mágico-religiosas mais mencionadas na literatura escandinava medieval são o *seiðr* (canto), ritual de caráter divinatório e xamânico, e o *galdr* (sons mágicos), utilizado em operações curativas e encantamentos. Ambas as técnicas podem ser mencionadas como tendo sido executadas pelas mesmas agentes, como as *seiðkonas* (mulheres praticantes do *seiðr*), *galdrakonas* (mulheres praticantes do *galdr*) e as *völvas* (profetisas). O padrão que percebemos claramente é a utilização de sons, canções ou poesias mágicas, assentadas sobre fórmulas específicas para o contexto de uma plateia, repletas de conteúdo mitológico e religioso. Tanto o *seiðr* quanto o *galdr* foram relacionados a atividades de preservação da ordem (curas, profecias, controle do clima e da natureza), como para malefícios (controle, desilusão, assassinato, maldições).

Relação de práticas mágicas da Era Viking: *Fóstbroeðralag* – ritual mágico de irmandade e fraternidade sagrada; *Spá* – profecia, arte de determinar o *ørlög* (destino); *Hamfar* – viagem xamanista com forma de animal; *Eftirrýni* – divinação, descoberta de conhecimentos proibidos, especialmente roubos e injustiças; *Níð* – magia difamatória; *Niðstong* – bastão difamatório, acompanhado de uma fórmula declamada (*formáli*); *Ákvaeði, áhrínisorð* – magia difamatória; *Galdr/Galdur* – cantos mágicos; fórmulas mágicas usadas em curas, para manter a sorte, facilitar partos; amuletos/encantamentos com sons e cantos; *Galdralag*, métrica de cantos mágicos; *Þorgríma* – ritual mágico utilizado para originar tempestades; *Seiðr* – canto; ritual mágico de tipo adivinhatório; *Varðlokur* – canto mágico; *Utiseta* – técnicas para receber visões da morte; *Sjónhverfing* – prestidigitação, magia de desilusão para enganar a visão; *Huliðshjálmar* – capacete de ocultamento ou invisibilidade; *Gørningstakkr* – camisas enfeitiçadas com proteção mágica.

No caso específico da recorrência da magia nas sagas islandesas podemos dividir os estudos acadêmicos sobre magia e religiosidade nórdica em dois grandes grupos: o primeiro, congregando os que percebem que a grande maioria dos episódios mágicos inseridos nas fontes literárias medievais possuía realidade histórica, e o segundo, que concebe os mesmos episódios como elaborações ficcionais:

a) *A magia nórdica como realidade histórica nas sagas islandesas.* O estudo da religiosidade dos escandinavos antes da cristianização sempre privilegiou o uso da prosa ficcional islandesa e as *Eddas* desde o Oitocentos. Escandinavistas consagrados, como Georges Dumézil, Hilda Davidson e Régis Boyer estudaram a mitologia e o paganismo nórdico utilizando o recurso de fontes literárias escritas séculos após a conversão. De maneira geral, não consideraram possíveis influências cristãs na elaboração dos manuscritos, ou mesmo na época de sua composição.

Inseridos na nova geração de escandinavistas, vários pesquisadores ampliaram o foco de investigação para métodos comparativos entre a cultura material (vestígios arqueológicos, análise de estelas funerárias, inscrições rúnicas) e as fontes literárias. A interferência de elementos cristãos ou da sociedade na época da composição do material literário, especialmente após o emprego da escrita latina, é considerada, mas não a ponto de desacreditar as informações históricas sobre práticas mágicas e o paganismo.

Os principais representantes desta geração são Neil Price, Britt-Mari Nasstrom, Eldar Heide, Jenny Blain e François-Xavier Dillman. Paralelamente a este grupo, alguns acadêmicos investigaram a proximidade e ou influência da cultura e do xamanismo finlandês, da literatura eslava, celta e latina na religiosidade escandinava, antes e depois da cristianização. Especialmente perspectivas antropológicas foram utilizadas, além do tratamento das fontes islandesas como documentos etnográficos. Thomas Dubois, Gísli Pálsson e Clive Tolley são alguns dos nomes mais importantes desta perspectiva.

Uma quarta tendência, mais recente, explora o conceito de que existiu uma tradição mágica de origem pré-cristã, mantida pela tradição oral e memória coletiva – mas que foi reelaborada para criar modelos explicativos e de identidade na literatura escandinava da Idade Média Central, como a definida por Lorenzo Gallo e Teodoro Antón – ou que teria se fundido a elementos do imaginário cristão advindos do continente (ou ainda, tendo mesmo influenciado a ideologia sobre bruxaria do continente, num movimento contrário), preconizada especialmente por Stephen Mitchell.

b) *A magia nórdica como tema ficcional nas sagas islandesas*. Em contraposição, diversos acadêmicos defendem um ponto de vista totalmente diferente, na qual os temas ligados ao paganismo, práticas mágicas e elementos religiosos, na realidade, seriam apenas motivos ficcionais, inventados após a conversão e registrados nas sagas islandesas apenas como recursos narrativos. Enquanto alguns investigadores, como Bernt Thorvaldsen, interpretam as práticas mágicas como tipos literários sem relação com a realidade e a tradição oral, servindo muito mais para estudos sobre a percepção do passado (a visão de paganismo pelas comunidades na época de composição dos manuscritos) do que para entender a religiosidade pré-cristã, outros, como Jóhanna Friðriksdóttir, utilizam a magia para se conhecer as estratégias sociais de gênero e poder para a audiência contemporânea das sagas. Também as praticantes de magia, como as profetisas, são interpretadas como um tipo literário nas fontes, a exemplo de John McKinell, passíveis inclusive de nem terem existido nos tempos pagãos, o que contraria boa parte dos estudos clássicos sobre a religiosidade tanto dos germanos quanto dos escandinavos da Era Viking. Outros pesquisadores são ainda mais radicais. A epigrafista Mindy Macleod acredita que as referências sobre magia rúnica em todas as fontes literárias nórdicas, incluindo as *Eddas* e as sagas, foram invenções artificiais, interpoladas e adaptadas aos motivos das narrativas. Outro ponto de vista é defendido pela historiadora Alexandra Sanmark, que concebe mesmo os deuses do panteão germano-escandinavo como criações literárias.

Com relação ao mesmo tema e problemática, outros pesquisadores mantiveram uma perspectiva semelhante ao de Thomas Dubois: a magia nas sagas islandesas foi distorcida pelo cristianismo e não pode ser interpretada literalmente como material etnográfico, mas exprime crenças, ações e/ou práticas reais do passado (Mitchell, 2000, p. 335-345); apesar da estrutura literária e do referencial cristão das sagas islandesas é necessário também *descontextualizar o texto*, recuperando a visão de mundo das tradições anteriores ao cristianismo – neste sentido, o pesquisador Clive Tooley utiliza a noção de que a magia nos tempos pagãos era uma atividade ao mesmo tempo periférica e central, e alguns aspectos de sua subversividade original foram preservados posteriormente (Tooley, 2014, p. 15-37). Ou seja, estamos distantes de um tratamento puramente ficcional da magia na literatura nórdica medieval.

A prática do seiðr

O *seiðr* foi uma das várias práticas mágicas que existiram na Era Viking, relacionada diretamente com as estruturas religiosas e inserida na vida das comunidades de caráter rural da Escandinávia, entre os séculos VIII e X d.C. O significado do substantivo seiðr é polêmico. Para Régis Boyer (1997), o termo seria advindo de raízes indo-europeias e significaria "canto" ou "vínculo", mas grande parte dos pesquisadores vincula a palavra com outros termos semelhantes no germânico antigo (Anglo-saxão: *sāda*; Antigo Alto Alemão: *seito*), todas denotando uma ideia de corda, laço, barbante, e ainda, se levarmos em conta a poesia escáldica (como a *Ragnarsdrápa* 15 e o poema de Eystein Valdason), o seiðr aparece também como cinturão, num sentido de atrair, amarrar, puxar. Como características que surgem nas fontes associadas às práticas sociais desta magia, temos: adivinhação e clarividência; descoberta de coisas perdidas e segredos do espírito; cura de doenças; controle do tempo; manipulação de venenos; maldição contra um indivíduo; insulto e ofensas.

Na mitologia escandinava, o seiðr surge relacionado à Freyja, que teria ensinado a prática aos demais deuses e a Odin (*Ynglinga saga* 4). Freyja é identificada às questões de sexualidade, fertilidade e ao mundo dos mortos, sendo uma força muito potente na fase final do paganismo. Alguns acadêmicos também acreditam que ela apareceria sob outras denominações, Gullveig, uma misteriosa mulher associada à guerra primordial entre os Vanes e os Ases, e Heiðr, uma entidade que visitava as casas das mulheres, praticando o seiðr (*Völuspá* 22). Para John Lindow, Freyja pode ter utilizado esta prática mágica como uma estratégia para a guerra entre os deuses ou mesmo ter sido o motivo de tal conflito. Isso pode ser confirmado no significado de batalha para o substantivo seiðr, que aparece em diversos poemas escáldicos, datados entre os séculos X e XI d.C. (como *Hákonarkviða* 12), e sobrevive com o mesmo sentido em algumas sagas islandesas (*Harald saga hárfagra* 23).

Mas a principal divindade nórdica relacionada com a magia é Odin, deus do êxtase, da magia, da metamorfose, da guerra e da vitória, entre outros atributos, cocriador dos homens e do universo. Esta deidade utilizaria o seiðr para ter grande poder, conhecer o futuro, trazer morte, azar, doença e até mesmo a controlar a inteligência dos homens. Mas ainda, os homens que realizariam tal prática seriam acometidos de certa fraqueza e ansiedade, trazendo tanta vergonha e efeminação que o seiðr seria praticado majoritariamente por mulheres (*Ynglinga saga* 7). Nas fontes literárias, o rito mágico é preponderante com figuras femininas, e alguns praticantes masculinos teriam sido queimados pelo envolvimento no ritual (*Harald saga hárfagra* 36). Aqui ocorre uma conexão direta com o termo *ergi* (efeminação), no qual percebemos que a sexualidade dos praticantes da magia pode ter interferido em seus papéis sociais, motivo de muita polêmica nos estudos escandinavistas. Para Neil Price, o envolvimento masculino no ritual possuía uma moral diferente daquela em que ele estaria normalmente inserido em outras situações na sociedade da Era Viking, mas a relação exata entre sexualidade, comportamento, valores e moral na sociedade ainda é muito mal compreendida. A pesquisadora Jenny Blain pensa que poderia ter existido a noção de um terceiro gênero na *performance* do ritual mágico, mas isso não consegue explicar o envolvimento ambíguo do deus Odin no seiðr: uma figura extremamente viril no ideário dos guerreiros e realeza, mas envolvido em um culto efeminado.

Em diversas sepulturas femininas, nas quais os arqueólogos encontraram vestígios de objetos relacionados com magia, como bastões mágicos, surgem figuras e esculturas relacionadas diretamente com esta deidade: animais totêmicos (como lobos e ursos), pingentes representando Odin, figurações de valquírias e vestígios de plantas alucinógenas. Neste momento, chegamos a outro tema polêmico: a existência de xamanismo na religiosidade viking, ou mais especificamente, nos cultos odínicos. O conhecimento sagrado e proibido, dentro da tradição nórdica, era obtido através de jornadas em estados de transe, metamorfose animal, ou no caso de Odin, no cavalo Sleipnnir, com oito patas, um padrão animal típico do xamanismo circumpolar. Apesar do consenso geral em torno de alguns elementos que reportam ao êxtase na religião nórdica, a origem autóctone ou estrangeira do seiðr é alvo de intensos debates. A historiadora Stefanie Schnurbein sistematizou a historiografia do xamanismo nórdico em três vertentes principais: a) Os que acreditam que o xamanismo escandinavo foi autóctone (de Vries, Schröeder, Stefan Arvidsson); b) O xamanismo nórdico teve influências externas, principalmente advindo da área finlandesa (Fritzner, Strömback, Kabell, Thomas Dubois); c) Não existiu xamanismo na religiosidade nórdica (Ohmarks, Fleck, Gustav Ränk).

O galdr

Um tipo de encantamento ou elemento da magia nórdica antiga, conhecido como *galdr*. Este termo nórdico é derivado da palavra anglo-saxônica *gealdor/galdor* e em antigo alto alemão *gala/galstar*, todos significando sons para encantamento. Também as conexões com raízes semânticas advindas do indo-europeu são enfatizadas pelos pesquisadores, como na palavra *ghel* (canto). Nas fontes britânicas alto-medievais, as mulheres que curavam com cantos e plantas eram conhecidas como *wyrtgælstra* e sua arte o *gealdrorcræftum*. A *performance* sonora denotava uma voz estridente, sugerindo uma aproximação com o som do corvo. O *galdr* nas fontes literárias escandinavas era utilizado tanto para curas, adivinhações, proteções e malefícios.

Estas canções para encantamento possuem uma métrica na literatura islandesa, o *galdralag*, derivado do *ljóðaháttr* – forma sonora que se alterna com o *fornyrðislag*, a métrica das estórias antigas, na qual a maioria dos poemas da *Edda poética* e os constantes nas *fornaldarsögur* foram compostos. O galdralag é uma variação poética que impressiona pelo seu poder de estilo. No caso do *galdr*, ele também é mencionado diretamente como uma prática para controle climático, como citado na *Laxdœla saga* 35-36, em que o seiðmenn Kotkell utiliza o *galdr* para invocar uma tempestade marinha, com um resultado trágico para seus inimigos. Em outros contextos, o encanto climático pode ser meramente protetor, como no poema éddico *Gróugaldr*, em que a feiticeira Groa é invocada por seu filho Svípdag do túmulo, para que conceda uma série de encantamentos a ele (*galdra þú mér Gal*, estr. 5). Tanto o controle dos rios, do frio das montanhas, e especialmente o mando sobre as águas e os ventos do mar, são evocados por Groa (estrs. 8, 10 e 11), lembrando muito também a capacidade de Busla para dominar os elementos ctônicos e aquáticos no intuito de ferir o Rei Hring. Em sua análise do *Buslubœn*, Lorenzo Gallo compara esta com a maldição que uma feiticeira realiza para o Rei Hadingus (*Gesta Danorum* 1.8), concluindo que possuem uma mesma adaptação de tema tradicional, com a diferença de que Busla não invoca os deuses para colaborar com o caos marítimo, ao contrário da mulher descrita por Saxo Gramaticus. Em todos estes casos, a feitiçaria aparece estreitamente vinculada à micropolítica da comunidade, e quanto maior o envolvimento político na trama da estória, mais potente é o feitiço empregado para dominar ou desequilibrar o clima.

O *galdr* era utilizado tanto para aprisionar quanto para desfazer outros encantos que "prendiam" o guerreiro, como no poema anglo-saxão de *Merseburg*, século IX (*suma clubedun umbi cuniouuidi: insprinc haptbandun inuar uigandun*, "Umas mexeram nas amarras: Solte-se dos grilhões – escape aos inimigos!", tradução de Álvaro Bragança Júnior). Na literatura islandesa, essa paralisia que tomava conta dos guerreiros recebia o nome de *Herfjöturr* e era creditada diretamente ao deus Odin, a exemplo de *Harðar saga ok Hólmverja* 36 (Þá kom á Hörð herfjötur, veio a paralisia para Hörð). Também o *galdr* era utilizado como proteção contra a paralisia, invocando uma das nornas (*Gróugaldr* 7, Urðar lokurhaldi þér öllum megum, er þú á sinnum ser, "A fechadura de Urð te protege, se ficares em perigo").

A utilização do *galdr* pode ser conferida no poema *Buslubœn* (Saga de Bosi): utilizando runas e plantas como o visco e o cardo, tem o caráter de obter uma maior eficiência no conjuro contra o Rei Hring, "amarrando" o destino trágico desferido contra ele, uma tradição simbólica que remete aos tempos vikings e persiste no Medievo cristão. Em outras duas importantes fontes podemos constatar a antiguidade do uso de *galdr*, maldições na cultura escandinava, sendo ambas anteriores que a *Bósa saga* e o *Buslubœn*.

Na *Grettis saga Ásmundarsonar* 79, o inimigo do principal protagonista da estória, convoca a feiticeira Þuríðr para destruir Grettir. Ela realiza o intento com três raízes de uma árvore, na qual inscreve runas com seu sangue (*rúnir á rótinni og rauð í blóði*), emitindo encantos (*yfir galdra*) e proferindo uma *unmæli* (maldição).

A prática do *galdr* nas sagas islandesas reflete a continuidade de tradições religiosas germânicas da Antiguidade, que no Período Medieval apresentou uma área de dispersão e influência muito maior que o *seiðr* (este influenciado diretamente pelo xamanismo lapônico e circumpolar dentro do mundo viking). Atingia toda a Escandinávia insular e continental; a região báltica e eslava (cf. os poemas do *Kalevala* e encantos lituânicos); o mundo anglo-saxão e as ilhas britânicas; a Islândia; a Alemanha. E também ao contrário do *seiðr* – este com um caráter coletivo, público e xamânico muito mais definido, o *galdr* sobreviveu após a cristianização. Por isso é muito difícil encontrar vestígios do *seiðr* na Escandinávia após o século XII, enquanto que o *galdr* manifesta-se desde inscrições rúnicas datadas do século IX (DR EM85, Dinamarca) até em grimórios de magia da Islândia baixo medieval e renascentista, a exemplo do famoso *Galdrabók*. Seu caráter mais individualista, privado, e ao mesmo tempo de ampla diversidade (utilizado em partos, curas, adivinhações e malefícios) garantiu seu sucesso e sobrevivência na sociedade, adaptando-se à mentalidade cristã. Desta maneira, acreditamos que as menções ao *seiðr* nas sagas islandesas sejam resquícios do passado, registros (distorcidos ou realistas) da religiosidade dos tempos vikings, não mais presentes no momento da composição das fontes literárias. Ao contrário do *galdr*, que era vivo e atuante para a audiência tanto das *fornaldarsögur* quanto das *islendigasögur*. Assim, o referencial de alguns escandinavistas que concebem que as sagas simplificaram e unificaram as práticas pré-cristãs pode ser equivocado. A personagem Skuld na Hrolfssaga Kraka ogkappa hans, uma *galdrakind* que pratica o *seiðr*, pode ser um reflexo autêntico da religiosidade pré-cristã, visto que a instrumentalidade de ambas as práticas não significa necessariamente que a fonte literária fez algum tipo de confusão entre elas. Outras fontes também descrevem o uso combinado de magias, como *Laxdæla saga* 35-36, em que Kotkell, um praticante de seiðr, utiliza o *galdr* para invocar uma tempestade. Se recordarmos que o criador do *galdr*, o deus Óðinn (*galdrsfaðir*) também praticava o *seiðr* (*Ynglingasaga* 7), essa oposição entre os dois tipos de magia não existiu. Também a romântica concepção de Dumézil, em que o *seiðr* seria para os vikings um tipo de alta magia e o *galdr* uma baixa magia, não tem o menor respaldo, visto que utiliza referenciais morais e éticos desconhecidos para os nórdicos.

A magia níð e o niðstong

O *níð* seria uma difamação, uma magia difamatória e malévola (magia negra segundo Rudolf Simek), na qual a *Egil saga* 57 descreve a elaboração detalhada de um *niðstong* (bastão da infâmia) para o Rei Eirík da Noruega: uma rama de avelã é colhida, e em seguida, Egil segue a um promontório rochoso próximo do litoral; corta uma cabeça de cavalo e a fixa acima de um bastão (feito com a rama de avelã); realiza o conjuro, dirigindo o insulto ao rei e à rainha; ele solicita aos espíritos da terra (*landvaettir*) que vaguem perdidos até expulsarem o casal real do país; por final, cravou o bastão na fenda de uma rocha e o deixou fincado neste local, direcionando a cabeça e esculpindo runas no bastão. Para Régis Boyer (1986, p. 168-175), os elementos essenciais da magia níð são o bastão de uma árvore mágica (a aveleira), a cabeça do cavalo, as runas e a invocação aos *landvaettir*. Mas também existiria outro elemento implícito a este ritual mágico, o sexual. Além do níð relacionado ao bastão, outro tipo seria o *tunguníð*, relacionado à linguagem do difamador. Na estrofe 1250 do *Gulathingslög* afirma-se que aquele que executar um tunguníð será proscrito e o seu executante é apelidado de *gylfin*, que para Boyer possui um sentido idêntico a lobo, talvez em relação ao *hammammr* (mudança de forma). Da mesma forma, o código de leis islandesas *Grágas* II, 392 detalha que o homem que comete níð ou tréníð e ainda erige um *niðstong* contra outra pessoa, é considerado um praticante de atos muito graves e deve ser proscrito. Várias sagas islandesas relatam exemplos de níð (*Gísla saga Súrssonar* 2; *Bjarnar saga Hítdoelakappa* 17; *Vatnsdoela saga* 33; *Finnboga saga ramma* 34; *Reydoela saga* 25; *Víg-Glúms saga* 26), que segundo Boyer descrevem aspectos sexuais que seriam inerentes ao vocabulário técnico do ritual, reflexos de uma sociedade de moral masculina, marcial e viril. Neste sentido, o níð representa uma ofensa grosseira, de caráter simbólico, com o efeito de tentar excluir a vítima da comunidade humana por meio de uma magia de desordem, de destruição.

Já para Preben Meulengracht Sørensen (1980), seguindo o referencial de Noreen, Ström e Almqvist, o níð é investigado do ponto de vista jurídico e folclórico, e ainda mais especialmente, do ponto de vista social. A chave de interpretação desta prática de investida ou difamação sexual seria o referencial da "agressão fálica", norteando o estilo de vida do mundo nórdico: ela integra o conceito de masculinidade que necessita ser provada a todo instante pela batalha ou vingança. Em alguns casos, porém, a ocorrência do níð na fonte possuiria um sentido de mero insulto como clichê literário, sem ligação com o paganismo. Em uma longa e densa análise da *Gísla saga*, Sørensen procura determinar os valores sexuais do níð em relação com as regras sociais que conduziam os valores familiares.

Em outro estudo, Tine Biering (2004, p. 57-75) analisa o níð como um tipo de desonra sofrida por um homem e que deve ser retaliada com sangue, mas com fortes conexões ao simbolismo do cavalo. Neste sentido, ela relaciona o bastão da infâmia que Jøkul esculpiu a figura de um homem e algumas runas, e logo depois encaixou a cabeça de um cavalo (*Vatnsdœla saga* 34). Para ela, essa prática teria conexões diretas com os combates ritualísticos entre cavalos e o *tjosnublót*, sacrifícios em conexão com os *tjosnur* – mastros com couro de cavalo que dividem os campos de duelos (e também um sinônimo para o pênis do cavalo). Em 1946 o pesquisador Oskar Lundberg defendeu a hipótese de que os duelos de cavalos possuiriam um simbolismo de fertilidade. Em nossa concepção, todas essas práticas devem também possuir alguma afinidade com o rito do Völsi. Segundo a *Kormak saga* 10, as cordas que separavam a plataforma de combate, atadas aos postes, eram feitas de avelã, o mesmo material dos bastões para o *niðstong* segundo a *Egil saga* 57.

Profecias e adivinhações

O temo geral nas fontes nórdicas para profecias era *ganga til fréttar*, significando "ir pedir por novidades". Em algumas circunstâncias, o praticante do *ganga til fréttar* era conectado ao *blót*, como citado no *Landnámabók* 7. Vários tipos de profecias ocupam um papel significativo em uma variedade de fontes literárias. As sagas islandesas mencionam um grande número destas práticas, que sem dúvida refletem a importância das adivinhações na vida diária do escandinavo pré-cristão. A ideia geral é a de que seria possível saber o futuro utilizando variadas técnicas, que variam de contexto para contexto, conseguindo decifrar os signos que seriam originados em Outro Mundo. Em algumas situações, estes signos eram interpretados por todos, como os que ocorriam no grande festival anual de Uppsala. Outros incidentes requeriam a interpretação de um especialista, como no caso dos sonhos. Um outro tipo de situação envolvia obter conhecimento do futuro por meio do êxtase ritual, a exemplo do *seiðr* e da *útiseta*, geralmente praticadas por uma mulher denominada de *völva*.

Todos os aspectos do futuro são vistos como temas das interpretações divinatórias. No mundo nórdico geralmente temos uma representação geral do futuro e a de um indivíduo, como na *Gísla saga Súrssonar* 30, relacionada como sonho do herói, ou o destino do mundo inteiro, como o relatado na *Völuspá*. Entre estes dois extremos nós encontramos a maioria dos casos de profecias, lidando com assuntos que eram importantes tanto para os grupos como para os indivíduos: sucesso nas batalhas, na caça, na fertilidade, entre outros.

A prática da *útiseta* era uma espécie de necromancia. A ideia geral é a de que os mortos conhecem o outro mundo melhor do que os vivos, como em *Fáfnismál, Baldrs draumar* e ouros textos. Durante a útiseta, o adivinhador fica isolado e recebe inspiração e revelações de espíritos indefinidos. Mas a mais famosa prática para se conhecer o futuro são os rituais relacionados com o *seiðr*, praticados somente por mulheres.

Existiam vários métodos de predição. Alguns eram utilizados para a vida cotidiana, como no momento de construção de uma residência ou para estabelecer o destino dos ocupantes. O tipo de consulta mais comum era aos deuses, ocorrendo em duas variações, o *blótspánn* (tiragem sagrada) e o *hlotar* (porção sagrada), sendo o primeiro empregado com o auxílio de varetas de madeira consagradas. A referência a profetisas no mundo germânico é muito antiga, como o caso de Veleda, registrado por Tácito na *Germânia*, e extremamente abundante nas *Eddas* e sagas islandesas. Para Rudolf Simek, todas estas narrativas foram influenciadas pela *interpretatio romana* e *christiana*, mas ao mesmo tempo, possuem uma antiguidade comum aos povos germânicos e finlandeses, sendo uma forma de xamanismo. Segundo John Mckinell, as narrativas literárias sobre as *völur* têm origem na mitologia de profetisas conectadas à morte e aos gigantes, contendo confrontos e estórias patriarcais. Tanto a figura da völva na *Völuspá* quanto em *Baldrs Drama* foram influenciadas, mas não totalmente dominadas pelas ideias cristãs. Na concepção de Judy Quinn, a associação entre figuras femininas e presciência é uma prática arcaica no mundo germânico, mas a profetisa torna-se um tipo literário importante para as narrativas de aventura no mundo nórdico, especialmente nas sagas lendárias. A völva geralmente é descrita como sendo um ser ctônico, habitando cavernas, morando no submundo ou mar. Ela é um paradigma do conhecimento feminino e um exemplo da utilização literária da mitologia para explicar a dinâmica entre os mundos masculinos e femininos para a audiência medieval. Já em relação a magias de metamorfoses ou transformações, especialmente em forma de animais, as referências são abundantes nas fontes medievais. Em muitos casos elas ocorrem em situações de conflito emocional, como o relato da Rainha Hvíta, especialista em magia, que no ódio ao enteado que tinha rejeitado seu amor, transformou-o em um urso pelo toque de uma luva de pele de lobo (*Hrólfs kraka*).

As sagas frequentemente descrevem metamorfoses chamadas de *hamfar/hamför, gandreið* e *renna göondum*. Pessoas capazes de correr transformadas em animais são denominadas de *ham-hleypa*. As sagas e as *Eddas* descrevem vários tipos de personagens que se metamorfoseiam: deuses e deusas, guerreiros (especialmente os *berserkir*), feiticeiros e feiticeiras. Hamfar é derivada da palavra *hamr* (Forma interna, alma). Segundo Dumézil, os berserkir são denominados de *eigi einhamr*, aqueles que possuem mais de uma *hamr*. Nesta situação, o corpo é descrito como ficando inerte, quase morto, enquanto o duplo é transformado em formas de animais, como lobos, falcões, baleias, focas e visita outras localidades. Neste momento é necessário não pronunciar o nome nem acordar o corpo do feiticeiro, sob o risco de desfazer a magia e forçar o retorno do espírito. Mulheres que utilizam esta técnica para encantamentos aéreos são chamadas de *hamhleypur*.

A *Saga Hjâlmthérs ok olvérs* conta a narrativa de duas magas que, enquanto seus corpos permaneciam desfalecidos sobre a plataforma (*seidhjallr*), eram vistas a grande distância em alto mar, cavalgando uma baleia e perseguindo o herói da narrativa, tentando afogá-lo. Quando o herói quebra a coluna das magas, nesse instante o corpo delas cai da plataforma com as costas quebradas. Em outra saga, *Sturlaug sagas starfsma*, ocorre a luta entre dois magos com a forma de cães e depois de águias. Existem também relatos de metamorfoses de pessoas em outros seres humanos, como na *Völsunga Saga*. Do mesmo modo, certa possibilidade de mudar a forma (*Hamask*) pode ser obtida por seiðr, possuindo conexão direta com o xamanismo.

7
As runas

O Rúnatal

O *Rúnatal* (Lista das runas), também conhecido como *Poema das runas de Odin*, é um trecho do poema éddico *Hávamál*, inserido no manuscrito *Codex Regius* e tradicionalmente editado como a segunda parte da *Edda poética*. Corresponde às estrofes 138 a 145. Alguns acreditam que originalmente era um poema menor separado, que, com o tempo, foi integrado a outros no *Hávamál*. O Rúnatal é o trecho em que Odin revela a origem das runas e o sacrifício que ele fez a si mesmo. A árvore mencionada no poema é considerada pelos pesquisadores uma referência a Yggdrasill.

Em nenhuma outra fonte literária nórdica existem informações sobre o autossacrifício de Odin. Para Turville Petre, trata-se do momento mais misterioso da mitologia escandinava. Isso levou vários pesquisadores a considerarem que esta passagem das *Eddas* foi claramente influenciada pelo cristianismo no final da Era Viking, uma hipótese inicialmente levantada por Sophus Bugge ainda durante o Oitocentos. O paralelo entre Odin enforcado na árvore cósmica e Cristo crucificado levou muitos a pensarem em uma versão nórdica para o episódio bíblico. Em 1964 a mitóloga britânica Hilda Davidson questionou esse ponto de vista, apelando para uma origem totalmente nativa do autossacrifício no *Rúnatal*. Mais recentemente, a pesquisadora Kimberley Christine Patton, adotando um referencial da história das religiões, afirma que existiram muitas especificidades no culto de Odin, na religiosidade nórdica pré-cristã, no xamanismo báltico-finlandês e no próprio *Hávamál* que confirmariam uma origem pagã e nativa para a narrativa mítica da autoimolação. Também Rudolf Simek apela para paralelos existentes entre rituais da Índia e na mitologia grega, que incluiriam a autoimolação de Odin como um motivo indo-germânico antigo. Mesmo a similaridade entre os dois episódios (do enforcamento do deus caolho e da crucificação) não poderia sugerir um amálgama de tradições, mas apenas uma coincidência, que talvez tenha sido utilizada com fins missionários e de conversão pela Igreja.

Atualmente alguns epigrafistas são céticos quanto a uma origem totalmente pré-cristã para o conhecimento rúnico constante nas *Eddas*. Especialmente Mindy MacLeod afirma que as representações rúnicas da literatura éddica não são totalmente ficcionais, mas refletem informações sobre o uso e entendimento das runas na época em que as fontes foram compiladas e não necessariamente remetem à Era Viking (com exceção das runas de fertilidade, as únicas que teriam conexão direta com a magia presente nas inscrições rúnicas anteriores ao cristianismo). Outros pesquisadores, porém, ainda defendem uma origem oral e pagã para a literatura rúnica, não tendo correspondência com o papel da literatura em geral no período cristão. A atribuição divina das runas, como atesta o *Rúnatal*, pode ser conferida em duas pedras rúnicas da Escandinávia pré-cristã: Noleby (século VI) e Spärlosa (século VIII).

Runas e magia

As runas não são signos mágicos em si, são uma forma de escrita que serve tanto para fins utilitários quanto para intenções mágicas. Mas, segundo Simek, não são meramente letras como no sentido moderno e cada runa possui um nome em particular e uma função dentro de um contexto mágico. Para Mindy MacLeod (2000, p. 252-263) a palavra runa tem dois significados: sentido de segredo/conhecimento quanto de letra, e sua associação com magia ocorreu ainda no período antigo, como a palavra *haliurunnae* (feiticeira), usada pelos godos.

A magia rúnica era especialmente importante, e cada runa ocupava um efeito especial de feitiço ou magia. O especialista em runas era chamado de *Rúna-meistari*. A prática de gravar runas foi um grande privilégio da elite social, os membros da aristrocracia (*jarls*). Os utensílios gravados constituíam um acompanhamento e uma proteção mágica para a vida cotidiana. Encantamentos rúnicos eram realizados para proteger armas, extinguir fogos e tempestades, curar, cicatrizar feridas, obter amor de uma mulher; runas da vitória (*sigrrúnar*), esculpidas sobre a espada; runas da cerveja (ölrúnar), para gravar sobre o corno de beber; runas de proteção (*bjargrúnar*), inscritas sobre a cabeça do assistente para partos; runas de ondas (*brimrúnar*), inscritas sobre o navio para proteção marinha; runas de ramos (*limrúnar*), feitas para favorecer curas, cinzeladas na madeira; runas de fala (*málrúnar*), para conferir eloquência em assembleias; runas de sentido (*hugrúnar*), para facilitar a compreensão. Esta inscrição reflete a crença em runas mágicas para a cura: "*Ríst ek bótrúnar; ríst ek bjatgrúnar; einfalt við álfum, tvífalt við trollum, þrífalt við þu...*" ("Eu gravo as runas que curam, eu gravo as runas que salvam, uma vez para os elfos, uma segunda vez para os trolls, uma terceira vez para os Þurs", inscrição rúnica de Bergen, Noruega). A utilização mágica das runas também é denominada de *valgalldr*, derivado do grito de batalha dos chefes (*valr*).

Também existiam as chamadas runas secretas, de dois tipos: as "runas suspensas" (*tjaldrúnir*) e as de "ligadura" (*kvistrúnir*). Elas serviam como escritas secretas, ações militares, manuscritos e procedimentos mágicos. Para interpretá-las, era necessário saber a sua ordem, por exemplo, a substituição de uma runa pela que a precede imediatamente. Assim, substitui-se o A por S, o I por A etc. Não existe confirmação histórica de que os nórdicos antigos realmente utilizavam runas para fins divinatórios. Os métodos de interpretar runas invertidas, utilizando a tiragem da cruz celta e a "runa branca" são invenções contemporâneas, derivadas do Tarot medieval, sem vínculos com as crenças da Era Viking. A magia rúnica era associada diretamente às invocações das Disir.

Segundo o epigrafista Raymond Page, as runas do *Futhark Antigo* (24 runas) desaparecerem completamente a partir do século IX d.C., sendo empregadas como alfabeto as formas conhecidas como *Futhark jovem* (16 sinais), em suas variações dinamarquesas (rama longa) e sueco-norueguesa (rama curta). Entretanto, percebemos que alguns sinais do sistema antigo permaneceram no Futhark jovem, exatamente 12 runas, a saber: F, U, TH, A, R, N, I, T, B, L, S, M (Fé, Úr, Þurs, Óss, Reið, Nauð, Íss, Týr, Bjarkan Lögur, Sól, Maðr). Curiosamente, foram as cinco primeiras runas do 1º *Aett* (raça), duas do 2º e cinco do 3º Aett que sobreviveram. Em nossa opinião, apenas as 16 runas do sistema novo (ramas longa e curta) continuaram a ser utilizadas para operações mágicas entre os nórdicos da Era Viking, como espadas e lanças com a runa Tiwaz. Atualmente, restam 3.000 pedras rúnicas da Era Viking (datadas dos séculos X ao XI), sendo que em nenhuma sobrevive as 12 antigas runas do estilo do Elder Futhark, apenas as que constituem as ramas longa e curta. Na maioria destas pedras rúnicas, os símbolos pré-cristãos mais comuns são encantamentos, invocações ao deus Thor ou ao seu martelo e máscaras com sentido ritual.

Alguns manuscritos, como o poema rúnico islandês e o norueguês, apresentam a suposta utilização de 16 runas para magia na Era Viking. Certas fontes literárias, como a *Edda Maior* e a *Völsunga Saga*, descrevem 9 runas (ou conjuntos de runas: no original *rúnar*) que seriam utilizadas para artes mágicas. O número nove é uma clara associação com o deus Odin. No poema *Grogaldr*, uma jovem recebe de sua mãe morta um catálogo com 9 encantamentos. Também uma passagem da *Saga de Egill Skallagrimson* comenta que este protagonista (poeta e mestre da magia) teria vislumbrado 10 runas mágicas, quando esteve na casa de uma jovem enferma. Por isso mesmo, muitos acreditam que algumas das 16 runas novas foram utilizadas como sinais para curas, adivinhações e outras operações de caráter mágico.

Para Rudolf Simek, a utilização das runas como proteção era muito empregada, a exemplo da repetição da runa T (Týr) no bracteado de Zealand II, que clama por vitória para os guerreiros, de modo muito semelhante ao indicado no poema *Sigrdrífumál* 6, ao uso da runa da vitória. Também ocorre indicações do uso de runas para magia maléfica, como no poema éddico *Skírnismál* 6. Simek ainda critica a interpretação de Klingenberg sobre o simbolismo numérico das runas, que teria apelado para um suposto significado proibido das mesmas, e de grande número de pesquisadores (como Moltke) que negam o significado mágico e religioso das runas. Para Mindy MacLeod, o conhecimento rúnico da *Edda poética* não seria um reflexo das práticas dos tempos pré-cristãos, mas teria conexões com o uso das runas no momento contemporâneo do registro literário. Para ela, somente as runas de fertilidade citadas na literatura realmente remeteriam à Era Viking.

Amuletos rúnicos

Os amuletos rúnicos são objetos mágicos utilizados para proteger o portador de infortúnios ou para conceder algum poder especial. O uso de amuletos entre os germanos antigos e os escandinavos é atestado pela arqueologia e por diversos pesquisadores. Esses amuletos são de origem animal, vegetal ou mineral (pedaços de ossos, conchas, mandíbulas animais, raízes, fragmentos de âmbar etc.), mas o mais comum são serem fabricados com metal, como as bracteatas. Amuletos com inscrições rúnicas ou símbolos mágicos também são significativos, mesmo após a cristianização, alguns inclusive utilizando cápsulas de prata ou bolsinhas com ervas.

Um dos tipos de amuletos nórdicos mais estudados atualmente são as bracteatas, objetos circulares com decorações em somente um dos lados e utilizados como pingentes, datados dos séculos V a VII d.C. Originalmente foram imitações dos medalhões clássicos dos imperadores romanos. Até o presente momento foram recuperados, na Escandinávia e em outras regiões europeias, mais de 650 exemplares. Além de runas e símbolos (como círculos concêntricos, suásticas, *triskelions* e espirais), as bracteatas apresentam imagens de animais (porcos, aves, cavalos, serpentes e criaturas fantásticas) e entidades antropomórficas. Estes objetos foram encontrados em sepulturas masculinas e femininas, com predominância destas últimas e foram feitos em ouro ou prata. Para Hilda Davidson, as runas presentes nas bracteatas serviram para aumentar o poder mágico do amuleto e foram símbolos de poder associados ao destino da família (Davidson, 2001, p. 37-45). Alguns também podem ter sido utilizados como proteção contra danos ao portador. Algumas cenas foram identificadas com a morte de Balder, a mutilação de Týr por Fenrir e outras a Odin e seus corvos.

Outros tipos de objetos considerados amuletos são pequenas lâminas de ouro, encontradas nas fundações de certas construções (algumas conectadas a salões reais e centros sagrados). Geralmente as imagens consistem de um homem abraçando uma mulher, comumente interpretadas como sendo Freyr e Gerd, conectando o objeto com os deuses da fertilidade, o abençoar da terra, as famílias com a comunidade. As pesquisas recentes de Gro Steinsland relacionam estes objetos com as dinastias reais e as ideologias aristocráticas para manutenção do poder por meio da releitura social e política dos mitos.

Mas sem dúvida os tipos de amuletos mais importantes para entender a religiosidade nórdica pré-cristã são os que portam inscrições rúnicas, devido ao fato de podermos contrastá-los diretamente com as fontes literárias. Segundo o minucioso estudo de Mindy MacLeod e Bernard Mees (2006), os tipos de inscrições mais comuns são as que solicitam ajuda aos deuses. Algumas invocam deidades (Logathore, Wodan e Thonar) para um amuleto amoroso, como a inscrição do broche de Nordendorf (Alemanha, século VI). Outra, como Pforzen (Alemanha, século VI), é um encanto para favorecer a caça, invocando Aigil e Airun (seres semidivinos citados no *Volundarkvida*).

Algumas vezes, palavras de encanto em amuletos rúnicos funcionam como símbolos não alfabéticos, como o uso de suásticas, flechas e árvores encontradas em broches, tornando o amuleto mais poderoso. A invocação de deidades para a cura também ocorre, como o texto de Ribe (Dinamarca, 725 d.C.): "*Ulfr auk Óðinn auk Hó <tiur>. Hjalp <buri> es viðr / þæima værki. Auk dverg unninn. Bóurr*" (Ulfr e Odin e o grande Tyr / Ajudam Bur contra o mal / E o anão é derrotado / Bóurr). O deus Thor também aparece relacionado a cura, como na inscrição de Kvinneby (Suécia, século XI): "*Hær risti ek þær Berg, Böfi / Mær fullty! Ïhüð es þær vïss. / Em brä haldi illu frän Böfa. / Þörr gæti Hans með þëm hami sem ur hafi kam. / Fly främ ilvëtt! Fær ekki af Böfa. / Guð eru undir hänum auk yfir hänum*" (Aqui eu gravei para seu socorro, Bofi / Socorra-me! O conhecimento é certo para você / e pode o relâmpago carregar todo o mal sobre Bofi / Thor poderoso protege com seu martelo e sai do oceano / Evite o mal! Ele não conseguiu nada de Bofi / Os deuses estão acima dele e abaixo dele). Como esta inscrição também possui o desenho de um peixe, MacLeod e Mees acreditam que também tenha conexão com o episódio da pesca da serpente do mundo por Thor.

Os amuletos com funções puramente curativas, obviamente, em se tratando de uma sociedade medieval, são abundantes. Muitas inscrições do período de transição mesclam conhecimentos clássicos com a tradição pagã e o folclore cristão. O mal (as doenças, a dor, as crises e violências) muitas vezes é percebido simbolicamente na figura do lobo e dos gigantes, como no amuleto de Sigtuna (Suécia, século XI): "*Þurs sarriðu, Þursa dröttin; Fly þú nu, fundinn es! af þér þrjár þrár, ülfr!*" (Gigante da gangrena, senhor dos gigantes, foge, você foi descoberto! Tenha para si três tormentos, lobo!). A runa em questão (*Þurs*) também pode significar o mal causado pelos anões e elfos. No dialeto sueco moderno, *tuss* tanto significa lobo quanto gigante, ogro e pesadelo. Essa mesma runa possui conotações negativas para as mulheres.

Ao estudar especificamente amuletos rúnicos na Dinamarca dos séculos XI ao XV, o epigrafista Rike Olesen (2010, p. 161-176) percebe os mesmos como objetos essencialmente funcionais, sem o caráter estético presente nas fontes literárias. Eles foram confeccionados por pessoas buscando algum tipo de proteção, alguns já conectados diretamente com a tradição religiosa cristã, mas ainda preservando referenciais de eficácia mágica dos tempos pagãos. Assim, são considerados por Olesen como materiais híbridos, conservando elementos tradicionais e adicionando temas novos.

A maldição rúnica

Dentre os tipos de práticas mágicas existentes na Europa desde a Antiguidade, algumas das mais peculiares são as maldições. Essa tradição milenar, influenciada pelo Oriente antigo, também existiu na Escandinávia da Era Viking. Diversas fontes literárias nórdicas preservam referências sobre maldições (em específico as envolvendo runas), sendo as mais famosas: *Skírnismál* 36 (poema éddico, século X); *Egils saga skalla-Grímssonar* 57 (saga de família, século XIII); *Bósa saga ok Herrauðs* 5 (saga lendária, século XIV). As três possuem alguns elementos em comum, especialmente a intenção malévola da magia: no primeiro, Skirnir tenta forçar Gerd em casar com o deus Freyr por meio da gravação em um bastão da runa *þurs*; no segundo, Egil ergue um bastão da infâmia com runas contra os reis da Noruega; e no terceiro, a feiticeira Busla ameaça um rei com maldições e runas. Até que ponto estas referências literárias podem apontar indícios de práticas que realmente ocorreram nos tempos nórdicos pré-cristãos? Ao lado de alguns acadêmicos pós-modernistas que percebem os temas mágicos na literatura nórdica como totalmente fantasiosas, a epigrafista Mindy Macleod (2000; 2006) defende uma radical posição que as runas nestas três narrativas citadas são totalmente artificiais, anacrônicas, falsas e romanticamente interpoladas para o prestígio do herói na literatura.

O poema *Skírnismál* vem sendo muito estudado recentemente e vários pesquisadores alegam que sua narrativa foi utilizada ainda na Escandinávia da Era Viking como recurso dramático ritualizado (Terry Gunnell, 1995) ou como elemento de legitimação política para a elite governante segundo Gro Steinsland. No específico detalhe da maldição, Skirnir lança a declaração associando a runa *þurs* ("gigante") com a difamação *ergi (Þurs ríst ec þer oc þria stafi: ergi oc eþi)*, uma tradição também preservada nos tempos após a cristianização, como podemos perceber na inscrição de Bergen de 1335. Nos poemas rúnicos norueguês e islandês (séculos XIII e XV), a runa *þurs* causa flagelos e tormentos às mulheres. Em muitos amuletos e inscrições da Era Viking, ela está associada com poderes negativos e como causadora de dor e coisas desagradáveis. O estudo da poesia éddica (e em consequência, da mitologia) como fonte direta para a reconstituição da religiosidade pré-cristã é algo muito discutido, mas preferimos seguir a tendência em pensar que neste caso, tanto o mito quanto o ritual obtinham seu simbolismo da ideologia religiosa, portanto, é legítimo interpretar a maldição rúnica de *Skírnismál* como conectada à mesma estrutura e semântica ritual que originou as inscrições preservadas do período pré-cristão.

Como produtos mais tardios do que os poemas éddicos, as sagas islandesas ocupam um debate mais intenso com relação a seu conteúdo mágico de origem pré-cristã. Tradicionalmente, a narrativa de Egil erigindo um bastão da infâmia (*niðstang*) contra os reis da Noruega foi interpretada como um reflexo direto de práticas pré-cristãs por muito pesquisadores. Quanto ao encantamento de Busla, as posições são mais divididas. Rudolf Simek e Macleod acreditam que a *Buslubœn* não foi mais antiga que a saga datada do século XIV, mas Gallo (2004) defende uma antiguidade maior ao poema, derivado indiretamente de tradições pré-cristãs. Analisando algumas inscrições datadas da Era Viking, percebemos mais alguns elementos que confirmam essa posição.

Tanto na *Egils saga* quanto no *Buslubœn,* a figura do cavalo é um elemento chave. No primeiro caso, a cabeça de um equino foi inserida ao alto de um bastão com runas, enquanto que no segundo ele é intrínseco à maldição (*hestar streði þik*, "cavalos te estuprem"). Na inscrição de Roes percebemos ao lado de uma pequena frase, o desenho esculpido de um garanhão em posição excitada. A inscrição em antigo gotlandês *Iu þin Uddr rak* ("Uddr lançou este cavalo") possui um sentido mágico segundo a interpretação de Alain Marez (2007, p. 191): "Esta é a maldição que Urd lançou". Aqui o cavalo possui uma relação de depravação, possivelmente projetada para uma figura masculina. Em outra inscrição, *Eggjum*, também percebemos a figura de um cavalo com runas, mas associada a outro contexto: *alu missyrki* ("proteção contra o violador" – última frase da inscrição). Neste caso, o simbolismo do cavalo como agressão fálica serve para proteger o monumento contra vândalos, uma estratégia típica também em outras pedras rúnicas (ao evocarem maldições de proteção).

Desta maneira, a maldição rúnica essencialmente era vinculada a uma agressão relacionada a um contexto de sexualidade, tanto masculina quanto feminina. Seja utilizando o ritual do *niðstang*, ou maldizendo um rei para ser estuprado por cavalos, seja ao esculpir a runa *þurs* para um ser feminino ou ao desenhar a imagem de um garanhão em uma inscrição, o praticante de magia estava requisitando o fundamental conceito de *ergi* – a palavra nórdica que provocava a reação mais violenta e pejorativa, significando a covardia, a efeminação, a ninfomania, a perversão, a perda da honra. Em última palavra, o fim da identidade sociossexual normal (o *status* sexual) e o recebimento de uma conotação marginalizada ou uma natureza não humana. Transmutado no terrível insulto *Níð* (com pena de proscrição em leis nórdicas aos seus executantes).

Mas voltando à problemática inicial, as citações de maldições rúnicas na literatura não poderiam ser apenas clichês literários, sem vínculo com práticas reais, antigas ou contemporâneas em relação às fontes? Somos partidários de que o *corpus* literário não pode ser interpretado simplesmente e apenas como fonte direta das ações sociais. Ele é uma reinterpretação, mas não podemos cair no erro em considerá-lo apenas produto de sua época ou pura fantasia. Ele também preservou informações do passado distante, no caso, de tradições religiosas antigas. A maldição rúnica do poema *Skírnismál*, por exemplo, pode ser interpretada na perspectiva de Catharina Raudvere (2012) como um ritual fictício, ou seja, produto de um texto mito-poético que não pode ser pensado literalmente, mas que também foi baseado na estreita relação entre discurso e ação social, e com isso, ele serve como fonte para os estudos dos rituais pré-cristãos, desde que se saiba interpretá-lo corretamente enquanto formulação poética.

Quanto às narrativas das sagas, pensamos como Bernt Thorvaldsen (2010) de que as maldições poéticas circulavam em *continuum* entre a oralidade e as formas escritas. As maldições da literatura não são necessariamente descrições literais das práticas, mas estão associadas com a magia na mente dos redatores e refletem certo grau de adaptação semântica. É tarefa do pesquisador tentar descobrir quais foram os níveis de adaptação e quais os elementos que formavam parte do *continuum* em cada fonte específica. Se a magia fosse apenas um simples clichê literário nas sagas islandesas (como defende Clive Tooley no caso de *Völsi*), ela não seria uma prática proibida nas leis nórdicas em plena Idade Média Central. Já para Thomas Dubois (2006), as sagas contêm material etnográfico sobre os rituais pagãos, mas também diversas idealizações e morais cristãs, todas atreladas a tradições submersas no cotidiano contemporâneo das sagas. Mas é preciso cuidado na filtragem e leitura das fontes. A *Buslubœn* lança o amaldiçoado para Hel (*í hel gnaga*), mas em nenhuma inscrição rúnica pré-cristã existe qualquer tipo de associação de uma maldição com seres do submundo (ou a situações escatológicas, no pós-morte ou em outros mundos), como era comum na tradição clássica. Com certeza, trata-se de uma adição já nos tempos cristãos (a própria concepção de Hel é variável das fontes mais antigas até as sagas tardias). Concordamos totalmente com Gallo (2004), de que *Skírnismál* e *Buslubœn* contêm maldições ficcionais, mas que ao mesmo tempo são inestimáveis para o estudo das crenças pré-cristãs.

Para concluir, podemos afirmar até o presente momento que as tradições de maldições rúnicas na Escandinávia pré-cristã não eram tão complexas, corriqueiras e instrumentalizadas quanto as maldições do mundo clássico pagão. Não existem indícios de invocações a poderes do submundo. Enquanto na Antiguidade greco-romana os malefícios existiam praticamente em todos os campos sociais (incluindo esferas jurídicas, comerciais e privadas), no mundo nórdico eles estiveram mais relacionados a alguns aspectos dos conflitos de membros das comunidades e como elementos de proteção aos mortos e monumentos funerários. O simbolismo mais destacado nestes dois contextos é o relacionado ao cavalo, não somente por ser um animal intermediário entre os mundos na cosmovisão (e importante símbolo religioso e de *status*), mas também por ser a principal figuração da agressão fálica (o *Níð*) e a principal personificação do conceito de *ergi*. Quanto aos rituais mais complexos envolvendo maldição rúnica nas sagas islandesas (as *níðstangs* mencionadas em *Egils saga* 57 e *Vatnsdæla saga* 34, além da peculiar maldição rúnica da *Grettis saga* 79), elas ainda são motivo para debates entre os acadêmicos e em futuras análises mais detalhadas.

Modernos equívocos sobre as runas

As runas fascinam o homem moderno. Desde que o Professor Otto Lindenbrock, na cidade de Hamburgo, deparou-se com inscrições rúnicas escritas por Arne Saknussemm e deu início a sua majestosa aventura (no romance *Viagem ao centro da Terra*, Júlio Verne, 1864), a arte ocidental retoma a todo instante o universo rúnico. Tolkien também fez uso delas a partir de 1937 e os anos de 1970, com o *boom* místico da Nova Era, retomaram elas com um intenso fervor. Atualmente encontramos runas em todo canto: na música, na televisão, no cinema, em eventos esotéricos, na mídia e na internet. Elas povoam nossos imaginários, mas ao mesmo tempo, possuem uma relação com o passado nórdico, muitas vezes repleto de fantasias e equívocos. Nossa intenção neste momento é desmistificar alguns aspectos ditos históricos na interpretação das runas presentes em autores modernos. Não estamos realizando nenhum ataque pessoal a nenhuma forma de crença ou misticismo – toda forma de saber é válida e lícita nos tempos atuais, não importando o seu conteúdo ou intenções.

A função do historiador é tentar entender as formas com que um determinado conteúdo é recebido, ressignificado e interpretado no mundo contemporâneo, mas ao mesmo tempo, compreender como esse tema também foi entendido efetivamente no passado (antigo ou medieval). Muitas vezes, ideias religiosas atuais se baseiam em uma ancestralidade ou uma origem que não existiu – o discurso mítico moderno inventa tradições baseadas na História, tanto para criar uma legitimidade quanto impor valores e normas de comportamento no presente (Hobsbawm, 1997, p. 9-10). Com isso, ao analisarmos alguns aspectos que tenham relação com crenças pessoais nos dias de hoje, não estamos promovendo nenhum ataque ou discriminação religiosa, e sim, procuramos entender por que elas ainda existem e quais os seus significados sociais.

Para separar melhor a bibliografia para o leitor, os títulos de fontes primárias (obras esotéricas, religiosas, místicas, neopagãs, mágicas, espiritualistas, jornalísticas ou de popularização) são detalhados no *corpus* do texto, enquanto as fontes secundárias (obras acadêmicas para referenciais analíticos e críticos) são citadas como autor, data, paginação no *corpus* da bibliografia final. Nosso referencial de investigação e análise é baseado nestas fontes secundárias, adotando principalmente duas metodologias: o modelo de tradições inventadas (Hobsbawm, 1997) e a teoria da recepção nórdica (Ross, 2018).

As runas são inscrições mágicas: a ideia mais comum no imaginário de grande parte das pessoas é que toda runa seja algo mágico, ou seja, as inscrições rúnicas são míticas em si mesmas. Isso se deve basicamente a obras de popularização sobre o tema, fundindo as inscrições históricas com conteúdo da *Edda poética*, como no primeiro livro publicado no Brasil sobre a temática nórdica: "Os sagrados caracteres dotados de prodigioso poder" (*Dicionário de Mitologia Nórdica*. Esopinho, s.d., p. 92, possivelmente publicado nos anos de 1960). Mais recentemente, autores estrangeiros e nacionais perpetuam essa visão: "são um sistema que detém e transmite os poderes essenciais da natureza e seu uso tem como objetivo trazer equilíbrio e harmonia à vida" (*Runas*, Catherine J. Duane e Orla Duane, 1997); "Las runas son caracteres mágicos, combinados según reglas tradicionales, com um fin pantacular" (*Amuletos, talismanes y pantáculos*, Jean Rivière, 1974, p. 323). A popular escritora esotérica Mirela Faur também referenda essa concepção: "A maioria das inscrições tinha finalidades mágicas e visava atrair a sorte, afastar o mal" (*Ragnarök: o crepúsculo dos deuses*, 2011, Mirella Faur, p. 72). Na realidade, de um ponto de vista puramente quantitativo, a grande maioria do conteúdo dos textos rúnicos da Era Viking (cerca de 3.000 inscrições) não tem relação direta com religião, mito ou magia, abordando questões puramente comemorativas, literárias, funerárias e laudatórias (Williams, 2008, p. 285-286). Sobre isso comentam também dois grandes especialistas em história da magia rúnica: "De fato, surpreendentemente, poucas das práticas associadas à escrita rúnica parecem ser inerentemente mágicas" (MacLeod; Mees, 2006, p. 9). Quando abordam temas religiosos, muitas inscrições rúnicas da Era Viking são cristãs e algumas poucas relacionadas com magia e paganismo (geralmente encantamentos e invocações para Thor: Sawyer, 2003, p. 125-18), encantamentos de cura (MacLeod; Mees, 2006, p. 116-162) e maldições.

A própria distribuição dos alfabetos rúnicos na Antiguidade é refletida pelos autores místico-esotéricos da atualidade como tendo sido propagados devido ao seu caráter supostamente sobrenatural: "O uso das runas com fins divinatórios e lançamentos de sortes facilitou a sua difusão. Teutões, Címbrios, Suábios, e sobretudo Érulos, estes últimos peritos em escrita rúnica, e adivinhação simultaneamente, contribuíram largamente para a formação de uma estável tradição rúnica" (*A mitologia dos povos germânicos*, Maria Lucília F. Meleiro, 1994, p. 72). Na verdade, a distribuição das runas na Antiguidade europeia foi relacionada ao seu uso como instrumento de comunicação gráfica, adaptando e evoluindo conforme as diferentes linguagens adotadas pelos povos germânicos (Marez, 2007, p. 11). Do mesmo modo, a origem das runas é concebida como tendo motivações puramente mágicas pelos escritores populares: "As runas surgiram da fusão entre esta antiga escrita mágica de magos e sacerdotes com um sistema fonético derivado dos etruscos da Itália" (*As ciências secretas de Hitler*, Nigel Pennick, 1994, p. 50), porém, os atuais runologistas estão mais propensos a pensar em uma influência grega, latina e do norte da Itália (etrusca) na formação de um sistema de registro gráfico, originalmente utilizado para comunicação, registro e criação de signos ideográficos (Marez, 2007, p. 25-27).

Outra tendência muito comum nos escritores contemporâneos sobre runas é utilizar algum conceito advindo do simbolismo e da teoria psicoanalítica de Jung para referendar algum aspecto sobrenatural ou místico delas: "As runas representam arquétipos atemporais e sutis, que servem como portais mágicos de percepção sutil e expansão da consciência humana" (*Ragnarök: o crepúsculo dos deuses*, 2011, Mirella Faur, p. 73). "Ao lançador de runas [...] suscetível de despertar os poderes latentes de percepção sensorial dos símbolos arquetipais, inscritos no inconsciente coletivo" (*A mitologia dos povos germânicos*, Maria Lucília F. Meleiro, 1994, p. 71). Em um artigo publicado na revista *Rever*, realizamos uma crítica sobre as teorias de base fenomenológicas aplicadas ao mundo nórdico, na qual o inconsciente coletivo e arquétipos se inserem: de forma resumida, elas não têm nenhuma base científica de demonstração, são universalistas e essencialistas, desprovidas de contexto histórico e social e, portanto, altamente questionáveis de um ponto de vista científico e mais rigoroso (Langer, 2018, p. 238-240).

As runas foram utilizadas como oráculos: sem dúvida o aspecto mais popular das runas nos dias de hoje: o oracular. E também o mais desprovido de historicidade. Não há absolutamente nenhuma evidência histórica ou arqueológica de que runas foram utilizadas como instrumento de adivinhação ou oráculo durante o Período Viking. Para referendar este tipo de uso, geralmente os praticantes da runomancia moderna citam o famoso trecho da *Germânia* de Tácito (98 d.C.), obviamente bem anterior ao Período Viking: "[...] cortam uma vergôntea retirada de uma árvore frutífera em pequenos ramos e estes, diferenciados por certos caracteres, eles espalham a esmo e fortuitamente sobre um tecido branco [...] apanha um a um dos pequenos ramos por três vezes. Feito isso, ele os interpreta segundo o sinal gravado neles anteriormente" (Andrade, 2011, p. 19). Segundo alguns especialistas, esta descrição de Tácito aplicada aos oráculos rúnicos é problemática, porque antecede a existência histórica do sistema de escrita germânico em pelo menos dois séculos, tornando muito duvidoso de que fossem runas os ditos sinais (caracteres) utilizados no oráculo (Davis, 2012, p. 2-3).

O livro *Das Geheimnis der Runen* (O segredo das runas), de Guido von List, 1908. List foi um dos responsáveis pela popularização do neopaganismo nórdico relacionado com a interpretação mágica das runas germânicas antigas. Os desenhos do livro incluíam 18 runas (selecionadas do futhark anglo-saxônico de 31 caracteres) e incluída uma suástica central, um símbolo antigo e medieval presente na recepção de intelectuais de línguas germânicas desde a segunda metade do século XIX, interpretada como um símbolo do deus Thor. O uso contemporâneo dos sistemas divinatórios rúnicos teve popularidade a partir da publicação do livro de Ralph Blum em 1987 (*The Book of Runes*), apesar deste nunca ter afirmado qualquer historicidade sobre seus métodos. Mas a partir de sua publicação, toda uma geração de pessoas vem utilizando métodos divinatórios sem qualquer tipo de questionamento sobre a antiguidade deste sistema (mesmo entre grupos neopagãos). Uma evidência contundente da origem moderna do oráculo rúnico é a runa branca (25ª runa: denominada de Wyrd ou runa de Odin) introduzida por Blum: "is the final nail in the coffin to any 'traditionalist'" (Davis, 2012, p. 4). A variação do tipo de sistema rúnico utilizado também nunca foi explicada: por que manter alguns alfabetos e caracteres e eliminar outros? Isso não quer dizer que as pessoas não podem utilizar e acreditar nos sistemas divinatórios – isso faz parte da crença e da liberdade dos indivíduos na atualidade. Mas quem pensa estar utilizando um sistema antigo dos povos germano-escandinavos está simplesmente equivocado. Esse tipo de conduta por parte dos ocultistas em estabelecer uma suposta antiguidade para suas práticas é muito recorrente, com o intuito de conseguir maior credibilidade e aceitação em sua comunidade ou para um público maior (Davis, 2012, p. 4, 5).

Os métodos de leitura (ou tiragem) das runas são também especulativos, produtos da imaginação ou então, retirados de outras fontes não relacionadas com a Antiguidade ou Medievo. Um dos meios mais utilizados é a aproximação com o Tarot, sistema de cartas originado de várias partes da Europa e produzida como oráculo durante o Setecentos, sem relação direta com as runas, entretanto para os adeptos da runomancia: "Ligada a noções de segredo e de mistério, a runa pode, portanto, comparar-se ao arcano do tarot [...]. É preciso também lembrar que o sentido de uma runa é diferente quando estiver invertida" (*O futuro pelas runas*, Liliane Decker, 1997, p. 17, 115). Esta última frase refere-se ao método do Tarot de analisar o simbolismo da carta pela sua posição. Outra aproximação com a tradição do tarot é a posse totalmente individual do objeto: "Essas runas agora são pessoais e não devem ser usadas, sob qualquer pretexto, por outra pessoa que não seja você" (*Runas*, Catherine Duane e Orla Duane, 1997, p. 19). Vários métodos de leitura são definidos por Mirela Faur: círculo tríplice representando as nornas; entrelaçamento de triângulos (*valknut*); nove mundos da Yggdrasil (*Mistérios nórdicos*, Mirella Faur, 2007, p. 311-314), ou seja, métodos desenvolvidos a partir da mitologia nórdica, também sem nenhuma base histórica. A mesma autora menciona também o método da "cruz rúnica" (Ibidem, p. 319), que nada mais é do que uma adaptação do tradicional método da "cruz celta" usada no tarot (*O tarô mitológico*, Juliet Sharman-Burke e Liz Greene, 1991, p. 228). Alguns escritores neopagãos questionam o uso oracular das runas e sua associação com o Tarot e defendem estas como sendo um sistema divinatório no qual se realizariam perguntas ao divino e ele lhe responderia. Entretanto, acaba sendo do mesmo modo um método de adivinhar o futuro pelas runas, em que se invocam entidades e retiram-se algumas runas de um invólucro, respondendo a uma pergunta: "Qual o destino do nosso país, Odin, o senhor das runas?" (Runas e a espiritualidade nórdica, Programa *Enigmas*, 11/12/2018, YouTube). Assim, esta alternativa não possui qualquer tipo de historicidade, do mesmo modo que as aludidas anteriormente.

As interpretações das runas são variáveis. Alguns apontam o Poema Rúnico anglo-saxão para compreensão do significado material e espiritual das runas (*Runas*, Catherine Duane e Orla Duane, 1997, p. 22), mas desconhecendo suas amplas influências cristãs. Em sua tradução acadêmica deste poema referido (além dos poemas rúnicos islandês, norueguês e Abecedarium nordmannicum), Elton Medeiros afirma que as interpretações modernas dos significados das letras rúnicas apresentam resquícios do romantismo oitocentista e dos impulsos esotéricos dos anos de 1940 a 1970, necessitando de muito senso crítico e cautela ao se lidar com o tema (Medeiros, 2015, p. 13). Outra grande influência interpretativa nas obras tanto de neopagãos quanto escritores esotéricos são as publicações do norte-americano Stephen Flowers (pseudônimos: Edred Thorsson e Darban-i-Den). Flowers obteve doutorado em línguas germânicas em 1984 com o estudo *Runes and Magic*, muito criticado pelos acadêmicos (classificado como especulativo por MacLeod; Mees, 2006, p. 2). Mirella Faur cita nove obras de Edred Thorsson ao longo de seu livro *Mistérios nórdicos*, enquanto Diane Paxson cita três livros, além do endereço e informações da Rune Gild, escola esotérico-pagã de Thorsson (*Asatrú: um guia essencial para o paganismo nórdico*,

Diane Paxson, 2009, p. 200, 203). A Rune Gild (fundada em 1980) é tanto classificada como uma escola esotérica quanto paganista e tradicionalista radical. Ela foi originada pela herança de ímpetos românticos sobre o paganismo vigentes no final do século XIX (fascinação pela natureza e ideias de nação e raça), por uma reação esotérica de René Guénon questionando a Modernidade, como também por ideias do satanismo da Igreja de Satã de Anton LaVey e o Templo de Set (Flowers fez parte de ambas). Assim, como em outras facetas do esoterismo, a Rune Gild se baseia em uma mistura de diferentes correntes (Granholm, 2010, p. 95-115).

A interpretação oracular das runas ainda prepondera nos meios mais recentes. Mesmo livros, supostamente com conteúdo mais "histórico" sobre o tema, são acompanhados com runas de brinde. Eventos místico-esotéricos como a *I Conferência Brasileira de Runas* (Hotel Estância Pilar, Ribeirão Pires, 2017), além de trazer vários aspectos oraculares, também apresentou outras tendências mescladas ao interesse por runas, como o *stadhgaldr* (que comentaremos mais adiante), runas e aromaterapia, runas e consciência, runas e xamanismo, além de supostos aspectos de história da runologia (Johanes Bureus e as Nobres Runas). A utilização de elementos históricos ou titulações acadêmicas é uma tendência nos meios esotéricos atuais. No livro *Mistérios nórdicos* (Mirella Faur, 2007) a identificação da autora, logo abaixo de uma foto ao lado de uma pedra rúnica europeia (orelha direita do livro), foi caracterizada como "com extensa formação científica e esotérica". Vários integrantes do evento acima mencionado identificam-se como graduados ou pós-graduados em História, ao mesmo tempo em que se proclamam como bruxas, wiccanas, terapeutas holistas, runemal, runólogo e/ ou asatru: são elementos para legitimação de ideias, aceitação mais ampla da sociedade (e talvez mesmo na academia) ou validação de um legado supostamente baseado no passado histórico, mas que na realidade se tratam todas de tradições inventadas.

Um recente estudo inseriu a atual tradição rúnica oracular não em um passado histórico antigo ou medieval, mas em um tipo de *revival* gótico atrelado ao romantismo (final do Setecentos aos Irmãos Grimm e Wagner até as ressignificações das runas pelos nazistas e por Tolkien). O discurso de antiguidade entre seus praticantes deriva de ideologias presentes nas modernas apropriações da cultura popular (do qual se inserem os neopagãos e derivados culturais da Nova Era). Estudando especificamente o período formativo dos guias oraculares rúnicos em inglês – anos de 1980 e 1990 – até autores mais recentes, uma pesquisa britânica demonstra a extrema variabilidade de métodos e interpretações existentes em língua inglesa sobre o tema. Estes guias pretendem ajudar o leitor a operacionalizar forças ocultas e sobrenaturais que as ficções góticas representavam de forma literária, não sendo uma mera curiosidade histórica, mas elementos constantes na cultura popular (Mountfort, 2015, p. 16-32).

Para concluir esta seção, retiramos uma frase de um site neopagão: "Mas 'moderno' não significa necessariamente falso", Cyrus the Strong, *Real Runic Magic*, 2014-2016). O objetivo deste texto não é desmerecer ou desqualificar qualquer forma de crença (cujos resultados podem ser reais ou imaginários, a critério dos crédulos). Vários neopagãos e esoteristas têm consciência de que certas tradições foram inventadas no mundo contemporâneo ou são produtos de seus próprios referenciais individuais (cf. o site acima citado), o que não invalida as práticas em si (de um ponto de vista da liberdade religiosa). A função do historiador não é julgar ou discriminar, mas auxiliar na compreensão social do presente e do passado.

As runas das Sagas e Eddas provêm da Era Viking: uma grande parte do conhecimento esotérico, místico e neopagão sobre runas provém de leituras sobre as sagas islandesas e os poemas éddicos – dentro do referencial romântico de que todas as informações da literatura medieval são transposições objetivas advindas da Era Viking. Muitas pesquisas epigráficas mais recentemente, estudando as inscrições rúnicas anteriores à cristianização e comparando-as com o material literário, demonstram um panorama diferente: as runas destes textos são produto da percepção social e da experiência de sua própria época. Elas possuem um eco da tradição rúnica antiga, evidentemente. Temas (como referências a elfos) e métricas existentes nas inscrições também foram preservadas pela literatura. Um bastão de runas de Trondheim (A 142) é muito semelhante ao discurso de Egill Skallagrímsson contra os escultores incompetentes de runas. O problema que esse tipo de correspondência é dificilmente encontrado entre outras fontes epigráficas e literárias, tornando o bastão de Trondheim uma peça única. Um caso famoso são as 36 runas inseridas na *Bósa saga ok Herrauðs* (Saga de Bosi e Herraud, c. 1300) (para imagem, consultar: MacLeod, 2000, p. 254).

É um exemplo de runas mágicas que não encontram suporte nas inscrições rúnicas "reais", pois são monogramas que foram adicionados para ilustrar a narrativa presente no texto e demonstram que grande parte do conhecimento rúnico antigo já havia se perdido. Possivelmente a narrativa original da Saga de Bosi não continha runas ligadas (*bind-runes*) ou *galdrastafir* (MacLeod, 2000, p. 253-255). Outros episódios rúnicos de sagas islandesas (como na *Saga de Egil*) são artificiais e adaptados de motivos literários estrangeiros e descrevem situações romantizadas de feitiçaria rúnica. Nem nas fontes epigráficas e nem nas sagas islandesas ocorria qualquer alusão à manipulação mágica de runas ligadas para fins ocultos (MacLeod, 2000, p. 252-263).

Quanto aos poemas éddicos, o processo é o mesmo. De maneira geral, os poetas cristãos e escribas que estão por trás do processo de transmissão e registro da poesia éddica não conheciam a escrita rúnica e nem a aliteração, sendo muitas vezes estas puramente fantasias literárias. Mas o material não é todo igual: algumas passagens refletem mais a antiga prática rúnica do que outras. A famosa descrição de Sigrdrifa comentando sobre runas não é toda fabulosa, mas tem muito mais paralelos com o uso de runas na época da narrativa. As runas de Odin no Hávamál tem alguma relação com a métrica do canto rúnico de Ribe e a tradição sobre este deus. Apesar de grande quantidade de fontes literárias em inglês e nórdico antigo mencionarem runas escritas em espadas para fins mágicos, existem poucas espadas medievais com runas gravadas. No geral, os poemas éddicos informam o referencial contemporâneo (em relação ao texto literário) sobre o material rúnico (MacLeod; Mees, 2006, p. 233-253).

O ogham é uma escrita rúnica: desde o Setecentos existe uma confusão linguística, cultural e mitológica entre celtas, germanos e nórdicos. Uma das que ainda persistem é a de que a escrita ogâmica das populações das ilhas britânicas seria uma forma de alfabeto rúnico: "ao lado de sua origem germânica, acredita-se que as runas estejam ligadas à escrita Ogham [...] Como no Futhark rúnico, as runas do escrito de Ogham possuem qualidades mágicas e misteriosas e eram usadas em escritos de feitiços e amuletos" (*Runas,* Catherine Duane e Orla Duane, 1997, p. 50-51); "Ainda que os druidas irlandeses tivessem seu próprio alfabeto – o ogham – eles também utilizavam os sistemas rúnicos, em especial o dinamarquês, o sueco e as runas marcadas com pontos" (*Mistérios nórdicos*, Mirella Faur, 2007, p. 23); "Las Runas Celtas y su Significado" (*Símbolos Celtas*). Apesar de alguns estudos apontarem a influência das runas e da escrita grega na formação inicial do

Ogham, a maioria dos epigrafistas consideram o latim o modelo principal, resultado do contato das populações britânicas com monumentos romanos (Santos, 2016, p. 35-50). As inscrições oghâmicas não foram utilizadas para magia ou adivinhação (como quer a dupla Duane) ou também os druidas não utilizaram runas germânicas (como quer Mirella Faur). Os nórdicos e a escrita rúnica penetraram nas ilhas britânicas após o total desaparecimento dos antigos druidas. Existem algumas poucas inscrições rúnicas que coexistem com a escrita oghâmica no mesmo monumento, mas possivelmente foram realizadas em épocas diferentes e por autores diferentes, todas posteriores ao século VIII d.C. (inscrição de Maughold Stone, realizada por um sacerdote cristão, *The Ogham Stones of the Isle of Man,* internet). Ou então inscrições rúnicas e oghâmicas esculpidas pela mesma pessoa, como na inscrição de Killaloe, Irlanda, século XI d.C. (*Irish Archaeology*, internet).

Ainda sobre a escrita oghâmica, persistem equívocos: "[...] o Ogham não é um alfabeto de uso prático; não era usado para escrever contos ou notas. Sua utilização, ao que tudo indica, restringia-se às práticas rituais e aos oráculos" (*O livro da Mitologia Celta*, Claudio Crow Quintino, 2002, p. 88). A escrita oghâmica durante o irlandês arcaico (até o século VI d.C.) consistia majoritariamente em registros onomásticos; após o período de cristianização, ela torna-se eminentemente funerária. Na literatura irlandesa medieval, ao contrário, ela "surge nos textos lendários, é sempre com fins mágicos [...]. Sob outra forma, a escrita está ausente [...] a escrita é uma aplicação prática da magia e os textos dependem do deus Ogmio" (Roux; Guyonvarc'h, 1999, p. 131). Aqui pode ter ocorrido uma confusão entre os registros epigráficos antigos e as representações literárias medievais – o que pode ter contribuído para a criação de oghamos oraculares mais recentemente (*Ogham: o oráculo dos Druidas*, Osvaldo R. Feres, 2018) –, e de modo muito semelhante aos rúnicos, não tem nenhuma base histórica.

O Sol negro é de origem nórdica antiga: há vários anos recebemos continuamente a indagação, de várias partes do Brasil, se o Schwarze Sonne (Sol negro) provém do Medievo ou é uma invenção moderna. A resposta é sim para esta última, trata-se de um símbolo criado no século XX: um círculo solar formado por 12 runas Sig (Sól), dispostas radialmente, criado em 1934 pelos membros da SS de Heinrich Himmler. O local mais famoso com uma imagem do Sol negro é o castelo de Wewelsburg, Büren, Alemanha, que foi uma escola para os membros da SS estudarem a herança germânica e a religião nórdica antiga e também local para celebrações e cultos esotérico-religiosos. Himmler considerava o castelo o centro do mundo germânico (Goodrick-Clarke, 2004, p. 190-191).

Tatuagens rúnicas: existem poucas evidências de que os nórdicos da Era Viking utilizaram tatuagens ou qualquer tipo de pinturas ou marcações corporais. O cinema e a televisão popularizaram a ideia de tatuagens entre guerreiros nórdicos. Um estudo relacionou a presença de tatuagens rúnicas na atualidade como um reflexo de orientações, espiritualidade e tendências provindas da Nova Era e no Neopaganismo. Especialmente as relações com Odin são destacadas nas tatuagens, reforçando a associação das runas como mágicas. Sentimentos nacionalistas e/ou extremismos políticos também foram detectados. No geral, as tatuagens rúnicas são formas de expressões de identidade social e de pertencimento a determinados grupos ou comunidades bem amplas de aficionados e interessados no mundo nórdico medieval, muito mais do que reconstituições históricas (Bennett; Wilkins, 2019, p. 1-14).

Yoga rúnica: mais amplamente difundida no Brasil há poucos anos, o sistema Stadhgaldr foi criado na Alemanha da década de 1930. Em 1920 Friedrich Marby desenvolveu um sistema chamado de Runengymnastik, que foi aperfeiçoado mais tarde para a denominação de Runenyoga e depois Stadhgaldr. A suposta base histórica para esses tipos de posturas corporais no mundo nórdico seria proveniente dos desenhos contidos no chifre de Gallehus, "em que encontramos relevos em forma de runas e figuras antropomórficas em posições semelhantes às runas" (*As moradas secretas de Odin*, Valquíria Valhalladur, 2007, p. 19). O seu uso na atualidade é vinculado à espiritualidade e crenças mágicas: "[...] divulgada pelas obras de Edred Thorsson [...] é um sistema de magia que se utiliza de posturas, gestos e sons para projetar a energia das runas e causar efeitos mágicos sobre o vitki" (*Mistérios nórdicos*, Mirella Faur, 2007, p. 399).

Os chifres de Gallehus são dois objetos encontrados na Dinamarca no Setecentos e Oitocentos, do qual só restam cópias na atualidade (foram criminosamente fundidos em 1802). Os especialistas nunca chegaram a um consenso sobre a interpretação dos desenhos, que são figuras humanas, antropomórficas, animais e vários símbolos geométricos não figurativos. Alguns desenhos possuem correspondência com representações gráficas encontradas na Escandinávia da Era Viking (como uma mulher portando corno de bebidas) ou Idade do Ferro (um guerreiro chifrudo semelhante ao caldeirão de Gundestrup, constante do acervo do Museu Nacional da Dinamarca), outras são únicas (serpentes sendo atacadas por outras serpentes?). O contexto ritualístico dos objetos é considerado quase certo, mas outras interpretações são puramente especulativas (as figurações formam um alfabeto; interpretações arqueoastronômicas) ou parcialmente corretas (interpretações baseadas na Mitologia Nórdica) (Nielsen, 2016, p. 209-213). Não existe absolutamente nenhuma evidência de que as figuras humanas presentes nos dois caldeirões de Gallehus remetam a posições corporais realizadas por humanos na antiguidade escandinava, seja imitando as runas ou para realização de qualquer tipo de magia, prática religiosa ou misticismo.

8
Os símbolos

Noções de alma e espiritualidade

Os nórdicos possuíam uma concepção de alma interna, *hamr* (forma) e *fylgja* (acompanhante), o duplo fiel que todo humano possui. O hamr é suscetível de sair do corpo, desafiando as leis de espaço e tempo. É possível que esta noção tenha sido influenciada pelo xamanismo euro-asiático. A palavra hamr designa a forma interna que cada um possuiria. Como dito, é suscetível de evadir-se do suporte corpóreo, que entra em catalepsia ou levitação. O hamr é capaz de retornar para outros locais ou outras épocas, com a finalidade de acompanhar as missões com a forma de seu possuidor. Ele assume uma forma animal, em geral simbólica de seu suporte. Uma vez que a empreitada está cumprida, ela regressa ao corpo de seu possuidor. A origem destas imagens pode remontar aos antigos sámi (Boyer, 1986).

A *fylgja* é uma entidade sobrenatural (espírito tutelar), geralmente feminina, que estaria ligada a um indivíduo e que lhe acompanharia pela vida toda, sendo visível quando a morte estaria próxima, sendo espíritos tutelares com funções semelhantes às das valquírias, disir e hamingja. É o vocábulo etimologicamente relacionado à alma mais antigo e também designa no nórdico antigo as membranas placentárias que envolvem a criança no momento de nascimento. O verbo fylgja significa "seguir", no sentido de acompanhar. Este duplo possui a mesma imagem que seu suporte material, mas também uma figura simbólica animal. A fylgja da família é conhecida como *Aettarfylgja*. Na *Hellgaquivða hjörarðzsomar*, a fylgja de Helgi aparece sob a forma de uma mulher andando com lobo e cobras (Bryan, 2000). Assim, hamr e a fylgja são os constituintes internos da espiritualidade do homem, enquanto o *hugr* (equivalente ao *mana* polinésico, a alma

243

do mundo) é o externo, mas todos possuem relação direta com o destino e os mortos. O hugr seria a alma do mundo, que se manifesta ao homem no momento de situações reflexivas (espirros, bocejos, coceiras) ou, mais geralmente, graças a palavras mágicas, com fins cognitivos, ou ainda, em sonhos e aparições. Este hugr podia realizar atos benéficos ou maléficos: morder (*bíta*), cavalgar (*riða*) e se manifestar por meio de pesadelo (*mara*) (Davidson, 1968).

Por mais individualistas que os nórdicos tenham sido, suas representações são fortemente alargadas com as ideias de família e clã. Assim, temos o conceito de *hamingja*, a figura tutelar de um clã, relacionada especialmente com a personalidade deste mesmo clã, como a descrita na *Saga de Viga-Glúmr*, em que uma gigantesca mulher surge ao herói, exatamente no momento em que ele morre, encarnando valores de proteção, ou seja, é a forma com que o destino se aplica a uma família. Também existia a noção de *aettarfylgja*, a fylgja atrelada a toda uma família e encarregada de velar por sua prosperidade. A hamingja podia ser alterada, como consequência do duelo entre clãs familiares (*hamingjaskipti*). A noção do "nada" não existia entre os escandinavos antigos, era totalmente estrangeira. A morte não era jamais um termo absoluto nem mesmo uma ruptura radical, era considerada uma simples mudança de estado. Morrer era simplesmente passar ao estado dos ancestrais, com o saber e poder tutelar. Pode-se retornar sob outra forma pela reencarnação ou metempsicose, que era limitada ao clã. Perpetuar um nome era necessariamente ressuscitar um ancestral, relacionado ao *óðal*, o patrimônio indivisível que se transmite de geração para geração.

Não ocorria uma demarcação clara entre vivos e mortos. A circulação de um domínio e outro não era jamais interrompida – os mortos frequentemente vinham informar aos vivos sob a forma de aparições ou revelações. A mentalidade nórdica não possuía uma consciência clara de outro mundo: é o cristianismo que o introduziu. Se analisarmos as fontes literárias, não teremos somente um, e sim vários mundos intercalados. Os mortos são os guardiães dos clãs e se comunicam com os vivos através de sonhos, aparições, signos e símbolos. O destino não era considerado puramente individual, mas sim inscrito dentro de uma perspectiva de uma família, extremamente dotada de uma qualidade própria de fatalidade. Quando Gauka-Þórir fala de "nossa força" (*afl okkat*) e de "nossa capacidade de vitória", ele tenta considerar essas palavras muito além de seus companheiros de escolta: a longa corrente, na verdade, dos ancestrais que fazem sua identidade.

Animais totêmicos

Quase todos os animais citados nas fontes literárias e que foram representados imageticamente na Era Viking são diretamente associados ao deus Odin. O lobo e o cão geralmente são companheiros das jornadas da alma para o outro mundo em rituais votivos. Cachorros e lobos estão conectados com a ideologia guerreira, especialmente para o grupo dos berserkir, grupo de homens jovens e não casados, especializados na arte da guerra. Várias gerações de guerreiros combinavam o nome de termos de batalha com elementos relacionados ao lobo – também se referindo à iniciação de jovens para o mundo marcial.

Os *pássaros* – aves de rapina, como gaviões e falcões – são tradicionalmente signos da aristocracia, enquanto a águia é emblema de poder. Em alguns pingentes, dois corvos metamorfoseiam-se nas pontas dos chifres de uma figura barbada, demonstrando a continuidade de antigos cultos na área nórdica pré-cristã. Um tipo de amuleto muito difundido na Era Viking, tanto na área finlandesa quanto nas ilhas britânicas, era o uso de dentes de ursos – tanto imitações em bronze quanto peças originais. Supunha-se que continham propriedades mágicas, relacionada à captura do espírito dos ursos (*karhunpeijaiset*). Na *Hrólfs saga kraka*, o personagem Bodvarr tem a sua alma transformada em urso, uma referência aos antigos rituais pré-cristãos ainda preservados na literatura centro-medieval. Em estudo, o historiador Thomas Dubois (2012, p. 65-96) analisou a relação do simbolismo animal atrelado à dieta e ao culto dos deuses, como o gado, cavalos, bodes, ovelhas, renas, porcos, peixes e ursos, demonstrando a estreita relação entre cotidiano e religiosidade na Escandinávia pré-cristã.

Simbolismos animais

A *águia* é um animal muito presente na literatura e nas mitologias do Medievo europeu, geralmente simbolizada como mensageira dos deuses e do fogo celeste, mas também acompanhando grandes heróis. Enquanto substituto do sol em várias religiosidades euro-asiáticas, foi um animal amplamente utilizado na heráldica e nas representações de realeza e nobreza. Na mitologia nórdica a águia foi representada no topo da árvore Yggdrasill

(*Grímnismál* 31), inimiga e oposta a uma serpente-dragão em sua base. A imagem de uma árvore cósmica cujo topo é habitado por um pássaro e em sua base/raiz por uma serpente ou dragão é comum a diversos povos espalhados pelo mundo, da Eurásia à América pré-colombiana, e como nas fontes nórdicas, ambos os animais que a habitam são inimigos, sendo a serpente assimilada à terra e a ave ao céu. Como no caso escandinavo, a forma mais usual do pássaro inimigo da serpente nos diversos mitos euro-asiáticos é a de uma águia, cuja representação pode ser observada na pedra rúnica de *Ramsundsberget* (Sö 101). Isso talvez tenha também sido influenciado pela observação na área nórdica da constelação do Cisne (geralmente em posição elevada no céu) em contraposição à constelação de Escorpião (visível na linha do horizonte), reforçando a dicotomia pássaro-serpente no imaginário escandinavo.

Outra referência da águia da mitologia escandinava refere-se ao deus Odin, especialmente no mito do roubo do hidromel (*Skáldskaparmál* 1; *Hávamál* 104-110). Após fugir com o precioso líquido da montanha Hnibjorg, tanto Odin quanto seu perseguidor (o gigante Suttungr) transformam-se em águias. Segundo Jens Peter Schjødt, esse episódio também deve ser percebido em termos de dicotomia: a serpente (forma animal que o deus adotou para adentrar em Hnibjorg) representa o ctônico, a terra, o baixo, o submundo, enquanto a águia é a esfera celeste, o alto, está relacionada a Asgard. Esse simbolismo de oposição estaria relacionado aos rituais de iniciação, nos quais a visita ao submundo para obter algum tipo de conhecimento ou bem precioso faz parte da cosmovisão e da religiosidade pré-cristã. Segundo Hilda Davidson, a jornada de Odin transmutado em águia também é mencionada em poemas arcaicos nórdicos e relaciona-se às suas características xamânicas em busca de conhecimento. A pesquisadora ainda lembra que tanto Odin quanto o deus irlandês Lug estão relacionados a águias e pássaros em geral, sendo um símbolo celeste e de soberania devido a sua associação com os imperadores romanos (Davidson, 1988, p. 129). O simbolismo da águia também era refletido na religiosidade nórdica. Segundo Catharina Raudvere, a *fylgja* de pessoas ou famílias muitas vezes era representada por águias, enquanto a alma (*hugr* ou *hamr*) adotava temporariamente essa forma animal revelando a origem nobre (*status* moral) da pessoa.

As representações imagéticas de águias durante o período das migrações até a Era Viking são muito variadas, sendo compostas por imagens em bracteados, esculturas, pingentes e pedras rúnicas. As duas pedras pintadas de Gotland mais famosas envolvendo águias são Stora Hammars I e Stora Hammars III, ambas relacionadas aos simbolismos e mitos odínicos. A primeira contém mais referências religiosas, sendo o animal relacionado a práticas de sacrifícios humanos, enquanto que a segunda está conectada ao mito do roubo do hidromel por Odin.

O *cavalo* é um animal sagrado para o mundo germano-escandinavo, como na antiguidade indo-europeia em geral. Ele foi nomeado em numerosos mitos registrados nas *Eddas*, sendo o mais célebre o cavalo Sleipnir de Odin, seguido de Grani, o cavalo de Sigurd. Segundo Régis Boyer, montar cavalo é um atributo de divindade e possui uma tradição muito arcaica na Escandinávia, a exemplo das inúmeras imagens deste animal na arte rupestre da Idade do Bronze, em forma solitária, em grupo, ou associado à carruagem solar. Nos mitos éddicos, também o cavalo está associado ao disco do Sol: Árvakr e Alsvidr. Ainda segundo Boyer, no *Grímnismál* os cavalos são nomeados em relação ao astro rei: brilhante, luminoso, raio de sol, crina de ouro. Também os deuses Odin e Freyr são associados intimamente a suas montarias – o que explicaria o sacrifício e consumo da carne de cavalo, interditado prontamente pela Igreja após a conversão. Também o cavalo é o símbolo do grande psicopompo, como em outras religiosidades influenciadas pelo xamanismo. O sacrifício de cavalo foi atestado por Adão de Bremen em Uppsala durante festas sacrificiais, denominadas de *Blótveizla*.

A pesquisadora Ulla Loumand (2004, p. 130-134), utilizando-se da conexão entre dados arqueológicos e literários, estudou a concepção sagrada do cavalo na Escandinávia pré-cristã, como a conexão dos sacrifícios e consumo de carne de cavalo com os rituais fúnebres. Para ela, num ponto de vista antropológico, o cavalo era visto como mediador dinâmico entre as fronteiras do mundo habitado e domesticado *versus* as fronteiras selvagens, periféricas e relacionadas ao mundo externo dos gigantes. Num referencial mitológico e cosmológico, do mesmo modo, o cavalo funcionaria simbolicamente como mediador dinâmico entre o mundo central e o periférico, ambos verticalizados. Loumand utiliza como exemplo destes referenciais os animais nomeados pelas fontes: Hrímfaxi e Skinfaxi são controlados pela Noite (Nótt) e pelo Dia (Dagr), percorrendo a fronteira entre o céu e a terra; Arvak e Alsvinn são os cavalos do Sol e percorrem as fronteiras entre o céu e a terra, entre o dia e a noite; o cavalo mágico Svaðilfari (que construiu a muralha de Asgard) percorre a fronteira entre o mundo dos gigantes e dos deuses, entre o espaço controlado e não controlado; Sleipnir atravessa as bordas entre o firmamento celeste e a Terra, os mundos e o submundo, entre o mundo dos vivos e dos mortos. Mesmo o ritual do *níðstöng*, empregando a cabeça de um cavalo e um poste/bastão, misturava simbolicamente duas categorias diferentes (a sexual, o poste; e uma intelectual, a cabeça do animal), permitindo estabilizar o *nið*. Numa perspectiva semelhante, a pesquisadora Katrín Einarsdóttir (2013) concebe o cavalo essencialmente como um mediador entre mundos, animal xamânico transportando o falecido após a morte, mas também conectado a elementos presentes no mundo cotidiano do camponês, como a fertilidade e a saúde.

Nas pedras pintadas de Gotland que são anteriores à Era Viking, os cavalos são geralmente associados a espirais, suásticas, círculos concêntricos e círculos com cristas (como em Hablingbo, Vallstena, Vaskinde, Garda I), o que sugere uma antiga relação com o culto solar – cuja narrativa mitológica mais próxima é a de Arvak e Alsvinn. Nos monumentos datados da Era Viking, o cavalo surge relacionado especialmente com simbolismos da morte, como em Stora Hammars I (surge acima de um homem caído e tendo uma águia sobre seu dorso). Nas esculturas de Halla Broa IV, Ardre VIII, Hammars III, Stenrkyrka Lillbjars III, Tjangvide I e Hunninge I o tema dominante é o cavalo transportando o morto (ou Odin) para o Valhala. Uma das estelas gotlandesas em que este animal praticamente domina todos os nichos imagéticos é em Tängergårda I: no primeiro, na base, ele possui três desenhos de valknut entre as pernas, seguido por quatro guerreiros portando anéis – *a aliança com o deus caolho*; no nicho central, um cavalo caminha com um morto (ou águia) flutuando entre seu dorso, e logo atrás, três homens caminham segurando espadas com a ponta para baixo, simbolizando o falecimento – *os ritos fúnebres*; no nível mais elevado, ele encontra-se acima de um homem caído, cercado por águias, corvos e guerreiros empunhando espadas – *a chegada ao Valhala e seu lugar entre os einherjar*. Sem dúvida, um monumento em que o cavalo está associado ao seu papel de psicopompo, conectando a vida com o destino futuro, mas acima de tudo, encarnando seu papel como símbolo odínico.

Os corvos: para Régis Boyer (1997, p. 85), o simbolismo dos corvos pertence a narrativas míticas muito antigas, com uma função psicológica e simbólica, fazendo, por exemplo, o Odin como deus dos corvos (*hraf-*

nagud). Também estariam relacionados a funções xamânicas de visita a outros mundos e à obtenção de conhecimento, como também aos augúrios proféticos, aos sortilégios e à figuração das valquírias. Neste último caso, existe um poema escáldico, *Hráfnsmál* (século IX), escrito por Þorbjörn Hornklofi, em que uma valquíria conversa com um corvo sobre questões da vida e da morte do Rei Harald I da Noruega. John Lindow também concorda com a relação xamânica dos corvos, acreditando que estes se relacionam com o duplo perigo do estado de transe durante as jornadas aos outros mundos. Rudolf Simek (2007, p. 164, 222) relaciona estes animais com os estandartes de batalha das tropas nórdicas e anglo-saxônicas durante a Alta Idade Média, que frequentemente utilizavam desenhos de corvos. Apesar de acreditar numa antiguidade da relação de Odin com os corvos, Simek pensa que suas denominações foram inventadas depois do século IX. E ainda, além de acompanharem a divindade nos campos de batalha, também auxiliavam Odin na sua função animal, e indo muito além, talvez as valquírias adotassem a forma de corvos. Mais recentemente, Timothy Nourns analisou os dois corvos em sua relação com uma linguagem entre humanos e pássaros: estes comunicam a Odin sobre relatos dos mundos, sendo fontes primárias sobre os acontecimentos. Além disso, de maneira mais genérica, os pássaros seriam símbolos nórdicos para a realeza e a sabedoria. Anthony Winterbourne relacionou os corvos com os conceitos de fylgja e hamingja, as habilidades de mudar o corpo para uma forma animal e, ao mesmo tempo, sendo entidades protetoras.

A iconografia dos corvos de Odin é muito antiga, já aparecendo durante o período das migrações em diversos bracteados, medalhões e outros objetos. Nas bracteatas dinamarqueses de Funen, Bolbro, Skrydstrup e Kitnæs, eles surgem associados a um cavaleiro (Odin), inclusive este último surgindo acima de uma suástica, uma lança e um círculo concêntrico (o Sol?). Na plaqueta de Vendel (Suécia), eles voam ao lado de Odin, que usa um elmo com águia, monta um cavalo e surge acima de uma serpente; aqui, com exceção dos lobos e ursos, temos praticamente todos os animais xamânicos do mundo nórdico. Um artefato de prata descoberto em Lejre (Dinamarca) em 2009 vem sendo considerado uma representação de Odin junto aos seus lobos e corvos. Algumas das mais tardias representações visuais dos corvos, ainda dentro do referencial pagão, serão em *hogbacks* da área britânica, durante o século X. No manuscrito AM 738 4to (datado de 1680) os corvos estão ausentes, apesar de Odin ser representado. Foi somente em 1760, com outro manuscrito (NKS 1867 4to, imagem 94r) que eles começam a ser associados ao deus caolho no Período Moderno (inclusive nomeados: Hugi, Múni). Em grande parte das ilustrações, gravuras e pinturas oitocentistas de Odin, ele está associado a seus corvos, como na icônica imagem de Carl Emil Doepler *Odin der Göttervater* (1882), na qual a deidade apresenta-se sentada em seu trono, portando sua lança e cercado por dois corvos e lobos.

O gato: como animais domésticos, os gatos são companheiros do homem desde o Período Neolítico. Na Escandinávia da Alta Idade Média eles eram muito empregados como animais protetores das fazendas, mas também eram percebidos em termos religiosos. Nas sagas islandesas, algumas praticantes de *seidr* utilizavam luvas e acessórios feitos de gatos brancos, relacionados simbolicamente com a deusa Freyja. Para Hilda Davidson, isso é um elemento que indicaria que os gatos seriam alguns dos espíritos animais utilizados pelas videntes em suas jornadas xamânicas. Segundo Brenda Prehal (2011), na sociedade nórdica pré-cristã o gato era associado à fertilidade (cabeças de gato eram vistas como objetos propiciadores), o mundo da casa e utilizado como proteção mágica. Também no barco funerário de Oseberg foram encontrados diversos objetos e relevos com formas de gato, como um poste, conectando estes animais com o mundo dos mortos e a deusa Freyja. Na Europa continental, durante a Antiguidade até meados do feudalismo centro-medieval, os gatos controlavam a população de ratos em cidades e mosteiros, sendo uma figura extremamente positiva. Muitos santos eram associados com gatos, sendo Santa Gertrudes de Nivelles a sua patrona; Santa Agartha era chamada de a "gata santa" e Santo Yves era representado como um gato. Em diversos manuscritos datados dos séculos XI e XII, os gatos foram representados geralmente em cores claras, definidos como predadores de ratos pretos e um animal tipicamente doméstico. Algumas iluminuras o associam com a mulher de Noé, enquanto este patriarca é relacionado ao cachorro. Desse modo percebemos que os felinos também eram símbolos do feminino para a Cristandade.

Na Escandinávia após a cristianização, percebemos que ao mesmo tempo em que algumas simbolizações antigas foram preservadas (em termos de pensamento e práticas mágicas), elas se incorporam aos poucos ao novo imaginário introduzido pelo continente, mas essa transição não é fácil de ser estudada. Um dos melhores exemplos disso é a imagem preservada na igreja de Schleswig-Holstein (Dinamarca, atual Alemanha), realizada em 1200. Freyja parece voar em um grande felino de cores claras, sem roupa e portando um corno – uma imagem claramente pré-cristã em um contexto cristão, mas não percebemos ainda nesta pintura uma associação direta com a noção de heresia ou de mal diabólico. Uma narrativa preservada em uma saga islandesa parece apontar mais diretamente para o novo imaginário, em que o gato preto foi associado com o mundo maligno das trevas. Na *Vatnsdœla saga* 28 (*c*. 1300) um homem chamado Þórólfur sleggja vivia na região de Vatnsdalr (norte da Islândia), com 20 enormes gatos pretos e selvagens, gerando um grande medo em seus vizinhos. A casa de Þórólfur acabou sendo queimada, mas mesmo após a sua morte as pessoas evitavam o local por pavor dos gatos.

Mas além do novo imaginário criado na Cristandade, os gatos ainda eram usados para operações mágicas no cotidiano da população. Algumas praticantes de magia da Suécia que foram presas e condenadas pela inquisição durante o baixo Medievo puderam ter parte de suas práticas desveladas, como *galna kadhrin* (Catarina a Louca) em 1471 e Margarida em 1490. Entre os principais elementos utilizados para a feitiçaria amorosa, por exemplo, estavam cabeças e os cérebros de gatos – mas para objetivos diferentes: enquanto Catarina utilizou o feitiço para reaver o amor perdido para uma mulher, Margarida empregou o mesmo para causar impotência em um homem. Outra tradição mágica conhecida na Escandinávia (mas original da Alemanha) era a crença nas pedras de gato, supostamente encontradas no crânio dos felinos e que teriam propriedades de aumentar o desejo sexual. Uma das últimas referências medievais nórdicas sobre este animal é uma pintura encontrada na igreja de Maria Madalena (Dinamarca), realizada entre 1475 a 1510. Nela, um gato encontra-se entre uma mulher e um demônio, entrelaçando-se para lamber suas partes íntimas. Segundo Stephen Mitchell (2011), trata-se de uma representação do diabo. Assim, de uma concepção positiva, na qual o animal foi um símbolo de divindade, agora ele passa a ser a própria representação do maligno e das trevas. Com a imensa propagação deste último imaginário na Modernidade, o gato preto ainda é visto em termos extremamente negativos, demonstrando que a superstição e o medo não são características apenas do passado remoto, mas infelizmente ainda persistem em nosso tempo.

Simbolismo numérico

Segundo Rudolf Simek, o número nove teria sido o símbolo típico do mundo germânico antigo, já o número três possuiria muitas equivalentes em outras culturas. Os significados destes números surgem na documentação religiosa e mítica, mas em especial o nove: o autossacrifício de Odin ocupou nove dias de enforcamento em Yggdrasill; nove mundos da cosmologia nórdica; Heimdall teve nove mães; Freyr esperou nove noites para seu casamento com Gerd. As festas de sacrifícios de Uppsala e Lejre duravam nove dias e supõe-se que nove vítimas de várias espécies eram sacrificadas, incluindo humanos. O número nove seria importante também para a magia e para o calendário lunar. Ainda segundo Simek, a poesia éddica utiliza este número como estética literária: Skadi e Njord viveram alternadamente nove dias em Noátún e Thrymheimr; a cada nove noites Draupnir fabrica anéis; Menglod possui nove donzelas que a servem e Aegir possui nove filhas; Thor caminhou nove passos antes de morrer no Ragnarok.

Acreditamos que a sacralidade que este número possuía para a tradição nórdica proveio essencialmente de influências da cosmologia xamânica de outras regiões, como da Finlândia – estas em conexão direta com outras tradições xamânicas do mundo asiático e europeu. Mircea Eliade (1998) em seu famoso livro sobre xamanismo publicado originalmente em 1951, já pontuava os elementos em comum a uma cosmologia arcaica, talvez de origem iraniana, em que temos nove mundos (ou planetas ou deuses) ligados com a Terra, do mesmo modo que nove níveis (ou galhos ou escadas na árvore cósmica) que levam aos outros mundos. O xamã escala uma árvore ou poste entalhado com nove níveis celestes – enfrentando obstáculos que simbolizam os céus. A mitologia mongol, dos buriatas e tchuvaches do Volga mencionavam nove filhos dos deuses, que protegiam os guerreiros. Do mesmo modo, o antropólogo John Hitchcock registrou a existência de nove esferas celestes na mitologia do Nepal, enquanto Ter Ellingson analisou as múltiplas relações do nove com a mitologia do Tibete (9 deuses celestes, 9 bruxas irmãs, 9 níveis dos mundos terrestres).

Para o pesquisador Arkadiusz Soltysiak (2003, p. 231-242) o número nove está atrelado nas fontes éddicas principalmente a dois contextos, um cosmológico e outro em relação ao deus Odin. O primeiro possui contradições e variações: relaciona-se a nove mundos, mas que nenhuma fonte detalha exatamente quais seriam. Em outros locais, são citadas 13 moradias dos deuses (*Grímnismál*), enquanto que Snorri cita nove céus. Essa relação entre nove, o firmamento celeste e o submundo teria sido motivada pela magia rúnica. O nome de alguns mundos contém a consoante *h* (*himinn* e *hel*) e a runa *Hagalaz* ocupa a nona posição no futhark antigo e anglo--saxão. Em relação aos mitos odínicos, o nove ocupa um lugar central na busca de conhecimento e na magia, mas também em relação com o número três: ao mesmo tempo em que algumas fontes citam 3 nornas, em outros momentos elas são nomeadas como sendo 9, especialmente em relação a heróis odínicos. A mesma relação vale para algumas valquírias. Uma das associações mais tardias de Odin a este número provém das narrativas envolvendo o rei ynglingo On (*Ynglinga saga* 29 e *Skaldskaparmál* 64) – que para Soltysiak representariam uma conexão entre a autoimolação do deus caolho com os sacrifícios humanos descritos em Uppsala. Este pesquisador também enumera a importância do número nove em contextos não mitológicos, como em algumas leis e sagas islandesas, além de um amplo estudo comparativo com áreas afins ao mundo nórdico, como o paganismo eslavo e báltico, como também com tradições pouco relacionadas diretamente, a exemplo do mundo egípcio e grego clássico.

O número nove também desempenha um papel importante em algumas inscrições rúnicas, utilizadas como amuletos mágicos no mundo nórdico pré-cristão e com uso mesmo após a cristianização, até o final do Medievo. Em uma das inscrições de Sigtuna (Suécia, século XI), podemos perceber esse papel numérico na magia: "*Ek þurs seg þriu, nauðr nīu*" (Eu digo três gigantes, nove angústias). Para MacLeod (2006), a runa *þurs* possui afinidade com a magia de maldição descrita em *Skírnismál* e a referência ao número nove é devido ao uso frequente em magia, de rituais a serem efetuados durante nove vezes, lembrando também o *Encantamento das nove ervas de Wotan*, presente no mundo anglo-saxão. Na tradição mágica da Inglaterra alto medieval, rituais previam um canto mágico nove vezes recitado no primeiro dia, oito no segundo, até chegar a somente um durante o nono dia.

O martelo de Thor

Para Régis Boyer (1997), *mjöllnir* significa triturador, mas a etimologia é polêmica. Para Rudolf Simek (2007), o termo provém do proto nórdico *melluniaR* e tem relação com o antigo eslávico *mlunuji* e o russo *molnija*, significando relâmpago. Outras explicações partem da relação com o nórdico antigo *mjoll* (neve nova) com o islandês *mjalli* (branco), significando desta forma um relâmpago brilhante. As principais fontes literárias sobre o martelo de Thor são: *Hymiskvida* 36; *Thrysmskvida* 1-32; *Gylfaginning* 21, 42, 44, 53; *Skáldskparmál* 17, 33; *Gesta Danorum* III, 73. De todos os simbolismos religiosos figurativos da Escandinávia da Era Viking, certamente o martelo de Thor é o que possui a maior quantidade de referências literárias, tanto nas *Eddas* quanto nas sagas islandesas. Nestas fontes, podemos caracterizar o martelo de Thor em três significados principais: *como instrumento ritual e mágico*: o martelo consagra nascimentos, casamentos, mortes, funerais, juramentos; assegura propriedades; consagra a terra e a propriedade; propicia a ressurreição e a fertilidade da vida; símbolo fálico; marca de fronteira; usado para localizar ladrões; *como arma*: ele defende o mundo, os deuses e os homens contra as forças do caos; *como instrumento*: o martelo protege contra os elementos naturais. O martelo pode ter sido uma variação do machado, símbolo do raio na Escandinávia. Várias representações rupestres do Neolítico e Idade do Bronze mostram guerreiros portando machados cerimoniais. Não há registros de martelos sendo utilizados em batalhas durante a Era Viking, o que nos leva a acreditar que as achas continuaram a ser conectadas ao culto de Thor – exemplo é a famosa Lâmina de Mamen, decorada com um rosto barbudo – e pingentes de machado ao lado de pequenos martelos (como no colar votivo de Birka). Na estatueta islandesa de Akureyri, datada do ano 1000, uma figura masculina segura um machado, cujo cabo se funde na sua barba, demonstrando não somente que a barba e o martelo eram símbolos fálicos, mas que o culto a Thor pode ter ligação com sacerdotes barbudos ou a barba como elemento fundamental da masculinidade. Outras conexões relacionam Thor com o xamanismo, os ferreiros e os cultos de guerreiros, como em Horagales, na área lapônica, cujos tambores mostravam uma figura masculina com um martelo ou suástica, altamente relacionado aos cultos xamânicos. Desta maneira, não há como desvincular *mjöllnir* de ser tanto um objeto heroico como mágico e protetor.

Existem três tipos básicos de representação do martelo na Era Viking. A primeira são as imagens encontradas em esculturas, com cenas da pesca da serpente do mundo por Thor. Em segundo, imagens do martelo em pedras rúnicas. E em terceiro, representações do martelo em pingentes usados como adornos pessoais, geralmente encontrados em tumbas. Os mais comuns e numerosos possuem uma forma simples, com o cabo pequeno e cabeça lembrando a forma de machados com lâminas largas. Os três com desenhos mais complexos fazem referência aos mitos literários: *Odeshog, Bredsätra e Skane* possuem na extremidade de seus cabos uma figura formada por olhos fixos, lembrando o barbudo do machado de Mammen, que deve ser uma representação de Thor no momento que se defronta com Jörmungandr (*Gylfagining* 47). Ainda nestes três pingentes, o nariz abaixo dos olhos possui uma curvatura aquilina, que lembra muito a existente nos capacetes cerimoniais de Vikso (Dinamarca da Idade do Bronze), representando o deus do céu com bicos de ave de rapina. Nestes três pingentes, as cabeças dos martelos possuem entrelaçados e espirais que podem ser representações simbólicas da serpente do mundo. No martelo de *Bredsätra*, em especial, a triquetra de terminais arredondados recorda muito a mesma figura gravada no deus Thor de Solberga, recordando que a serpente está relacionada à estabilidade do mundo, ao rodear o oceano de ponta a ponta.

Na atualidade, a pesquisadora Lotte Motz (1997, p. 329-350) interpretou a palavra *hamarr* como sendo rocha ou pedra, questionando a associação tradicional do martelo como sendo a figuração de mjöllnir – o martelo não teria lugar no folclore e nem na imagética. Desta maneira, o mjöllnir poderia ser visualizado de várias formas diferentes, como o machado e a rocha. Por sua vez, ao analisar pingentes do martelo de Thor em sepulturas, Dan Bray acredita num simbolismo de proteção do deus Thor que teria continuidade depois da morte: objeto protetor, mas também propiciador. No folclore pós-medieval, resgatado por John Lindow (1994, p. 485-503), o martelo de Thor seria usado até mesmo para localizar ladrões e marca de fronteiras. E além disso, durante o Medievo, o martelo definiria vários papéis ao deus Thor em associação com xamãs (auxílio espiritual), ferreiros (poderes mágicos) e guerreiros (aventura).

Símbolos geométricos não figurativos

Essa seção traz um levantamento quantitativo de objetos materiais contendo símbolos na Escandinávia, desde o século V até o final da Era Viking. O objetivo desta fase é traçar uma sistematização morfológica e espacial de tais símbolos, buscando determinar padrões de estilo e diacronia. Os símbolos foram então divididos em dois grupos básicos do ponto de vista morfológico: os solares (espiral, triskelion, suástica) e os relacionados à forma dos nós (triquetra, quadrefoil e valknut). A conclusão alcançada por este primeiro procedimento é que a suástica, a triquetra, a espiral e o triskelion existem desde o período das migrações, sendo o valknut quase exclusivo da área da Escandinávia durante a Era Viking, especialmente na ilha de Gotland.

A segunda etapa da pesquisa desta seção, de natureza qualitativa, abrange apenas símbolos com supostas conotações religiosas encontrados durante a Era Viking (séculos VIII e XI), em áreas de colonização nórdica (Europa de Leste, Ilhas Britânicas, Islândia e Escandinávia) e especialmente em suportes materiais com figuras figurativas, contextos que possibilitam análises comparativas. As conotações religiosas desses materiais são deduzidas pelas referências visuais a divindades, cenas mitológicas, o contexto no qual as peças foram encontradas e as relações com outros símbolos. Os objetos selecionados oferecem a possibilidade de análise visual do contexto (aqui entendido como a relação entre várias imagens, cenas mitológicas, figurações e símbolos geométricos). Esta fase teve como objetivo uma interpretação síncrona dos objetos. Os principais resultados desta pesquisa baseiam-se diretamente nesta segunda fase. A abordagem utilizada nesta segunda fase procurou fazer comparações internas entre os diferentes contextos e suportes materiais. Isso nos permite avançar nas discussões sobre o significado desses símbolos, já que não existem fontes literárias medievais sobre eles (nem sabemos sua denominação na língua nórdica antiga). Os termos aqui adotados para aludir a esses símbolos são comuns desde o século XIX, vindos de línguas escandinavas modernas ou de outras áreas culturais: três triângulos entrelaçados (*valknut*: sueco moderno); espiral tripla (*triskelion*: grego); espiral quádrupla (suástica: sânscrito); três arcos entrelaçados (*triquetra*: latim). A adoção desses termos é apenas para facilitar o leitor a acompanhar nossas interpretações.

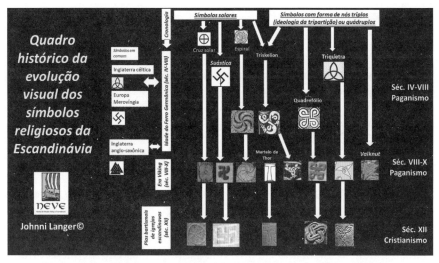

Figura 6 Quadro da evolução histórica dos símbolos religiosos nórdicos
Fonte: tabela e dados do autor.

Para a análise do significado simbólico, utilizamos em parte as discussões acadêmicas já desenvolvidas até o momento e a literatura medieval disponível sobre deuses, mitos e ritos pré-cristãos no território escandinavo. O levantamento espacial desta fase permitiu algumas conclusões principais. A triquetra e a suástica foram os símbolos com maior distribuição espacial, ambos ocorrendo em praticamente toda a área escandinava, da Europa Oriental às Ilhas Britânicas. Esses dois também têm a ocorrência interna mais extensa na Escandinávia, mas particularmente a triquetra ocorreu perto de centros de importância cerimonial e religiosa durante a Era Viking, como Lejre (Dinamarca), Uppåkra (Scania) e Uppsala (Suécia). A região com maior número e variedade de símbolos é a ilha de Gotland, embora seja notável a ausência da suástica. O valknut foi encontrado apenas na região de Vestfold (Noruega), Ribe e Hedeby (Dinamarca), na ilha de Gotland (Suécia) e Kiev (Ucrânia), e os símbolos mais restritos espacialmente são o triskelion de chifres, a espiral e o quadrifólio.

Símbolos e deidades

Suástica: a relação deste símbolo com as divindades nórdicas tem sido apontada desde a primeira ocorrência de estudos no campo. Estes surgiram já no século XIX, época em que a maioria das associações da suástica eram aquelas ligadas a Thor. Em 1862, o folclorista Jón Árnason publicou uma coleção sobre contos folclóricos islandeses, nos quais a suástica foi chamada *Þórshamar*. De acordo com seu trabalho, alguns martelos foram usados em práticas mágicas para recuperar objetos roubados (Árnason, 1862, p. 445). Pouco depois, outro trabalho relata que no século XVIII os suecos usavam martelos com gravuras de suástica, em irmandades rurais chamadas *Fattigklubba* (Mejborg, 1889, p. 16). No entanto, a publicação mais importante que associou o deus Thor à suástica foi feita pelo arqueólogo britânico George Stephens, em sua tradução de uma inscrição rúnica da espada de Sæbø (Noruega): "oh 卍 muþ"; "possui (me possui) thurmute" (Stephens, 1884, p. 243). Mesmo assim, a maioria dos epigrafistas hoje reconhece a suástica nas inscrições rúnicas como contendo valor puramente simbólico e mágico, e nunca fonético, o que invalida a interpretação de Stephens. Ainda assim, na maioria dos estudos sobre a suástica até o advento da década de 1930, essa relação entre o deus e o símbolo é consagrada de forma muito firme, inclusive nas artes visuais. Mais recentemente, Hilda Ellis Davidson associou a suástica ao martelo de Thor e sua relação com o trovão e o fogo no céu (Davidson, 1964, p. 83). Analisando fontes medievais, Taggart (2018) demonstrou ser possível questionar a ligação desse deus com o trovão nas fontes literárias medievais, apontando um problema na suposição de Davidson. Motz também defende uma ligação entre a suástica e Thor, mas contesta a relação desse símbolo com o martelo propriamente dito (Motz, 1997, p. 340).

Uma descoberta na região de Staraya Ladoga é a única ligação visual entre a suástica, o martelo e o próprio deus Thor. Num edifício comercial do século VIII foi descoberta uma faca feita de mandíbula de algum animal (139mm). Neste cabo de faca de osso, o topo foi ocupado pelo desenho de duas grades, seguidas por dois chifres entrelaçados. O meio é ocupado por dois martelos com cabeças diferentes, separados por quatro linhas. Ao lado está gravado um símbolo que consiste na junção de dois círculos cruzados (semelhante ao número oito). No final, ocorrem várias runas Sól e uma suástica (Petrenko, 1979, p. 78-84).

Nas bracteatas do século VI, a suástica também foi associada à runa Sól (como na bracteata 7, DK nr. UK 197) e no poema rúnico islandês (datado do século XV) a runa Sól foi identificada com o Sol e a destruição do gelo: "Sól er skýja skjöldr ok skínandi röðull ok ísa aldrtregi rota siklingr" (Dickins, 1915, p. 31) (Sol é o escudo das nuvens e raio brilhante e destruidor do gelo; tradução nossa). O símbolo no centro da faca de Staraya Ladoga (muito semelhante aos encontrados ao lado dos triquetras nos martelos Bredsättra e Ödeshög) também ocorre nas pedras de Gotland, como em Sandegårda I (GF C6347); nela, uma grande serpente está entrelaçada na forma do número oito, cercada por duas menores. A diferença de tempo e espaço é considerável, tornando difícil comparar diretamente o motivo do dragão do mar no Período Vendel com o Jǫrmungandr da literatura medieval. No contexto do cabo de faca de Staraya Ladoga, a relação simbólica com o deus Thor parece muito forte. Os desenhos do martelo e dos dois chifres reforçam um possível uso ritualístico. No objeto de S. Ladoga podemos perceber objetivamente uma estreita ligação entre a suástica e os ritos do deus Thor, embora ocorra também uma relação deste símbolo com o Sol, a runa Sól e possivelmente o simbolismo da grande serpente.

As associações de suástica também ocorrem em relação a Odin durante a Era Viking. Tal relação pode ser destacada se se proceder ao que Jens Peter Schjødt define como o nível interno de comparação genética, as diferentes ocorrências de um elemento são tomadas em consideração em toda a área escandinava, procurando variações regionais e históricas. É por isso que é importante focar a variação diacrônica e geográfica pesquisando imagens de Odin e sua relação com a suástica não apenas em materiais da Era Viking, mas também de Vendel e do período das migrações, como as bracteatas. A abordagem da variação verificada nesses materiais revela que a maioria deles carrega fortes associações simbólicas com os animais. Uma variação que notamos comparando o período das migrações e Vendel é que a relação da suástica e Odin neste período foi marcada pela presença do cavalo, enquanto durante a Era Viking a presença de cervídeos é muito mais visível.

O período de maior conexão entre Odin e a suástica foi durante os séculos V e VII, como atestam dezenas de inscrições mágicas ("Alugod!", fíbula de Værløse, DR EM85; G 205). A presença deste símbolo é considerada pelos especialistas como algo divino que torna o objeto mais sagrado, para trazer mais sorte ou para reforçar a magia da inscrição. A imagem de um cavaleiro com dois pássaros e uma suástica aparece em vários bracteatas (NM 8744; C685; NM 8645; NM C5366), comumente interpretadas como representando Odin. Alguns interpretam algumas cenas comuns no padrão

C como sendo Odin soprando na orelha do cavalo, levando à interpretação de que ele está usando magia para curar o animal doente. Em outras bracteatas, aparece a figura de um cavaleiro, enquanto o cavalo possui um par de chifres artificiais (em forma de lua crescente), ao lado de uma suástica (IK 95; IK 91, IK 244), o que sugere um símbolo lunar e oposição solar. Em alguns casos, a suástica aparece com terminais ondulados ou flamejantes, sugerindo movimento, ao lado de figuras masculinas em atitude extática e dançante (NM12430). A interpretação dessas imagens denota vários aspectos relacionados a Odin: um xamã, um curandeiro, um mestre da magia e essencialmente como um guerreiro e deus aristocrático. Há uma redução da presença da suástica relacionada ao deus Odin durante a Era Viking. Na ilha de Gotland, repleta de inúmeros objetos, pedras-pintura, símbolos e imagens relacionadas ao culto e mitos deste deus, a suástica não ocorre, talvez por ter sido substituída pela valknut e pela triquetra.

Uma estatueta pouco conhecida também liga Odin à suástica. A pequena figura foi encontrada na década de 1980 em Tornes (Noruega), tem 4,4 cm de altura, apresenta uma superfície escura, quase preta e feita de pedra-sabão. A figura usa um chapéu ou capacete cônico e uma capa decorada com vários símbolos: o sol com raios, duas suásticas, dois cervíeos e um canídeo. O olho direito da figura é mais marcado que o da direita, o que pode indicar uma representação de Odin. O objeto pode ter sido um amuleto ou talismã, dentro de um contexto de Sol e fertilidade no final da Era Viking (Ringstad, 1996, p. 115).

Outro objeto com representações de suásticas junto à figura de Odin é a cruz de Andrea 128, localizada na Ilha de Man e datada do século X. É um monumento híbrido, produto da transição religiosa que traz uma imagem objetiva de Odin durante o Ragnarök. O monumento tem várias suásticas. Duas estão estritamente ligadas ao cristianismo: estão localizadas dentro de uma pequena cruz, que por sua vez estão localizadas dentro da grande cruz de estilo celta, em ambos os lados (ao lado de Odin e o missionário/Cristo). Seu significado é incerto, mas podem ter alguma conexão com o tema da ressurreição, como as suásticas da região irlandesa e britânica. Apesar disso, diante da cena do Ragnarök, são encontradas três suásticas apresentando uma morfologia diferente (formam um entrelaçamento muito semelhante ao quadrifólio), duas externas e uma interna à grande cruz, possivelmente tendo relação com um sentido pré-cristão, referindo-se ao simbolismo da ligação entre o deus e os humanos. Isso pode ser confirmado pela presença de uma cobra entrelaçada em um nó triplo no lado direito da cabeça de Odin.

Em outro monumento da mesma área, Miguel 123, aparece também o simbolismo da amarração pelo nó: abaixo de uma profetisa com um cajado nas mãos, um cavalo é preso por uma corda, cuja extremidade forma um nó em forma de triquetra. No caso de Andrea 128, a suástica se transforma de um antigo símbolo solar relacionado ao culto guerreiro em um símbolo de ligação e proteção relacionado ao deus Odin – que foi o grande mestre dos laços, grilhões e anéis nas narrativas mitológicas. Assim, apesar de ser um monumento híbrido, o estilo Borre presente nesta ilha (especialmente a chamada "corrente de argolas") preservou elementos simbólicos ligados à ideia de encadeação, também verificados por outros pesquisadores em estudos artísticos (Charlotte-Hedenstierna, 2006, p. 321) – especialmente aspectos de Odin como o xamanismo e feitiçaria, ainda coerentes com uma sociedade que espera proteção e não apenas marcialidade.

Outra representação famosa da suástica na Era Viking (Snoldelev, DR 248, figura 11) pode estar relacionada ao culto de Odin. Apresenta uma inscrição rúnica, uma suástica e um triskelion com chifres, datados do século IX. A gravura da suástica foi feita sobre uma roda solar, que é muito mais antiga (possivelmente da Idade do Bronze). A inscrição rúnica alude a um homem chamado Gunvald, que seria um *Þulʀ*, uma espécie de recitador que liderava os serviços. Este termo também tem uma conexão mítica com Odin.

Triquetra: encontramos o símbolo triquetra relacionado tanto a Thor quanto a Odin. No primeiro caso, na figura de Solberga, o símbolo foi inserido no centro de uma figura masculina, localizada no meio de uma embarcação. Esta é considerada uma representação da pesca da serpente do mundo por Thor. No mesmo objeto, predomina um entrelaçamento circular, envolvendo todo o conjunto de figuras e aplicado também ao ser feminino abaixo do vaso, no qual se destaca o cabelo enrolado em forma de "nó irlandês", que também é muito semelhante aos pingentes de representações de valquírias nas estelas de Gotland. Um exemplo de pingente que mistura tanto este tipo de nó de cabelo quanto a triquetra é uma figura de Tissø. O padrão triquetra com formas circulares também aparece em pingentes de martelo, como Bredsättra e Ödeshög. Na morfologia de alguns desses pingentes, notamos que a base às vezes é ocupada por olhos, enquanto a cabeça apresenta círculos, pontos, espirais e triquetras. Em todos os casos, pingentes de martelo com valknut e suásticas não foram preservados.

No caso das figurações de Odin, a mais famosa é a estela de Sanda II, na qual o símbolo da triquetra foi esculpido junto a um pequeno quadrado representando um homem sentado (Odin), segurando uma lança que está na mão de um guerreiro de pé ao seu lado direito. Uma figura feminina também é retratada sentada. A cena foi interpretada como Odin, Frigg e um renascido em Valhöll, sendo a triquetra considerada um símbolo do deus, representado atrás de seu trono (Jungner, 1930, p. 68). Mais recentemente, a cena foi analisada como sendo cristã e a triquetra foi então vista como uma representação da estrela de Belém, usando como modelo a urna de Franks (Staecker, 2004, p. 41). Essa interpretação é questionável porque a primeira das três figuras inferiores em Sanda I carrega uma lança e a segunda carrega uma espécie de marreta, objetos ausentes das representações dos Reis Magos na arte medieval (como na pia batismal de Gerum, Gotland, citada pelo autor). Também a cena superior de Sanda II, apresentando a lança empunhada por Odin e um pássaro esticando o bico nas costas do guerreiro em pé não é devidamente explicada pelo autor, sendo que este último detalhe apontado pelos pesquisadores atuais seria uma valquíria transformada em um cisne, algo que não tem equivalente na arte cristã. Por mais que a Urna de Franks conserve elementos pagãos que foram hibridizados com elementos cristãos, a triquetra da cena dos três Reis Magos não pode ser considerada a estrela de Belém – esta, na realidade, é a figuração situada entre Jesus e o primeiro rei mago, logo acima de sua mirra, em forma de flor com treze pétalas e dentro de um círculo, muito semelhante à figura acima dos Reis Magos da pia batismal de Gerum, com oito pétalas – e a triquetra ao lado direito deste último conjunto, entre duas colunas, constitui um símbolo de proteção para os recém-batizados.

A triquetra também aparece indiretamente relacionada a Odin, como no *hogback* de Brompton 20, cujas extremidades são ladeadas por ursos. Na tradição saxônica pré-cristã, os reis usavam a triquetra como emblema de sua ligação com esse deus, legitimando sua dinastia, que parece ter sido seguida também pelos reis escandinavos – com a cristianização, a triquetra tornou-se uma legitimadora do poder político e religioso de reis, aparecendo em moedas em toda a Escandinávia a partir do primeiro milênio. A triquetra nórdica também parece ter um sentido mais aristocrático e uma representação simbólica de uma elite guerreira, especialmente em pedras rúnicas, muito mais do que a suástica e a valknut. Destaca-se também o detalhe de que o tipo de triquetra associado ao deus Thor (aquele com terminais circulares) foi igualmente utilizado para representar Cristo crucificado (grande pedra rúnica de Jelling, DR 42).

Na numismática escandinava há o debate dicotômico de interpretar a triquetra como um símbolo cristão da Trindade; ou melhor, como tendo uma conexão com a mitologia nórdica. A nosso ver, tratava-se de adaptar um símbolo oriundo da cultura saxônica e do cristianismo continental, que começou a se proliferar após a cristianização da Escandinávia. Nas moedas do início da Era Viking de Hedeby e Ribe a triquetra aparece num contexto pré-cristão juntamente com figurações de animais, especialmente cobras (KG3 Hus), relacionadas a cobras e cervídeos ou mesmo junto ao valknut. Aqui sua conexão com os mitos de Odin é possível. A partir do ano 1000, sua representação em moedas passa a ser individualizada ou então, junto ao símbolo do triskelion, a cruz com pequenos círculos, reforçando os simbolismos da Trindade. Assim como na região saxônica, a triquetra apresentava um significado de Santíssima Trindade, influenciando diretamente os significados desse símbolo nas moedas escandinavas do final da Era Viking.

Valknut: não há ligação figurativa entre Thor e o valknut em nenhum objeto da Era Viking. Quanto a Odin, o único monumento que permite uma associação direta com a deidade é a estela de Lärbro Stora Hammars I. Em outros monumentos há uma relação indireta, como em Lillbjärs III e Tängelgårda I.

Alguns pesquisadores associam o valknut com a descrição de *Skáldskaparmál* 20 no coração de pedra do gigante Hrungnir, que é comparado com símbolos gravados em pedra: "Hrungnir átti hjarta þat er frægt er, af hǫrðum steini ok tindótt með þrim hornum svá sem síðan er gert var ristubragð þat er Hrungnis hjarta heitir" (Sturluson, 1998, p. 21). (Hrungnir tinha um coração que era famoso, feito de pedra dura com três cantos pontiagudos, do qual foi feita uma escultura que é chamada de coração de Hrungnir; tradução nossa.) Aqui nos deparamos com dois problemas. Primeiro, tal narrativa é altamente centrada em Thor que, como vimos, não tem associação objetiva com o valknut. Em segundo lugar, o relato é explícito ao mencionar três pontas, mas morfologicamente qualquer variação do valknut tem seis pontos. Portanto, o símbolo que melhor se encaixa na descrição é a triquetra pontiaguda, comum nas pedras rúnicas suecas (como em U 937 e U 484) e em Gotland (Sanda II). O simbolismo da triquetra também ocorre em objetos móveisdna Islândia, ao contrário do valknut, que não foi registrado nesta região. Além disso, como dito anteriormente, a triquetra estava ligada a Cristo, Odin e Thor, explicando sua citação em *Skáldskaparmál* 20.

Símbolos e rituais para deidades

A maioria das figurações com símbolos com alguma relação com os ritos são pertinentes a Odin. Um dos fragmentos da tapeçaria de Oseberg (século IX) mostra a imagem de nove pessoas penduradas em uma árvore e uma suástica logo abaixo, perto de sua base. Algumas interpretações desta cena sugerem que pode ser puramente mítica, enquanto outras a associam diretamente ao texto de Adão de Bremen. De todas as representações presentes na tapeçaria, esta é a única com elementos fantásticos: as pontas dos galhos da árvore se transformam em cabeças de cavalos e cobras. Essa cena também parece deslocada se comparada ao contexto geral, que apresenta uma procissão funerária. Outras cenas, no entanto, também parecem estar relacionadas ao deus caolho: dois fragmentos mostram mulheres dançando no meio de grandes suásticas, seguindo uma antiga tradição iconográfica que relaciona o símbolo ao êxtase, iniciada durante o período das migrações (com as bracteatas). Outra tapeçaria contém a junção entre uma árvore e este mesmo símbolo: Överhogdal (século XI). Em um conjunto de quatro fragmentos com figuras, três exibem árvores que poderiam ser representações de Yggdrasill (com um cavalo de oito patas na lateral e pássaros no topo). Os três primeiros contêm dezenas de animais selvagens, enquanto o quarto é o único com várias suásticas (23 no total) tecidas na base e no topo da peça – mas neste caso, é possível que o símbolo seja meramente decorativo. A cena ao redor da árvore também é diferente das demais: apresenta guerreiros carregando machados, casas, barcos e seus galhos e, ao contrário das outras duas árvores dos outros fragmentos, elas estão voltadas para baixo. A suástica também foi identificada com objetos rituais da Era Viking: acessórios para supostos vasos de incenso (influenciados pela região irlandesa) e também relacionados ao "Buda" de Oseberg.

Uma figuração rupestre que surge associada com ritual e simbolismo geométrico é Stora hammars I em Gotland. Um valknut foi representado acima de uma cena de imolação ao lado de dois pássaros. No lado direito, uma figura semelhante a um triskelion paira sobre a cena, enquanto à esquerda um enforcado com um escudo balança sobre uma árvore. A conexão com os cultos odínicos aqui é muito explícita. No entanto, em outras pedras pintadas esse mesmo símbolo não parece estar ligado diretamente a rituais. Em Lillbjärs III o valknut está ligado à recepção do falecido em Valhöll, enquanto em Tängelgårda I integra-se ao ciclo dos nibelungos, simbolizando o coração extraído de Hǫgni, tema constante na *Vǫlsunga saga*.

Não identificamos a conexão da espiral, triskelion e triquetra diretamente com contextos rituais na área escandinava, embora este último símbolo ocorra uma vez na Inglaterra saxônica: na Urna de Franks (painel da extremidade direita), ocorre uma triquetra no meio das patas de um cavalo e ao lado de um montículo funerário contendo ossos. Na frente do conjunto permanece uma figura feminina segurando um cajado e um cálice. A cena é interpretada como parte do mundo germânico pré-cristão, mesmo que não seja possível identificar a quais narrativas específicas ela se relaciona. É provável, neste caso, que a triquetra esteja relacionada a ritos funerários, da mesma forma que a suástica e o quadrifólio contidos na tapeçaria de Oseberg.

Símbolos e cervídeos

Alguns objetos têm símbolos associados a animais, geralmente cervídeos e serpentes. A figura de Tornes, interpretada como uma possível figuração do deus Odin, apresenta dois animais, cada um com uma suástica. Os animais parecem ser algum tipo de caprídeo, mas o animal mais parecido conhecido é o Ibex alpino (*Capra ibex*), que vive na Europa central, fora da Escandinávia, ou pode ser apenas uma figuração fantástica. Em um pote cerâmico de Hedeby (século X) ocorrem representações de cinco cervos (*Cervus elaphus*), animal conhecido em registros arqueológicos da Era Viking, juntamente com três suásticas. As três suásticas aparecem de forma diferente: a primeira está dentro de um círculo semifechado; a segunda com padrão tradicional; e a terceira com duplicação nas extremidades. Acima das suásticas, existe o único registro visual do *Ægishjálmur* durante a Era Viking. Este é um símbolo mencionado em algumas sagas islandesas e *Edda poética* como proteção para o herói Sigurd, sendo representado em manuscrito pela primeira vez durante o último quartel do século XV (*Lækningakver*, AM 434 A 12Mo). Sua imagem neste manuscrito é muito semelhante ao pote de cerâmica de Hedeby – mas neste último caso, não sabemos objetivamente o que poderia significar com os cervos e as suásticas. A cena geral do pote é de um grande dinamismo e movimento, enquanto o cervos e os símbolos da figura de Tornes são mais estáticos. Um padrão se repete em ambos os conjuntos: as suásticas foram representadas nas costas dos animais. Não há como relacionar alguma divindade ao pote de Hedeby, mas a estatueta de Tornes, como mencionamos, foi interpretado como sendo uma estatueta de Odin.

A ligação do valknut com Odin encontra-se nas moedas de Hedeby, nas quais a imagem de um grande cervo está comumente ao lado de uma máscara, uma estrela e uma serpente. Ambos os animais são retratados com suas bocas conectadas. As figuras de máscaras em pedras rúnicas, pingentes e moedas têm sido apontadas por alguns pesquisadores como tendo uma conexão com o deus Odin. Os cervos não têm associação direta com o deus caolho nos mitos, então por que eles foram representados? Uma explicação possível é sua ligação com Yggdrasill, a árvore cósmica. Em *Grímnismál*, os quatro veados são mencionados imediatamente antes das cobras, que ocorrem respectivamente na parte superior e inferior da árvore citada. Na tapeçaria de Överhogdal, uma das representações de Yggdrasil se eleva acima da cabeça de um pequeno quadrúpede, talvez aludindo ao simbolismo dos chifres como representações da própria árvore cósmica. Em várias tradições euro-asiáticas, os cervos são geralmente representados junto com a árvore do mundo. Alguns estudiosos apontam que o uso desses animais nas moedas seguiria uma tradição nativa nórdica, muito mais do que a influência externa dos reinos anglo-saxões e do império carolíngio, seguindo uma iconografia que também aparece no navio de Oseberg. Outros, da mesma forma, apontam que essa iconografia animal em moedas já teria se manifestada na Dinamarca antes da Era Viking, como nos chifres de Gallehus (século V) ou, ainda, a imagem de um cervo comendo ou combatendo uma serpente (como era representada nas moedas de Ribe e Hedeby) teria se originado de um folclore mais antigo, relacionado ao uso de amuletos feitos de veado para combater picadas de cobras.

Nas sepulturas pagãs de Birka (túmulo 832, SHM 34000, SHM 18212), decorações de cervos em bordados e em uma urna funerária parecem indicar um simbolismo de renascimento, devido ao fato de seus chifres mudarem a cada ano. Há também moedas do tipo KG5, contendo cervídeos, triquetras e serpentes, encontradas nos túmulos de Birka (túmulo 963), indicando um possível papel especial no momento do enterro. É possível que o cervo em alguns casos tenha substituído o antigo papel do cavalo em relação à sua associação com a morte, e neste contexto, o valknut também substituiu a suástica (dentro do antigo esquema: suástica-cavalo ou serpente-cavalo, presente, por exemplo, na bracteata IK 95; placa de capacete, Vendel, sepultura I; broche em forma de animal). O cervo é símbolo da realeza e aparece ligado a Yggdrasill em várias narrativas. Um dos objetos mais importantes relacionados à conexão deste animal com a realeza no mundo germânico é o cetro de pedra de Sutton Hoo, que apresenta a escultura de um gamo (*Dama dama*) em um círculo, abaixo do qual estão localizados quatro relevos de máscaras. A ligação entre máscaras e cervos está claramente ligada ao deus Odin como nas moedas de Hedeby e Ribe.

Simbolismos apotropaicos

Em muitos materiais e objetos, os símbolos escandinavos não parecem ter uma conexão direta com rituais, deuses ou mitos, mas servem apenas como "proteção mágica" nos mais diversos contextos. O conceito de magia é altamente complexo e problemático, assim como o de religião. Aqui empregamos noções relacionadas ao caráter pragmático do simbolismo, em que a magia envolve uma série de recursos materiais para o controle do sobrenatural e da natureza, empregando também mitos e tradições orais; várias práticas, rituais e simbolismos para tentar encontrar o contato com poderes invisíveis e sobrenaturais, conhecer o futuro ou influenciar os acontecimentos e fazê-los influenciar os acontecimentos deste mundo. E nesse sentido, a magia não pode ser entendida como oposta à religião, tanto erudita quanto popular, fundindo-se e hibridizando-se com as tradições religiosas. Uma grande quantidade de objetos descobertos em áreas escandinavas da Era Viking foram interpretados como tendo sido projetados para gerar algum tipo de proteção "mágica" para seu dono, desde amuletos rúnicos, pingentes com figuras de animais ou reproduções de martelos e armamentos (muitos deles encontrados em sepulturas), textos rúnicos com funções apotropaicas e para conjurar espíritos ou prevenir doenças, e anéis votivos. Alguns amuletos foram recentemente associados ao deus Odin (Gräslund, 2014, p. 177-192).

Inspirados na análise de Sigmund Oehrl sobre o Fragmento de Rute St. Valle, Gotland, segundo a qual uma possível figura sobrenatural realiza uma "escolta divina" de um navio marítimo, percebemos que alguns símbolos geométricos junto a estruturas também podem ter um sentido de ajuda, proteção ou "escolta". Na tapeçaria de Rolvsøy, uma suástica foi bordada na frente da popa de um navio. Na imagem da estela de Smiss I, um valknut foi gravado logo acima de um homem que comanda o leme de um grande navio durante a viagem. É possível que aqui o símbolo tenha sido utilizado para proteger os perigos da navegação e as inúmeras adversidades do mar (incluindo o ataque de "monstros"), num sentido muito próximo ao uso de figuras de animais na proa dos navios. E em um dos fragmentos da tapeçaria de Oseberg, na representação de um edifício (talvez um templo), próximo ao telhado (em forma de cobra) ocorre uma suástica. Na Era Viking, havia rituais e sacrifícios de animais que eram realizados para obter proteção nos lares (fora da porta da frente), especialmente os aristocráticos. A prática da gravação de símbolos mágicos para proteção de residências, no interior da Suécia, foi registrada desde o Período Medieval até o século XIX.

Além disso, dezenas de objetos cotidianos das mais diversas naturezas, originários da Era Viking, continham vários tipos de símbolos (gravados em pentes, facas, cerâmicas, bordados etc.), mas é difícil interpretá-los corretamente por serem isolados e sem contexto figurativo. Objetos do período das migrações (como uma grande suástica em uma lápide de Näsby) sugerem uma conexão com os ritos funerários da aristocracia guerreira (a outra faceta da pedra tem gravuras de espada, lança e escudo). Outros símbolos, por outro lado, contêm associações com animais e inscrições (como o bastão de Hemdrup) e, neste caso, uma triquetra parece ter sido gravada para reforçar uma magia protetora para uma determinada mulher. Em uma análise quantitativa da presença de símbolos na tapeçaria de Oseberg, notamos que o uso apotropaico foi muito maior do que outros rituais e associações míticas, enquanto a suástica foi o símbolo mais presente, seguido do valknut. Uma análise de cabeças de animais esculpidas em madeira, figuras de animais e humanos nos trenós e um padrão de corda esculpido no corpo da carroça no enterro de Oseberg parecem sugerir que tiveram uso apotropaico (Bill, 2016, p. 121-155). No mesmo funeral, também no detalhe da cabeceira de uma cabeceira e junto a um dragão foi esculpido um valknut, bem como numa tábua de corte, indicando significado semelhante. Se levarmos em conta também o contexto em que muitas suásticas foram representadas antes da Era Viking – em bracteatas e inscrições rúnicas – e que muitas vezes são interpretadas como amuletos mágicos para proteger contra o "mal", então temos uma longa tradição da utilização de símbolos como proteção mágica na Escandinávia. O uso apotropaico da suástica em objetos do cotidiano também sobreviveu até os tempos modernos na Escandinávia: em tapeçarias e tábuas de roupas do século XVIII. Ainda um dos usos mais versáteis dos símbolos nórdicos, como a magia apotropaica, são encontrados nas pias batismais das igrejas escandinavas do século XII, onde foram gravadas suásticas (Tanun e Lerup), triquetras (Remmarlöv), quadrefólios (Näs) e martelos de Thor (Gettrup), a maioria sendo usada como proteção contra demônios, bestas e espíritos malignos que poderiam ameaçar as crianças.

9
Os mitos e ritos na recepção artística

Deusas, deuses e divindades da Escandinávia. Hoje em dia é comum nos depararmos com os mitos nórdicos sendo popularizados nas mídias, em jogos eletrônicos, no cinema e artes em geral. Mas em contextos passados, eles também tiveram um estatuto diferente, utilizados como elementos da história das nações, em monumentos públicos, em discursos políticos e em outras esferas da sociedade. O interesse europeu pós-medieval pela mitologia, cultura e história nórdica foi frequente, mas irregular e muitas vezes limitado aos próprios países escandinavos, especialmente na obra de antiquários. De um modo geral, os temas medievais nórdicos passaram a ter relevância artística e política como um todo após a crise do neoclassicismo no século XVIII, motivada sobretudo pela procura de identidades nacionais ou motivações patrióticas. Cada país buscou raízes para suas referências estéticas na própria História, folclore e literatura antiga. Roma e Pompeia não foram os únicos estimuladores da arte nessa época – grandes nações europeias buscaram inspiração no poema *Ossian* de James Macpherson, supostamente baseado em tradições escocesas orais, publicado em 1762. Longe de um mundo clássico de acordo com os moldes romanos ou gregos, os intelectuais e artistas começaram a buscar as glórias políticas e culturais de seus próprios habitantes, especialmente guerreiros celtas, germânicos ou escandinavos, que evocavam um passado bárbaro e épico, em cuja figura simbólica do bardo Ossian poderia transmitir as conquistas de seus antigos feitos (Ross, 2018b, p. 249; Ljøgodt, 2012, p. 141; Kuhn, 2011, p. 209-211; Mjøberg, 1980, p. 207).

Nesse contexto, o livro *Introduction a l'histoire de Dannemarc* foi publicado em 1755 pelo suíço Paul-Henry Mallet, que era professor de línguas em Copenhague durante esse período. Em 1770 este livro foi traduzido para o inglês e assim se tornou a grande referência do chamado *Renascimento Nórdico*: como alternativa ao neoclassicismo, ele apresentou uma fusão do nobre selvagem de Rousseau, uma tradição a ser resgatada dentro do modelo ossiânico e o conceito pré-romântico recente do sublime (Hansson, 2019, p. 55; Đórarinsson, 2016, p. 10-12). O livro de Mallet não tratava apenas do passado histórico (na forma de monumentos, crônicas e feitos), mas também apresentava as leis e a religião antiga dos países escandinavos. Em 1756 Mallet publicou uma tradução francesa das *Eddas*. No trabalho deste professor, as antigas tradições nórdicas foram vistas como selvagens, apaixonadas e sublimes, popularizando o interesse pela mitologia nórdica em toda a Europa. Um grande número de poetas ingleses (e alguns alemães) editaram numerosas obras influenciadas por Mallet, impulsionando o surgimento de vários textos teatrais, operísticos e obras de artes visuais nos países europeus a partir do final do século XVIII (Kristmansson, 2013, p. 361; Ross, 1999, p. 3; Spray, 2015, p. 10).

Desde o século XVII ocorriam expedições para coletar objetos da cultura material (como moedas, armas, utensílios) que aumentaram as organizações de coleções privadas relacionadas a reis e aristocratas dinamarqueses. O grande interesse público por tais descobertas, somado ao crescente interesse nacionalista pelo estudo e conservação desses objetos, originou em 1807 o Comitê Real de Preservação e Coleta de Antiguidades Nacionais. Em 1819, o *Museu Oldnorsdiske* (Museu de Antiguidade Nórdica) foi inaugurado, servindo ao serviço público na Igreja Trinitatis em Copenhague e posteriormente transferido para o Castelo de Christiansborg em 1832. Dentro do projeto romântico-nacionalista dinamarquês, houve uma tensão entre o desejo de obter artefatos e a transcendência imaginativa desses mesmos objetos: os artistas geralmente interpretavam o passado de maneira mais fantasiosa do que os historiadores e arqueólogos desse período. Os temas nórdicos, no entanto, eram de interesse comum aos que se dedicam à arte e à história (Rix, 2015, p. 435; Monrad, 1990, p. 33).

Odin nas artes visuais

A partir do século XVI surgiram as primeiras representações do deus caolho na cultura ocidental. Em 1555 a obra *Historia de gentibus septentrionalibus*, de Olaus Magnus, incluiu o deus Odin como um rei típico da Europa medieval, com todas as pompas, rituais e simbolismos do feudalismo. No manuscrito NKS 1867, de 1760, realizado por Ólafur Brynjúlfsson, Odin foi representado em duas imagens individuais e em dupla com Baugi: na imagem 94r, o deus surge portando uma espada e um cajado, tendo os corvos Hugin e Munim em seu ombro. Aparece caolho e seu nome está inscrito no seu chapéu. O mais curioso desta imagem é a figuração de um sol, que está ligado ao seu corpo por uma espécie de fio. Em outra pintura do mesmo manuscrito, 97v, aparece montado em seu cavalo Slepinir, portando sua lança – que se bifurca em ambas as pontas com uma espécie de tridente, cuja extremidade triangular também aparece em seu cavalo e na ponta de seu chapéu. A estética das vestimentas e o contexto geral das imagens sugere uma influência da sociedade islandesa do século XVIII: nelas Odin transparece como um fidalgo, um senhor dos tempos antigos, mas que pode encaixar-se perfeitamente no mundo cristão. Já o manuscrito SÁM 66, de 1765, foi baseado na obra de Ólafur Brynjúlfsson e muitas pinturas são semelhantes entre si, com exceção dos equipamentos: na pintura a pé, Odin porta um bastão, enquanto que a cavalo recebe uma espada.

Durante o Oitocentos a quantidade de representações visuais sobre Odin foi imensa, influenciadas pelas recentes traduções das *Eddas* para as diversas línguas vernaculares modernas, mas podemos separar nitidamente essa produção em três vertentes: as ilustrações e pinturas que colocam Odin em seu trono; andando pelo mundo com roupas de andarilho e portando capuz e cajado; montando o cavalo Sleipnir, com equipamentos de batalha e envolvido em situação belicosa, geralmente no momento do Ragnarok. No primeiro caso, temos uma imagem de Gustav Thormod Legis, de 1831, na qual Odin foi representado em seu trono, mas sem animais, portando lança mas numa estética neoclássica, barbas bem aparadas e um visual mediterrânico, assemelhando-se a Zeus acima das nuvens. Uma das primeiras imagens em que Odin surge como um ancião com longas barbas, sentado em Hildskjalf e cercado pelos animais selvagens (lobos e corvos) foi em 1832, com Amalia von Schoppe – mas segura uma espada, ao invés de sua lança. Já com influências estéticas das óperas, especialmente o elmo com asas laterais, Rudolf Friedrich Reusch (1865) realiza uma das mais famosas visualizações de Odin: sentado em um trono com muitos detalhes decorados, abraçando um dos lobos ao seu lado. Essa imagem serviu de base para dezenas de outras ilustrações e pinturas, criando um referencial icônico sobre a deidade.

O deus Thor e a recepção artística

O deus Thor será recuperado na cultura visual moderna em uma ilustração do manuscrito islandês NKS 1867 4to, de 1760, apresentando este deus no momento em que está prestes a esmagar a cabeça da serpente do mundo. Nesta obra, o martelo possui uma forma muito longa, lembrando uma picareta, e, além disso, o deus porta um chapéu e indumentária típicos da Islândia do Setecentos. Ainda nesse século, o pintor alemão Johann Heinrich Füssli realizou a famosa pintura a óleo *Der Kampf des Thor mit der Schlange des Midgard*, 1788, atualmente conservada na Real Academia de Artes em Londres. Dentro de uma forte estética neoclássica, Hymir e Thor são representados com corpos nus e atléticos e a serpente com uma forma demoníaca. Todo o quadro possui uma atmosfera sinistra, dando a impressão de ser numa noite turbulenta e numa paisagem de trevas (própria dos temas góticos), porém o elemento mais destacado é o grande poder e força de Thor, erguendo seu martelo e se mantendo imponente acima da proa da embarcação, ao contrário do musculoso, porém medroso gigante Hymir, que se mantém acuado ao fundo. Ao alto, Odin observa a cena distante. Esse quadro foi a única pintura de tema nórdico de Füssli (também conhecido por Fusseli) e foi com ela que o pintor conseguiu ser admitido como membro da Real Academia de Londres.

O referencial estético neoclássico foi totalmente soberano nas representações de Thor até meados de 1850. O principal modelo de inspiração artística neste momento, sem dúvida provém do semideus Hércules, como observamos na estátua de Thor realizada por Hermann Ernest Freund em 1829: corpo nu e atlético, barba e cabelo aos padrões greco-romanos e um martelo que recorda os machados de dupla lâmina do Mediterrâneo cretense. O principal artista representante da transição do neoclassicismo para o romantismo nacionalista da segunda metade do Oitocentos foi o dinamarquês Lorenz Frølich. Em praticamente todas as suas dezenas de imagens do deus Thor, ele é representado nu, portando uma enorme capa, com cabelos e barbas muito grandes – fundindo, portanto, o referencial do atletismo clássico com o padrão germânico da barbárie. Numa de suas obras mais impressionantes, *A pesca da serpente* (1875), ele incorpora outros elementos: como na obra de Fusseli, Thor surge imponente frente à embarcação, prestes a desferir seu poderoso martelo na cabeça do monstro. Ele é apresentado com uma coloração muito clara, oposta ao resto da composição, de tons bem escuros. A serpente é negra, tendo em sua boca uma profunda lança, portando uma mandíbula proeminente e detalhes draconianos. Com certeza, Frølich inspirou-se nos quadros de São Jorge matando o dragão, e neste caso, a pintura ganha conotações cristãs.

Os pintores inseridos no nacionalismo romântico representaram o deus do trovão dentro dos referenciais mais próximos da arqueologia e da historiografia de sua época. É o caso de *Ægirs Gæstebud* (a festa de Aegir), de Constantin Hansen (1857), no qual Thor, logo após Loki, é o principal elemento da composição. A cultura material do ambiente é mais próxima do Período Medieval do que as imagens anteriores sobre os deuses nórdicos: Thor segura um martelo com pequeno cabo (como nas fontes literárias) e veste uma cota de malha, talvez uma das primeiras representações de uma deidade portando um equipamento da Era Viking. Mas outros elementos da pintura apontam uma sensibilidade religiosa para o tema, como o manto de Freyja, que recorda os tradicionais quadros da mãe de Cristo.

A mais influente e icônica pintura do filho de Odin durante o Oitocentos foi *Tors strid med jättarna* (Thor luta com os gigantes, 1872), de Mårten Eskil Winge. Thor é transportado por sua carroça, puxada por dois imponentes bodes negros enquanto ao seu redor combate vários gigantes. O martelo foi inspirado nos pingentes e gravuras da Era Viking, e em sua volta faíscas e relâmpagos são produzidos. A sua vestimenta corresponde aos padrões de indumentária da aristocracia nórdica durante a Era Viking, apresentando vários detalhes como uso de broches e bordados refinados. Um elemento fundamental é uma suástica no cinto, presente em pedras rúnicas medievais (associado a Thor e Odin), mas que nesta época da pintura, passa a ser revalorizado pelo pangermanismo como símbolo solar. Para o público que acompanhou a primeira exposição desta pintura em 1872, no Museu Nacional de Estocolmo, incluindo o Rei Karl XV, ela idealizava a concepção dos antigos deuses-heróis como destemidos e poderosos combatentes do mal, ancestrais dos então modernos defensores das nações germânicas: o deus Thor é uma entidade loira, solar e fulminante combatente dos maléficos e caóticos gigantes de tons escuros. Obviamente, as recentes óperas wagnerianas (a partir de 1870) tiveram um papel fundamental nesta interpretação dos mitos nórdicos.

Um caso único na representação escultural de Thor é uma obra monumental de Hermann Freund (1786-1840). Nela, o deus Thor foi representado sentado, contemplativo e melancólico, enquanto repousa sobre seu martelo. Ao contrário das expressivas representações de Thor lutando energicamente contra os gigantes ou a grande serpente, que podem ser vistas em seu famoso *Ragnarokfrisen*, desta vez Freund optou por uma forma bem diferente de representar esse deus – e assim deu origem a um caso único na história de escultura. Isso nos diz muito sobre a recepção artística dos mitos nórdicos. O Thor de Freund carrega uma referência neoclássica, retratando a divindade como sendo notavelmente e fortemente influenciada pela figura de Hércules (assim como as esculturas de Thor do sueco Bengt Fogelberg). No entanto, pode-se perguntar por que ele está sentado e contemplativo. O artista inspirou-se na ideia de outro dinamarquês, Andreas Ludvig Koop (1792-1849) que, num desenho feito para um concurso de mitologia de Copenhage (*Vola åbenbarer sig for Thor efter jætternes nederlag*), interpretou o mesmo tema, representando Thor descansando depois de matar vários gigantes. Ao lado dele está Tjalfe, tendo no topo a volva também representada narrando os eventos do futuro, enquanto Loki assume uma posição furtiva atrás do deus. Neste caso, parece bastante claro que estamos lidando com uma adaptação modificada de fontes medievais em que Thor geralmente assume a liderança no ato necromântico descrito em *Völuspá* (no lugar de Odin). Isso se deve ao grande destaque que essa divindade assumiu na arte escandinava no início do século XIX, embora Koop não tivesse imaginado essa cena. Esta foi criada pelo escritor Adam Oehlenschläger em 1819, em seu livro *Nordens guder*. Em *Valas spaadom*, o último de um conjunto de trinta poemas do livro *Nordens guder*, a volva aparece em um nevoeiro para conversar com Thor (depois que ele matou os gigantes), acusando-o de ter sido influenciado negativamente por Loki e, ocasionalmente, contando-lhe sobre o Ragnarök, percebido aqui como consequência da crueldade e decadência moral trazida pelos deuses. Através da análise de *Nordens guder* em termos gerais, percebe-se uma grande ênfase em Thor em toda a visão de mundo nórdica, considerando que ele assumiu um papel em Oehlenschläger que vai muito além do herói descrito nas sagas islandesas e *Eddas*, atuando, portanto, como criador, sábio e juiz, entre outras coisas. Oehlenschläger percebeu e manipulou os mitos nórdicos de acordo com seus anseios, suas aspirações ideológicas e seus sonhos.

    Outro exemplo disso é um detalhe do aludido desenho de Andreas Koop. Seu público contemporâneo pode ter considerado a figura que se esgueira atrás de Thor, sem dúvida, como o deus Odin: carregando uma grande lança, um manto e um capacete com duas asas laterais. No entanto, é outra divindade: Loki. Koop foi inspirado na 15ª estrofe do poema *Valas spaadom* em que Oehlenschläger menciona a flecha que Høder usou para atirar em Balder (feito de visco em fontes medievais) quando instigado por Loki, mas transformando-o em uma lança. É evidente que o artista produziu um objeto militar diferente daquele originalmente descrito nas *Eddas*, tornando a cena muito mais exagerada também ao apresentar o capacete alado de acordo com a influência da estética germânica do período. Loki foi geralmente retratado de forma mais simples e com traços maliciosos na arte dinamarquesa anterior.

Durante o século XX o deus Thor passou pelas mais diversas representações artísticas, desde as ilustrações de Arthur Rackham (1910) até os quadrinhos da Marvel Comics a partir de 1962. A estética criada pelo ilustrador Jack Kirby é uma das mais fundamentais para a definição de um imaginário contemporâneo deste deus: como na pintura de Winge, ele é loiro, imberbe, utiliza uma grande capa e é extremamente destemido. O cinema tratou de consolidar esta vertente de reinterpretações, a meio caminho entre as óperas oitocentistas, a Era espacial e a valorização da fantasia medieval.

Loki na arte moderna

Em 1760, no manuscrito *Nks 1867 4to*, Loki faz sua primeira aparição na arte moderna, representado como um bufão ou bobo da corte (93r), com sorriso malicioso e gestos irreverentes. Essa vertente de interpretação artística seria continuada com a escultura *Loki* de Hermann Freund (1822), considerada por Régis Boyer como uma imagem cínica e irônica. Nesta escultura, ele porta asas e é representado em sobrepasso, com uma das mãos na boca e olhos espreitadores. A narrativa mais comum nas representações visuais oitocentistas de Loki foi a sua punição pelos deuses, talvez devido ao fato dela ser correlata a um tema muito caro ao neoclassicismo: o castigo de Prometeu pelos deuses, pelo fato de ter roubado o fogo de Zeus. A maioria das pinturas apresenta este titã seminu, no alto de uma montanha sendo devorado por uma águia. Do mesmo modo, seguindo essa tendência, Christoffer Eckersberg realiza uma pintura em 1810, na qual Loki é apresentado despido sobre um grande bloco de rocha, cujo sexo é oculto pelo corpo de sua mulher Sigyn, em primeiro plano, que tenta aliviar a sua dor ao segurar em um vasilhame o veneno da serpente, ao alto. Em 1863, Mårten Eskil Winge pinta a tela *Loke och Sigyn*, inspirado em Eckersberg. A forte coloração da deusa e as cores da composição afastam-se do neoclassicismo, já contendo um forte teor romântico. Sigyn recorda as representações de Maria, ao socorrer os fiéis, além do seu vestuário, utilizando um longo manto que desce pela cabeça. Loki possui uma dimensão muito humanizada, agonizante, mas lutando contra sua situação de suplício. Já em 1890, o pintor pré-rafaelita James Doyle Penrose realiza a pintura *The punishment of Loki*, uma das mais famosas sobre essa entidade. Mas ao contrário das outras telas, a deidade aparece sozinha, com um semblante muito mais desesperado e elevando uma das mãos sobre o rosto, tentando se proteger da terrível serpente logo acima de sua pedra-prisão. A composição recorda muito as tradicionais representações de Adão e a serpente do Éden.

Durante o final do século XIX, Loki passou a ser muito mais representado como um fanfarrão, um ser malicioso e cada vez mais próximo do conceito de *trickster*. Assim, em 1910, o ilustrador Arthur Rackham realiza uma série de imagens para a ópera *Der Ring des Nibelungen*, em que Loki possui um avermelhado cabelo em forma de fogo, roupas vermelhas, barba afinada e um olhar aquilino. Aqui o artista reflete diretamente o conceito wagneriano, que confunde na mesma figura o deus Loki e o gigante Logi. As reapropriações, ressignificações e mudanças artísticas que esta entidade sofreu ao longo das décadas mais recentes, em parte, são reflexos das próprias transformações que nossa sociedade vem mantendo com os mitos nórdicos, como é o caso de Loki nos quadrinhos e cinema, que é visto como um vilão sobre-humano, com superpoderes e genialidade malévola, portando longos chifres retorcidos que o aproxima novamente da figura de Satã.

Imaginando o deus Njord nas artes

Njord foi visualmente mais constante em ilustrações do que pinturas. O manuscrito islandês AM 738 4to (datado de 1680) apresenta a deidade como um ancião comandando os ventos. Em 1832 o deus Njord recebeu uma imponente ilustração da alemã Amelia Schoppe: seu longo cabelo e barba lembram o deus Netuno, portando um remo (símbolo de seu controle dos oceanos). Mas o par de asas e o arco com flechas parecem indicar outras influências, de matriz cristã. O famoso artista britânico William Collingwood realizou várias imagens de Njord em 1908, em diversas situações:

durante a acusação de Loki, junto a Skadi e suspirando pelo mar. Porém, é com a deusa que temos a mais impressionante imagem de divindade marinha até o início do século XX: *Nerthus*, a bela pintura a óleo do alemão Carl Emil Doepler, publicada em 1905. Nela, uma estátua de madeira da divindade é transportada em um carro por duas vacas, sendo guiada por um homem mais jovem e acompanhada por anciãos de longas barbas brancas e vestindo roupas brancas. A imagem é tipicamente romântica, impregnada do nacionalismo oitocentista: uma criança corre para observar a procissão, totalmente nua – simbolizando a liberdade do passado pagão germânico –, enquanto que o ídolo confere poder e ordem à religião instituída (reforçada pelo manto abaixo do trono da estátua, da cor azul, símbolo da realeza e também associado a Odin nas fontes literárias). O trono com duas cabeças aquilinas tanto pode remeter aos césares quanto ao próprio deus caolho dos nórdicos. A composição também possui forte influência do imaginário moderno sobre os druidas celtas.

A deusa Freyja no imaginário artístico

A primeira possível figuração identificável de Freyja surge no século XII, em uma pintura da catedral de Schleswig-Holstein, atual Alemanha. Em um painel, uma mulher de cabelos vermelhos monta um grande felino malhado, segurando um grande corno como trompa, nua e portando apenas uma grande capa. A dupla parece estar em voo. Certamente aqui Freyja encarna os aspectos negativos da deusa, já sendo conectada a uma feiticeira que viaja para outros mundos. A proximidade com a tradição continental nesta área certamente explica a precocidade do tema no mundo escandinavo, visto que ele somente torna-se recorrente na literatura nórdica a partir do século XIV, especialmente a jornada a Blåkulla estudada por Stephen Mitchell. As outras cenas fantásticas pintadas na catedral, como anões tendo somente cabeça e pernas de galinha, além de uma possível representação de Frigg voando em um bastão de flor (a iconografia das bruxas voando em vassouras surge apenas no século XV), sugere que as dezenas de plantas, flores e demais alusões botânicas no local podem ter relações com elementos folclóricos, xamânicos e/ou alucinógenos, sendo um material ainda não investigado pelos acadêmicos.

Curiosamente, os manuscritos setecentistas NKS 1876 4to (do ano de 1765) e SÁM 66 (1760) não incluem qualquer imagem de deusa do panteão nórdico, ao contrário das várias figurações de deidades masculinas. Freyja ressurge na arte ocidental moderna apenas com o Romantismo. Em uma escultura de Herman Freund (1821), ela foi representada montada no javali Hildisvíni, com capa e os seios desnudos, com certo aspecto selvagem e bucólico, ao contrário das outras representações do mesmo autor, que enfatizam as deusas escandinavas num referencial neoclassicista: domésticas, complacentes, sentadas e em posição contemplativa.

Além deste modelo advindo do mundo Greco-romano, durante a primeira metade do século XIX os pintores foram influenciados por outro parâmetro conceitual para a deusa Freyja: o modelo da virgem Maria. Em 1846, o pintor sueco Nils Brommér inaugurou esta tendência, com o quadro *Heimdal öfverlemnar till Freja smycket Bryfing* (Heimdal devolve o colar Bryfing a Freja): a deusa surge de modo muito "comportado", com tranças e uma das mãos sobre o colo, significando complacência e resignação. Em outra pintura, muito mais famosa, Brommér reforça a tendência: *Freja sökande sin make* (Freja em busca de seu marido, 1852). A deidade aparece em sua carroça transportada por dois gatos, e em sua volta, voam sete pequenos anjos-cupidos. Dois destes seres guiam as suas mãos sobre a condução, indicando sua tristeza perante a situação. Em outra pintura, *Ægirs Gæstebud* (a festa de Aegir), de Constantin Hansen (1857), Freyja porta uma túnica azul celeste e um manto branco, que lhe cobre a cabeça, de forma muito semelhante às representações da Imaculada Conceição.

Foi somente no final do Oitocentos que a deusa Freyja passou a ser retratada de forma sensual e mais condizente com as fontes literárias do Medievo. Em 1890, surge a mais icônica pintura desse século, *Freya*, do britânico James Doyle Penrose. Num cenário tipicamente pré-rafaelita, à beira de um lago repleto de coloridas flores, a deusa surge vestida em uma túnica clara, fechando o colar Brisingamen em torno de seu pescoço. Seus olhos estão quase fechados, em uma situação de deleite e prazer, que combinados a seu fogoso cabelo vermelho (típico deste movimento estético), denota forte sensualidade.

Outra imagem muito marcante da deusa Freyja foi realizada por Arthur Rackham em 1910, como ilustração da ópera *Das Rheingold*, de Richard Wagner. Nesta representação, a deusa aparece com corpo muito esguio, com cabelos loiros e seios desnudos. Com um olhar profundo e furtivo, prolonga um dos braços para pegar uma maçã, abaixo de uma macieira repleta de frutos, e entre suas pernas, inclinam-se dois gatos. Rackham utilizou o referencial originalmente desenvolvido por Wagner, que fundiu duas deusas do panteão nórdico: Freyja e Idunna. Entre os séculos XX e XXI, os artistas passaram a representar a deusa dos vanes com um caráter cada vez mais sexual. Neste sentido, a pintura *Freya*, de Boris Vallejo (1994), consegue captar todas as modernas ressignificações das deusas nórdicas: portando uma minúscula cota de malha (de modo semelhante às suas representações da personagem Sonja de Robert Howard), ela é muito sensual, mas também musculosa, poderosa e implacável.

ESTUDO DE CASO 1
Os ritos nórdicos no cinema

Na história do cinema e das representações artísticas ocidentais, as representações envolvendo rituais, festivais ou cenas religiosas da fé nórdica pré-cristã são muito raras ou praticamente inexistentes. Isso gerou um imaginário no qual valores exóticos e mesmo macabros acabam ocupando as informações que a sociedade atual mantém sobre o tema das antigas crenças da Escandinávia (Langer, 2016). O primeiro filme considerado, *The Viking*, de 1928, é um clássico do cinema norte-americano, reconstituindo a trajetória do nórdico Leif Erickson em seu encontro do Novo Mundo. Em linhas gerais, a produção foi fortemente influenciada pela ópera wagneriana, contendo diversos guerreiros portando equipamentos fantasiosos, mulheres com armaduras e elementos típicos de uma produção musical. Este filme mudo produzido pela MGM e dirigido por Roy Neill também foi influenciado pelo mito arqueológico nórdico criado na Nova Inglaterra de que nos ocupamos em outro trabalho (Langer, 2012: 1-16). Em síntese, esse mito foi constituído por narrativas criadas em torno de uma suposta colonização nórdica na Nova Inglaterra durante a Idade Média, originado por equívocos interpretativos de resquícios materiais e propagado pelo imaginário poético e artístico.

A narrativa do filme centra-se no amor entre a personagem Helga, dividida entre um escravo de origem anglo-saxã, Alwin, e Leif Erikson, filho de Erik, o vermelho. Partindo de uma expedição na Noruega, os aventureiros chegam à costa Leste dos Estados Unidos, com o intuito de difundir o cristianismo pelo Novo Mundo, sob o comando do Rei Olaf da Noruega. Esta foi a primeira produção cinematográfica a utilizar o tema do contato entre indígenas e europeus e logo na sua abertura identificamos um dos grandes ícones nórdicos, a nave longa – conhecida no imaginário por *drakkar* (dragão).

A cena final é o momento em que os expedicionários se encontram com os ameríndios, em frente à torre de Newport (que existe até hoje no estado de Rhode Island e historicamente erigida no período de colonização britânica) – no filme, construída por Leif Eriksson, demonstrando aqui uma interferência direta do culto deste personagem pela sociedade norte-americana da época. Em nossa opinião, o elemento ideológico mais acirrado no filme é do cristianismo como condutor da paz e da prosperidade entre os antigos colonizadores. Aqui dois tipos de vikings foram bem demarcados – o primeiro, ainda "pagão", é bárbaro, inculto, selvagem, indisciplinado (no filme, os primeiros vikings a serem representados atacam anglo-saxões, todos com o tronco nu, portando peles de animais e pilhando, matando e estuprando o povo indefeso da Northumbria). O pai de Leif, Erik, é apresentado como um líder pagão sanguinário, adorador do deus Thor, matando todos os cristãos que se apresentam em sua fazenda na Groelândia. Os vikings cristianizados, pelo contrário, já portam mantos adornados, são disciplinados, complacentes e incentivadores da paz – a figura ideal neste caso é o próprio Leif.

O roteiro deste filme foi baseado no romance *The thrall of Leif the lucky, a story of Viking days* de Ottilie Adelina Liljencrantz, publicado em 1902. No livro, o desfecho ocorre com a cristianização de toda a Groelândia, enquanto que no filme a ação final é transferida para a Nova Inglaterra (Harty, 2011, p. 110). Ambos acabam por se afastar objetivamente das principais fontes sobre Leif, a *Saga dos groelandeses e a Saga de Erik*. Em primeiro lugar, Leif não foi o primeiro supostamente a chegar ao Novo Mundo, mas o islandês Bjarni Herjúlfsson (que avistou, porém não desembarcou no litoral), do qual ele comprou a embarcação e contratou sua tripulação, além de ter obtido informações náuticas. Assim, partiu da colônia groenlandesa para as terras recém-descobertas, e não da Noruega para estas, como aparece no filme, tendo a missão de cristianizar o Novo Mundo. Em segundo, o encontro com os nativos norte-americanos nem sempre foi pacífico, tendo em algumas ocasiões ocorrido batalhas, além dos conflitos entre os próprios colonos.

Também os embates entre Leif e Erik que aparecem no filme, distanciam-se das fontes medievais, inclusive, a esposa de Erik ordenou a construção de uma igreja próxima à fazenda da Groelândia, cujos vestígios podem ser observados até hoje. Com isso, percebemos que o filme perpetua tanto a representação da Nova Inglaterra como o local em que se instalou a colônia de Vinland (simbolizado pela torre de Newport), como também o cristianismo enquanto seu eixo central, fixando a paz entre os nativos recém-convertidos (simbolizados por crucifixos e cruzes que recebem) e seus legítimos descobridores, os escandinavos. A cultura material das religiosidades pré-cristãs foi pouco abordada na produção. Ela se centra na figura de duas estátuas do deus Thor, idênticas, uma situada na frente e outra dentro do grande salão de Erik. Ambas portam dois raios estilizados, e na mão esticada, o martelo do deus (Mjollnir). A figura é muito alegórica e banal, sendo as religiões pré-cristãs vistas no filme como algo muito primitivo, práticas de idolatria típicas de um povo ainda rude e bárbaro, algo que se manterá em outras produções posteriores. A existência de estátuas de divindades é percebida enquanto reflexo de uma fé vazia, sem sentido. A retratação de guerreiros nórdicos é valorizada enquanto portadores de muita coragem, em que suas peripécias contribuíram para o desenvolvimento da nova nação norte-americana, a sua religiosidade antes do cristianismo é algo que deve ser desvalorizado e ultrapassado.

A década de 1950 foi um dos períodos mais importantes para a filmografia dos vikings. Dois clássicos definiram a estética das produções envolvendo nórdicos pelas três décadas seguintes: *Príncipe Valente* e *Vikings, os conquistadores*. O primeiro apresenta muitos estereótipos e os nórdicos são apresentados como vilões – inimigos da civilização cristã, enquanto que o segundo, produzido quatro anos depois, justamente possuía uma proposta totalmente antagônica: os vikings foram heróis, descobridores de mundos desconhecidos, viajantes, guerreiros virtuosos. O equipamento e a cultura material deste filme empregou a consultoria de alguns arqueólogos e historiadores, criando uma reconstituição do cotidiano da Era Viking como até então nunca se conheceu no cinema. Foi a primeira vez que a verdadeira paisagem escandinava foi utilizada como cenário das filmagens, não se apelando para estúdios nos Estados Unidos. As cenas de ação e a retratação dos protagonistas como personagens irreverentes, somados a muita ação física, malabarismos e ousadia, iria criar um referencial duradouro para as futuras produções épicas e históricas. As imagens dos escandinavos como exploradores e heróis aventureiros teve aqui seu momento de clímax na história do cinema, povoando a imaginação dos jovens e adultos por todo o planeta. Para mais detalhes sobre essas produções, consultar Lupack, 201, p. 46-55; Kelly, 2011, p. 9-23.

Na produção *Vikings, os conquistadores*, a religiosidade nórdica se faz presente por meio de algumas alusões à magia. Num dado momento do filme, um dos protagonistas – o escravo Eric, é condenado à morte, mas através da interferência de uma feiticeira, acaba sendo momentaneamente salvo por meio de um jogo de runas. Devido a isso, o chefe dos vikings transfere a morte de Eric para afogamento pela subida da maré. Mas, novamente, a feiticeira intervém, e invocando Odin, consegue reverter o fluxo da água por meio sobrenatural. As referências a esta personagem possui certa base histórica, mas ao mesmo tempo contém alguns elementos estereotipados. O mais interessante é que neste caso a magia não é vista como algo negativo, pelo contrário, ela colabora com o sucesso do personagem Eric. Somado a outros momentos do filme, como o instante em que Ragnar Lodbrok se atira num poço com lobos gritando pelo nome de Odin ou quando os guerreiros atacam invocando o nome desta deidade, percebe-se que o filme não aprofunda detalhes religiosos, mas suas poucas referências conferem aos deuses um certo caráter positivo para os espectadores.

Isso em parte se deve à produção do filme, que envolveu escandinavos. Alguns meses antes do lançamento de *Vikings os conquistadores*, foi lançada uma produção B (filme de baixo orçamento) pelo diretor Roger Corman: *The Saga of the Viking Women*, um filme que mais se aproxima da fantasia medieval do que histórica propriamente dita. Um grupo de mulheres guerreiras decide resgatar os homens capturados de uma vila por orientais. Em meio a monstros, lutas com garotas sensuais e certos elementos cômicos, percebemos alguns temas vigentes na sociedade norte-americana do final da década de 1950, especialmente relacionados aos jovens e à liberação sexual, distanciando-se da sociedade medieval (Finkie, 2011, p. 150-164). O que este filme possui de semelhanças com o filme *Vikings, os conquistadores* é justamente a opção em retratar os nórdicos como heróis, e no caso específico de seus deuses, como elementos importantes para o desfecho aprazível da película. No momento final do filme, em uma cena de grande tensão e perigo, uma das guerreiras invoca o deus Thor, posteriormente caindo um raio que acaba atingindo os inimigos da personagem. Aos olhos do espectador, é inevitável pensar que o próprio Thor deve ter mesmo auxiliado a dita invocadora de seu nome.

Mas nos dois filmes dos anos de 1950 que tratamos, não houve menção direta a religião ou rito. São apenas os deuses que são citados, e neste caso, eles são reinterpretados como heróis sobrenaturais do mesmo nível que os super-heróis dos quadrinhos. Lembramos que a Marvel cria um universo fictício para os deuses nórdicos em 1962, no qual Thor justamente ressurge como um super-herói dos quadrinhos. Neste caso, as deidades escandinavas dos filmes aludidos não competem com o deus cristão, fazendo sucesso com os jovens justamente por serem considerados "heróis sobrenaturais" do mesmo modo que os sobre-humanos dos quadrinhos. Os rituais antigos que outras produções apresentavam, são consideradas superstições ou atos pagãos e diabólicos, mas a menção rápida e superficial aos deuses como Odin e Thor podem manter alguns ideais positivos.

As produções norte-americanas sobre vikings dos anos de 1950 vão definir e influenciar várias produções italianas e ítalo-americanas, que seguem os mesmos princípios estéticos hollywoodianos, mas atreladas a um orçamento mais reduzido e que se tornaram comuns nos anos de 1960: épicos, fantasias e aventuras fantásticas que vão desde monstros, heróis gregos aos povos germânicos. Para o nosso caso, uma produção em especial, *A vingança dos vikings* (a primeira de uma trilogia do diretor italiano Maria Brava com o ator James Mitchell, este último encarnando um aventureiro nórdico) de 1962, traz um conteúdo que não havia sido retratado em filmes anteriores.

O filme possui uma reconstituição muito colorida e vívida dos antigos habitantes da Escandinávia, que são retratados dentro de um comportamento altamente heroico, extremamente moralista e com um enorme senso de honra. O fio condutor da narrativa gira em torno de duas questões: primeiro, o erotismo acentuado, centralizado na figura de duas loiras esguias, voluptuosas e sensuais (modelos da revista *Life*), sempre portando roupas brancas e longos cabelos; o heroísmo viril do personagem principal, que tende ao trágico a exemplo de *Vikings* com Kirk Douglas. Esses dois elementos encontram-se inseparáveis na produção, mas tornam-se muito nítidos nas cenas em que foi retratado o templo pagão, situado numa enorme caverna (ou então, um grande templo com características megalíticas).

Logo na primeira tomada, uma série de caveiras humanas surge pendurada num conjunto macabro e horripilante em uma carroça, implicitamente se referindo a mortos em sacrifícios. Aqui temos definida a religiosidade nórdica pré-cristã: ela, além de sinistra, é caracterizada por ritos mórbidos, proibidos e que se aproximam de uma idolatria demoníaca. Seguindo o filme, acima da carroça surge um casal que é pendurado por ter cometido uma transgressão – o seu castigo (enrolados em espinhos e suspensos por cordas), neste caso, é associado com um comportamento social definido pela religião. Os desviantes das normas devem ser punidos logo em frente a uma grande árvore (uma cena fantástica e irreal influenciada pela narrativa medieval da *Volsunga saga* e retomada no filme *Outlander* de 2008), na base da qual os líderes e sacerdotes se posicionam. Também é em frente a essa árvore sagrada (simbolizando a árvore cósmica Yggdrasill da mitologia nórdica) que ocorre um dos momentos mais exóticos do filme – uma curiosa dança ritual executada somente por mulheres, vestindo túnicas brancas e segurando espadas. Quase todas as produções épicas dos anos de 1950 e 1960 (mesmo em grandes superproduções como *Ben Hur*) tinham algo semelhante, mas no filme *A vingança dos vikings* ela chega a ser bizarra. Logo após a dança, o líder conclama a Odin, alegando que a moça pendurada é uma sacerdotisa que rompeu os votos de castidade a seu culto e deve ser castigada. Aqui, evidentemente, existem poucas informações fidedignas – a partir da noção de pecado, inexistente nesta religiosidade, quanto às vestimentas e ao culto em si (não existiam sacerdotisas-virgens entre os nórdicos, "vestais", como são denominadas no filme), a estrutura do templo, as danças e música – tudo foi retomado do referencial greco-romano, em novos sentidos.

Também um casamento ocorre neste mesmo local, em outra cena posterior no filme. Várias pessoas levam uma vaca branca repleta de guirlandas verdes em sua cabeça e muitas frutas e comida, cercados por um círculo de mulheres também vestidas de branco. Na frente de um monólito de cor clara, cercado de folhas e plantas, o casal realiza um ritual de casamento. Um sacerdote derrama sangue em uma faca, pela qual os noivos irão realizar o juramento de união entrelaçando suas mãos. A cena inteira é repleta de referenciais equivocados. Em primeiro lugar, a faca possui o formato típico de armas celtas da região de Hallstatt, sem vínculo com os cutelos escandinavos. As roupas femininas, com seus longos penteados e brincos com detalhes espiralados, além de vestido de túnica, são diretamente provindas da área greco-romana. Os sacerdotes e os animais recordam muito as representações imagéticas do romantismo oitocentista, especialmente sobre os druidas e festivais celtas. Mais uma vez, uma cena que não tem conexão com a religiosidade da Escandinávia pré-cristã. O detalhe dos noivos portando mantos vermelhos certamente indica as pretensões da produção: indicar uma referência sexual, fornecendo aos espectadores um nítido contraste simbólico entre a pureza do branco e a sensualidade do vermelho. Assim, o filme contribui para reforçar no público, especialmente adolescente, sentimentos sexuais que condizem muito mais com as pretensões sociais daquele momento do que com o passado.

O filme seguinte não trata diretamente de vikings, mas faz referência aos germanos antigos, que no caso, compartilham de uma mesma fé (a religiosidade pan-germânica). Supostamente os mesmos deuses, mas com outros nomes. A superprodução *A queda do império romano* (1964) repete a ideia do templo pagão como um local situado em uma enorme caverna (de modo muito semelhante ao verificado em *A vingança dos vikings*). Após uma batalha entre os germanos e os romanos, os primeiros são acuados para dentro de seu templo pelas forças invasoras. Na entrada do local, imensas estátuas esculpidas diretamente na rocha servem de local para culto. A cena mais impressionante é quando Timonides, o conselheiro do imperador (um ex-escravo grego), é capturado pelos germanos derrotados. Cristão convertido, ele tenta persuadir os líderes germanos a se integrarem ao império romano. Mas em contrapartida, eles aceitam a integração, desde que Timonides aceite um desafio – suportar a dor de ter as mãos queimadas sem gritar, provando que seu deus é superior a Wotan (Odin), representado por uma estátua de um guerreiro com dois pássaros em seu ombro. O conselheiro consegue vencer o desafio e no mesmo instante o líder germânico destrói a estátua de Wotan.

Ao contrário dos filmes sobre vikings, nesta produção os personagens centrais são os romanos e suas intrigas políticas, sendo os germanos apenas coadjuvantes da narrativa central, no caso, a queda do império. Eles não são representados como heróis, aventureiros ou intrépidos, apenas como povos selvagens, primitivos e misteriosos que ousaram desafiar o império romano – que devido muito mais a problemas administrativos e políticos internos, acaba entrando em colapso. Ao espectador não é oferecido maiores detalhes sobre a cultura material da religiosidade dos germanos, mas apenas que ela é fraca, supersticiosa e sujeita a ser dominada por uma fé muito superior, o cristianismo e a civilização romana. A ideia de colapso da civilização romana é atrelada ao avanço da supremacia cristã, impondo-se na mescla entre as sociedades romanas e germânicas.

Os vikings retornam ao cinema durante os anos de 1970, em uma produção dos estúdios Disney. O seu lado bárbaro e selvagem é deixado de lado, concedendo espaço para uma visão muito mais aventureira e propícia a espectadores de qualquer idade. A narrativa central de *A ilha do topo do mundo* (1974) é de uma comunidade nórdica medieval que sobreviveu com suas características sociais intactas até nossos tempos, graças ao isolamento geográfico (uma ilha próxima ao Polo Norte). Uma equipe liderada por um arqueólogo especialista em Escandinávia Medieval consegue chegar ao local, por meio de um dirigível, passando por muitos perigos e situações inusitadas.

Neste filme não ocorre o típico confronto entre heróis e vilões, não sendo o povo nórdico maléfico por natureza, mas sim o seu sacerdote – representado por um homem com barbas e longas vestes vermelhas, semelhante a sacerdotes pagãos de outros povos retratados corriqueiramente pelo cinema: pérfido, sínico, enganador e, acima de tudo, com um comportamento demoníaco. O templo da cidadela possui alguns detalhes que são advindos de fontes primárias do Medievo: três estátuas das principais deidades (Thor, Odin e Freyr) foram inspiradas da descrição do templo sueco de Uppsala preservadas por Adão de Bremen (*Gesta Hammaburgensis Ecclesiae Pontificum*, circa 1070 d.C.). Não há muitos detalhes neste documento sobre as estátuas, a não ser o fato de Thor empunhar um cetro e Freyr ter um grande falo. Alguns pormenores foram acrescentados no filme, como o fato de Odin portar um elmo com chifres (um detalhe inexistente nas fontes mitológicas e religiosas da Era Viking) e Freyr possuir uma longa veste, sem detalhes do seu membro avantajado. O ambiente geral do templo, cercado por labaredas de grandes fogueiras rituais, é de um local escuro, tendo como resultado a concepção de uma religião misteriosa e implacável.

Ao espectador resta a impressão de que as antigas religiões pré-cristãs eram incorretas por causa de seus sacerdotes. Isso é muito claro também em outras produções, como *O príncipe do Egito* (1989), realizado pela produtora DreamWorks, no qual os sacerdotes egípcios são idealizados como diabólicos (em algumas cenas, suas sombras tornam-se demônios). Também o contraponto dos hebreus capturados pelo Egito e seu processo de libertação torna-se, neste caso, um elemento ideológico nitidamente relacionado ao fundador da produtora, Steven Spielberg – descendente de família judaica. Em muitas histórias em quadrinhos e obras da literatura, os sacerdotes de religiões antigas (como os druidas celtas, maias, cartagineses, mesopotâmicos, entre outros) são apresentados como condutores de terríveis e horripilantes rituais, que geralmente levam à morte os inocentes.

ESTUDO DE CASO 2

Os ritos nórdicos na *Série Vikings*

O tema do sacerdócio viking e seus templos iria ser retomado muito tempo depois, por meio de uma série televisiva, *Vikings* do History Channel. Produzida entre 2013 e 2014, a série irlandesa-canadense tem como tema central as narrativas históricas e literárias envolvendo o personagem Ragnar Lodbrok e suas incursões na Inglaterra alto medieval. A série vem obtendo um estrondoso sucesso de público e mídia, mas tem dividido os historiadores. Apesar da produção desconstruir alguns estereótipos e falsas imagens com relação aos nórdicos, por outro lado ela acaba reproduzindo algumas típicas representações ocidentais. Um exemplo é o funeral do Jarl (episódio sexto: *Burial of the dead*, primeira temporada, 2013), no qual uma mulher vestida com equipamentos bélicos e elmo com asas laterais (Angel of death, inspirada no relato histórico de Ibn Fadlan), literalmente segue o padrão estético e fantasioso inaugurado pelas óperas wagnerianas e sem relação material com a Escandinávia da Era Viking. Outro momento muito estereotipado é a presença de um personagem, denominado de vidente cego, que porta uma longa capa escura, anda com colares de ossos e um cajado com objetos pendurados. Mas o detalhe mais curioso é a sua deformidade grotesca, além de possuir uma forte maquiagem escura nos lábios, aproximando muito a sua figura ao monstruoso. Mais uma vez, dando continuidade a uma longa tradição fílmica, os praticantes da religiosidade nórdica pré-cristã são percebidos dentro de um referencial judaico-cristão, levando os espectadores a interpretarem essas crenças como práticas próximas do sobrenatural, do malévolo ou mesmo do diabólico.

A cena religiosa de maior impacto em toda a série foi incluída no episódio *Sacrifice*. Os protagonistas da narrativa, juntamente com seus familiares, dirigem-se para o templo de Uppsala (situado na Suécia, figura 11). Descrito originalmente por Adão de Bremen na obra *Gesta Hammaburgensis Ecclesiae Pontificum*, não existem vestígios diretos deste local, mas os produtores da série resolveram reconstituir o templo baseado em edificações cristãs de madeira, erigidas na Escandinávia a partir do século XI. Como percebemos, mais uma vez o referencial cristão é utilizado para compensar as ausências de dados visuais sobre a religiosidade pagã. Mas o detalhe mais perturbador é a presença de diversos sacerdotes, carecas e com os olhos e lábios pintados com cor escura. Apesar de existirem evidências bem documentadas sobre o sacrifício humano entre os nórdicos pré-cristãos, o ambiente recriado pela série cria um certo maniqueísmo na interpretação das cenas. Por exemplo, no momento em que a vítima é escolhida entre um grupo de homens voluntários – estes apresentam-se todos com roupas claras, enquanto os sacerdotes vestem pesados casacos de coloração muito escura.

Apesar da imensa produção, figurinos e cenários, a filmagem ainda acaba apresentando uma reconstituição das antigas religiosidades permeadas de exotismo, de códigos morais que tendem a ser interpretados como macabros. Em outro momento do episódio, alguns casais em torno do templo, durante a noite, prestam-se a encontros sexuais, num clima repleto de referenciais em que o sexo, a magia e a natureza parecem conspirar para a "libertinagem pagã". Por certo, neste momento os autores da série parecem dar continuidade ao referencial criado pelo mitólogo James Frazer em seu famoso livro *O ramo dourado* (1915), no qual a magia era uma condição arcaica e anterior ao surgimento da religião (esta última vista como moralmente superior). Assim, a sexualidade passa a ser mais controlada e moralizada justamente quando surgem as religiões institucionalizadas, dogmáticas e universalistas, como o cristianismo. Com isso o imaginário sobre as religiões pré-cristãs está totalmente atrelado a uma imagem de promiscuidade, libertinagem e desvio sexual, como se as sociedades pré-cristãs não desenvolvem tabus e regras sociais específicas para o casamento ou reprodução. Isso é explícito em outras produções fílmicas, como *O homem de palha* (*The wicker man*, 1973) e *As brumas de Avalon* (*The mists of Avalon*, 2001).

Em particular, uma cena da série Vikings (terceira temporada, terceiro capítulo: *Warrior's fate*) vem ocupando um particular interesse dos espectadores e mesmo do público ligado ao neopaganismo, por justamente conceder supostos detalhes de um ritual pouco conhecido entre os nórdicos, os sacrifícios relacionados aos vanes. No episódio, o acontecimento tem lugar em um assentamento nórdico da Inglaterra, onde após a primeira e bem-sucedida colheita, os pagãos resolvem realizar um culto ao deus Freyr, para comemorar seu êxito. Ao som de tambores e chocalhos, o culto é presidido pela personagem Lagertha, iniciado após um símbolo ser marcado com sangue em um bloco de pedra. Ao contrário da maioria das pessoas presentes, Lagertha porta uma indumentária totalmente branca e realiza uma invocação ao deus Freyr, afirmando que ele é a deidade da luz e da abundância, filho de Njord e aquele que decide quando a luz e a chuva chegam e quando o solo será fértil. Uma procissão se aproxima portando diversas tochas acesas e reunindo-se em volta de um bovídeo, que é decapitado por um homem, sendo o seu sangue recolhido por diversas pessoas ao seu redor. Através do sangue sacrificado, ele deverá fertilizar a Mãe Terra com seu falo, fazendo com que o seu útero fecunde. Ao redor do sacrifício, uma estátua com figura antropomórfica aparece salpicada de sangue. Após isso, Lagertha molha os dedos com o sangue do animal, passando em diversas partes de sua face e peito, enquanto duas pessoas escorrem tigelas de sangue sobre seu corpo. Ela mesmo carrega outra tigela, e com a ajuda de duas mulheres, borrifa o líquido sacrificial sobre a terra, aberta com sulcos para a plantação. Também destacamos a presença de uma trilha sonora de coro rítmico com compasso ternário, concedendo à cena um caráter ainda mais misterioso.

A realização de sacrifício (*blót*) a Freyr para obter boas colheitas (*til árs*) é algo respaldado em algumas fontes medievais, destacando seu aspecto de deus da fertilidade e fecundidade (Boyer, 1997, p. 58). A prosperidade devida a Freyr aparece em *Hakonar Saga Aðalsteinsfóstra* 14 e surge relacionada à expressão *friðr* (paz), na qual o segundo brinde é dedicado a ele para se obter boas colheitas. A invocação de Lagertha, ao caracterizar o filho de Njord como deus da abundância, que controla as chuvas, os raios do Sol e a vegetação sobre o solo advém de uma famosa frase de Snorri (*Gylfaginning* 24). O detalhe do falo é importante, pois é atestado em muitas fontes, como no relato de Adão de Bremen (*Gesta Hammaburgensis* IV) e na narrativa de Volsi (*Völsa þáttr*), além de comumente ser interpretado como o principal detalhe da estatueta de Rallinge (século X d.C.). O detalhe da pintura a sangue de um desenho geométrico semelhante a um X com pontos, inserido dentro de uma forma quadrangular, não ocorre em gravuras de monumentos da Era Viking. Signos formados por quatro runas dispostas sobre duas hastes, denominadas pelos runologistas de cruzes rúnicas, surgem a partir do período das migrações, como na fíbula de Soest (Marez, 2007, p. 130). Mas a forma apresentada na cena é mais condizente com os padrões simbólicos utilizados na Islândia a partir do final do Medievo, popularizados nos famosos *galdrastafur* e nos grimórios islandeses.

O detalhe do boi decapitado é um pouco mais complexo. O sacrifício realizado para o deus Freyr (*Freysblót*) geralmente envolvia cavalos e javalis e mais raramente bois. Na *Viga-Glum saga* 9 um boi velho é oferecido a este deus; na *Brandkrossa þáttur* 1, um fazendeiro mata e oferece um boi para Freyr, sendo em seguida realizado um banquete sacrificial (*blótveizla*) aos membros da comunidade. Este é um elemento ausente do episódio da série e fundamental para sociedades que dependiam diretamente de seus animais em um estilo de vida e clima inóspitos: o consumo e aproveitamento total das vítimas imoladas. Alguns pesquisadores consideram o *blótveizla* como um importante momento de unidade social, estabelecendo uma ligação mágica e propiciatória entre os deuses, os homens e seus ancestrais (Boyer, 1986, p. 186). O detalhe do sangue também é verificado em diversas fontes. O sangue sacrificial (*hlaut*) de animais ou humanos era borrifado sobre estátuas, por todo o templo ou local da consagração e nas pessoas (*Kjalnesinga saga* 12 e *Hákonar saga góda* 14, que também confirma o detalhe das fogueiras e tochas da cena de *Vikings*, descritas em uma cerimônia em Trøndelag, Noruega). Alguns pesquisadores acreditam que a aspersão do sangue (*stokkva fórnarblódi*) era o momento central do rito sacrificial nórdico (Bray, 2004, 125). Códigos de leis islandesas, como o Úlfljótslog, mencionam que os líderes utilizavam anéis que eram aspergidos de sangue sacrificial obtido em rituais. O sangue invocava o poder da deidade sobre o mundo dos homens, como em cerimônias para obter informações do futuro (*blótspánn*, inclusive citado no poema éddico *Hymiskvida* 1).

Quanto a uma mulher presidir o ritual para Freyr, apresenta-se como um detalhe equivocado. Justamente o simbolismo de virilidade e falicismo da deidade é algo exaltado nas fontes, seja pelo seu caráter de soberania, de poder militar ou de fecundidade, levando a maioria das descrições do *freys-*

blót a serem liderados por figuras masculinas (Reaves, 2008, p. 5). Quando surgem mulheres nas fontes, elas estão relacionadas a uma procissão com uma imagem desta deidade em uma carroça, realizando uma peregrinação na primavera para abençoar a terra de uma determinada comunidade (como em Ögmundar þáttr), e relacionadas aos simbolismos da hierogamia. A túnica branca utilizada por Lagertha também é fantasiosa. Justamente pelo contrário, a cor preta era relacionada a Freyr – segundo a *Gesta Danorum* 1 os animais imolados ao deus eram geralmente de coloração escura – também identificada à alma e à fertilidade em outras tradições pré-cristãs (Reaves, 2008, p. 10). A cor branca tem sido uma opção canônica para os artistas europeus representarem os sacerdotes e sacerdotisas das religiosidade pré-cristãs em geral, desde o romantismo oitocentista, até mesmo para os druidas. Nas pinturas *Ofring til Tor* (1831, de Johan Lund) e *Nerthus* (1909, de Carl Emil Doepler), ambos os sacerdotes nórdicos possuem longas barbas e indumentária branca, este último um detalhe também presente na profetisa ressuscitada por Odin em uma pintura de Carl Emil Doepler de 1900. Na cena da série *Vikings*, esta cor certamente foi utilizada não somente pela referência canônica da arte ocidental, mas para causar impacto cênico – logo depois do sacrifício, dois ajudantes despejam parte do sangue sobre o corpo de Lagertha, originando duas imensas manchas vermelhas por todo o comprimento da roupa. Algo que recorda a primeira cena da série televisiva *Roma* (HBO, 2005), quando a personagem Átia é aspergida com o sangue de um boi sacrificado, em referência ao mitraismo oriental que penetrou no império romano. Como o grande público desconhece maiores detalhes sobre as religiosidades antigas da Europa, certamente os produtores de *Vikings* optaram por perpetuar uma referência fílmica consagrada e de forte impacto visual.

Ainda mais fantasioso é o momento em que Lagertha, com ajuda de duas mulheres, borrifa o sangue sacrificial sobre sulcos retilíneos abertos sobre o campo (à espera da semeadura), numa referência à fertilidade. O equívoco neste caso é que o ato de aspergir era considerado algo que deve ser realizado somente por homens, representando a fecundação de um ser feminino, a terra. Numa sociedade fortemente estruturada num simbolismo de dominação e submissão sexual, perpetuando o poder de penetração (o falocentrismo religioso, cf. Hedeager, 2011, p. 115-118), seria lógico imaginar homens nesta tarefa. Até mesmo os camponeses europeus cristianizados (como a França do século XII d.C.) excluíam as mulheres destas ações que antecediam as colheitas, uma prática advinda dos tempos pré-cristãos e que sobrevivia no cotidiano rural: "só o homem podia lavrar, malhar o trigo com o mangual ou podar as vinhas e as árvores [...]. A terra era mulher, cabia ao homem fecundá-la" (Verdon, 2006, p. 47). De maneira geral, a cena do sacrifício a Freyr foi mais correta do que a reconstituição de ritual em Uppsala, realizada durante a primeira temporada da série Vikings (episódio 8, *Sacrifice*): está menos sombria e exótica, sem sacerdotes calvos e com maquiagem escura sobre os olhos. Do mesmo modo, ao compararmos com outras cenas envolvendo religiosidade nórdica antiga no cinema, ela é historicamente muito mais pertinente e detalhada, promovendo avanços no conhecimento de um público amplo sobre estes rituais antigos. O problema são seus pequenos equívocos, que tratamos ao longo deste texto, mas também de suas *limitações* sobre a funcionalidade dos deuses nórdicos. Devido a várias sistematizações, estudos acadêmicos tradicionais ou popularizações de manuais, a visão que temos dos deuses são de funções muito restritas e muitas vezes dicotômicas (especialmente a teoria da tripartição de Georges Dumézil). Odin e Thor são sempre vistos como deuses da guerra; Freyr, Freyja e Njord como deuses da fertilidade. Os primeiros seriam adorados pela elite guerreira, aristocracia e homens. Os segundos seriam cultuados exclusivamente por camponeses. Nesta visão, não há espaços para fronteiras ou dinamismos para outras funções sociais e outras características. Mas existem fontes que apontam elementos do deus Thor também para o mundo do campo: o simbolismo do martelo é um deles. Thor e Odin eram cultuados do mesmo modo por mulheres e nem sempre as deusas eram vistas como benignas ou defensoras extremadas do universo feminino.

No caso de Freyr, ele não era somente um deus da fertilidade ou adorado unicamente no universo rural. Seus aspectos de soberania e marcialidade são encontrados nos diversos cultos mantidos pela realeza, especialmente no sacrifício e consumo ritual de cavalos (Davidson, 2001, p. 104), além do drama mítico e hierogâmico com Gerd (em conexão com a realeza sagrada). Ele está relacionado do mesmo modo a um simbolismo com embarcações e conexões com procissões náuticas com sentido religioso (funerário e também de fertilidade). A deusa Freyja não era somente ligada à sexualidade, mas também ao mundo marcial. O simbolismo do javali reflete a complexa natureza e os muitos aspectos que os deuses vanes possuíam e que vão muito além da sua mera classificação como deidades da fertilidade (Pires, 2015, p. 11-22).

Neste sentido, a série Vikings colabora para perpetuar a visão dicotômica que o Ocidente criou sobre os deuses nórdicos: de um lado, reis e guerreiros cultuando somente as deidades da guerra (os ases); de outro, os deuses que promovem a fertilidade dos campos (os vanes). Num mundo onde a fé não era estabelecida por textos sagrados, não existia sacerdócio profissional e a tradição era mantida pela oralidade, confluíam variações sociais e geográficas na religiosidade. Apesar de o ritual servir basicamente como um momento de comunhão entre deuses e homens – e neste sentido a série *Vikings* é correta –, ele era variável em sua forma e utilizado em contextos diferentes. O detalhe do sacrifício animal na cena do episódio (mas percebido sem a inclusão do *blótzveila*) pode colaborar para o público moderno pensar em um ritual mantido exclusivamente pela presença de uma morte sangrenta, sem maiores contextos. Alguns analistas pensam atualmente a imolação nórdica de animais como reflexo da cosmogonia (a morte de Ymir e a subsequente criação das partes do mundo por meio de seus membros), na qual o sacrifício explica a ordem da natureza e do mundo e a presença do *hlaut* seria a forma física na qual o cosmos e a sociedade seriam renovados (Bray, 2004, p. 135). A ficção e a arte podem servir tanto como instrumento de reflexão sobre o passado, como meio para analisarmos os nossos próprios valores. Elas não podem ser vistas como completas em si ou totalmente corretas em suas formas de reconstituições históricas. Mas podem ser um importante meio para que as pessoas possam prosseguir em seus interesses e se aprofundar no estudo das religiosidade nórdicas pré-cristãs.

ESTUDO DE CASO 3

Os ritos nórdicos na *Série Vikings: Valhalla*

O primeiro e óbvio elemento a ser considerado é o uso do sentido étnico da palavra Viking. Em toda a primeira temporada da série, o termo é empregado enquanto sinônimo de identidade cultural para todas as populações nórdicas, da Groelândia à Noruega, sejam pagãs ou cristãs. Essa generalização idealizada provém do Romantismo, popularizada a partir do poema Vikingen de 1811 (Langer; Menini, 2020, p. 709-738). Este referencial se afasta do sentido original, preservado pelas inscrições rúnicas: Viking seria uma atividade ocupacional definida pelas incursões náuticas (Langer, 2018, p. 705-718). Mais especificamente, alguns diálogos aprofundam um referencial estereotipado: "um Viking verdadeiro busca a glória" (episódio 1), "como Viking meu objetivo é a vingança" (episódio 3). A primeira frase provém diretamente da imagem criada por Erik Gustaf Geijer no aludido poema *Vikingen*, enquanto a segunda é uma síntese de algumas situações de conflito presentes nas sagas islandesas, transferida para a imagem genérica do Viking. A cultura material apresentada na série possui vários equívocos: indumentárias, equipamentos, arquitetura, urbanismo etc., do qual não vamos detalhar aqui. Algumas são produtos de simples desconhecimento, outras foram ocasionadas pelo reaproveitamento de equipamentos de outras filmagens pelo estúdio. E ainda, possivelmente vários elementos da cultura material foram exagerados ou fantasiados para conceder efeito estético ou de impacto visual.

No tocante à religiosidade, o confronto entre cristianismo e "paganismo" foi exagerado para criar tensões e situações dramáticas. O processo de conversão da Escandinávia nem sempre foi violento e nem sempre constituiu um fenômeno social "de cima para baixo" (conversão em massa a partir de uma liderança) (Oliveira, 2018, p. 153-157). Em Ribe, na Dinamarca, ocorreu convívio pacífico entre as duas religiões décadas antes da conversão oficial e da construção da primeira igreja (860). O exagero fica ainda maior na criação de personagens ditos berserkir cristãos que exterminam pagãos na rota ao santuário de Uppsala na Suécia. Todas as referências presentes nas sagas islandesas representam os berserkir enquanto campeões (e inclusive fanáticos) do paganismo, devotos do culto de Odin. Essa possivelmente é a primeira referência midiática de berserkir cristão, criada com o intuito de promover uma maior tensão ao espectador (o visual deles é sinistro e lembra cavaleiros maléficos de outras mídias).

Em relação às religiões pré-cristãs da série original *Vikings*, houve algumas repetições e algumas novidades. Os fantasiosos sacerdotes de Uppsala estão menos macabros do que na série original (tendendo ao um visual "xamânico"), mas a exacerbada violência associada aos rituais "pagãos" ainda é conservada – o sacrifício voluntário ocorrido dentro de um salão da fictícia cidade de Kattegat (episódio 8) é totalmente fantasioso, recordando as antigas torturas ocorridas até o século XVIII. Uma velha forma de representação fílmica sobre o paganismo (presente na maioria das produções épicas dos anos de 1940 a 1960) ainda é presente na série: o exotismo – na fictícia cidade de Kattegat, no salão principal, repleto de convidados, um velho maquiado realiza movimentos furtivos com uma serpente (recorda muito a situação de exotismo com as danças sinuosas de salão da produção *The Saga of the Viking Women and Their Voyage to the Waters of the Great Sea Serpent*, 1958). Algumas alterações (como a tríade de deuses de Uppsala descrita por Adão de Bremen, modificada para Odin, Thor e Freyja) são reflexos da importância que o roteiro vai conceder ao feminino. A deusa Freyja é citada em várias situações ao longo da temporada, algumas de forma equivocada, como no episódio 3, no qual se afirma que ela conduziria os mortos em batalha ao Valhalla; mas, na verdade, ela conduziria a metade dos mortos ao seu próprio salão divino. Outra confusão é com a deusa Syn, guardiã do salão de Freyja e que na série se transforma na receptora dos mortos no Valhalla (episódio 6) e guardiã do mar (episódio 6).

Mas, em especial, a criação da personagem Estrid Haakon reforça esse feminismo. Estrid é uma africana que foi levada para a Escandinávia, casou e acabou se tornando Jarl, obviamente uma situação fantasiosa do ponto de vista histórico, mas que condiz com a atual situação de inclusão social e étnica das mídias modernas (basta lembrar de Heimdal, dito o mais branco dos deuses nas fontes medievais, e que foi interpretado por um ator negro no filme *Thor*, 2011). Também Estrid lidera um bando de donzelas do escudo, da qual Freydis será treinada (episódio 6). Freydís Eiríksdóttir é uma personagem que vai surgir em duas sagas islandesas: a saga dos groenlandeses e a saga de Erik, o vermelho. Com elas duas, temos uma diferença objetiva com relação à série: nas sagas, Freydis somente transita entre a Groelândia e a América do Norte, enquanto na série ela vai para a Noruega. Outra diferença também diz respeito aos próprios habitantes da Groelândia e Vinlândia: em nenhum momento as sagas os caracterizam como Vikings. Nestas duas regiões, não existiram piratarias, conquistas ou guerras (no sentido extensivo de batalhas territoriais, como as apresentadas na série com Canuto e sua empreitada na Inglaterra). As expedições islandesas com destino à Groelândia se trataram de empreendimentos colonizadores. O objetivo dos viajantes era o de se tornarem fazendeiros e criadores de animais. Podemos definir os personagens das duas sagas mencionadas como colonos armados. Na série, Fredyis é apresentada originalmente como tendo sido uma caçadora (episódio 6), o que condiz muito mais com a sua posterior transformação em uma guerreira. A caça fazia parte do cotidiano na Groelândia, por certo, mas a vida na fazenda era mais importante. Freydis não era uma caçadora, e sim uma fazendeira. Ela acabou se envolvendo em situações de conflito e chega a matar outras colonas. Mas isso não faz dela uma guerreira. Em outra cena famosa, ela pega uma espada e espanta os indígenas invasores, mas sem derramar uma gota de sangue. Fica a imagem de uma mulher destemida.

Outro detalhe muito importante para entendermos a nova ressignificação da personagem é o fato de tanto Leif quanto Freydis já serem cristãos de nascimento (nas sagas islandesas), por parte de mãe. O último pagão na Groelândia foi Erik, o vermelho, mas a sua mulher logo tratou de construir uma igreja na região, cujos remanescentes são visíveis até hoje. Essa transformação de Freydis em uma campeã do paganismo, por certo, faz parte de uma nova visão da religião nórdica antiga pela mídia, tornando-a positiva para os espectadores. Tradicionalmente, das décadas de 1920 a 1980, as religiões nórdicas pré-cristãs foram representadas de forma amplamente negativa pelo cinema, como já aludimos antes. Apesar de na série existirem guerreiros tanto pagãos quanto cristãos, mulheres armadas só ocorrem no contexto pagão, especialmente na fictícia cidade de Kattegat. A referência constante da deusa Freyja, as cenas com donzelas do escudo e a trajetória de Freydis representam o triunfo de uma mulher representada unicamente no espaço bélico (tipicamente masculino em grandes produções fílmicas de 1940 a 1960). Apesar de existirem mulheres poderosas na política (em especial rainhas), Freydis vai dar continuidade ao sucesso da mulher guerreira (e rainha) protagonizado por Lagertha na série original. Mas esse sucesso público não é recente, na realidade tem raízes muito distantes, ainda no século XVIII.

Podemos afirmar que a arte cinematográfica reproduziu claramente o que o historiador Nordberg (2012, p. 120) afirmou sobre o cristocentrismo – aplicar conceitos e ideias a partir do referencial da religião cristã. Esse referencial moralista, na realidade, já vem sendo aplicado nas artes plásticas, literatura e ópera de temática nórdica desde o século XIX, um procedimento visto como normal no Ocidente, cujos valores estão altamente impregnados num modelo civilizatório judaico-cristão. Deste modo, a religiosidade nórdica constante nos diversos filmes que mencionamos informa muito mais sobre nossos referenciais e valores, sobre nossos códigos comportamentais e condutas do que a própria crença dos tempos pré-cristãos. O paganismo na arte transforma-se num modelo de exotismo que funciona como uma catarse de tudo aquilo que não podemos acreditar, de tudo aquilo que é errado ou equivocado, especialmente quando se trata do famigerado tema do sacrifício humano (Langer, 2004, p. 61-85). Atrelados inevitavelmente a nossas concepções sobre o passado, os vikings no cinema ora tornavam-se vilões, ora heróis, presos entre modelos históricos que servem como veículos de ideologias sobre a Idade Média (Glot, 2004, p. 188). A religião dos vikings foi pouco abordada enquanto tema fílmico, mas podemos perceber claramente que ela independe do heroísmo ou vilania de seus personagens, sendo muito mais controlada ideologicamente que os deuses nórdicos, estes com muito mais espaço midiático no imaginário popular. Realizado essencialmente pelo cinema de Hollywood, os filmes tiveram pouco apelo para uma nacionalidade ancestral, tal como a música e a literatura europeia de temática pagã, em que o panteão mitológico serve como elemento de identidade. Afastado de seus verdadeiros elementos materiais, a religiosidade nórdica torna-se um mundo distante do espectador, mais afeto ao universo de crenças ao seu redor.

ESTUDO DE CASO 4
Os ritos nórdicos no filme *O homem do Norte*

O filme *O homem do Norte* (*The Northman*, 2022) é uma produção estadunidense dirigida por Robert Eggers e roteiro de Eggers e Sigurjón Birgir Sigurðsson (Sjón). A sua trama é baseada na estória de Amleto (Amleth), popularizada no século XI com o livro *Gesta Danorum* (Saxo Gramático, 2013), mas com diversas modificações. O personagem principal (Amleth) procura vingar a morte de seu pai (o Rei Aurvandill) por seu irmão. Amleth foge para a região Leste, habitada pelos Ru's, torna-se um berserkr e depois, se passando por um escravo, vai para a Islândia para tentar matar o seu tio. O filme é repleto de referências mitológicas, folclóricas, temas das sagas islandesas, cultura material, indumentárias e diversas outras questões visuais e estéticas, do qual não vamos nos ocupar. Vamos apenas fornecer alguns referenciais genéricos e filmográficos, passando a seguir em especial uma breve análise de cenas rituais que o filme aborda.

De forma geral, a produção vai na contramão de recentes produções sobre a temática. O termo "Viking" sequer é mencionado, ao contrário, por exemplo, da série *Vikings: Valhalla* (primeira temporada de 2022), em que surge a todo momento como identidade étnica de todos os escandinavos. Com isso, o filme de Eggers se afasta da tradicional filmografia norte-americana (popularizada com o filme *The Viking*, 1928) e se aproxima muito mais de produções islandesas, como: *À sombra do corvo* (Í skugga hrafnsins, 1988). O tom da narrativa é muito mais o desenvolvimento do personagem central e as cenas de conflitos e lutas são muito locais (bem típica das sagas de família), ao contrário das grandes produções de Hollywood, nas quais as cenas de grandes batalhas ou do encontro de enormes exércitos sempre constitui o clímax dos filmes épicos (cf. *Vikings, os conquistadores*, 1958 ou mesmo a série *Vikings*). Com certeza aqui temos uma influência objetiva do roteirista, o escritor islandês Sjón. Mas o diretor também flerta com o próprio gênero de fantasia medieval e aventuras épicas: em pelo menos dois momentos percebemos estas influências. A cena final do duelo é muito semelhante ao encontro de Arthur e Mordred no desfecho do filme *Excalibur* (1981), enquanto que o personagem Amleth ao retirar a espada da mão de um *draugr* é muito semelhante a de *Conan, o bárbaro* (1982), no momento em que este pega a espada de um rei defunto.

De todas as cenas de rituais do filme, apenas uma é baseada diretamente em fontes históricas – o funeral, como veremos depois. O diretor utilizou como consultores dois dos maiores especialistas sobre religiões nórdicas pré-cristãs da atualidade: Neil Price e Terry Gunnell. Uma das primeiras cenas do filme é quando o Rei Aurvandill chega em seu salão e é recebido por várias pessoas segurando uma argola em suas mãos para o alto. Com certeza esta cena foi baseada na famosa estela de Tängelgårda da ilha da Gotlândia, onde vários homens e um cavaleiro portam uma argola, bem próximo de três imagens de valknuts. Em escavações de locais sagrados da Escandinávia pré-cristã foram recuperadas grandes argolas e sabemos pelas sagas islandesas como elas eram utilizadas para juramentos, acordos, alianças e vínculos, além de objetos mágicos relacionados aos deuses (como o anel de Odin). Também no salão aparece uma reprodução quase fiel da tapeçaria de Oseberg (século IX, a cena dos sacrificados). Foram mantidos os mortos pendurados na árvore e o símbolo do quadrefólio no lado direito, mas a suástica que aparece originalmente na base esquerda da árvore foi retirada. Evidentemente para evitar problemas com os atuais supremacistas dos Estados Unidos e da Europa. Esta cena da árvore com enforcados vai servir de paradigma visual para todo o filme: na tapeçaria, os mortos parecem "flutuar" sobre os galhos, uma ideia que o diretor vai aproveitar magistralmente, brincando com a noção de tempo na própria trajetória dos personagens. A noção de destino e seus vínculos com entidades sobrenaturais (como as nornas) também é algo recorrente em todo o filme.

Logo em seguida, no salão real, o Rei Aurvandil e seu filho participam de um ritual imitando lobos e bebendo no chão uma poção com alucinógenos, visto que logo depois ambos acabam tendo visões e entram em uma espécie de transe. Eles obedecem ao comando de um homem portando uma máscara (semelhante à que foi encontrada no casco de uma embarcação em Hedeby). A cena foi inspirada na *Saga dos Volsungos* (século XIII), na qual o Rei Sigmund e seu filho Sinflioti usam peles de lobo e imitam o comportamento destes animais em uma floresta. Sabemos que entre vários guerreiros, a partir da Idade do Ferro era comum a utilização de vestuários, presas e dentes de ursos e lobos, animais totêmicos relacionados ao deus Odin. Mas não temos como verificar diretamente a sua existência histórica em um contexto aristocrático e da realeza. O uso de psicotrópicos em rituais nórdicos também é muito polêmico na Escandinávistica e não há um consenso neste sentido. O filme, em outra cena, faz referência ao *Amanita muscaria*, o cogumelo associado aos transes nórdicos desde os anos de 1960. Mas que ainda não é possível a comprovação histórica de seu uso na Era Viking.

Outro momento ritualístico, o principal de todo o filme, é quando Amleth se encontra no Leste, na terra dos Ru's. Vários berserkir cantam e dançam em torno de uma fogueira. Primeiro uivam e gritam, depois se movem circularmente em torno do fogo, para depois gritarem novamente. Sabemos que existiram cultos guerreiros ligados a movimentos e danças. Figurações em bracteatas e placas de elmos dos séculos V ao VII atestam isso. Constantine Porphyrogenitus em seu livro *Administrando Imperio* (século X) descreve varegues dançando ritualmente no Jól (Boyer, 1997, p. 27). Mas não sabemos *como eram efetivamente estes rituais*: quanto tempo duravam e o que era feito neles. O diretor Robert Eggers deve ter utilizado para seu filme os documentos (e diversos filmes a respeito) sobre os guerreiros indígenas norte-americanos em seus rituais para a guerra: todos dançam quase nus ou seminus em volta de uma fogueira, realizando movimentos circulares e em alguns momentos param e gritam ou ainda entoam brados de guerra. Neste mesmo contexto, um outro detalhe foi recuperado da iconografia antiga para o filme: a figura de um ancião, cego, imitando o deus Odin – portando um elmo com chifres e segurando dois dardos cruzados. Uma imagem que é encontrada em dezenas de pingentes e também na tapeçaria de Oseberg (século IX). Vários pesquisadores estão considerando a possível existência de dramatizações e performances em antigos rituais nórdicos – uma pessoa encarnaria um deus (neste caso aqui, Odin). Mas qualquer tipo de reconstituição moderna sempre vai ser altamente conjectural e ainda mais em se tratando de mídia artística.

Em outro momento, o diretor também parece ter sido influenciado pela estética do xamanismo indígena norte-americano. Na representação de uma profetisa da área eslava, a mesma porta um grande cocar, mas em vez de penas, são feixes de trigo (várias deusas eslavas eram ligadas ao trigo) ou ainda uma modificação da tradicional coroa de flores *vinok* para um cocar. Em suas mãos, ela segura e desfia um fuso de lã, um ato simbólico associado à profecia, às nornas e à deusa Freyja na arte ocidental desde o século XIX (Filomé-Rommé, 2021, p. 13-51). Mas também a deusa eslava Mokosh protegia a tecelagem e a fiação. Atrás da profetisa, foi inserida uma estátua, muito semelhante a uma das efígies do pilar quádruplo que foi encontrado na região de Zbruch, Ucrânia e datado do século IX. Ao redor da profetisa e da estátua situa-se uma paliçada, mas o local não parece uma edificação fechada, o que condiz com as pesquisas arqueológicas da região dos Ru's. Já na Islândia, um pequeno templo dedicado ao deus Freyr surge junto a dois sacerdotes. A representação destes líderes cúlticos ficou muito mais crível do que as apresentadas na série *Vikings*: enquanto nesta eles eram carecas, com pinturas nos olhos e comportamento sinistro, os sacerdotes do filme são normais, se diferenciando das outras pessoas de sua região apenas pelo uso de um manto muito simples. Em outro momento, vai aparecer em espaço aberto uma estátua com um pênis ereto – certamente o deus Freyr, deduzida pelo relato de Adão de Bremen e algumas descobertas de estatuetas e artefatos com caráter falocêntrico por diversas regiões escandinavas pré-cristãs.

O último ritual constante do filme, como já aludimos, é o mais histórico. Trata-se da cena do enterro do filho de Fjölnir. A produção aproveitou o famoso relato de Ibnd Fadlan em sua visita aos Ru's no século IX. A maioria dos detalhes reconstituídos provém deste relato, desde a moça que se ofereceu para o sacrifício (e é erguida momentaneamente com um cântico), a morte do cavalo até o fato de Fjölnir ficar nu em torno do barco sepulcral. Mas a cena da imolação humana ficou um pouco exagerada. No relato, a moça é embebedada com algum narcótico e o "anjo da morte", uma anciã, a executa com uma estocada nas costas, enquanto dois homens a estrangulam com uma corda, enquanto permanece deitada no navio. O filme conserva a imagem de perfuração frontal de uma faca no ventre, com a moça permanecendo de pé, como na série *Vikings* (preparativos do funeral de Lagertha, sexta temporada). Mas, de modo geral, a cena ficou muito mais detalhada e crível do que em produções como *O 13º guerreiro* (1999) e a comentada série *Vikings*. Nesta última, pelo fato de terem agregado ao funeral de Lagertha uma série de elementos fantasiosos: vários sacerdotes lançam baldes de sangue na proa da embarcação e depois esta é arremessada em chamas dentro de um rio (um relato que só temos no mito: no funeral do deus Balder. E sabemos muito bem: *mito não é rito*).

O novo filme de Robert Eggers com certeza será extremamente paradigmático na filmografia sobre os Vikings. A grande maioria das produções, tanto de filmes europeus quanto norte-americanos, quase sempre representou as antigas religiosidades nórdicas como *exóticas* e *macabras*, dentro de um referencial *cristocêntrico*. O filme *O homem do Norte* procura expor as crenças e os ritos de uma forma extremamente crível, fugindo de estereótipos e informações equivocadas. Por certo, não consegue atingir um alto nível de veracidade histórica, pela falta absoluta de fontes primárias detalhadas (e também sabemos: *cinema não é história, é arte*), mas transmite ao espectador uma experiência visual única sobre o passado nórdico. Os antigos mitos e ritos da Escandinávia precisam de mais divulgações midiáticas que tenham envolvimento com as pesquisas acadêmicas. O filme de Eggers consegue atingir esse intento, além de produzir uma obra artística de grande nível.

Epílogo

Muitas foram as dificuldades de se pesquisar no campo da escandinavística no Brasil desde o final dos anos de 1990. De um lado, falta de apoio institucional por uma área ainda não consolidada no país. Por outro viés, o referencial endógeno de muitos acadêmicos de Ciências Humanas, especialmente da área de História do Brasil, que consideravam as pesquisas da área escandinava como de pouca ou nenhuma relevância. Os novos pesquisadores eram escassos e o isolamento reinava durante a execução das pesquisas.

O panorama melhorou muito com a criação de grupos de pesquisa e redes de apoio aos novos investigadores (como o Núcleo de Estudos Vikings e Escandinavos, criado em 2010). A Bibliografia nacional cresceu de forma ampla e o corpo docente de graduações e programas de pós-graduação já se mostrava muito interessado no acolhimento e aceitação de projetos de pesquisa, especialmente por parte dos medievalistas. Mas ainda restam muitas dificuldades. A popularidade de muitos livros sobre mitos nórdicos com tendência confessional ainda impera nos meios midiáticos e em grande parte da população brasileira. Na internet, no YouTube e nas redes sociais ainda proliferam ideias equivocadas sobre os mitos, os ritos e as crenças nórdicas pré-cristãs. O surgimento de publicações que possam realizar um diálogo entre o que se produz na academia e o interesse popular pelo tema é um passo importante na divulgação científica feita de modo competente. Ao mesmo tempo em que auxiliem as novas gerações de pesquisadores acadêmicos. Essa foi uma das metas do presente livro que esperamos ter cumprido.

Os desafios futuros são bem amplos. A escandinavística brasileira necessita crescer em várias vias diferentes dentro das Ciências Humanas. De um lado, o campo das Ciências das Religiões deve dar continuidade à essa grande abertura para novas pesquisas e enfoques, que atualmente se concentram na UFPB e devem se ampliar para outros programas de pós-graduação pelo país. Os cursos de História, que congregam a maioria dos pesquisadores em nível de graduação, devem ampliar as possibilidades para que os futuros pesquisadores tenham maiores condições de ingresso nos programas de mestrado e doutorado, seja com capacitações ou a atualização dos medievalistas com metodologias, temas e conceitos da escandinavística. A área de Letras é a mais carente no Brasil com projetos de pesquisa em nível de graduação e pós-graduação, apesar da enorme quantidade de fontes literárias medievais e suas possibilidades de enfoques e aplicações teóricas e temáticas.

O mercado editorial deve se adequar ao grande interesse público e acadêmico pela temática nórdica, seguindo as recentes publicações como *Vikings*, de Neil Price e *O Viking Negro*, de Bergsveinn Birgisson (ambos de 2021). Por certo as possibilidades de traduções, sejam de estudos analíticos, sejam de fontes primárias, são muito grandes.

A academia brasileira mantém até hoje um enfoque tradicional em pesquisar as crenças pré-cristãs quase somente por meio da abordagem da mitologia nórdica. E os estudos que envolvem as crônicas e sagas islandesas ainda se mantêm majoritariamente enfocando o processo de cristianização da Escandinávia. São necessárias novas pesquisas que ampliem o espectro de problematizações para a cultura material da religiosidade nórdica antiga, analisando os objetos dos rituais, a espacialidade dos locais de culto e sagrados, o papel dos monumentos na memória e nas crenças. A cultura visual dos símbolos e a sua interação com monumentos e espaços sagrados, bem como estudos comparados entre as fontes latinas e não escandinavas com a cultura material das crenças pré-cristãs, são outras possibilidades de investigações. Também são necessárias novas abordagens sobre os símbolos, as narrativas míticas e as tradições na literatura medieval, levando em conta as conexões com a cultura material. Com certeza, as melhores e mais inovadoras abordagens serão as que utilizarão os métodos iconográficos, arqueológicos e as que procurarem um diálogo interdisciplinar e multidisciplinar entre as fontes materiais e literárias.

Esperamos que o presente livro possa ter cumprido o seu papel em trazer novos materiais, novas problemáticas e perspectivas inovadoras para os futuros escandinavistas e pesquisadores das religiosidades nórdicas pré-cristãs.

Referências

Fontes primárias

ANÔNIMO, *Völuspá,* séc. X. Texto em nórdico antigo. Ed. de Guðni Jónsson [Disponível em http://www.heimskringla.no/wiki/Völuspá – Acesso em 24/04/2002].

ANÔNIMO, *Guðrúnarkviða in forna,* séc. XII. Texto em nórdico antigo. Ed. de Sophus Bugge [Disponível em http://etext.old.no/Bugge/gudrun2.html – Acesso em 13/05/2012].

ANÔNIMO, *Völsa* þáttr, séc. XV. Texto em nórdico antigo. Ed. de Guðni Jónsson [Disponível em http://www.heimskringla.no/wiki/Völsa_þáttr – Acesso em 05/01/2011].

ANÔNIMO. *Gks 1812 4to – De ordine ac positone stellarum in signis*, séc. XII-XIV d.C. [Disponível em https://handrit.is/en/manuscript/imaging/is/GKS041812#page/Front+(r)+(1+of+77)/mode/2up].

ANÔNIMO. *The Vinland Sagas: The norse discovery of America*. Trad. de Magnus Magnusson e Hermann Pálsson. Londres: Penguin, 1965.

ANÔNIMO. *Brennu-Njáls saga*, c. 1275-1290. Texto orig. em islandês antigo [Disponível em http://www.sagadb.org/brennu-njals_saga]. Trad. ao inglês por Magnus Magnusson e Hermann Pálsson. *Njál's saga*. Londres: Penguin Books, 1960. Trad. ao espanhol por Enrique Bernárdez. *Saga de Nial*. Madri: Siruela, 2003. Trad. ao francês por Rodolphe Dareste [Disponível em http://www.sagadb.org/brennu-njals_saga.fr]. Trad. ao francês por Régis Boyer (poema de Steinunn). *Le Christ des barbares: le monde nordique (IX-XIII siècle)*. Paris: Cerf, 1987, p. 112-113.

ANÔNIMO. *Vatnsdæla saga* 46, c. 1270-1280. Texto em islandês antigo [Disponível em http://www.sagadb.org/vatnsdaela_saga]. Trad. ao inglês por Andrew Wawn. The Saga of the People of Vatnsdal. In: *The sagas of* ícelanders. Londres: Penguin Books, 2000, p. 185-269.

ANÔNIMO. *Três sagas islandesas*. Trad. de Théo de Borba Moosburger. Curitiba: UFPR, 2007.

ANÔNIMO. *Alvíssmál*. Ed. em nórdico antigo por Gudni Jónsson. *Heimskringla*, 2014 [Disponível em http://www.heimskringla.no/wiki/Alv%C3%ADssm%C3%A1l].

ANÔNIMO. *Vafþrúðnismál*. Ed. em nórdico antigo por Gudni Jónsson. *Heimskringla*, 2014 [Disponível em http://www.heimskringla.no/wiki/Vaf%C3%BEr%C3%BA%C3%B0nism%C3%A1l].

ANÔNIMO. Poema rúnico saxônico, séc. VIII-IX d.C. Trad. do inglês antigo ao português por João Bittencourt. In: LANGER, J. (ed.). *Dicionário de Mitologia Nórdica*. São Paulo: Hedra, 2015, p. 379-381.

ANÔNIMO. *Runic and heroic poems of the Old teutonic peoples*. Trad. de Bruce Dickins. Cambridge: Cambridge University Press, 1915.

BREMEN, A. *Gesta Hamaburgensis Ecclesiae Pontificum*, 1076. D.C. Ed. de W. Trillmich. Darmstadt, 1961. Texto em latim [Disponível em http://hbar.phys.msu.su/gorm/chrons/bremen.htm – Acesso em 23/05/2012].

CYNEWULF. *Christ*, séc. X d.C. Trad. do inglês antigo ao moderno por Charles Kennedy. Cambridge: Old English, 2010.

EYNSHAM, Æ. (Elfrico de Eynsham). *De temporibus anni*, séc. X d.C. Trad. do inglês antigo ao inglês moderno por P. Baker. Universidade da Virginia, 2013 [Disponível em http://faculty.virginia.edu/OldEnglish/aelfric/detemp.html#ch09].

FABRICIUS, A. *Illustreret Danmarkshistorie for Folket*. Vol. I e II. Kjøbenhavn: Rittendorff/Aagaard, 1854.

GRAMMATICUS, S. *The history of the Danes*. Ed. de Hilda Davidson e Peter Fisher. Londres: D.S. Brewer, 2008. Ed. em espanhol: *Historia Danesa* (*gesta danorum*). Ed. de Santiago lluch. Madri: Miraguano, 2013.

JÓNSSON, G. (ed.). Hávamál. *Eddukvæði Sæmundar-Edda*, 1949. *Heimkringla.no* [Disponível em http://www.heimskringla.no/wiki/Hávamál – Acesso em 24/12/2021].

MERSEBURG, T. *Chroniconi*. Ed. de W. Trillmich. Darmstadt, 1957.

MIRANDA, P.G. (trad.). Grímnismál. *Roda da Fortuna* 3 (2), 2014, p. 301-325.

MIRANDA, P.G. (trad.). Vǫluspá. *Scandia: Journal of Medieval Norse Studies*, 1, 2018.

OEHLENSCHLÄGER, A. Valas Spaadom. *Nordens guder: et episk digt af Oehlenschläger*. Kiøbenhavn: H.F. Popp, 1819, p. 376-388.

PICART, B. *Ceremonies et coutumes religieuses de tous les peuples du monde*. Amsterdã: Chez Bernard, 1723.

RAMALHO, E. (trad.). *Beowulf*. Ed. bilíngue, inglês antigo/português. Belo Horizonte: Tessitura, 2007.

SCHEFFERUS, J. *The history of Lapland*. Londres: Newborough, 1704 [Orig. em latim, 1673].

STURLUSON, S. Frá blótum (16). *Saga Hákonar góða, Heimskringla*. Ed. de Linder e Hagson, 1872 [Disponível em http://www.heimskringla.no/wiki/Saga_H%C3%A1konar_g%C3%B3%C3%B0a – Acesso em 27/12/2021].

STURLUSON, S. *Skáldskaparmál*. Ed. ao nórdico antigo por Rasmus Björn Anderson (1872, baseado no manuscrito *Codex Wormianus*, AM, 242 f.) [Disponível em http://www.germanicmythology.com/ProseEdda/BRODEURSkaldskaparmal.html].

STURLUSON, S. *Edda Snorra Sturlusonar*. Ed. em nórdico antigo por Finnur Jónsson (Baseado no manuscrito *Codex Regius*, GKS 2367 4°). Copenhagen: Gyldendalske, 1931.

STURLUSON, S. *Edda: Skáldskaparmál I*. Ed. de Anthony Faulkes. Londres: Viking Society for Northern Research, 1998.

STURLUSON, S. *Snorri Sturluson Edda: Skáldskaparmál*. Ed. em nórdico antigo por Anthony Faulkes (Baseado nos manuscritos *Codex Wormianus*, AM, 242 f., e *Codex Regius*, GKS 2367 4°). Londres: Viking Society for Northern Research, 1998.

STURLUSON, S. *The Uppsala Edda* (Manuscrito DG 11 4° to). Ed. do nórdico antigo de Eimir Pálsson e tradução ao inglês de Anthony Faulkes. Londres: Viking Society for Northern Research, 2012.

THORGILSSON, A. Íslendigabók, c. 1122-1132. Orig. em islandês antigo, edição de Guðni Jónsson [Disponível em http://www.heimskringla.no/wiki/Íslendingabók Tradução ao inglês: http://en.wikisource.org/wiki/%C3%8Dslendingab%C3%B3k].

Vita Prieflingensis (*Sanctis Ottonis Episcopi Bebenbergensis vita Prieflingensis*). Ed. de J. Petersohn. Hanover, 1990.

Filmografia

BRAVA, M. (dir.). *A vingança dos vikings* (*Gli invasori*), 1961. Direção e roteiro de Mario Brava, produção de Ferruccio De Martino, 98min. [Disponível em http://www.primewire.ag/watch-1635905-Gli-invasori].

CORMAN, R. (dir.). *The Saga of the Viking Women and Their Voyage to the Waters of the Great Sea Serpent*, 1957. Roteiro de Lawrence Goldman, 66min [Disponível em https://www.youtube.com/watch?v=1wJ5S8la-_c].

FLEISCHER, R. (dir.). *Vikings os conquistadores* (*The Vikings*, 1958). São Paulo: Fox/Amz, DVD, 2002, 116min.

HIRST, M. (dir.). *Vikings, primeira temporada*. São Paulo: Fox/Sony, DVD, 2014.

MAN, A. (dir.). *A queda do Império Romano* (*The fall of the Roman Empire*), 1964. Produção de Samuel Bronston. DVD. São Paulo: Clasicline, 2005, 188min.

NEILL, W. (dir.). *Deuses vencidos* (*The Viking*), 1928. Roteiro de Jack Cunningham. Produzido por Herbert Kalmus, P/B, 90min) [Disponível em https://www.youtube.com/watch?v=1Lclmtdq9JU].

STEVENSON, R. (dir.). *A ilha do topo do mundo* (*The island of the top of the world*), 1974. Roteiro de John Whedon. DVD. São Paulo: Buena Vista Sonopres, 2000, 93min.

Fontes secundárias (bibliográficas)

ABRAHAMSON, W.; THORLACIUS, S. Den Snoldelevske Runesteen. *Antiqvariske Annaler*, v. 1, 1812, p. 278-322.

ABRAM, C. Hel in early norse poetry. *Viking and Medieval Scandinavia*, 22, 2006, p. 1-29.

ABRAM, C. *Myths of the Pagan North*. Londres: A&C Black, 2011.

ADRIANSEN, I. Mor Danmark, Valkyrie, skjoldmø og fædrelandssymbol. *Folk Og Kultur*, 16 (1), 1987, p. 105-163.

AGDOLIN, A. *História das religiões: perspectiva histórico-comparativa*. São Paulo: Paulinas, 2013.

ALLEN, R.H. *Star Names, their lore and meaning*. Nova York: Dover, 1963.

ALVES, V.H.S. Dinamarca na Era Viking. In: LANGER, J. (org.). *Dicionário de História e Cultura da Era Viking*. São Paulo: Hedra, 2018a, p. 173-179.

ALVES, V.H.S. Tapeçaria de Överhogdal. In: LANGER, J. (org.). *Dicionário de História e Cultura da Era Viking*. São Paulo: Hedra, 2018b, p. 673-676.

ALVES, V.H.S. Thor, um Júpiter escandinavo? – Pensando as influências clássicas na descrição de Adão de Bremen. *Aletheia – Periódico Eletrônico de Estudos sobre Antiguidade e Medievo*, 2019.

ANDERS, A. Sun and moon. In: SCHJØDT, J. et al. (eds.). *The Pre-Christian Religions of the North – History and structures*. Vol. III. Londres: Brepols, 2020, p. 1.465-1.480.

ANDERSEN, L.P. Ewald's and Oehlenschläger's Poetry Inspired by Old Norse Myth. In: ROSS, M.C. (ed.). *The Pre-Christian Religions of the North: Research and Reception – Vol. I: From the Middle Ages to c. 1830*. Turnhout: Brepols, 2018, p. 331-350.

ANDERSON, C.E. *Scandinavian religion & politics in relation to Christian Europe. Formation and resolution of ideological contrast in the early history of Scandinavia*. Tese de doutorado em Estudos Nórdicos. Universidade de Cambridge, 1999.

ANDRADE, M.CA.L.S. *A Germania de Tácito: tradução e comentários*. Dissertação de mestrado em Letras Clássicas. São Paulo: USP, 2011.

ANDRÉN, A. Behind Heathendom: archaeological studies of Old Norse Religion. *Scottish Archaeological Journal*, 27 (2), 2005, p. 105-138.

ANDRÉN, A. A world of stone: warrior culture, hybridity, and Old Norse cosmology. In: ANDRÉN; JENNBERT; RAUDVERE (eds.). *Old Norse Religion in long-term perspectives: origins, changes, and interactions*. Lund: Nordic Academic Press, 2006, p. 33-38.

ANDRÉN, A. *Tracing Old Norse cosmology: the world tree, middle earth, and the sun from archaeological perspectives*. Lund: Nordic Academic Press, 2014.

ANDRÉN, A.; JENNBERT, K.; RAUDVERE, C. Old Norse religion: some problems and prospects. In: ANDRÉN; JENNBERT; RAUDVERE (eds.). *Old Norse Religion in long-term perspectives: origins, changes, and interactions*. Lund: Nordic Academic Press, 2006, p. 11-15.

ANTÓN, T.M. *Ecos literários del paganismo nórdico: estúdios de los motivos precristianos en la Saga de Gísli Súrsson*. Tese de doutorado em Filologia pela Universidade de Salamanca, 2000.

ANTÓN, T.M. Rituales mágicos em la religión nórdica precristana: El seiðr em la saga de Gísli Súrsson. *'Illu – Revista de Ciencias de las Religiones* 14, 2009, p. 87-100.

ÁNTON, T.M. La literatura nórdica antigua en la obra de Juan Andrés. *Rilce*, 30, 2014, p. 461-483.

ANTONELLO, E. The myths of the bear. *Cornell University Library*, 2013 [Disponível em https://arxiv.org/abs/1305.0367].

ÁRNASON, J. *Íslenzkar þjóðsögur og æfintýri*. Leipzig: J.C. Hinrichs, 1862.

ASHBY, S. The Deer and the Viking. *Deer – Journal of the British Deer Society*, 2013, p. 18-21.

ASSASI, R. Swastika: The Forgotten Constellation Representing the Chariot of Mithras. In: ŠPRAJC, I.; PERHANI, P. (eds.). *Ancient cosmologies and modern prophets: proceedings of the 20th Conference of the European Society for Astronomy in Culture*. Ljubljana: Slovene Anthropological Society, 2013, p. 407-418.

ASSASI, R. The Gate of Heaven: Revisiting Roman Mithraic Cosmology. In: ABBOTT, B. (org.). *Inspiration of Astronomical Phenomena*. São Francisco: Astronomical Society of the Pacific, 2015, p. 233-246.

AVENI, A. *Conversando com os planetas: como a ciência e o mito inventaram o cosmos*. São Paulo: Mercuryo, 1993.

AVILÉS, J.A.B. De la Arqueastronomía a la Astronomía Cultural. *Boletín de la SEA*, 15, 2005-2006, p. 23-40.

AYAZ, F.B. From god to progenitor: the figura of Woden in pagan & early christian England. *International Symposium of Mythology*. Ardaha, 2019, p. 305-313.

BAITY, E.C. et al. Archaeoastronomy and Ethnoastronomy so far. *Current Antropology*, 14 (4), 1973, p. 389-449.

BAMPI, M. "Gǫfuct dýr ec heiti": Deer symbolism in Sigurđr Fáfnisbani? *The 14th International Saga Conference*, Uppsala, 9th-15th August, 2009, p. 78-84.

BARTLETT, R. From paganism to Christianity in medieval Europe. In: BEREND, N. (ed.). *Christianization and the Rise of Christian Monarchy: Scandinavia, Central Europe and Rus' c. 900-1200*. Cambridge: Cambridge University Press, 2007, p. 47-72.

BARRERA, B. Introducción a la lógica de la comparación em la mitología. *Gallaecia*, 22, 2003, p. 471-486.

BARREIRO, S. La magia en la saga de Hrólf Kraki. *Temas Medievales*, 16, 2008, p. 1-12.

BELLOTTI, K.K. Mídia, religião e história cultural. *Rever – Revista de Estudos da Religião*, n. 4, 2004, p. 96-115.

BENNETT, L.; WILKINS, K. Viking tattoos of Instagram: Runes and contemporary identities. *Convergence – The International Journal of Research into New Media Technologies*, 2019, p. 1-14.

BERGGREN, Å. Archaeology and sacrifice. In: ANDRÉN, A.; JENNBERT, K.; RAUDVERE, C. (eds.). *Old Norse religion in long-term perspectives: origins, changes and interactions*. Lund: Nordic Academic Press, 2006, p. 303-307.

BERNÁRDEZ, E. Introducción. *Saga de Nial*. Madri: Siruela, 2003, p. 9-27.

BERNÁRDEZ, E. *Los mitos germánicos*. Madri: Alianza, 2010.

BERNÁRTH, B. et al. How cold the Viking sun compass be used with sunstones before and after sunset? *Proceeding of the Royal Society*, 460 (2.166), 2014, p. 1-18.

BEREZKIN, Y. The cosmic hunt: variants of a Siberian-north-american myth. *Folklore*, 31, 2005, p. 79-100.

BEREZKIN, Y. Seven brothers and the cosmic hunt: European sky in the past – Paar sammukest XXVI. *Eesti Kirjandusmuuseumi aastaraamat*. Tartu: Eesti kirjandusmuuseum, 2012, p. 31-69.

BERTELL, M. *Tor och den nordiska åskan: Föreställningar kring världsaxen*. Estocolmo: Universitet Stockholms, 2003.

BERTELL, M. Where does Old Norse religion end? – Reflections on the term Old Norse religion. In: ANDRÉN, A.; JENNBERT, K.; RAUDVERE, C. (eds.). *Old Norse religion in long-term perspectives: origins, changes and interactions*. Lund: Nordic Academic Press, 2006, p. 298-302.

BERTELL, M. Contacts and eyewitnesses and micro level perspective. In: ANDRÉN, A.; JENNBERT, K.; RAUDVERE, C. (eds.). *Old Norse religion in long-term perspectives: origins, changes and interactions*. Lund: Nordic Academic Press, 2006, p. 300-301.

BIBIRE, P. Myth and belief in Norse Paganism. *Northern Studies*, 29, 1992, p. 1-23.

BILL, J. Protecting Against the Dead? – On the Possible Use of Apotropaic Magic in the Oseberg Burial. *Cambridge Archaeological Journal*, 26, 2016, p. 141-155.

BISHOP, C.R. *Runic magic*. Thesis submitted to the Faculty of the Graduate School of the University of Maryland, College Park in partial fulfillment of the requirements for the degree of Master of Arts, 2007.

BJARNADÓTTIR, S. *Villy Sørensens vej til Ragnarok: Allegorisering af den nordiske mytologi i Villy Sørensens Ragnarok og nogle af romantikkens værker*. Ritgerð til M.A. prófs, Háskóli Íslands, 2018.

BLAIN, J. *Nine worlds of seid-magic*. Londres: Routledge, 2002.

BLINKENBERG, C. *The thunderweapon in religion and folklore: a study in comparative archaeology*. Cambridge: Cambridge University Press, 1911.

BLIUJIENÉ, A. Universalusis svastikos simbolis: baltu archeologinejé medziagoje. *Liaudies Kultura*, 73 (4), 2004, p. 16-27.

BÖLDI, K. *Eigi Einhamr: Beiträge zum Weltbild der Eyrbyggja und anderer Isländersagas*. Berlim: Walter de Gruyter, 2005.

BON, E. et al. Astronomy and catastrophes through myth and old texts. *Memorie della Societa Astronomica Italiana, suppl.* 15 (219), 2010, p. 119-223.

BOROVSKY, Z. Never in public: women and performance in Old Norse Literature. *Journal of American Folklore*, 112 (443), 1999, p. 6-39.

BOULHOSA, P.P. A mitología escandinava de Georges Dumézil: uma reflexão sobre método e improbabilidade. *Brathair*, 6 (2), 2006, p. 3-31.

BOYER, R. *Yggdrasill: la religion des anciens Scandinaves*. Paris: Payot, 1981.

BOYER, R. *Le monde du double: la magie chez les anciens Scandinaves*. Paris: Berg, 1986.

BOYER, R. *Le Christ des barbares: Le monde nordique (IX-XIII siècle)*. Paris: Du Cerf, 1987.

BOYER, R. *La grande déesse du Nord*. Paris: Berg International, 1995.

BOYER, R. Mulheres viris. In: BRUNEL, P. (org.). *Dicionário de Mitos Literários*. Brasília: UnB, 1997, p. 744-746.

BOYER, R. *Héros et dieux du Nord*. Paris: Flammarion, 1997.

BOYER, R. *L'Islande Médiévale*. Paris: Belles Letres, 2001.

BRADLEY, R. Can archaeologist study prehistoric cosmology? In: ANDRÉN, A.; JENNBERT, K.; RAUDVERE, C. (eds.). *Old Norse religion in long-term perspectives: origins, changes and interactions*. Lund: Nordic Academic Press, 2006, p. 16-20.

BRAY, D. Sacrifice and Sacrificial Ideology in Old Norse Religion. In: HARTNEY, C.; MCGARRITY, A. (eds.). *The Dark Side: Proceedings of the Seventh Australian and International Religion, Literature and the Arts Conference, 2002*. Sydney: RLA, 2004, p. 123-135.

BRAY, D. Sacrifice and sacrificial ideology in Old Norse Religion. *Sydney Studies in Religion*, 2008, p. 123-135.

BRINK, S. Political and Social Structures in Early Scandinavia: A Settlement--historical Pre-study of the Central Place. *Tor*, v. 28, 1996, p. 235-282.

BRINK, S. How uniform was the old norse religion? In: QUIN, J. (ed.). *Learning and understanding in the Old Norse world*. Londres: Brepols, 2007, p. 105-136.

BRINK, S. Myth and ritual in Pre-Christian Scandinavian landscape. In: NORDEIDE, S.; BRINK, S. (ed.). *Sacred sites and holy places*. Londres: Brepols, 2013, p. 1-32.

BRINK, S. Uppsala, in Myth and reality. In: BRINK, S.; COLLINSON, L. (eds.). *Theorizing Old Norse Myth*. Turnhout: Brepols, 2017, p. 175-194.

BRØNSTED, J. *Os vikings*. São Paulo: Hemus, s.d. [Orig. de 1958].

CARDOSO, C. *Um historiador fala de teoria e metodologia*. Bauru: Edusc, 2005.

CARLAN, C.U.; FUNARI, P.P.A. *Moedas – A numismática e o estudo da História*. São Paulo: Annablume, 2012.

CARLIE, A. Ancient building cults. In: ANDRÉN, A.; JENNBERT, K.; RAUDVERE, C. (eds.). *Old Norse religion in long-term perspectives*. Lund: Nordic Academic Press, 2006, p. 206-211.

CLEASBY, R.; VIGFÚSSON, G. *An Icelandic-English Dictionary*. Oxford: Clarendon, 1874.

CHEVALIER, J.; GHEERBRANT, A. *Dicionário de Símbolos*. Rio de Janeiro: José Olympio, 2002.

CHRISTIANSEN, E. *The norsemen in the Viking Age*. Londres: Blackwell, 2002.

CHRISTIANSEN, E. *The norsemen in the Viking Age*. Londres: Blackwell, 2006.

CHVALKOVSKA, M. *The religious roles in pré-Christian Scandinavia*. Aberdeen: University of Aberdeen, 2013.

CIESIELSKI, Z. The culture of Scandinavia. *Folia Scandinavica*, n. 4, 1997, p. 167-175.

CIRLOT, J.-E. *Dicionário de Símbolos*. São Paulo: Moraes, 1984.

COSMINI, S. Expedienti magici nella Kormáks saga. *Studi e material di storia dele religioni n. 78/2: religione e magia nelle saghe nordiche*. Roma: Morcelliana, 2012, p. 335-360.

COSTA, R. *Vikings*. São Paulo: Planeta, 2004.

CUCHE, D. *A noção de cultura nas ciências sociais*. São Paulo: Edusc, 2002.

DAHL, J. *Farms with Cult Buildings in Pre-Christian Scandinavia*. Dissertação de mestrado em Estudos Vikings e Medievais, Universidade de Oslo, 2020.

DAHMER, A. Pagans, Nazis, Gaels, and the Algiz Rune: Addressing Questions of Historical Inaccuracy, Cultural Appropriation, and the Arguable Use of Hate Symbols at the Festivals of Edinburgh's Beltane Fire Society. *Temenos*, v. 55, n. 1, 2019, p. 137-155.

DANIELSSON, I.-M.B. Walking Down Memory Lane: Rune-Stones as Mnemonic Agents in the Landscapes of Late Viking-Age Scandinavia. In: WILLIAMS, H. et al (eds.). *Early Medieval Stone Monuments: Materiality, Biography, Landscape*. Suffolk: Boydell/Brewer, 2015, p. 62-86.

DAVIDSON, H. Thor's Hammer. *Folklore*, 76 (1), 1965, p. 1-15.

DAVIDSON, H. *Escandinávia*. Lisboa: Verbo, 1987.

DAVIDSON, H. *Myths and symbols in pagan Europe: early Scandinavian and celtic religion*. Siracusa: Syracuse University Press, 1988.

DAVIDSON, H. *The lost beliefs of Northern Europe*. Londres: Routledge, 2001.

DAVIDSON, H. *Deuses e mitos do Norte da Europa*. São Paulo: Madras, 2004.

DAVIS, C.R. Cultural assimilation in Njáls saga. *Oral tradition*, 13 (2), 2008, p. 435-455.

DAVIS, K. Runes, Magic, and Divination. *Mimir – Journal of Northern Traditions*, 2012, p. 1-6.

DETIENNE, M. *Comparar o incomparável*. São Paulo: Ideias e Letras, 2004.

D'HUY, J. A cosmic hunt in the berber sky: a phylogenetical reconstruction of a Paleolithic mythology. *Les Cahiers de l'Aars* 16, 2003, p. 93-106.

DE VRIES, J. *Altgermanische Religionsgeschichte*. Vol. I. Berlim: Gruyter, 1957.

ÐÓRARINSSON, Þ. *Goðsagnastríðið: Ritdeila um ágæti norrænnar goðafræði fyrir danska myndlist í upphafi nítjándu aldar*. Háskóli Íslands: MA-ritgerð í listfræði, 2016.

DRONKE, U. The manuscripts. *The Poetic Edda*. Oxford: Clarendon, 1997, p. xi-xii.

DUBOIS, T.A. *Nordic Religions in the Viking Age*. Pensilvânia: University of Pennsylvania Press, 1999.

DUBOIS, T. Rituals, witnesses, and sagas. In: ANDRÉN, A. et al. (eds.). *Old Norse religion in long-term perspectives*. Lund: Nordic Academic Press, 2006.

DUBOIS, T. Diet and deities: contrastive livehoods and animal symbolism in Nordic Pre-Christian Religious. In: RAUDVERE, C.; SCHJØDT, J.P. (eds.). *More Than Mythology: Narratives, Ritual Practices and Regional Distribution in Pre-Christian Scandinavian Religions*. Lund: Nordic Academic Press, 2012, p. 65-96.

DUBOIS, T. Underneath the self-same sky: comparative perspectives on sámi, finnish, and medieval Scandinavia astral lore. In: TANGHERLINI, T. (ed.). *Nordic Mythologies: interpretations, intersections, and institutions*. Berkeley: North Pinehurst, 2014, p. 184-260.

DUMÉZIL, G. *Los dioses de los germanos: ensayo sobre la formación de la religión escandinava*. México: Siglo Veintiuno, 1990.

DUMÉZIL, G. *Do mito ao romance*. São Paulo: Martins Fontes, 1992.

DUMÉZIL, G. La malédiction du scalde Egil. *Mythes et dieux de la Scandinavie Ancienne*. Paris: Gallimard, 2000, p. 343-368.

DUTTON, D.R. *An Encapsulation of Óðinn: Religious belief and ritual practice among the Viking Age elite with particular focus upon the practice of ritual hanging 500-1050 AD*. Tese de doutorado em estudos Escandinavos. Universidade de Abeerden, 2015.

EDHOLM, K. Att rista blodörn Blodörnsriten sedd som offer och ritualiserad våldspraktik i samband med maktskiften i fornnordisk tradition. *Scripta Islandica*, 69, 2018, p. 5-40.

EGILSDÓTTIR, Á. The fantastic reality: hagiography, miracles and fantasy. *13*[Th] *International Saga Conference*. Durham University, 2006.

EILBACH, P. *Maleren Eckersbergs Levned og Værker*. Kjøbenhavns: Forlagt af th. Lind, 1872.

ELIADE, M. *O xamanismo e as técnicas arcaicas do êxtase*. São Paulo: Martins Fontes, 1998.

ENGLER, S. Teoria da religião norte-americana: alguns debates recentes. *Rever – Revista de Estudos de Religião*, 4, 2004, p. 27-42.

ESOPINHO. *Dicionário de Mitologia Nórdica*. São Paulo: A. Oshiro/Enigmística Moderna, s.d., p. 89 [Possivelmente o livro foi publicado no final da década de 1960].

ETHERIDGE, C. A systematic re-evaluation of the sources of Old Norse Astronomy. *Culture and Cosmos*, 16, 2013, p. 1-12.

FAULKES, A. Introduction. *Edda: Prologue and Gylfaginning*. Londres: Viking Society for Northern Research, 2005.

FAULKES, A. *A newly discovered manuscript of Magnús Ólafsson's Edda*. Londres: Viking Society Web Publications, 2013.

FAUR, M. Ragnarok: o fim dos tempos. *Mistérios nórdicos*. São Paulo: Pensamento, 2007.

FAUR, M. *Ragnarok: uma introdução à mitologia nórdica*. São Paulo: Cultrix, 2012.

FELL, C. Paganism/Sources of evidence. In: GRAHAM-CAMPBELL, J. (org.). *The Viking World*. Londres: Thames and Hudson, 2001, p. 174-178.

FERNANDES, J.L.C. Sagas do Atlântico Norte. In: LANGER, J. (org.). *Dicionário de História e Cultura da Era Viking*. São Paulo: Hedra, 2018, p. 617-621.

FEVEILE, C. *Viking Ribe: trade, power and faith*. Ribe: Sydvestyske Museer, 2013.

FILOCHE-ROMMÉ, S. Fatal spinters: thread works in 19th-century artistic depictions of Norse mythological women. *Scandia Journal of Medieval Norse Studies*, 4, 2021, p. 13-51.

FINKIE, L.A. Between exploitation and liberation: viking women and the sexual revolution. In: HARTY, K.J. (org.). *The Vikings on film: essays on depictions of the Nordic Middle Ages*. Carolina do Norte: McFarland, 2011, p. 150-164.

FRANCO JÚNIOR, H. *A Eva barbada – Ensaios de mitologia medieval*. São Paulo: Edusp, 1996.

FRIÐRIKSDÓTTIR, J.K. Women's weapons: a re-evaluation of magic in the Íslendingasögur. *Scandinavian Studies*, 4 (81), 2009, p. 409-436.

FROG. Meta-Mythology and Academic Discourse Heritage. *RMN Newsletter* 10, 2015, p. 100-108.

FUGLESANG, S.-H. Iconographic traditions and models in Scandinavian imagery. In: BARNES, G.; ROSS, M.C. (orgs.). *Old Norse myths, literature and Society – Proceedings of the 11th International Saga Conference*. Sydney: University of Sydney, 2000, p. 1-11.

GALLO, L.L. Persistents motifs of cursing from Old Norse Literature in Buslubœn. *Linguistica e Filologia*, 18, 2004, p. 119-146.

GARDELA, L. Miniature Spears in the Viking Age: Small Symbols of Óðinn? *Religionsvidenskabeligt Tidsskrift*, 74, 2022, p. 396-430.

GERVEN, T. Is Nordic Mythology Nordic or National, or Both? –Competing National Appropriations of Nordic Mythology in Early Nineteenth-Century Scandinavia. In: HALINK, S. (org.). *Northern Myths, Modern Identities*. Leiden/Boston: Brill, 2019, p. 49-70.

GERVEN, T. *Scandinavism overlapping and competing identities in the Nordic world 1770-1919*. Academish proefschrift ter verkrijging van de graad van doctor aan de Universiteit van Amsterdam, 2020.

GINER, D.O. *Beasts of War and Men of War – A philological and archaeological interdisciplinary study regarding the imagery of beasts in war and warriors*. Dissertação de mestrado em Estudos Medievais e Vikings. Universidade de Oslo, 2020.

GINZBURG, C. *História noturna: decifrando o sabá*. São Paulo: Cia. das Letras, 2001.

GINZBURG, C. *O fio e os rastros: verdadeiro, falso, fictício*. São Paulo: Cia. das Letras, 2007.

GLAHN, L.S.S. *Historisk Årbog for Roskilde Amt*, 1 (1), 1917, p. 135-141.

GOLLER, K.H. The dream of the dragon and bear. In: *The Alliterative Morte Arthure: A Reassessment of the Poem*. Londres: D.S. Brewer, 1981, p. 130-139.

GOODRICK-CLARKE, N. *Sol negro: cultos arianos, nazismo esotérico e políticas de identidade*. São Paulo: Madras, 2004.

GRAHAM-CAMPBELL, J. *Os viquingues*. Vol. I. Madri: Del Prado, 1997.

GRAHAM-CAMPBELL, J. *The Viking World*. Londres: Frances Lincoln, 2001.

GRANHOLM, K. The Rune-Gild: Heathenism, Traditionalism, and the Left-Hand Path. *International Journal for the Study of New Religions*, 1 (1), 2010, p. 95-115.

GRÄSLUND, A.-S. The material culture of Old Norse Religion. In: BRINK, S. (ed.). *The Viking World*. Londres: Routledge, 2008, p. 249-256.

GRÄSLUND, A.-S. Symbolik för lycka och skydd: vikingatida amuletthängen och deras rituella contexto. In: *Reading Runes: Proceedings of the Eighth International Symposium on Runes and Runic Inscriptions*. Ed. de MacLeod Mindy, Marco Bianchi e Henrik Williams. Uppsala: Institutionen för Nordiska Språk vid Uppsala Universitet, 2014, p. 177-192.

GRICOURT, D. Taranis, le dieu celtique à la roue. *Dialogues d'Histoire Ancienne* 16, 1990, p. 275-320.

GRICOURT, D. Taranis, caelestiorum deorum maximus. *Dialogues d'Histoire Ancienne* 17, 1991, p. 343-400.

GRIMM, J. *Teutonic Mythology*. Vol. I e II. Londres: G. Bell and sons, 1882 [Orig. alemão de 1835].

GRIMM, O. Bear-skins in northern European burials and some remarks on other bear-related furnishings in the north and middle of Europe in the 1st millennium AD. In: GRIM; SCHMOLCKE (eds.). *Hunting in northern Europe until 1500 AD*. Neumünster: Wachholtz Verlag, 2013.

GRØNLIE, S. Miracles, Magic and missionaires: the supernatural in the conversion þættir. *13*[Th] *International Saga Conference*. Durham University, 2006.

GROSSATO, A. Lo svastika tra India e Cina: símbolo arcaico o realtà astronomica? In: CADONNA, A. (org.). *Cina: miti e realtà*. Veneza: Cafoscarnia, 1998, p. 51-66.

GUÐMUNDSDÓTTIR, A. The narrative role of magic in the Fornaldarsögur. *ARV*, 70, 2015, p. 39-56.

GUERRIERO, S. *A magia existe?* São Paulo: Paulus, 2003.

GUNNELL, T. *The origins of drama in Scandinavia*. Londres: D.S. Brewer, 1995.

GUNNELL, T. Eddic poetry. In: McTURK, R. (org.). *A companion to Old Norse Icelandic Literature and culture*. Londres: Blackwell Publishing, 2007, p. 82-100.

HAMER, A.J. *Njáls saga and its Christian Background: a study of narrative method*. Tese de doutorado em Letras. Rijksuniversiteit Groningen, Holanda, 2008.

HANSSON, N. *Klassiskt och nordiskt: Fornnordiska motiv i bildkonsten 1775-1855*. Masteruppsats Konstvetenskapliga Institutionen/Uppsala Universitet, 2019.

HARTY, K.J. Who's savage now? – The Vikings in North America. In: HARTY, K.J. (org.). *The Vikings on film: essays on depictions of the Nordic Middle Ages*. Carolina do Norte: McFarland, 2011, p. 106-120.

HAYWOOD, J. *Encyclopaedia of the Viking Age*. Londres: Thames and Hudson, 2000.

HEDEAGER, L. Scandinavian "central places" in a cosmological setting. In: *Central Places in the Migration and Merovingian Periods*: Papers from the 52nd Sachsensymposium. Lund, 2001, p. 3-18.

HEDEAGER. *Iron Age Myth and Mentality: an archaeology of Scandinavia ad 400-1000*. Londres: Routledge, 2011.

HEDENSTIERNA-JONSON, C. Borre style metalwork in the material culture of the Birka warriors: an apotropaic symbol. *Fornvännen*, 101, 2006, p. 312-322.

HEIDE, E. Spinning seiðr. In: ANDRÉN, A.; JENNBERT, K.; RAUDVERE, C. (eds.). *Old Norse religion in long-term perspectives: origins, changes and interactions*. Lund: Nordic Academic Press, 2006, p. 164-170.

HEIDE, E. Finno-ugric and scandinavian notions about the world axis and the cosmic quern. *Third Meeting of the Austmarr Network*. Härnösand, April 5-6, 2013. Vídeo conferência disponível em https://vimeo.com/69219455 – Acesso em 05/01/2014.

HEIDE, E. Contradictory cosmology in Old Norse myth and religion – But still a system? *Maal og mine*, 1, 2014, p. 102-143.

HELLE, K. *The Cambridge History of Scandinavia*. Vol. I. Cambridge: Cambridge University Press, 2008.

HENRICH DE MATTOS, S. *Deuses e heróis: na Edda poética e na tetralogia de Wagner*. Tese para livre-docência apresentada à cadeira de Língua e Literatura Alemã. São Paulo: Universidade de São Paulo, 1959.

HERMANN, J. História das religiões e religiosidades. In: CARDOSO, C.; VAINFAS, R. (orgs.). *Domínios da história*. Rio de Janeiro: Campus, 2010, p. 315-336.

HERMANN, P. Danish perspectives. In: GLAUSER, J. et al. (orgs.). *Handbook of Pre-Modern Nordic Memory Studies*. Berlim: Walter de Gruyter/ GmbH, 2018, p. 771-781.

HOBSBAWN, E. Introdução – A invenção das tradições. In: HOBSBAWN, E.; RANGER, T. *A invenção das tradições*. Rio de Janeiro: Paz e Terra, 1997.

HOCK, K. *Introdução à Ciência da Religião*. São Paulo: Loyola, 2010.

HOLLANDER, L.M. General introduction. *The Poetic Edda*. Austin: University of Texas, 2008, p. x-xxix.

HOLMAN, K. *Historical Dictionary of the Vikings*. Oxford: Scarecrow Press, 2003.

HULTGÅRD, A. The askr and embla myth in a comparative perspective. In: ANDRÉN, A.; JENNBERT, K.; RAUDVERE, C. (eds.). *Old Norse religion in long-term perspectives: origins, changes and interactions*. Lund: Nordic Academic Press, 2006, p. 58-62.

HULTGÅRD, A. The religion of the Vikings. In: BRINK, S. (ed.). *The Viking World*. Londres: Routledge, 2008, p. 212-218.

HULTGÅRD, A. The Sacrificial Festival at Uppsala: a Comparative Perspective. *Religionsvidenskabeligt Tidsskrift*, 74, 2022, p. 600-621.

HULTKRANTZ, Å. A new look at the world pillar in the Artic and sub-Artic religions. In: PETIKAINEN, J. (ed.). *Shamanism and Northern Ecology*. Berlim: Mouton de Gruyter, 1996, p. 31-50.

HUPFAUF, P.R. *Signs and symbols represented in Germanic, particularly early Scandinavian, iconography between the Migration Period and the end of the Viking Age*. Tese de doutorado em Filosofia. Universidade de Sydney, 2003.

IMER, L. Rune Stones. *National Museum of Denmark: Danish Prehistory*. Copenhagen: The National Museum, 2016, p. 270-279.

IMER, L.; HYLDGÅRD, P. Hvad står der på runestenen? *Videnskab.dk*, 2015 [Disponível em https://videnskab.dk/kultur-samfund/hvad-star-der-pa-runestenen – Acesso em 21/12/2021].

IVANISHA, N.; RUDENSKA, A. Names of stars and constellations in the Slavic and Germanic languages. In: HOUGH, C.; IZDEBSKA, D. (orgs.). *Literari onomastics/Icos 2014*. Glasgow: University of Glasgow, 2016, p. 104-113.

IWANISZEWSKI, S. De la Astroarqueología a la Astronomía Cultural. *Trabajos de Prehistoria*, 51 (2), 1994, p. 5-20.

JACKSON, P. The merits and limits of comparative philology: old norse religious vocabulary in a long-term perspective. In: RAUDVERE, C.; SCHJØDT, J.P. (eds.). *More Than Mythology: Narratives, Ritual Practices and Regional Distribution in Pre-Christian Scandinavian Religions*. Lund: Nordic Academic Press, 2012, p. 47-64.

JACOBSEN, L. Rökstudier. *Arkiv for Nordisk Filologi*. Lund: Gleerup, 1941, p. 1-269.

JAKOBSSON, S. The emergence of *Norðrlönd* in Old Norse Medieval Texts, ca. 1100-1400. In: ÍSLEIFSSON, S. (ed.). *Iceland and images of the North*. Quebec: Presses de l'Université du Québec, 2011, p. 25-40.

JALAVA, M. (2013). The Nordic Countries as a Historical and Historiographical Region: Towards a Critical Writing of Translocal History. *História da Historiografia* n. 11, p. 244-264;

JENNBERT, K. Archaeology an Pre-Christian Religion in Scandinavia. *Current Swedish Archaeology*, 8, 2000, p. 127-142.

JENNBERT, K. *Animals and Humans: Recurrent symbiosis in archaeology and Old Norse religion*. Copenhagen: Nordic Academic Press, 2011.

JESCH, J. *Women in the Viking Age*. Londres: The Boydell Press, 2003.

JOCHENS, J. *Women in Old Norse Society*. Ithaca: Cornell University Press, 1998.

JONES-BLEY, K. An archaeological reconsideration of solar mythology. *Word* 44, 1993, p. 431-443.

JONHANSEN, P. *Nordisk oldtid og dansk kunst*. København: I kommission hos H. Hagerup, 1907.

JOHANSON, K. The changing meaning of thunderbolts. *Folklore*, 42, 2005, p. 129-174.

JUNGNER, H.J. Den gotländska runbildstenen från Sanda. *Fornvännen*, 25, 1930, p. 65-82.

KALIFF, A. Odin and Mithras: religious acculturation during the Roman Iron Age and the Migration period. In: ANDRÉN, A.; JENNBERT, K.; RAUDVERE, C. (eds.). *Old Norse religion in long-term perspectives: origins, changes and interactions*. Lund: Nordic Academic Press, 2006, p. 212-217.

KALIFF, A. *Fire, Water, Heaven and Earth: Ritual practice and cosmology in ancient Scandinavia, an Indo-European perspective*. Lund: Riksantikvarieämbetet, 2007.

KELLEY, D.; MILONE, E. *Exploring ancient skies: a survey of ancient and cultural Astronomy*. Nova York: Springer, 2011.

KELLY, K.C. The trope of the scopic in The Vikings (1958). In: HARTY, K.J. (org.). *The Vikings on film: essays on depictions of the Nordic Middle Ages.* Carolina do Norte: McFarland, 2011, p. 9-23.

KEYSER, R. *The religion of the northmen,* 1854 [Originalmente publicado em norueguês: *Nordmændenes religionsforfatning i hedendommen* (1847)] [Disponível em http://www.norron-mytologi.info/diverse/ReligionOfNorthmen. pdf – Acesso em 30/06/2014].

KNIGHT, D. A Reinvestigation Into Astronomical Motifs in Eddic Poetry, with Particular Reference to Óðinn's Encounters with Two Giantesses: Billings Mær and Gunnlöð. *Culture and cosmos* 17 (1), 2013, p. 31-62.

KRAYER, E.H.; BACHTOLD-STAUBLI, H. *Handwörterbuch des deutschen Aberglaubens.* Berlim: Walter de Gruyter, 1987 [Orig. de 1927].

KRISTIANSEN, K. Rock art and religion. In: FREDELL, A.; KRISTIANSEN, K. (eds.). *Representations and communications: creating and archaeological matrix of late prehistoric rock art.* Londres: Oxbow Books, 2010, p. 93-115.

KRISTMANNSSON, G. Ossian in the North. *Translation and Literature,* v. 22, n. 2, 2013, p. 361-382.

KUHN, H. Greek gods in Northern costumes: Visual representations of Norse mythology in 19th century Scandinavia. *International Saga Conference,* 2011, p. 209-219.

KUPERJANOV, A. Stars myths of the Vikings: new conceptualisation of Nordic mythology. Apud Pseudomythological constelattion maps. *Folklore* 32, 2006, p. 37-62.

KUPERJANOV, A. The churl's wagon. *Folklore,* 44, 2010, p. 51-60.

LANGER, J. *Deuses, monstros, heróis: ensaios de mitologia e religião viking.* Brasília: UnB, 2009a.

LANGER, J. Vikings. In: FUNARI, P.P. (org.). *As religiões que o mundo esqueceu.* São Paulo: Contexto, 2009b, p. 131-144.

LANGER, J. História e sociedade nas sagas islandesas: perspectivas metodológicas. *Aletheia – Revista eletrônica de estudos sobre Antiguidade e Medievo,* 2 (1), 2009c, p. 1-18 [Disponível em http://www.revistaaletheia.com/20091/ Johnny.pdf].

LANGER, J. Vikings, cultura e região: o mito arqueológico nórdico dos Estados Unidos. *Olho da História*, 18, 2012, p. 1-16.

LANGER, J. O céu dos vikings: uma interpretação etnoastronômica da pedra rúnica de Eckelbo (Gs 19). *Domínios da Imagem*, 6 (12), 2013a, p. 97-112.

LANGER, J. O zodíaco viking: reflexões sobre etnoastronomia e mitologia escandinava. *História, Imagem e Narrativas*, 16, 2013b, p. 1-32.

LANGER, J. (org.). *Dicionário da Mitologia Nórdica: símbolos, mitos, ritos*. São Paulo: Hedra, 2015.

LANGER, J. The Wolf's Jaw: an Astronomical Interpretation of Ragnarök. *Archaeoastronomy and Ancient Technologies* 6 (1), 2018, p. 1-20.

LANGER, J. Unveiling the Destiny of a Nation: The representations of Norns in Danish Art (1780-1850). *Perspective – Journal of art history*, jan./2021a, p. 1-23.

LANGER, J. Imagining national belief through art: Old Norse Religion and the Vikings in J. L. Lund's painting "Nordisk offerscene fra den Odinske periode" (sacrificial scene from the period of Odin, 1831). *Rhac – Journal of Art History and Culture*, v. 2, n. 1, 2021b, p. 6-26.

LANGER, J. Valkyries and Danish National Symbolism in the 19th Century (Views of a Nordic Past). *Nordics.info*. Dinamarca: School of Culture and Society/Aarhus University, 2021c.

LANGER, J.; ALVES, V.H.S. *Sacred signs, divine marks: geometric religious symbols in Viking Age Scandinavia* [no prelo].

LANGER, J.; CAMPOS, L. (orgs.). *A religiosidade dos celtas e germanos*. São Luís: UFMA, 2010

LANGER, J.; MENINI, V. A invenção literária do nórdico: Vikingen (O Viking), de Erik Gustaf Geijer (1811). *Scandia – Journal of Medieval Norse Studies*, n. 3, 2020, p. 709-738.

LAPLANTINE, F. *Aprender antropologia*. São Paulo: Brasiliense, 1999.

LARSEN, U.H. *Vikingernes religion og livsanskuelse*. Odense: Akademisk Forlag, 1989.

LARSSON, L. The Iron Age ritual building at Uppåkra, southern Sweden. *Antiquity*, 81, 2007, p. 11-25.

LASSEN, A. Textual figures of Óðinn. In: ANDRÉN, A. et al. (eds.). *Old Norse religion in long-term perspectives*. Lund: Nordic Academic Press, 2006.

LERATE, L. *Poesía antiguo-nórdica*. Madri: Alianza, 1993.

LINDBERG, A. The concept of religion in current studies of Scandinavia Pre--christian Religion. *Temenos*, 45 (1), 2009, p. 85-119.

LINDOW, J. Thor's hammarr. *Journal of English and Germanic Philology*, 33 (4), 1994, p. 485-503.

LINDOW, J. Thor's duel with Hrungnir. *Álvissmál*, 6, 1996, p. 3-20.

LINDOW, J. *Norse mythology: a guide for the gods, heroes, rituals, and beliefs*. Oxford: Oxford University Press, 2001.

LINDQUIST, I. *Galdrar*. Göteborg: Elanders Boktryckeri, 1923.

LJØGODT, K. Northern Gods in Marble: the Romantic Rediscovery of Norse Mythology, *Romantik*, v. 1, n. 1, 2012, p. 141-166.

LÖNNROTH, L. *Njáls saga: a critical introduction*. Los Angeles: University of California, 1976.

LOYN, Henry R. *Dicionário da Idade Média*. Rio de Janeiro: Zahar, 1990.

LUND, N. Religionsskiftet i Skandinavien: Nye bud på et gammelt problem. *Historisk Tidsskrift*, v. 102, n. 1, 2013, p. 170-176.

LUPACK, A. Valiant and villainous vikings. In: HARTY, K.J. (org.). *The Vikings on film: essays on depictions of the Nordic Middle Ages*. Carolina do Norte: McFarland, 2011, p. 46-55.

MACCREESH, B. Elements of the pagan supernatural in the Bishop's sagas. *13Th International Saga Conference*. Durham University, 2006.

MACLEOD, M. Bandrúnir in Icelandic Sagas. In: BARNES, G.; ROSS, M.C. (orgs.). *Old Norse Myths, Literature and Society. Proceedings of the 11th International Saga Conference 2-7 July 2000*. University of Sydney, 2000, p. 252-263.

MACLEOD, M.; MEES, B. *Runic amulets and magic objects*. Londres: The Boydell Press, 2006.

MADSEN, C.L. *Nordboernes gamle religion*. Højbjerg: Forlaget Univers, 2016.

MARASCHI, A. Eaten Hearts and Supernatural Knowledge in Eiríks Saga Rauða. *Scandia Journal of Medieval Norse Studies*, 1, 2018, p. 25-47.

MARASCHI, A. Learning from the past to understand the present: 536 ad and its consequences for man and the landscape from a catastrophist perspective. *Ceræ: An Australasian Journal of Medieval and Early Modern Studies*, 6, 2019, p. 35.

MARCUS, G.F. The navigation of the norsemen. *The mariner's mirror*, v. 39, n. 2, 1953, p. 112-131.

MARÉS, A. *Anthologie runique*. Paris: Les Belles Lettres, 2007.

MASSENZIO, M. *A história das religiões na cultura moderna*. São Paulo: Hedra, 2005.

McKINNELL, J. *Both one and many: essays on change and variety in late norse heathenism*. Roma: Il Calamo, 1994.

McKINNEL, J. Encounters with völur. In: BARNES, G.; ROSS, M.C. (eds.). *Old Norse Myths*: literature and society. Sydney: Centre for Medieval Studies, 2000, p. 239-251.

McKINNELL, J. On Heiðr. *Saga-Book*, 25, 2001, p. 394-417.

McKINNELL, J. *Meeting the other in Norse myth and legend*. Londres: D.S. Brewer, 2005.

MEDEIROS, E. Ráðna Stafi, Mjǫk Stóra Stafi, Mjǫk Stinna Stafi. Trad. comentada dos poemas rúnicos, Anglo-Saxão, Islandês, Norueguês e do Abecedarium Nordmannicum. *Medievalis*, v.4, n. 1, 2015.

MEES, B. Work Songs and Whetstones: From Sutton Hoo to Straum. *Scandinavian Studies*, 87, 2015, p. 514-530.

MEJBORG, R. *Symbolske figurer i Nordiska Museet*. Norstedt: Nordiska Museet, 1889.

MIELE, N.; AMADO, A.M. Ragnarok. *Mitologia Nórdica*. João Pessoa: Editora da Universidade Federal da Paraíba, 2011, p. 55-68.

MIRANDA, P.G. Nórdicos da Era Viking (religião). In: LANGER, J. (ed.). *Dicionário de História das Religiões na Antiguidade e Medievo*. Petrópolis: Vozes, 2020, p. 427-430.

MITCHELL, S. The whetstone as symbol of authority in Old English and Old Norse. *Scandinavian Studies*, 57, 1985, p. 1-31.

MITCHELL, S. Learning magic in the sagas. In: BARNES, G.; ROSS, M.C. (eds.) *Old Norse Myths: literature and society*. Sydney: Centre for Medieval Studies, 2000, p. 335-345.

MITCHELL, S. Odin, magic, and a Swedish trial from 1484. *Scandinavian Studies*, 81, 2009, p. 263-286.

MITCHELL, S. *Witchcraft and magic in Nordic Middle Ages*. University of Pennsylvania Press, 2011.

MJØBERG, J. Romanticism and revival. In: DAVID, W. (org.). *The Northern World*. Nova York: Harry Abrams, 1980, p. 207-238.

MONRAD, K. *Mellem guder og helte: historienmaleriet i Rom, Paris og Kobenhavn, 1770-1820*. Copenhagen: Statens Museum for Kunst, 1990.

MONTEIRO, P. *Magia e pensamento mágico*. São Paulo: Ática, 1986.

MORAES DIAS, A.N. Ragnarok – O crepúsculo dos deuses. In: CANDIDO, M.R. (org.). *Mitologia germano-escandinava: do caos ao apocalipse*. Rio de Janeiro: Núcleo de Estudos da Antiguidade/Uerj, 2008, p. 61-67.

MOTZ, L. The Germanic thunderweapon. *Saga-Book*, 24 (5), 1997, p. 329-350.

MOUNTFORT, P. Runecasting: Runic Guidebooks as Gothic Literature and the Other Gothic Revival. *Aeternum – The Journal of Contemporary Gothic Studies*, v. 2, Issue 2, 2015, p. 16-32.

MUNDAL, E. The perception of the Saamis and their religion in Old Norse sources. In: PENTIKAINEN, J. (ed.). *Shamanism and Northern Ecology*. Berlim/Nova York: Mouton de Gruyter, 1996, p. 97-116.

MUNDAL, E. Theories, explanatory models and terminology: possibilities and problems in research on Old Norse mythology. In: ANDRÉN; JENNBERT;

RAUDVERE (eds.). *Old Norse Religion in long-term perspectives: origins, changes, and interactions*. Lund: Nordic Academic Press, 2006, p. 285-288.

MUNDAL, E. Anmeld – Lasse Christian Arboe Sonne: Thor-kultivikingtiden. *Collegium Medievale*, 27, 2014, p. 207-212.

MURPHY, L.J. Continuity and Change: Forms of Liminality in the Sacred Social Spaces of the Pre-Christian Nordic World. *Viking and Medieval Scandinavia*, 12, 2016, p. 137-172.

MURPHY, L.J. Familial Religion in Pre-Christian Scandinavia? – Ancestor--Worship, Mother-Priestesses, and Offerings for the Elves. *Family in the Premodern World: A Comparative Approach Workshop.,,* Princeton University, 2017, p. 1-16.

MURPHY, L.J. Paganism at Home: Pre-Christian Private Praxis and Household Religion in the Iron-Age North, *Scripta Islandica*, 69, 2018, p. 49-97.

MURPHY, L.J. The limits of discrepancy: mapping variation in pre-Christian Nordic Religion. In: KAPITAN, L. et al. (eds.). *Selected presentations from the network of early career researchers in Old Norse*. Aarhus: Aarhus University, 2020, p. 16.

MURPHY, L.J.; FULLER, H.R.; WILLAN, P.L.T.; GATES, M. An Anatomy of the Blood Eagle: The Practicalities of Viking Torture. *Speculum*, 97, 2022, p. 1-39.

NETO, A.N. O sentido das mortes e transmutações n'O Anel dos Nibelungos: as múltiplas máscaras de Wotan. In: CAZNÓK, Y.B.; NETO, A. *Ouvir Wagner: ecos nietzscheanos*. São Paulo: Musa, 2000, p. 116-118.

NIELSEN, K.M. Rasks tydning af Snoldelev-stenen. *Danske Studier*, 1974, p. 132-134.

NIELSEN, P.O. *Danish Prehistory*. Copenhagen: The National Museum, 2016.

NORDBERG, A. Circular flow of tradition in Old Norse religion. *Fornvännen*, 113, 2018, p. 76-88.

NORDBERG, A. *Jul, disting ochförkyrklig tideräkning – Kalendrar och kalendariska riter i det förkristna Norden*. Kungl. Gustav Adolfs Akademien för svensk folkkultur 91. Uppsala, 2006, p. 15-159.

NORDBERG, A. The grave as a doorway to the other world: architectural religious symbolism in Iron Age graves in Scandinavia. *Temenos*, 45 (1), 2009, p. 35-63.

NORDBERG, A. Continuity, change an regional variation in Old Norse Religion. In: RAUDVERE, C.; SCHJØDT, J.P. (eds.). *More Than Mythology: Narratives, Ritual Practices and Regional Distribution in Pre-Christian Scandinavian Religions*. Lund: Nordic Academic Press, 2012, p. 119-153.

NORDBERG, A. Configurations of religion in late Iron Age and Viking Age Scandinavia. In: EDHOLM, K. et al (eds.). *Myth, Materiality, and Lived Religion In Merovingian and Viking Scandinavia*. Estocolmo: Stockholm University Press, 2019, p. 339-374.

NYGAARD, S.; MURPHY, L.J. Processioner i førkristen nordisk religio. *Religionsvidenskabeligt Tidsskrift*, 66, 2017, p. 40-77.

OGIER, J. Eddic Constellations. *International Medieval Congress*. Western Michigan University, 2002.

OGILVIE, A.; PÁLSSON, G. Weather and witchcraft in the sagas of Icelanders. *13Th International Saga Conference*. Durham University, 2006.

ÓLASSON, V. Njáls saga. In: PULSIANO, P.; WOLF, K. *Medieval Scandinavia: an encyclopedia*. Londres: Routledge, 1993, p. 433-434.

OLCOT, W.T. *Star lore of the all ages: a collection of myths, legends, and facts concerning the constellations of the Northern Hemisphere*. Nova York: G.P. Putnam, 1911.

OLIVEIRA, L.V. Magia escandinava. In: LANGER, J. (ed.). *Dicionário de História das Religiões na Antiguidade e Medievo*. Petrópolis: Vozes, 2020, p. 321-326.

OLSEN, A. *Oldtiden Ansigt*. København: Det Kongelige Nordiske Oldskriftselskab, 1990, p. 11-51.

OLSEN, B. Material metaphors and historical practice: a sctructural analysis of stone labyrinths in coastal Finnmark, artic Norway. *Fennoscandia Archaeological*, 8, 1991, p. 51-58.

OLSEN, O. Royal Power in Viking Age Denmark. *Les mondes normands (VIIe-XIIe s.)*. Caen: Société d'Archéologie Médiévale, 1989, p. 27-32.

ORTON, P. The interpretation of Old Norse Pagan myths. In: MCTURK, R. (org.). *Old Norse-Icelandic Literature and Culture*. Nova York: Blackwell, 2007.

ORTON, P. Pagan myth and religion. In: MCTURK, R. (ed.). *Old Norse--icelandic literature and culture*. Londres: Blackwell, 2007.

PAGE, R.I. *Mitos nórdicos*. São Paulo: Centauro, 1997.

PERKINS, R. *Thor the Wind-Raiser and the Eyrarland Image*. Londres: Viking Society for Northern Research, 2001.

PEARSON, M. The origins of Old Norse ritual and religion in European perspective. In: ANDRÉN; JENNBERT; RAUDVERE (eds.). *Old Norse Religion in long-term perspectives*: origins, changes, and interactions. Lund: Nordic Academic Press, 2006, p. 86-90.

PEREIRA, M.; REZENDE, R. Völuspá: mito e jogos. *SBC – Proceedings of SBGames* 2017, p. 1.260-1.263.

PERSSON, J. Cultura do céu Lapônica/Cultura do céu Siberiana. Programa *Stellarium 0.14.3*. Boston: Free Software Foundation, 2015 [versão em português].

PETERSEN, K.N.H. *Om nordboernes gudedyrkelse og gudetro i hedenold: en antikvarisk undersøgelse*. Kjøbenhavn: C.A. Reitzels Forlag, 1876.

PETRENKO, V.; KUZMENKO, J.V. Ny a fynd med run or från Gamla Ladoga. *Viking: Tidsskrift for norrøn arkeologi*, XLII, 1979.

PIRES, H. Vaningi: o javali e a identidade dos Vanir. *Revista Brasileira de História das Religiões* – Dossiê: Mito e Religiosidade Nórdica, n. 23, 2015, p. 11-22.

POLCARO, A.; POLCARO, V.F. Man and Sky: problems and methods of Archaeoastronomy. *Archeologia e Calcolatori*, 20, 2009, p. 223-245.

PRICE, D. *Ancient Scandinavia: An Archaeological History from the First Humans to the Vikings*. Oxford: Oxford University Press, 2015.

PRICE, N. What's in a name? – As archaeological identity crisis for the Norse gods (and some of their friends). In: ANDRÉN; JENNBERT; RAUDVERE (eds.). *Old Norse Religion in long-term perspectives: origins, changes, and interactions*. Lund: Nordic Academic Press, 2006, p. 179-183.

PRICE, N. Sorcery and circumpolar traditions in Old Norse belief. In: BRINK, S. (ed.). *The Viking World*. Londres: Routledge, 2008.

PRICE, N. Mythic acts. In: RAUDVERE, C.; SCHJØDT, J.P. (eds.). *More Than Mythology: Narratives, Ritual Practices and Regional Distribution in Pre-Christian Scandinavian Religions*. Lund: Nordic Academic Press, 2012, p. 13-46.

PRICE, N. *Vikings: a história definitiva dos povos do norte*. São Paulo: Planeta, 2021.

QUINTELA, M.G.; GARCÍA, C.G. Arqueoastronomía, antropologia y paisaje. *Complutum*, 20 (2), 2009, p. 39-54.

RAPPENGLUECK, M. The whole cosmos turns around the polar point: one-legged polar beings and their meaning. In: BELMONTE, E. (org.). *Astronomy and Cultural Diversity – Seac 7th*. Cabildo de Tenerife: Organismo Autónomo de Museos y Centros, 1999, p. 169-175.

RATKE. Guldgubber: relics of pre-Christian law rituals? In: ANDRÉN; JENNBERT; RAUDVERE (eds.). *Old Norse Religion in long-term perspectives: origins, changes, and interactions*. Lund: Nordic Academic Press, 2006, p. 259-266.

RAUDVERE, C. Popular religion in the Viking Age. In: BRINK, S. (ed.). *The Viking World*. Londres: Routledge, 2008.

RAUDVERE, C. The part or the whole: cosmology as an empirical and analytical concept. *Temenos*, v. 45, n. 1, 2009a, p. 7-33.

RAUDVERE, C. The part of the whole: cosmology as an empirical and analytical concept. *Temenos*, 45 (1), 2009b, p. 7-33.

RAUDVERE. The study of Pre-Christian Scandinavian Religions: trends and perspectives. In: RAUDVERE, C.; SCHJØDT, J.P. (eds.). *More Than Mythology: Narratives, Ritual Practices and Regional Distribution in Pre-Christian Scandinavian Religions*. Lund: Nordic Academic Press, 2012, p. 7-12.

RAUDVERE, C.; SCHJODT, P. (orgs.). *More than mythology: narratives, ritual practices and regional distribution in pre-christian scandinavian religions*. Lund: Nordic Academic Press, 2012.

RAVILIOUS, K. Thor's hammer found in Viking graves. *National Geographic News,* 2010 [Disponível em http://news.nationalgeographic.com/news/2010/08/100810-thor-thors-hammer-viking-graves-thunderstones-science/].

REAVES, W. *The Cult of Freyr and Freyja*, 2008 [Disponível em www.academia.edu/9715739].

REAVES, W. Odin's wife: mother earth in Germanic mythology. *Germanic Mythology*, 2010, p. 1-10.

REUTER, O.S. Skylore of the North [Orig. Germanische Himmelskunde, 1934]. *Stonehenge Viewpoint*, n. 47-50, 1982.

RICE, N. What's in a name? – An archaeological identity crisis for the Norse gods (and some of their friends). In: ANDRÉN, A., JENNBERT, K.; RAUDVERE, C. (eds.). *Old Norse religion in long-term perspectives: origins, changes and interactions*. Lund: Nordic Academic Press, 2006, p. 177-182.

RIDDERSTAD, M. Orientations of the northern gate of the Goseck Neolithic rondel. *Arxiv* 2009. Cornell University Library [Disponível em http://adsabs.harvard.edu/cgi-bin/bib_query?arXiv:0910.0560].

RIDPATH, I. *Guía de las estrellas y los planetas*. Barcelona: Omega, 1986.

RINGSTAD, B.R. En underlig steinfigur fra Tornes i Romsda. *Viking: Norsk arkeologisk årbok Bind*, LIX, p. 101-118, 1996.

RIX, R.W. In darkness they grope: Ancient Remains and Romanticism in Denmark. *European Romantic Review*, v. 26, n. 4, 2015, p. 435-451.

RODRIGUES, E.C. Os reis e a moeda na Francia Carolíngia (VIII-IX). In: FONSECA, J.F.; SANCHEZ, M.D.; SILVA, I.A. (orgs.). *III Jornada de Estudos Medievais: Idade Média e história global*. São Paulo: Pensante, 2021, p. 273-292.

ROESDAHL, E. *The Vikings*. Londres: Penguin, 1998.

ROESDAHL, E. Archaeology and Odin in Late Pagan Denmark: a Note. *Religionsvidenskabeligt Tidsskrift*, 74, 2022, p. 385-395.

ROESDAHL, E.; SØRENSEN, P.M. Viking culture. In: HELLE, K. *Cambridge History of Scandinavia – Vol. 1: Prehistory to 1520*. Cambridge: Cambridge University Press, 2008, p. 121-147.

ROGERS, J.H. Origins of the ancient constellations: I. The Mesopotamian trraditions. *Journal of the British Astronomical Association*, 108 (1), 1998, p. 9-28.

ROOD, J. *Drinking with Óðinn: alcohol and religion in heathen Scandinavia*. Dissertação de mestrado não publicada. Háskóli Íslands, 2014.

ROOD, J. *Ascending the Steps to Hliðskjálf: The Cult of Óðinn in Early Scandinavian Aristocracy*. Dissertação de mestrado. Háskóli Íslands, 2017.

ROSS, M.C. The measures of Old Norse religion in long-term perspective. In: ANDRÉN; JENNBERT; RAUDVERE (eds.). *Old Norse Religion in long-term perspectives: origins, changes, and interactions*. Lund: Nordic Academic Press, 2006, p. 412-416.

ROSS, M.C. *The Cambridge introduction to the Old Norse-Icelandic saga*. Cambridge: Cambridge University Press, 2010.

ROSS, M.C. Images of Norse Cosmology. In: ANLEZARK, D. (ed.). *Myths, Legends, and Heroes: Essays on Old Norse and Old English Literature in Honour of John McKinnell*, Toronto: University of Toronto Press, 2011, p. 53-73.

ROSS, M.C. Reception studies. In: GLAUSER, J. et al. *Handbook of Pre--Modern Nordic Memory Studies*. Berlim: Walter de Gruyter/GmbH, 2018a, p. 361-369.

ROSS, M.C. (org.). *The Pre-Christian Religions of the North: Research and Reception – Vol. I: From the Middle Ages to c. 1830*. Turnhout: Brepols, 2018b.

ROSS, M.C.; LÖNNROTH, L. The Norse Muse. *Alvíssmál*, n. 9, 1999, p. 3-28.

ROUX, F.; GUYONVARC'H, C.J. *A civilização celta*. Lisboa: Publicações Europa-América, 1999.

RUGGLES, C. *Ancient Astronomy: an encyclopaedia of cosmologies and myth*. Califórnia: ABC Clio, 2005.

RYDVING, H. Scandinavian – Saami religious conections in the History of Research. *Scripta Instituti Donnearini Aboensis*, 13, 1990, p. 358-373.

RYDVING, H. The sami drums and the religious encounter in the 17th and 18th centuries. *Scripta Instituti Donneriani Aboensis*, 14, 1991, p. 28-51.

SALLING, E. Den tungsindige helt. *Meddelelser fra Thorvaldsens Museum*, 1989, p. 284-296.

SALO, U. Agricola's Ukko in the light of the archaeology: a chronological and interpretative study of ancient finnish religion. *Scripta Instituti Donnearini Aboensis*, 13, 1990, p. 92-190.

SANCHIS, P. No mapa das religiões há lugar para a "religiosidade"? *Revista de Ciências Humanas*, 30, UFSC, 2001, p. 183-198.

SANMARK, A. The nature of Pre-Christian religious custom. Apud Power and conversion: a comparative study of Christianization in Scandinavia. *Occasional Papers in Archaeology* 34, 2004a, p. 147-185.

SANMARK, A. Pre-Christian religious custom and early Christianity in Scandinavia. *Power and conversion: a comparative study of christianization in Scandinavia*. Tese de doutorado em Arqueologia e História Antiga. Londres: University College, 2004b.

SANTILLANA, G.; DECHEND, H. *Hamlet's Mill: an essay on myth and the frame of time*. Boston: Nonpairel Book, 1998 [1. ed., 1969].

SANTOS, D. As Ogham Stones: fontes para o estudo da Hibernia e da Britannia romana (e pós-romana). *Romanitas – Revista de Estudos Greco-latinos*, n. 8, 2016, p. 35-50.

SAWYER, B. *The Viking-Age Rune-stones: custom and commemoration in early medieval Scandinavia*. Oxford: Oxford University Press, 2003.

SCHJØDT, J.P. Þórr. In: PULSIANO, P.; WOLF, K. (eds.). *Medieval Scandinavia: An Encyclopedia*. Londres: Routledge, 1993, p. 672-673.

SCHJØDT, J.P. *Initiation between two worlds: structure and symbolism in pre--christian scandinavian religion*. Odense: The University Press of Southern Denmark, 2008.

SCHJØDT, J.P. The Warrior in Old Norse Religion. In: STEINSLAND, G. et al. (ed.). *Ideology and power in the Viking Age and Middle Ages*. Londres: Bril, 2011, p. 269-298.

SCHJØDT, J.P. Reflections on aims and methods in the study of Old Norse Religion. In: RAUDVERE, C.; SCHJØDT, J.P. (eds.). *More Than Mythology: Narratives, Ritual Practices and Regional Distribution in Pre-Christian Scandinavian Religions*. Lund: Nordic Academic Press, 2012a, p. 266-267.

SCHJØDT, J.P. Comparativism. In: SCHODT; RAUDVERE, Catharina (eds.). *More than mythology: narratives, ritual practices and regional distribution in pre-christian Scandinavian religions*. Lund: Nordic Academic Press, 2012b, p. 275-281.

SCHJØDT, J.P. Pre-Christian Religions of the North and the Need for Comparativism. In: SCHJØDT, J.P.; PERNILLE, H.; MITCHELL, S. *Old Norse Mythology: Comparative Perspectives*. Cambridge: Harvard University Press, 2017, p. 3-27.

SCHJØDT, J.P. Various ways of communicating. In: SCHJØDT, J.P. et al. (eds.). *The Pre-Christian Religions of the North: History and Structures*. Vol. I. Turnhout: Brepols, 2020a, p. 589-642.

SCHJØDT, J.P. Crisis rituals. In: SCHJØDT, J.P. et al. (eds.). *The Pre-Christian Religions of the North: History and Structures*. Vol. I. Turnhout: Brepols, 2020b, p. 781-796.

SCHJØDT, J.P. Cyclical rituals. In: SCHJØDT, J.P. et al (eds.). *The Pre-Christian Religions of the North: History and Structures*. Vol. I. Turnhout: Brepols, 2020c, p. 797-822.

SCHJØDT, J.P. Passage rituals. In: SCHJØDT, J.P. et al. (eds.). *The Pre-Christian Religions of the North: History and Structures*. Vol. I. Turnhout: Brepols, 2020d, p. 823-851.

SCHMITT, J.-C. Feitiçaria. In: LE GOFF, J.; SCHMITT, J.-C. (orgs.). *Dicionário Temático do Ocidente Medieval*. São Paulo: Edusc, 2002, p. 423-435.

SCHNURBEIN, S. *Norse Revival: Transformations of Germanic Neopaganism*. Leiden: Brill Academic, 2016.

SCHUTTE, G. Primæval Astronomy in Scandinavia. *Scottish Geographical Magazine*, 36(4), 1920, p. 244-254.

ŠEINER, J. Sacred Places, Sacred Persons: Religion, Death and Leadership in Roman Iron Age Scandinavia. *Sacra*, 7 (2), 2009, p. 5-29.

SERRANO, M.L.C.; CADEROT, G.R. Arqueoastronomía: una perspectiva en la investigación arqueológica. *Complutum*, 20, 2009, p. 11-21.

SESKAUSKAITE, D. The significance of a circle as a symbol in lithuan folklore and mythology. *International Journal of Liberal Arts and Social Science*, 1 (1), 2013, p. 27-37.

SIGURÐSSON, G. Snorri's Edda: the sky described in mythological terms. In: TANGHERLINI, T. (ed.). *Nordic Mythologies: interpretations, intersections, and Institutions*. Berkeley: North Pinehurst Press, 2014, p. 184-260.

SIMEK, R. *Dictionary of Northern Mythology*. Cambridge: D.S. Brewer, 2007.

SOMMARSTRÖM, B. Ethnoastronomical perspectives on Saami religion. *Scripta Instituti Donnearini Aboensis*, 12, 1987, p. 211-250.

SOMMARSTRÖM, B. The Saami shaman's drum and the star horizons. *Scripta Instituti Donnearini Aboensis*, 14, 1991, p. 136-168.

SØNDERGAARD, L. Dramatic aspects of medieval magic in Scandinavia. *European Medieval Drama*, 15, 2011, p. 135-151.

SONNE, L.C.A. *Thor-kult i vikingetiden: Historiske studier i vikingetidens religion*. København: Museum Tusculuanums Forlag, 2013.

SØRENSEN, P.M. Religions old and new. In: SAWYER, P. (org.). *The Oxford illustrated history of the Vikings*. Nova York: Oxford University Press, 1997.

SØRENSEN, P.M. Þorr's fishing expedition (Hymiskviða). In: ACKER, P.; LARRINGTON, C. (ed.) *The Poetic Edda: essays of Old Norse Mythology*. Londres: Routledge, 2002, p. 119-138.

SPALDING, T.O. *Dicionário de Mitologia*. São Paulo: Cultrix, 1999.

SPRAY, T.S. Northern Antiquities and Nationalism. *eSharp*, n. 23, 2015, p. 11-17.

STAECKER, J. Hjältar, kungar och gudar Receptionen av bibliska element och av hjältediktning i en hednisk värld. Minne och myt. *Vägar till Midgård*, 5, 2004, p. 39-78.

STEISLAND, G. Origin myths and rulership. From the Viking Age ruler to the ruler of medieval historiography: continuity, transformations and innovations. In: STEINSLAND, G.; SIGURÐSSØN, J.V.; REKDAL, J.E. (eds.). *Ideology and power in the Viking and Middle Ages: Scandinavia, Iceland, Ireland, Orkney and the Faroes.* Leiden: Brill, 2011, p. 15-68.

STEPHANY, T.J. *Ancient Skies of the Northern Europe: stars, constelattions, and the Moon in Nordic mythology.* University of Sydney, 2006.

STEPHENS, G. *Runehallen i det danske oldnordiske museum.* København: Michaelssen and Tillge, 1868.

STEPHENS, G. *Handbook of the Old Northern runic monuments.* Kjøbenhavn: H.V. Lynge, 1884.

STERN, M. *Runestone images and visual communication in Viking Age Scandinavia.* Tese de doutorado. Universidade de Nottingham, 2013.

STERN, F.L. Ragnarǫk: alternativas de interpretação da escatologia escandinava. *Sacrilegens*, 13 (2), 2016, p. 39-58.

STOKLUND, M. Chronology and Typology of the Danish Runic Inscriptions. In: STOKLUND, M. et al. (eds.). *Runes and their secrets: studies in runology.* Copenhagen: Museum of Tusculanum Press/University of Copenhagen, 2006, p. 355-383.

STRATH, B. (2007). The idea of a Scandinavian Nation. *Opiskelijakirjaston verkkojulkaisu.* University of Helsinki, p. 208-223.

STRAUBHAAR, S.B. Ambiguously gendered: the skalds Jórunn, Auðr and Steinunn. In: ANDERSON, S.; SWENSON, K. (ed.). *Could Counsel: women in Old Norse Literature and Mythology.* Londres: Routledge, 2002, p. 261-272.

STRÖM, F. *Níðr, ergi, and Old Norse moral atittudes.* Londres: University College London, 1974.

STURTEVANT, P. Contesting the semantics of Viking Religion. *Viking and Medieval Scandinavia*, 8 (1), 2012, p. 261-278.

SUNDQVIST, O. The problem of religious specialists and cult performers in early Scandinavia. *Zeitschrift für Religionswissenschaft* 11 (1), 2003a, p. 107-131.

SUNDQVIST, O. The problem of religious specialists and cult performers in early Scandinavia. *Zeitschrift für Religionswissenschaft*, 11(1), 2003b, p. 107-131.

SUNDQVIST, O. The Hanging, the Nine Nights and the "Precious Knowledge" in Hávamál 138-145: The Cultic Context. In: HEIZMANN, W. et al. (eds.). *Analecta Septentrionalia*. Berlin/Nova York: Walter de Gruyter, 2009, p. 649-668.

SUNDQVIST, O. The Temple, the Tree, and the Well: A Topos or Cosmic Symbolism at Cultic Sites in Pre-Christian Northern Europe? In: HERMANN, P.; SCHJØDT, J.P.; ROSE, A. (eds.). *Old Norse Mythology Comparative Perspectives*. Milman Parry Collection of Oral Literature 3. Cambridge, 2018.

SUNDQVIST, O. The Ceremony of "King Taking" at the Swedish Mora Stone: a Medieval Invention or Traces of an Ancient Initiation Ritual? *Religionsvidenskabeligt Tidsskrift*, 74, 2022, p. 89-118.

SUNDQVIST, O. *An arena for higher powers: ceremonial buildings and religious strategies for rulership in Late Iron Age Scandinavia*. Leiden: Brill, 2015.

TAGGART, D.C. *Understanding diversity in Old Norse religion taking Þórr as a case study*. Tese de doutorado em língua inglesa. Universidade de Aberdeen, 2015.

THOMAS, K. *Religião e o declínio da magia*. São Paulo: Cia. das Letras, 1991.

THORVALDSEN, B. The poetic curse and its relatives. In: RANKOVIC, S. (ed.). *Along the oral-written continuum*. Londres: Brepols, 2010, p. 253-267.

TITIEV, M. *Introdução à antropologia cultural*. Lisboa: Fundação Calouste Gulbekian, 1979.

TOLLEY, C. The Mill in norse and finnish mythology. *Saga-Book*, 24, 1994-1997, p. 63-82.

TOLLEY, C. *Shamanism in norse myth and magic*. Vol. I e II. Helsinki: Suomalainen Tiedeakatemia, 2009a.

TOLLEY, C. Völsa þáttr: pagan lore or Christian lie? *Analecta Septentrionalia: Papers on the history of North Germanic Culture and literature*. Berlim: Walter Gruyter, 2009b, p. 1-21.

TSITSIKLIS, K.R.M. *Der Thul in text und kontext: þUlr/þYle in Edda und Altenglischer literatur*. Berlim: De Gruyter, 2017.

TULINIUS, T. Saga as a myth: the Family sagas and social reality in 13th--century Iceland. In: BARNES, G.; ROSS, M.C. (eds.). *Old Norse Myths, Literature and Society (Proceedings of the 11th International Saga Conference)*. Sydney: Centre for Medieval Studies, 2000, p. 526-539.

TUMENAS, V. The visual and the mythical-poetic interpretatins of sky luminaries in the lithuanian traditional textiles. *Archeologia Baltica*, 10, 2008, p. 78-85.

TURVILLE-PETRE, E.O.G. *Myth and Religion of the North: the religion of Ancien Scandinavia*. Londres: Weidenfeld and Nicolson, 1964.

USARKI, F. Os enganos sobre o sagrado: uma síntese da crítica ao ramo clássico da fenomenologia da religião e seus conceitos-chave. *Rever – Revista de Estudos de Religião*, 4, 2004, p. 73-95.

VAUCHEZ, A. Milagre. In: LE GOFF, J.; SCHMITT, J.-C. (org.). *Dicionário Temático do Ocidente Medieval*. São Paulo: Edusc, 2002, p. 197-212.

VERDET, J.-P. *O céu: mistério, magia e mito*. São Paulo: Objetiva, 1987.

VERDON, J. Camponeses: heróis medievais. In: *História Viva*, 34, 2006, p. 46-48.

WANNER, K.J. *Snorri Sturluson and the Edda: the convertion of cultural capital in Medieval Scandinavia*. Toronto: Toronto University Press, 2008.

WELLENDORF, J. Homogeneity and heterogeneity in Old Norse cosmology. In: ANDRÉN; JENNBERT; RAUDVERE (eds.). *Old Norse Religion in long--term perspectives: origins, changes, and interactions*. Lund: Nordic Academic Press, 2006, p. 50-53.

WESTCOAT, E. The Valknut: Heart of the Slain? *Odroerir*, 3, 2015, p. 1-23.

WESTRUP, C.W. Stenene tale: indskrifter, Symboler, Skulpturer. *Vore Kirkegaarde*, 7 (1), 1930, p. 57-63.

WHALEY, D. Skaldi poetry. In: McTURK, R. (ed.). *A companion to Old Norse-Icelandic Literature and culture*. Londres: Blackwell, 2007, p. 479-502.

WILK, S. Mythological evidence for ancient observations of variable stars. *Jaavso*, 24, 1996, p. 129-133.

WILLIAMS, H. Reasons for runes. In: HOUSTON, S.D. (ed.). *The first writing: script invention as History and Process*. Cambridge: Cambridge University Press, 2004, p. 262-273.

WILLIAMS, H. Runes. In: BRINK, S. (ed.). *The Viking World*. Londres: Routledge, 2008, p. 281-290.

ZACHRISSON, T. The Odal and its Manifestation in the Landscape. *Current Swedish Archaeology*, v. 2, 1994, p. 219-238.

ZIMEK, R. *Dictionary of Northern Mythology*. Londres: D.S. Brewer, 2007.

ZOEGA, G.T. *A concise dictionary of Old Icelandic*. Oxford: Clarendon, 1910.

Conecte-se conosco:

f facebook.com/editoravozes

◎ @editoravozes

🐦 @editora_vozes

▶ youtube.com/editoravozes

🗨 +55 24 2233-9033

www.vozes.com.br

Conheça nossas lojas:

www.livrariavozes.com.br

Belo Horizonte – Brasília – Campinas – Cuiabá – Curitiba
Fortaleza – Juiz de Fora – Petrópolis – Recife – São Paulo

EDITORA VOZES LTDA.
Rua Frei Luís, 100 – Centro – Cep 25689-900 – Petrópolis, RJ
Tel.: (24) 2233-9000 – E-mail: vendas@vozes.com.br